2주 격파
1급
상공회의소 한자
+실전모의고사 5회분

시대에듀

끝까지 책임진다! 시대에듀!
QR코드를 통해 도서 출간 이후 발견된 오류나 개정법령, 변경된 시험 정보, 최신기출문제, 도서 업데이트 자료 등이 있는지 확인해 보세요!
시대에듀 합격 스마트 앱을 통해서도 알려 드리고 있으니 구글 플레이나 앱 스토어에서 다운받아 사용하세요.
또한, 파본 도서인 경우에는 구입하신 곳에서 교환해 드립니다.

편집진행 박시현 | 표지디자인 김지수 | 본문디자인 양혜련·임창규

시대에듀한자연구소

LEAD AUTHOR

수험문화를 선도하는 1등 수험서 전문 출판사 시대에듀의 한자 전문 연구 조직인 시대에듀 한자연구소는 1997년 첫걸음을 뗀 후 지금까지 한자 자격증 학습서 개발에 전념해 왔습니다. 다년간의 집필과 연구 경험을 토대로, 수험생들이 보다 체계적으로 시험을 준비하고 자신 있게 임할 수 있도록 돕고 있습니다. 주요 저서로는 『상공회의소 한자 1급 · 2급 · 3급 2주 격파』, 『상공회의소 한자 2급 · 3급 최종모의고사』가 있으며, 앞으로도 꾸준히 완성도 높은 교재와 실전형 학습 콘텐츠로 학습자 여러분과 함께하겠습니다.

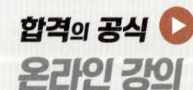 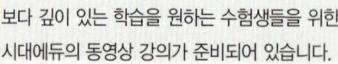
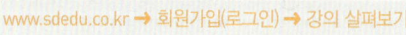 

머리말 PREFACE

한자는 왜 이렇게 어려울까?

우리가 한자를 사용한 역사만 무려 2천여 년, 우리말 중 한자어가 차지하는 비율은 약 70%! 이 정도면 우리의 모든 학문과 생활에 한자가 끼치는 영향은 무궁무진하다고 볼 수 있습니다. 그런데 왜 많은 사람이 한자를 어렵고 따분하다고 생각할까요? 공부를 할 때 '한자는 분명히 어려울 거야'라는 고정관념과 걱정에서 출발하기 때문입니다.

편저자 역시 그런 과정을 겪어 온 경험이 있기에 책을 펴기에 앞서 수험생들이 어떻게 하면 한자를 쉽고 효과적으로 공부할 수 있을지 항상 고민하고 연구하였습니다. 그리고 그 결과 가장 효율적이고 체계적인 학습 방법을 구성하여 본서를 출간하게 되었습니다. 그렇다면 한자 시험의 '합격'이라는 여행을 떠나기 전 갖추어야 할 준비물을 알아볼까요?

합격에 필요한 준비물

합 격 = 자신감 + 기출문제 + 예상문제 + 목표의식

❶ **자신감은 기본!**
내게 어려운 문제는 다른 사람에게도 어렵습니다. 문제 앞에서 당당한 자만이 합격의 달콤한 열매를 맛볼 수 있다는 점, 잊지 마세요!

❷ **출제 경향 파악은 필수!**
기출문제를 통해 출제 경향을 미리 숙지하는 것이 합격의 비법입니다.

❸ **다양한 문제 풀이는 합격의 지름길!**
기출문제만으로 방심은 금물! 출제될 만한 다양한 유형의 예상 문제를 많이, 그리고 반복해서 풀어 보는 것이 바람직합니다.

❹ **합격 후의 미래를 꿈꾸자!**
최근 중국 시장이 급부상하면서 한자 실력을 요구하는 기업들이 많아졌습니다. 한자 자격증을 통해 남들과 다른 경쟁력을 가지고 인생의 무궁한 가능성을 여는 것이 합격의 최종 관문입니다.

시대에듀에서는 대한상공회의소 한자 시험을 준비하는 수험생들을 위해 단 한 권으로 모든 준비를 완벽하게 마무리할 수 있도록 책을 만들었습니다. 이 책을 통해 수험생이 합격의 영광과 함께할 수 있기를 바라며, 진심으로 여러분을 응원합니다.

시대에듀한자연구소

상공회의소 한자 시험 안내 INFORMATION

▶ 상공회의소 한자 시험이란?

중국, 대만, 일본 등 한자문화권 국가와의 수출 및 투자가 증가함에 따라 이에 필요한 기업업무 및 일상생활에 사용 가능한 한자의 이해 및 구사능력을 평가하는 공인자격 시험이다.

▶ 자격 특징

상공회의소 한자는 부분국가공인 자격이다. 1급, 2급, 3급은 국가 공인자격이지만 나머지 급수는 상공회의소 자격으로 등록자격이다.

❶ 상공회의소 한자 등록자격: 9급~4급
❷ 상공회의소 한자 공인자격: 3급~1급

▶ 인터넷 접수

대한상공회의소 자격평가사업단(licence.korcham.net)

▶ 검정 기준

급수	한자능력수준에 따른 검정 기준	급수별 배정한자에 따른 검정 기준
1급	전문적 한자어가 사용된 국한혼용의 신문이나 잡지, 서류, 서적 등을 능숙하게 읽고 이해할 수 있는 최상급의 한자 능력 수준	교육부가 제정한 중·고등학교 한문교육용 기초한자 1,800자와 국가 표준의 KSX1001한자 4,888자 및 대법원이 제정한 인명용 한자 3,153자(중복 한자를 제외하면 3,108자) 중 4,908자를 이해하고 국어생활에서 활용할 수 있다.
2급	전문적 한자어가 사용된 국한혼용의 신문이나 잡지, 서류, 서적 등을 별 무리 없이 읽고 이해할 수 있는 상급의 한자 능력 수준	교육부가 제정한 중·고등학교 한문교육용 기초한자 1,800자와 국가 표준의 KSX1001한자 4,888자 및 대법원이 제정한 인명용 한자 3,153자(중복 한자 제외하면 1,501자) 중 3,301자를 이해하고 국어생활에서 활용할 수 있다.
3급	고등학교 수준의 일상적인 한자어가 사용된 국한혼용의 신문이나 잡지, 서류, 서적 등을 어느 정도 읽고 이해할 수 있는 한자 능력 수준	교육부가 제정한 중·고등학교 한문교육용 기초한자 1,800자를 이해하고 국어생활에서 활용할 수 있다.

출제 기준

과 목	중분류	소분류
한 자	❶ 한자의 부수, 획수, 필순	① 한자의 부수
		② 한자의 획수
		③ 한자의 필순
	❷ 한자의 짜임	① 한자의 짜임
	❸ 한자의 음과 뜻	① 한자의 음
		② 음에 맞는 한자
		③ 음이 같은 한자
		④ 한자의 뜻
		⑤ 뜻에 맞는 한자
		⑥ 뜻이 비슷한 한자
어 휘	❶ 한자어의 짜임	① 한자어의 짜임
	❷ 한자어의 음과 뜻	① 한자어의 음
		② 음에 맞는 한자어
		③ 음이 같은 한자어
		④ 여러 개의 음을 가진 한자
		⑤ 한자어의 뜻
		⑥ 뜻에 맞는 한자어
		⑦ 3개 어휘에 공통되는 한자
		⑧ 반의어 · 상대어
	❸ 성어	① 성어의 빠진 글자 채워 넣기
		② 성어의 뜻
		③ 뜻에 맞는 성어
독 해	❶ 문장에 사용된 한자어의 음과 뜻	① 문장 속 한자어의 음
		② 문장 속 한자어의 뜻
		③ 문장 속 한자어 채워 넣기
		④ 문장 속 틀린 한자어 고르기
		⑤ 문장 속 단어의 한자 표기
		⑥ 문장 속 어구의 한자 표기
	❷ 종합 문제	① 종합 문제

※ 관련 규정 및 세부 내용은 변경될 수 있으며, 자세한 사항은 시행처 홈페이지(license.korcham.net)를 참고하시기 바랍니다.

상공회의소 한자 시험 안내 INFORMATION

시험 일정

상공회의소 한자 상시 시험 일정

① 시험 일정: 상시(시험 개설 여부는 시험장 상황에 따라 다름)
② 접수 기간: 개설일로부터 시험일 4일 전까지
③ 시험 방법: CBT(Computer-based test)
④ 합격 발표: 시험일 다음날 오전 10시

합격 기준

급 수	과 목	문항 수	배점	과목별 총점	과목별 최소합격점수	전체 총점	합격 점수
1급	한 자	50	4점	200	120	900	810
	어 휘	50	6점	300	180		
	독 해	50	8점	400	240		

영역별 출제 범위

① 한자 영역의 출제 범위

출제 범위	세부 내용	출제 기준별 출제 문항 수					
		1급	2급	고급 누계	3급	4급	5급	중급 누계
한자의 부수, 획수, 필순	한자의 부수	–	–	–	–	–	2	2
	한자의 획수	–	–	–	–	–	2	2
	한자의 필순	–	–	–	–	–	2	2
한자의 짜임	한자의 짜임	–	–	–	–	–	2	2
한자의 음과 뜻	한자의 음	–	11	11	–	–	6	6
	음에 맞는 한자	–	7	7	–	–	5	5
	음이 같은 한자	–	7	7	–	–	5	5
	한자의 뜻	–	11	11	–	–	6	6
	뜻에 맞는 한자	–	7	7	–	–	5	5
	뜻이 비슷한 한자	–	7	7	–	–	5	5
합 계		0	50	50	0	0	40	40

❷ 어휘 영역의 출제 범위

출제 범위	세부 내용	출제 기준별 출제 문항 수					
		1급	2급	고급 누계	3급	4급	5급	중급 누계
한자어의 짜임	한자어의 짜임	1	2	3	–	–	–	0
한자어의 음과 뜻	한자어의 음	1	2	3	–	–	–	0
	음에 맞는 한자어	1	2	3	–	–	–	0
	음이 같은 한자어	2	3	5	1	1	3	5
	여러 개의 음을 가진 한자	1	1	2	1	1	–	2
	한자어의 뜻	1	2	3	–	–	–	0
	뜻에 맞는 한자어	1	2	3	–	–	–	0
	3개의 어휘에 공통되는 한자	2	6	8	1	1	8	10
	반의어 · 상대어	–	5	5	2	2	4	8
성 어	성어의 빠진 글자 채워 넣기	–	5	5	–	–	5	5
	성어의 뜻	–	5	5	–	–	5	5
	뜻에 맞는 성어	–	5	5	–	–	5	5
합 계		10	40	50	5	5	30	40

❸ 독해 영역의 출제 범위

출제 범위	세부 내용	출제 기준별 출제 문항 수					
		1급	2급	고급 누계	3급	4급	5급	중급 누계
문장에 사용된 한자어의 음과 뜻	문장 속 한자어의 음	3	7	10	–	–	6	6
	문장 속 한자어의 뜻	–	5	5	–	–	6	6
	문장 속 한자어 채워 넣기	–	5	5	–	–	3	3
	문장 속 틀린 한자어 고르기	–	5	5	–	–	3	3
	문장 속 단어의 한자 표기	2	8	10	–	–	3	3
	문장 속 어구의 한자 표기	–	5	5	–	–	3	3
종합 문제	종합 문제	5	5	10	5	5	6	16
합 계		10	40	50	5	5	30	40

◪ 검정 과목 및 검정 방법

급 수	검정 과목별 문항 수			전체 문항 수	시험 시간	비 고
	한 자	어 휘	독 해			
1급	50	50	50	150	80분	공인자격

※ 관련 규정 및 세부 내용은 변경될 수 있으며, 자세한 사항은 시행처 홈페이지(license.korcham.net)를 참고하시기 바랍니다.

이 책의 구성 STRUCTURES

2주 격파 플랜

상공회의소 한자 1급 초단기 합격을 위한 2주 필승 전략!

9~2급 배정한자

1급 배정한자 학습 전 하위 급수 배정한자를 완벽히 복습할 수 있도록 DAY 01부터 DAY 04까지 9~2급 배정한자 모두 수록!

1급 배정한자

1급 배정한자의 훈·음뿐만 아니라 부수와 획수, 활용 어휘까지 수록하여 더욱 꼼꼼하게 학습!

출제 유형별 한자

유의자, 동음이의어, 사자성어 등 출제 유형별로 나누어 전략적 학습!

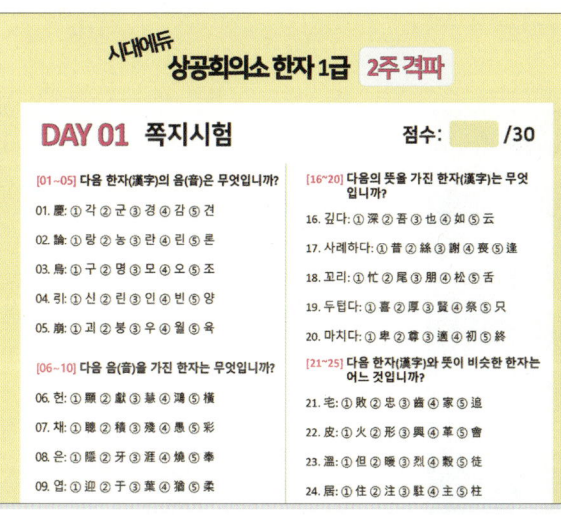

ALL DAY 쪽지시험 PDF

각 DAY가 끝나면 PDF로 제공되는 쪽지시험으로 복습&실력 테스트!
(각 DAY 첫 장의 QR코드를 스캔하면 쪽지시험 PDF로 바로 연결됩니다.)

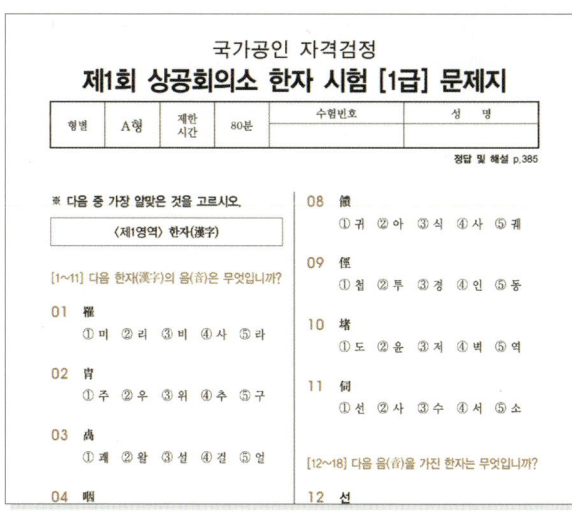

실전모의고사

실전모의고사&해설로 출제 경향 완벽히 파악하기!

이 책의 구성 STRUCTURES

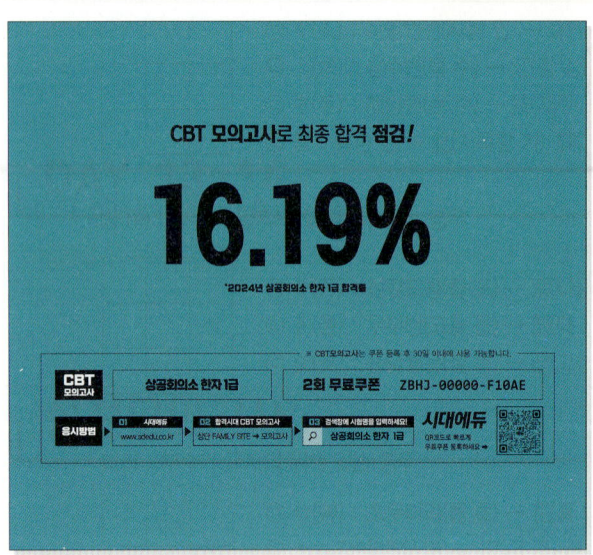

특별 부록

빅데이터 합격한자

시험 직전 막판 뒤집기! 빅데이터를 기반으로 시험에 가장 많이 출제된 한자 445자, 한자어 100개, 사자성어 100개 수록!

CBT 모의고사 2회 무료 쿠폰 제공

시험 당일처럼 생생하게! CBT 모의고사 2회 무료 쿠폰 제공!

CBT 모의고사

CBT 모의고사 응시 방법

① 시대에듀 합격시대(www.sdedu.co.kr/pass_sidae) 홈페이지 접속
② 우측 상단 모의고사 쿠폰 등록 배너 클릭
③ 무료 쿠폰 번호 입력 후 응시

*무료 쿠폰 번호는 도서 마지막 장 하단에 적혀있습니다.
*CBT 모의고사는 PC로만 응시 가능합니다.

QR코드 스캔 시 쿠폰등록 화면으로 이동

상공회의소 한자 1급 2주 격파! SCHEDULE

▸ **아래 스케줄에 따라 공부하고, 체크해 보세요.**

일정	학습 범위	학습한 날	학습 완료 체크
Day 01	9~4급 배정한자 (900자)	/	☐
Day 02	3급 배정한자 (900자)	/	☐
Day 03	2급 배정한자 (760자)	/	☐
Day 04	2급 배정한자 (741자)	/	☐
Day 05	1급 배정한자 (190자)	/	☐
Day 06	1급 배정한자 (204자)	/	☐
Day 07	1급 배정한자 (204자)	/	☐
Day 08	1급 배정한자 (204자)	/	☐
Day 09	1급 배정한자 (204자)	/	☐
Day 10	1급 배정한자 (204자)	/	☐
Day 11	1급 배정한자 (204자)	/	☐
Day 12	1급 배정한자 (193자)	/	☐
Day 13	출제 유형별 한자	/	☐
Day 14	출제 유형별 한자	/	☐

한자의 기초 이론 BASICS

◪ 한자의 부수

❶ 부수의 정의
부수(部首)란 옥편(玉篇)에서 한자를 찾는 데 필요한 기본 글자로서 214자가 있으며, 한자의 핵심 의미이자 한자 분류의 기본 원칙이다. 부수는 그 글자의 뜻을 함축하고 있는 경우가 많으므로 부수만 알아도 모르는 한자의 뜻을 쉽게 추측할 수 있다.

❷ 부수의 분류와 배열
부수는 현재 1획부터 17획까지 총 214자로 이루어져 있다. '상형자(象形字)'가 149자, '지사자(指事字)'가 17자, '회의자(會意字)'가 21자, '형성자(形聲字)'가 27자이다.

❸ 부수의 위치에 따른 명칭
부수는 글자가 놓이는 위치에 따라 변, 방, 엄, 머리, 몸, 받침, 발, 제부수 8가지로 나뉜다.

- **변(邊)** : 부수가 글자의 왼쪽에 있는 경우

변	

  ㉠ 亻(人) : 사람인변(사람 인) → 休(쉴 휴), 信(믿을 신), 伏(엎드릴 복)
  ㉡ 氵(水) : 삼수변(물 수) → 江(강 강), 河(물 하), 淸(맑을 청)
  ㉢ 扌(手) : 재방변(손 수) → 技(재주 기), 指(가리킬 지), 打(칠 타)
  ㉣ 言 : 말씀 언 → 記(기록할 기), 訓(가르칠 훈, 길 순)

- **방(傍)** : 부수가 글자의 오른쪽에 있는 경우

	방

  ㉠ 刂(刀) : 선칼도방(칼 도) → 別(나눌 별), 判(판단할 판), 利(이로울 리)
  ㉡ 阝(邑) : 우부방(고을 읍) → 部(떼 부), 郡(고을 군)
  ㉢ 攵(攴) : 등글월문(칠 복) → 改(고칠 개), 政(정사 정)

- **머리** : 부수가 글자의 위에 있는 경우

머리	

  ㉠ ++(艸) : 초두머리(풀 초) → 花(꽃 화), 草(풀 초), 苦(쓸 고)
  ㉡ 宀 : 갓머리(집 면) → 宙(집 주), 安(편안 안), 家(집 가)
  ㉢ 竹 : 대 죽 → 簡(대쪽 간), 筆(붓 필), 答(대답할 답)
  ㉣ 雨 : 비 우 → 露[이슬 로(노)], 雪(눈 설)

- **발** : 부수가 글자의 아래에 있는 경우

  ㉠ 灬(火) : 연화발(불 화) → 烈(매울 렬), 熱(더울 열)
  ㉡ 儿 : 어진사람인발(어진사람 인) → 元(으뜸 원), 兒(아이 아)
  ㉢ 心 : 마음 심 → 忘(잊을 망), 思(생각 사), 怨(원망할 원)
  ㉣ 皿 : 그릇 명 → 益(더할 익, 넘칠 일), 盜(도둑 도)

- **받침** : 부수가 왼쪽과 아래에 걸쳐 있는 경우

  ㉠ 辶(辵) : 책받침(쉬엄쉬엄 갈 착) → 道(길 도), 送(보낼 송)
  ㉡ 廴 : 민책받침(길게 걸을 인) → 建(세울 건), 廻(돌 회)
  ㉢ 走 : 달릴 주 → 起(일어날 기), 超(뛰어넘을 초)

- **엄** : 부수가 위쪽과 왼쪽에 걸쳐 있는 경우

  ㉠ 尸 : 주검시엄(주검 시) → 居(살 거), 尾(꼬리 미), 屋(집 옥)
  ㉡ 广 : 엄호(집 엄) → 店(가게 점), 庭(뜰 정), 府(관청 부)
  ㉢ 戶 : 지게호(집 호) → 房(방 방), 扇(부채 선)
  ㉣ 虍 : 범호엄 → 虎(범 호), 虐(모질 학)

- **몸** : 부수가 글자를 둘러싸고 있는 경우

  ㉠ 囗 : 큰입구몸(에워쌀 위) → 國(나라 국), 固(굳을 고)
  ㉡ 門 : 문 문 → 間(사이 간), 開(열 개)
  ㉢ 匸 : 감출혜몸(감출 혜) → 匹(짝 필), 區(지경 구)
  ㉣ 行 : 다닐 행 → 街(거리 가), 術(재주 술)

- **제부수** : 부수 자체가 글자인 경우

角	車	見	高	鼓	谷	骨	工	口	金
뿔 각	수레 거	볼 견	높을 고	북 고	골짜기 곡	뼈 골	장인 공	입 구	쇠 금
己	女	大	豆	力	老	里	立	馬	面
몸 기	여자 녀	큰 대	콩 두	힘 력	늙을 로	마을 리	설 립	말 마	낯 면
毛	木	目	文	門	米	方	白	父	比
터럭 모	나무 목	눈 목	글월 문	문 문	쌀 미	모 방	흰 백	아비 부	견줄 비
飛	非	鼻	士	山	色	生	夕	石	小
날 비	아닐 비	코 비	선비 사	뫼 산	색 색	날 생	저녁 석	돌 석	작을 소
水	首	手	示	食	身	臣	心	十	羊
물 수	머리 수	손 수	보일 시	먹을 식	몸 신	신하 신	마음 심	열 십	양 양
魚	言	用	龍	牛	雨	月	肉	瓦	音
고기 어	말씀 언	쓸 용	용 룡	소 우	비 우	달 월	고기 육	기와 와	소리 음
邑	衣	二	耳	人	一	日	入	子	自
고을 읍	옷 의	두 이	귀 이	사람 인	한 일	날 일	들 입	아들 자	스스로 자
長	赤	田	鳥	足	走	竹	至	止	辰
길 장	붉을 적	밭 전	새 조	발 족	달릴 주	대나무 죽	이를 지	그칠 지	별 진
靑	寸	齒	土	八	風	行	香	血	火
푸를 청	마디 촌	이 치	흙 토	여덟 팔	바람 풍	다닐 행	향기 향	피 혈	불 화
黃	黑								
누를 황	검을 흑								

한자의 기초 이론 BASICS

＊ 부수의 변형 – 부수로 쓰일 때 본래의 모양과 달라지는 글자

부수	변형	부수	변형	부수	변형
人 인	亻 사람인변	犬 견	犭 개사슴록변	阜 부	阝 좌부변
心 심	忄 심방변	衣 의	衤 옷의변	刀 도	刂 선칼도방
邑 읍	阝 우부방	卩 절	㔾 병부절	辵 착	辶 책받침
肉 육	月 육달월	水 수	氵 삼수변	火 화	灬 연화발
艸 초	⺿ 초두머리	手 수	扌 재방변	老 로	耂 늙을로엄

❹ 획수별 부수

1획					
一	丨	丶	丿	乙	亅
한 일	뚫을 곤	점 주	삐침 별	새 을	갈고리 궐

2획					
二	亠	人(亻)	儿	入	八	冂
두 이	돼지해머리	사람인(사람인변)	어진사람인발	들 입	여덟 팔	멀경 몸
冖	冫	几	凵	刀(刂)	力	勹
민갓머리	이수변	안석 궤	위튼입구몸	칼 도(선칼도방)	힘 력	쌀포몸
匕	匚	匸	十	卜	卩(㔾)	厂
비수 비	터진입구몸	감출혜몸	열 십	점 복	병부절	민엄호
厶	又				
마늘 모	또 우				

3획					
口	囗	土	士	夂	夊	夕
입 구	큰입구 몸	흙 토	선비 사	뒤져올 치	천천히걸을쇠발	저녁 석
大	女	子	宀	寸	小	尢
큰 대	여자 녀	아들 자	갓머리	마디 촌	작을 소	절름발이 왕
尸	屮	山	巛(川)	工	己	巾
주검시엄	왼손 좌	뫼 산	개미허리(내 천)	장인 공	몸 기	수건 건
干	幺	广	廴	廾	弋	弓
방패 간	작을 요	엄호	민책받침	스물입발	주살 익	활 궁
彐(彑)	彡	彳	忄	氵	犭	阝
튼가로왈	터럭 삼	두인변	심방변	삼수변	개사슴록변	우부방
阝	扌					
좌부변	재방변					

4획					
心(忄)	戈	戶	手	支	攵(攴)	文
마음 심(마음심밑)	창 과	지게 호	손 수	지탱할 지	등글월문(칠 복)	글월 문
斗	斤	方	无(旡)	日	曰	月
말 두	날 근	모 방	이미기방	날 일	가로 왈	달 월, 육달월

木	欠	止	歹(歺)	殳	毋	比
나무 목	하품 흠	그칠 지	죽을사변	갖은등글월 문	말 무	견줄 비
毛	氏	气	水	火(灬)	爪(爫)	父
터럭 모	성씨 씨	기운기엄	물 수	불 화(연화발)	손톱 조	아비 부
爻	爿	片	牙	牛(牜)	犬	王
점괘 효	장수장변	조각 편	어금니 아	소 우	개 견	구슬옥변
礻	耂	⺿	辶	罒		
보일시변	늙을로엄	초두머리	책받침	그물 망		

5획						
玄	玉	瓜	瓦	甘	生	用
검을 현	구슬 옥	오이 과	기와 와	달 감	날 생	쓸 용
田	疋	疒	癶	白	皮	皿
밭 전	짝 필	병질엄	필발머리	흰 백	가죽 피	그릇 명
目	矛	矢	石	示	禸	禾
눈 목	창 모	화살 시	돌 석	보일 시	발자국 유	벼 화
穴	立	⺲	衤	氺		
구멍 혈	설 립	그물망머리	옷의변	아래물수		

6획						
竹	米	糸	缶	网	羊	羽
대 죽	쌀 미	실 사	장군 부	그물 망	양 양	깃 우
老	而	耒	耳	聿	肉	臣
늙을 로	말이을 이	가래 뢰	귀 이	붓 율	고기 육	신하 신
自	至	臼	舌	舛	舟	艮
스스로 자	이를 지	절구 구	혀 설	어그러질 천	배 주	괘이름 간
色	艸	虍	虫	血	行	衣 / 西
빛 색	풀 초	범호엄	벌레 충/훼	피 혈	다닐 행	옷 의 / 덮을 아

7획						
見	角	言	谷	豆	豕	豸
볼 견	뿔 각	말씀 언	골 곡	콩 두	돼지 시	갖은돼지시변
貝	赤	走	足	身	車	辛
조개 패	붉을 적	달릴 주	발 족	몸 신	수레 거/차	매울 신
辰	辵	邑	酉	釆	里	
별 진	쉬엄쉬엄갈 착	고을 읍	닭 유	분별할 변	마을 리	

8획						
金	長	門	阜	隶	隹	雨
쇠 금	길 장	문 문	언덕 부	미칠 이	새 추	비 우
靑	非					
푸를 청	아닐 비					

한자의 기초 이론 BASICS

9획						
面 낯 면	革 가죽 혁	韋 가죽 위	韭 부추 구	音 소리 음	頁 머리 혈	風 바람 풍
飛 날 비	食(飠) 밥 식(밥식변)	首 머리 수	香 향기 향			

10획						
馬 말 마	骨 뼈 골	高 높을 고	髟 터럭 발	鬥 싸울 투	鬯 울창주 창	鬲 솥 력	鬼 귀신 귀

11획					
魚 물고기 어	鳥 새 조	鹵 소금밭 로	鹿 사슴 록	麥 보리 맥	麻 삼 마

12획				13획			
黃 누를 황	黍 기장 서	黑 검을 흑	黹 바느질할 치	黽 맹꽁이 맹	鼎 솥 정	鼓 북 고	鼠 쥐 서

14획	15획	16획	17획			
鼻 코 비	齊 가지런할 제	齒 이 치	龍 용 룡	龜 거북 귀	龠 피리 약	

◪ 한자의 필순

필순(筆順)은 한자를 쓰는 순서, 즉 획(劃)을 말합니다. 필순에 따라 한자를 쓰면 글자 쓰기가 쉽고 빠르며, 모양도 올바르게 됩니다.

三	총 3획		
석 삼	一 二 三		
	예 三, 工, 言, 客, 花, 志		

▶ 상하 구조일 때 위에서 아래로 쓴다.

川	총 3획		
내 천	丿 丿丨 川		
	예 川, 州, 外, 街, 到		

▶ 좌우 구조일 때 왼쪽에서 오른쪽으로 쓴다.

小	총 3획		
작을 소	亅 亅丿 小		
	예 小, 水, 山, 樂		

▶ 좌우 대칭될 때는 가운데를 먼저 쓰고 왼쪽, 오른쪽의 순서로 쓴다.

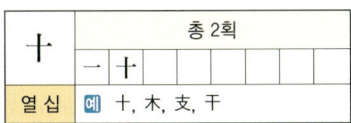
▶ 가로, 세로가 겹칠 때에는 가로획을 먼저 긋는다.

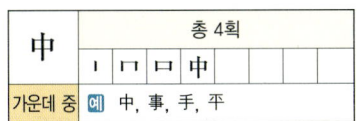
▶ 가운데를 꿰뚫는 획은 나중에 긋는다.

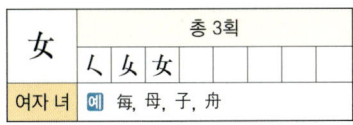
▶ 허리를 끊는 획은 나중에 긋는다.

▶ 받침은 나중에 긋는다.

▶ 오른쪽 위의 점은 맨 마지막에 찍는다.

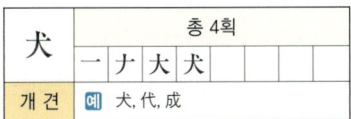
▶ 몸과 안이 있을 때는 몸부터 먼저 긋는다.

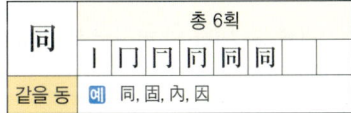
▶ 삐침(ノ)과 파임(ㄟ)이 만나면 삐침을 먼저 쓴다.

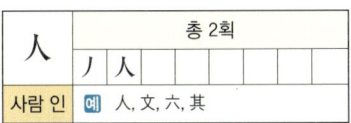
▶ 왼쪽의 삐침이 짧고 가로획이 길면 삐침을 먼저 쓴다.

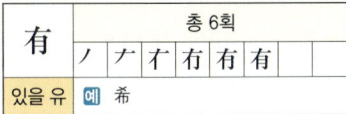
▶ 왼쪽 삐침이 길고 가로획이 짧으면 가로획을 먼저 쓴다.

▶ 아래를 여운 획은 나중에 쓴다.

한자의 기초 이론 BASICS

◤ 한자의 짜임

한자는 처음엔 사물의 모양을 본떠 만들었으나, 생활 영역 확대, 인류 문화 발달에 따라 수많은 사물과 다양한 생각을 나타내기 위해 많은 수의 글자가 필요하게 되자 점차 다양한 방법을 통해 한자가 만들어지게 되었습니다.

❶ 상형(象形) : 그림 한자
눈에 보이는 구체적인 사물의 모양을 본떠서 만든 글자이다.
> **예시** 日(날 일) : 둥근 해의 모양을 본떠 만든 글자, 木(나무 목) : 나무의 모양을 본떠 만든 글자

❷ 지사(指事) : 부호(기호) 한자
눈에 보이지 않는 추상적인 사물의 개념이나 생각을 기호, 부호 등을 사용해 나타낸다.
> **예시** 本(근본 본) : 나무의 아래에 표(一)를 붙여 근본이나 뿌리를 뜻함
> 久(오랠 구) : 엉덩이를 잡아끌고 오랫동안 놓지 않음

❸ 회의(會意)
상형과 지사의 방법으로 이미 만들어진 두 글자 이상을 결합하되, 그 글자의 뜻을 모아 처음 두 글자와는 다른 새로운 뜻을 가진 글자를 만드는 방법이다.
> **예시** 林(수풀 림) → 木(나무 목)+木(나무 목) : 나무가 많이 있는 숲을 뜻하는 한자
> 孝(효도 효) → 老(늙을 로)+子(아들 자) : 아들이 부모를 머리 위에 받들고 있음을 뜻하는 한자

❹ 형성(形聲)
이미 만들어진 두 개의 글자를 하나로 만들되, 한 글자는 소리(聲)를, 다른 한 글자는 뜻(形)을 나타내도록 한다. 약 70%에 달하는 한자가 형성의 원리에 의해 만들어진다.
> **예시** 洋(큰바다 양) → 水(물 수 - 뜻 부분)+羊(양 양 - 소리 부분)
> 聞(들을 문) → 門(문 문 - 소리 부분)+耳(귀 이 - 뜻 부분)

❺ 전주(轉注)
한자의 원뜻이 유추·확대·변화되어 새로운 뜻으로 바뀌는 것인데, 뜻뿐만 아니라 음까지 바뀌는 경우도 있다.
> **예시** 革(가죽 혁) : 원뜻은 가죽이나, 가죽의 털을 벗기면 훌륭한 모피로 변한다는 의미에서 '변화'의 뜻으로 전용되어 改革(개혁), 革命(혁명) 등으로 쓰인다.
> 樂(풍류 악) : 원뜻은 '풍류'이고 음은 '악'이지만 '즐긴다'는 뜻일 때의 음은 '락', '좋아한다'는 뜻일 때는 '요'이다.

❻ 가차(假借)
한자의 원뜻과 소리에 상관없이 소리(음)만 빌려 사용하는 한자이다. 외국어·외래어 표기에 많이 사용하고, 의성어·의태어 같은 부사적 표현에 쓰인다.
> **예시** 堂堂(당당 - 의태어) : 모습이 매우 씩씩한 모양
> 佛陀(불타 - 외래어) : 부다(Budda = 부처)를 한자로 표현

한자어의 구성 관계

두 자 이상의 한자가 결합하여 한 단위의 의미를 형성하는 것을 말한다.

❶ **주술(主述) 관계**
'주어+서술어' 관계로 결합된 한자어
예시　日出(일출) : 해가 뜨다, 性急(성급) : 성질이 급하다

❷ **술목(述目) 관계**
'서술어+목적어' 관계로 결합된 한자어
예시　讀書(독서) : 책을 읽다, 投票(투표) : 표를 던지다

❸ **술보(述補) 관계**
'서술어+보어' 관계로 결합된 한자어
예시　登山(등산) : 산에 오르다, 歸家(귀가) : 집에 돌아가다

❹ **수식(修飾) 관계**
'수식어+피수식어' 관계로 결합된 한자어

- 관형어+체언
  예시　落葉(낙엽) : 떨어지는 잎, 確答(확답) : 확실한 대답

- 부사어+용언
  예시　順從(순종) : 고분고분 따르다, 徐行(서행) : 천천히 가다

❺ **병렬(竝列) 관계**

- 대립(對立) 관계
  예시　往來(왕래) : 가고 옴, 强弱(강약) : 강함과 약함

- 유사(類似) 관계
  예시　道路(도로) : 길, 出生(출생) : 사람이 태어남

- 대등(對等) 관계
  예시　父母(부모) : 아버지와 어머니, 富貴(부귀) : 재산이 많고 지위가 높음

- 첩어(疊語) 관계
  예시　年年(연년) : 해마다, 正正堂堂(정정당당) : 태도나 수단이 바르고 떳떳함

- 융합(融合) 관계
  예시　春秋(춘추) : 나이, 연세, 역사, 矛盾(모순) : 말이나 행동의 앞뒤가 서로 일치하지 않음

이 책의 목차 CONTENTS

DAY 01~02
9~3급 배정한자 … 23

DAY 03~04
2급 배정한자 … 53

DAY 05~12
1급 배정한자 … 79

DAY 13~14
출제 유형별 한자 … 217

실전모의고사
제1회 실전모의고사 … 345
제2회 실전모의고사 … 358
제3회 실전모의고사 … 371
정답 및 해설 … 385

특별 부록
빅데이터 합격한자

DAY 01~02

9~3급 배정한자
완벽복습 1,800자

합격 Tip!

합격을 위한 완벽 복습!
낮은 급수도 두드려 보고 건너자!

學而不思則罔, 思而不學則殆.
"배우기만 하고 생각하지 않으면 어리석어지고,
생각만 하고 배우지 않으면 위태롭다."
- ≪논어≫, 〈위정(爲政)〉

DAY 01

9~5급 배정한자
완벽복습 600자

DAY 01 쪽지시험

DAY 01

家	街	可	歌	加	價	角	各	間	干
집 가	거리 가	옳을 가 허락할 가	노래 가	더할 가	값 가	뿔 각	각각 각 여러 각	사이 간	방패 간 줄기 간

感	江	強	改	個	開	客	去	車	擧
느낄 감	강 강	강할 강 힘쓸 강	고칠 개	낱 개	열 개	손 객 나그네 객	갈 거	수레 거/차	들 거

建	犬	見	決	結	京	景	經	敬	慶
세울 건 일으킬 건	개 견	볼 견 뵈올 현	결단할 결	맺을 결 마칠 결	서울 경	볕 경 경치 경	지날 경 글 경	공경 경 삼갈 경	경사 경

競	季	界	計	古	故	固	考	高	告
다툴 경 겨룰 경	계절 계	지경 계	셀 계	옛 고 오래될 고	연고 고 옛 고	굳을 고	생각할 고 살필 고	높을 고	고할 고 알릴 고

曲	谷	骨	工	功	空	共	公	果	課
굽을 곡 가락 곡	골 곡 곡식 곡	뼈 골	장인 공 솜씨 좋을 공	공 공	빌 공	한가지 공 함께 공	공평할 공	열매 과 과연 과	부과할 과 과정 과

科	過	官	觀	光	廣	交	校	敎	九
과목 과	지날 과 허물 과	벼슬 관 관가 관	볼 관 관념 관	빛 광 영화 광	넓을 광	사귈 교	학교 교	가르칠 교	아홉 구

口	救	究	句	求	久	國	君	軍	郡
입 구	구원할 구	연구할 구 궁구할 구	글귀 구	구할 구	오랠 구	나라 국	임금 군	군사 군	고을 군

弓	權	貴	近	勤	根	金	今	禁	記
활 궁	권세 권	귀할 귀	가까울 근	부지런할 근 근무할 근	뿌리 근 근본 근	쇠 금 성씨 김	이제 금 오늘 금	금할 금	기록할 기

期	基	氣	技	己	起	其	吉	難	南
기약할 기 기간 기	터 기	기운 기	재주 기	몸 기 자기 기	일어날 기	그 기	길할 길	어려울 난	남녘 남

男	內	女	年	念	勞	農	能	多	單
사내 남	안 내	여자 녀	해 년 나이 년	생각 념	일할 로	농사 농	능할 능	많을 다	홑 단

短	丹	達	談	答	堂	大	對	代	德
짧을 단 허물 단	붉을 단	통달할 달 이를 달	말씀 담	대답할 답	집 당 당당할 당	큰 대	대할 대 대답할 대	대신할 대 대 대	덕 덕 큰 덕

到	度	道	島	都	刀	圖	獨	讀	同
이를 도	법도 도 정도 도	길 도 도리 도	섬 도	도읍 도	칼 도	그림 도 꾀할 도	홀로 독	읽을 독	한가지 동 화할 동

洞	童	冬	東	動	頭	斗	豆	得	等
골 동 밝을 통	아이 동 어린이 동	겨울 동	동녘 동	움직일 동	머리 두	말 두	콩 두	얻을 득	무리 등

漢字	訓音	漢字	訓音	漢字	訓音	漢字	訓音	漢字	訓音	漢字	訓音
登	오를 등 / 기재할 등	落	떨어질 락	樂	즐길 락/노래 악 / 좋아할 요	卵	알 란	來	올 래	冷	찰 랭
良	좋을 량 / 어질 량	量	헤아릴 량	旅	나그네 려 / 군사 려	力	힘 력				
歷	지날 력	連	잇닿을 련	列	벌일 렬 / 줄 렬	令	명령할 령 / 하여금 령	例	법식 례	禮	예도 례
路	길 로	老	늙을 로	論	논의할 론 / 논할 논	料	헤아릴 료				
流	흐를 류	留	머무를 류	陸	뭍 륙	律	법 률	里	마을 리	理	다스릴 리 / 이치 리
利	이로울 리	林	수풀 림	立	설 립	馬	말 마				
萬	일만 만	滿	찰 만	末	끝 말	望	바랄 망	亡	망할 망	每	매양 매
賣	팔 매	勉	힘쓸 면 / 부지런할 면	面	낯 면	名	이름 명				
命	목숨 명 / 명령할 명	明	밝을 명	母	어머니 모	毛	털 모	木	나무 목	目	눈 목
武	호반 무	務	힘쓸 무	無	없을 무	舞	춤출 무				
門	문 문	問	물을 문	聞	들을 문	文	글월 문	物	물건 물	美	아름다울 미
米	쌀 미	未	아닐 미	味	맛 미	民	백성 민				
密	빽빽할 밀	反	돌이킬 반	半	반 반	發	필 발	方	모 방 / 본뜰 방	放	놓을 방
訪	찾을 방	防	막을 방	拜	절 배	白	흰 백				

百	番	法	變	別	病	兵	保	步	報
일백 백	차례 번	법 법	변할 변	나눌 별 다를 별	병 병	군사 병	지킬 보	걸음 보	갚을 보 알릴 보
福	服	復	本	奉	夫	父	富	婦	北
복 복	옷 복	다시 부 회복할 복	근본 본	받들 봉	지아비 부	아비 부	부자 부	며느리 부 아내 부	북녘 북 달아날 배
分	不	比	非	備	飛	氷	四	士	史
나눌 분 분수 분	아닐 불/부	견줄 비	아닐 비	갖출 비	날 비	얼음 빙	넉 사	선비 사	역사 사 사기 사
師	死	思	事	仕	使	寺	射	山	産
스승 사 군사 사	죽을 사	생각 사	일 사	섬길 사 섬길 사	하여금 사 부릴 사	절 사	쏠 사	뫼 산	낳을 산
算	殺	三	上	尙	賞	商	相	想	色
셈 산	죽일 살 빠를 쇄	석 삼	윗 상	오히려 상 숭상할 상	상줄 상	장사 상 헤아릴 상	서로 상	생각 상	빛 색
生	西	序	書	夕	石	席	先	線	善
날 생	서녘 서	차례 서	글 서	저녁 석	돌 석	자리 석	먼저 선	줄 선	착할 선
選	鮮	船	仙	雪	說	設	姓	性	成
가릴 선	고울 선 생선 선	배 선	신선 선	눈 설	말씀 설 달랠 세	베풀 설	성씨 성	성품 성	이룰 성

城	省	星	誠	聲	世	洗	勢	歲	小
성 성 재 성	살필 성 덜 생	별 성	정성 성	소리 성	인간 세 대 세	씻을 세	형세 세	해 세	작을 소
少	所	消	素	俗	速	孫	送	水	手
적을 소 젊을 소	바 소 곳 소	사라질 소	본디 소 흴 소	풍속 속	빠를 속	손자 손	보낼 송	물 수	손 수
受	授	守	收	數	首	順	習	勝	市
받을 수	줄 수	지킬 수	거둘 수	셈 수 자주 삭	머리 수 우두머리 수	순할 순	익힐 습	이길 승	저자 시
示	是	時	詩	視	始	施	食	植	識
보일 시	옳을 시 이 시	때 시	시 시	볼 시	처음 시 비로소 시	베풀 시	먹을 식 밥 식	심을 식	알 식 적을 지
式	身	神	臣	信	新	失	室	實	心
법 식	몸 신	귀신 신	신하 신	믿을 신	새 신	잃을 실 그르칠 실	집 실	열매 실	마음 심
十	氏	兒	安	案	愛	夜	野	約	藥
열 십	성씨 씨	아이 아	편안 안	책상 안 생각 안	사랑 애	밤 야	들 야	맺을 약	약 약
弱	若	羊	洋	養	陽	兩	魚	語	漁
약할 약	같을 약 반야 야	양 양	큰 바다 양 서양 양	기를 양	볕 양	두 량	물고기 어	말씀 어	고기 잡을 어

言	業	易	逆	然	研	熱	永	英	榮
말씀 언	업 업	바꿀 역 쉬울 이	거스를 역	그럴 연	갈 연 벼루 연	더울 열	길 영	꽃부리 영	영화로울 영
藝	五	午	烏	玉	屋	溫	完	王	往
재주 예	다섯 오	낮 오	까마귀 오	구슬 옥	집 옥	따뜻할 온	완전할 완	임금 왕	갈 왕
外	要	浴	用	勇	容	右	牛	友	雨
바깥 외	요긴할 요	목욕할 욕	쓸 용	날랠 용 용감할 용	얼굴 용	오른 우	소 우	벗 우	비 우
宇	雲	運	雄	元	原	遠	園	願	月
집 우	구름 운	옮길 운	수컷 웅	으뜸 원	근원 원 언덕 원	멀 원	동산 원	원할 원	달 월
位	爲	由	油	有	遺	肉	育	六	恩
자리 위 신분 위	할 위	말미암을 유	기름 유	있을 유	남길 유 따를 수	고기 육	기를 육	여섯 륙	은혜 은
銀	飮	音	邑	應	衣	義	議	醫	意
은 은	마실 음	소리 음	고을 읍	응할 응	옷 의	옳을 의	의논할 의	의원 의	뜻 의
二	耳	移	以	益	人	因	引	仁	一
두 이	귀 이	옮길 이	써 이	더할 익	사람 인	인할 인	끌 인	어질 인	한 일

日	入	子	字	自	者	作	將	長	場
날 일 해 일	들 입	아들 자	글자 자	스스로 자 자기 자	놈 자	지을 작	장수 장 장차 장	길 장 어른 장	마당 장
章	材	財	在	再	才	爭	貯	的	田
글 장	재목 재	재물 재	있을 재	두 재 거듭 재	재주 재	다툴 쟁	쌓을 저	과녁 적	밭 전
全	前	展	電	傳	典	戰	節	絕	店
온전할 전	앞 전	펼 전	번개 전	전할 전	법 전	싸움 전	마디 절 절기 절	끊을 절	가게 점
接	正	政	定	情	庭	精	弟	題	製
이을 접	바를 정	정사 정 다스릴 정	정할 정	뜻 정	뜰 정	찧을 정 정할 정	아우 제	제목 제	지을 제
第	帝	早	造	鳥	調	朝	助	祖	兆
차례 제	임금 제	이를 조	지을 조	새 조	고를 조	아침 조	도울 조	조상 조	조짐 조 조 조
足	族	存	卒	種	宗	左	罪	主	注
발 족	겨레 족	있을 존	군사 졸 마칠 졸	씨 종 종류 종	마루 종	왼 좌	허물 죄	주인 주	부을 주 물 댈 주
住	晝	走	宙	竹	中	衆	重	增	止
살 주	낮 주	달릴 주	집 주	대 죽	가운데 중	무리 중	무거울 중	더할 증	그칠 지

DAY 01 9~5급 배정한자

知	地	指	支	志	至	紙	直	眞	進
알 지	땅 지	가리킬 지 손가락 지	지탱할 지	뜻 지	이를 지	종이 지	곧을 직	참 진	나아갈 진
質	集	次	着	察	參	唱	窓	責	冊
바탕 질	모을 집	버금 차	붙을 착	살필 찰	참여할 참 석 삼	부를 창	창문 창	꾸짖을 책 책임 책/빚 채	책 책
處	千	天	川	靑	淸	體	初	草	村
곳 처	일천 천	하늘 천	내 천	푸를 청	맑을 청	몸 체	처음 초	풀 초	마을 촌
寸	最	秋	追	祝	春	出	充	忠	蟲
마디 촌	가장 최	가을 추	쫓을 추 따를 추	빌 축	봄 춘	날 출	채울 충	충성 충	벌레 충
取	治	致	齒	則	親	七	快	打	太
가질 취	다스릴 치	이를 치	이 치	법칙 칙 곧 즉	친할 친	일곱 칠	쾌할 쾌	칠 타	클 태
宅	土	通	統	退	特	波	判	八	敗
집 택 댁 댁	흙 토	통할 통	거느릴 통	물러날 퇴	특별할 특	물결 파	판단할 판	여덟 팔	패할 패
貝	便	片	平	表	品	風	豊	皮	必
조개 패	편할 편 똥오줌 변	조각 편	평평할 평 다스릴 편	겉 표	물건 품	바람 풍	풍년 풍	가죽 피	반드시 필

筆	下	夏	河	學	韓	漢	限	合	海
붓 필	아래 하	여름 하	물 하 강 하	배울 학	나라 이름 한	한수 한 한나라 한	한정할 한	합할 합	바다 해
解	害	行	幸	香	鄕	向	革	現	血
풀 해	해칠 해	다닐 행 항렬 항	다행 행	향기 향	시골 향	향할 향	가죽 혁 고칠 혁	나타날 현	피 혈
協	兄	形	惠	好	號	湖	虎	婚	火
화합할 협	형 형	모양 형	은혜 혜	좋을 호	부르짖을 호 이름 호	호수 호	범 호	혼인할 혼	불 화
化	花	和	話	貨	畫	患	活	黃	皇
될 화	꽃 화	화할 화	말씀 화	재물 화	그림 화 그을 획	근심 환	살 활	누를 황	임금 황
回	會	孝	效	後	訓	休	凶	興	希
돌아올 회	모일 회	효도 효	본받을 효 효과 효	뒤 후	가르칠 훈	쉴 휴	흉할 흉	일 흥	바랄 희

DAY 01 · 4급 배정한자
완벽복습 300자

佳	假	脚	看	渴	減	甘	敢	甲	降
아름다울 가	거짓 가 빌릴 가	다리 각	볼 간	목마를 갈	덜 감	달 감	감히 감	갑옷 갑	내릴 강 항복할 항

講	皆	更	居	巨	乾	堅	潔	庚	耕
외울 강	다 개	다시 갱 고칠 경	살 거	클 거	하늘 건 마를 건	굳을 견	깨끗할 결	별 경 나이 경	밭갈 경

驚	輕	溪	鷄	癸	苦	穀	困	坤	關
놀랄 경	가벼울 경	시내 계	닭 계	북방 계	쓸 고	곡식 곡	곤할 곤	땅 곤	관계할 관

橋	舊	卷	勸	歸	均	極	急	及	給
다리 교	옛 구	책 권	권할 권	돌아갈 귀	고를 균	극진할 극 다할 극	급할 급	미칠 급	줄 급

幾	旣	暖	乃	怒	端	但	當	待	徒
몇 기	이미 기	따뜻할 난	이에 내	성낼 노	끝 단	다만 단 거짓 탄	마땅 당	기다릴 대	무리 도 헛되이 도

燈	浪	郞	凉	練	烈	領	露	綠	柳
등잔 등	물결 랑	사내 랑	서늘할 량	익힐 련	매울 렬	거느릴 령	이슬 로	푸를 록	버들 류

倫	李	莫	晚	忙	忘	妹	買	麥	免
인륜 륜	오얏 리 성씨 리	없을 막	늦을 만	바쁠 망	잊을 망	누이 매	살 매	보리 맥	면할 면
眠	鳴	暮	卯	妙	戊	茂	墨	勿	尾
잘 면	울 명	저물 모	토끼 묘 넷째 지지 묘	묘할 묘	천간 무	무성할 무	먹 묵	말 물	꼬리 미
朴	飯	房	杯	伐	凡	丙	伏	逢	扶
성씨 박 순박할 박	밥 반	방 방	잔 배	칠 벌	무릇 범	남녘 병	엎드릴 복	만날 봉	도울 부
否	部	浮	佛	朋	悲	鼻	貧	私	謝
아닐 부	떼/나눌 부 거느릴 부	뜰 부	부처 불	벗 붕	슬플 비	코 비	가난할 빈	사사로울 사	사례할 사
舍	巳	絲	散	常	霜	傷	喪	暑	昔
집 사	뱀 사	실 사	흩을 산	떳떳할 상 항상 상	서리 상	다칠 상	잃을 상	더울 서	옛 석 섞일 착
惜	舌	盛	聖	稅	細	笑	續	松	修
아낄 석	혀 설	성할 성	성인 성	세금 세	가늘 세	웃음 소	이을 속	소나무 송	닦을 수
樹	愁	壽	秀	誰	雖	須	叔	宿	淑
나무 수	근심 수	목숨 수	빼어날 수	누구 수	비록 수	모름지기 수	아저씨 숙	잘 숙	맑을 숙

純	戌	崇	拾	乘	承	試	申	辛	甚
순수할 순	개 술	높을 숭	주울 습 열 십	탈 승	이을 승	시험 시	거듭 신 펼 신	매울 신	심할 심
深	我	惡	眼	顔	巖	暗	仰	哀	也
깊을 심	나 아	악할 악 미워할 오	눈 안	얼굴 안	바위 암	어두울 암	우러를 앙	슬플 애	어조사 야
讓	揚	於	憶	億	嚴	餘	與	余	汝
사양할 양	날릴 양	어조사 어	생각할 억	억 억	엄할 엄	남을 여	더불 여 줄 여	나 여	너 여
如	亦	煙	悅	炎	葉	迎	吾	悟	誤
같을 여	또 역	연기 연	기쁠 열	불꽃 염	잎 엽	맞을 영	나 오	깨달을 오	그르칠 오
瓦	臥	曰	欲	于	憂	又	尤	遇	云
기와 와	누울 와	가로 왈	하고자할 욕	어조사 우	근심 우	또 우	더욱 우	만날 우	이를 운
怨	圓	危	偉	威	酉	猶	唯	遊	柔
원망할 원	둥글 원	위태할 위	클 위	위엄 위	닭 유	오히려 유	오직 유	놀 유	부드러울 유
幼	乙	吟	陰	泣	依	矣	已	而	異
어릴 유	새 을	읊을 음	그늘 음	울 읍	의지할 의	어조사 의	이미 이	말이을 이	다를 이

忍	寅	印	認	壬	慈	姊	昨	壯	栽
참을 인	범 인	도장 인	알 인	북방 임	사랑 자	손위 누이 자	어제 작	장할 장	심을 재

哉	著	低	敵	適	赤	錢	丁	頂	停
어조사 재	나타날 저	낮을 저	대적할 적	맞을 적	붉을 적	돈 전	고무래 정	정수리 정	머무를 정

井	貞	靜	淨	除	祭	諸	尊	從	終
우물 정	곧을 정	고요할 정	깨끗할 정	덜 제	제사 제	모두 제	높을 존	좇을 종	마칠 종

鐘	坐	酒	朱	卽	曾	證	只	枝	持
쇠북 종	앉을 좌	술 주	붉을 주	곧 즉	일찍 증	증거 증	다만 지	가지 지	가질 지

之	辰	盡	執	此	借	且	昌	採	菜
갈 지	별 진 때 신	다할 진	잡을 집	이 차	빌릴 차	또 차	창성할 창	캘 채	나물 채

妻	尺	淺	泉	鐵	聽	晴	請	招	推
아내 처	자 척	얕을 천	샘 천	쇠 철	들을 청	갤 청	청할 청	부를 초	밀 추/퇴

丑	就	吹	針	他	脫	探	泰	投	破
소 축	나아갈 취	불 취	바늘 침	다를 타	벗을 탈	찾을 탐	클 태	던질 투	깨뜨릴 파

篇	閉	布	抱	暴	彼	匹	何	賀	寒
책 편	닫을 폐	펼 포/베 포 보시 보	안을 포	사나울 폭/포	저 피	짝 필	어찌 하	하례할 하	찰 한
恨	閑	恒	亥	虛	許	賢	刑	乎	戶
한 한	한가할 한	항상 항	돼지 해	빌 허	허락할 허	어질 현	형벌 형	어조사 호	집 호 지게 호
呼	或	混	紅	華	歡	厚	胸	黑	喜
부를 호	혹시 혹	섞을 혼	붉을 홍	빛날 화	기쁠 환	두터울 후	가슴 흉	검을 흑	기쁠 희

DAY 02 — 3급 배정한자
완벽복습 900자

DAY 02 쪽지시험

DAY 02

暇	架	覺	刻	却	閣	簡	刊	肝	姦
겨를 가 틈 가	시렁 가	깨달을 각	새길 각	물리칠 각	집 각 내각 각	대쪽/편지 간 간략할 간	새길 간 책 펴낼 간	간 간	간음할 간

幹	懇	鑑	監	康	剛	鋼	綱	介	慨
줄기 간 주관할 관	간절할 간 정성 간	거울 감	볼 감	편안 강	굳셀 강	강철 강	벼리 강	낄 개	슬퍼할 개 분개할 개

概	蓋	距	拒	據	健	件	傑	乞	儉
대개 개 절개 개	덮을 개	떨어질 거 상거할 거	막을 거	근거 거 의지할 거	굳셀 건 건강할 건	물건 건 사건 건	뛰어날 걸	빌 걸	검소할 검

劍	檢	格	擊	激	隔	絹	肩	遣	牽
칼 검	검사할 검	격식 격	칠 격 마주칠 격	격할 격	사이 뜰 격	비단 견	어깨 견	보낼 견	끌 견

缺	兼	謙	竟	境	鏡	頃	傾	硬	警
이지러질 결 모자랄 결	겸할 겸	겸손할 겸 사양할 겸	마침내 경 다할 경	지경 경 경계 경	거울 경	잠깐 경 반걸음 규	기울 경	굳을 경	경계할 경 깨우칠 경

徑	卿	系	係	戒	械	繼	契	桂	啓
지름길 경 길 경	벼슬 경	이을 계 맬 계	맬 계	경계할 계	기계 계 틀 계	이을 계	맺을 계 애쓸 결	계수나무 계	열 계

階	繫	枯	姑	庫	孤	鼓	稿	顧	哭
섬돌 계	맬 계	마를 고	시어미 고	곳집 고	외로울 고 부모 없을 고	북 고 두드릴 고	원고 고	돌아볼 고 생각할 고	울 곡

孔	供	恭	攻	恐	貢	寡	誇	郭	館
구멍 공	이바지할 공	공손할 공	칠 공	두려울 공	바칠 공	적을 과 과부 과	자랑할 과	외성 곽 둘레 곽	집 관

管	貫	慣	冠	寬	鑛	狂	掛	塊	愧
대롱 관 주관할 관	꿸 관	익숙할 관	갓 관 우두머리 관	너그러울 관	쇳돌 광 광석 광	미칠 광	걸 괘	덩어리 괴 흙덩이 괴	부끄러울 괴

怪	壞	郊	較	巧	矯	丘	俱	懼	狗
괴이할 괴	무너질 괴	들 교 교외 교	비교할 교	공교할 교 교묘할 교	바로잡을 교	언덕 구 무덤 구	함께 구 갖출 구	두려워할 구 조심할 구	개 구

龜	驅	構	具	區	拘	球	苟	菊	局
땅 이름 구 거북 귀/터질 균	몰 구	얽을 구	갖출 구	구역 구 구분할 구	잡을 구	공 구	진실로 구 구차할 구	국화 국	판 국

群	屈	窮	宮	券	拳	厥	軌	鬼	規
무리 군	굽힐 굴	다할 궁 궁할 궁	집 궁	문서 권	주먹 권	그 궐	바퀴자국 궤	귀신 귀	법 규

叫	糾	菌	克	劇	斤	僅	謹	琴	禽
부르짖을 규 울 규	얽힐 규 모을 규	버섯 균 세균 균	이길 극	심할 극 연극 극	근 근 도끼 근	겨우 근 적을 근	삼갈 근	거문고 금	새 금 사로잡을 금

錦	級	肯	忌	棄	祈	豈	機	騎	紀
비단 금	등급 급	즐길 긍	꺼릴 기 기일 기	버릴 기	빌 기	어찌 기	틀 기 기회 기	말 탈 기	벼리 기 해 기
飢	旗	欺	企	奇	寄	器	畿	緊	那
주릴 기	기 기	속일 기	꾀할 기 바랄 기	기이할 기	부칠 기	그릇 기	경기 기 지경 기	긴할 긴	어찌 나
納	奈	耐	寧	努	奴	腦	惱	泥	茶
들일 납 바칠 납	어찌 내/나	견딜 내	편안할 녕	힘쓸 노	종 노	골 뇌	번뇌할 뇌	진흙 니	차 다/차
旦	團	壇	斷	段	檀	淡	擔	畓	踏
아침 단	둥글 단	단 단	끊을 단	층계 단	박달나무 단	맑을 담 싱거울 담	멜 담	논 답	밟을 답
唐	糖	黨	貸	臺	隊	帶	桃	稻	跳
당나라 당 당황할 당	엿 당/탕	무리 당	빌릴 대	대 대	무리 대	띠 대 찰 대	복숭아 도	벼 도	뛸 도
途	陶	逃	倒	導	挑	盜	渡	塗	毒
길 도	질그릇 도	달아날 도 도망할 도	넘어질 도	인도할 도	돋울 도	도둑 도	건널 도	칠할 도 길 도	독 독
篤	督	豚	敦	突	凍	銅	鈍	屯	騰
도타울 독	감독할 독	돼지 돈	도타울 돈	갑자기 돌	얼 동	구리 동	둔할 둔	진 칠 둔	오를 등

羅	絡	諾	亂	欄	蘭	濫	覽	娘	廊
벌일 라 그물 라	이을 락	허락할 락/낙	어지러울 란	난간 란	난초 란	넘칠 람	볼 람	여자 랑	행랑 랑 사랑채 랑
略	掠	梁	糧	諒	麗	慮	勵	曆	鍊
간략할 략	노략질할 략	들보 량	양식 량	살펴 알 량	고울 려	생각할 려 염려할 려	힘쓸 려	책력 력	불릴 련 단련할 련
憐	聯	戀	蓮	劣	裂	廉	獵	零	靈
불쌍히 여길 련	연이을 련	그리워할 련	연꽃 련	못할 렬	찢을 렬	청렴할 렴	사냥 렵	떨어질 령	신령 령
嶺	隷	爐	祿	錄	鹿	弄	賴	雷	了
고개 령	종 례	화로 로	녹 록	기록할 록	사슴 록	희롱할 롱	의뢰할 뢰	우레 뢰	마칠 료
僚	龍	屢	樓	累	淚	漏	類	輪	栗
동료 료 관리 료	용 룡	여러 루	다락 루	여러 루 자주 루	눈물 루	샐 루	무리 류	바퀴 륜	밤 률
率	隆	陵	吏	離	裏	履	梨	隣	臨
비율 률 거느릴 솔	높을 륭 성할 륭	언덕 릉	관리 리	떠날 리	속 리	밟을 리 신 리	배나무 리	이웃 린	임할 림
磨	麻	幕	漠	漫	慢	茫	妄	罔	媒
갈 마	삼 마 저릴 마	장막 막	넓을 막 사막 막	흩어질 만	거만할 만 게으를 만	아득할 망 넓을 망	망령될 망 허망할 망	그물 망 없을 망	중매 매

梅	埋	脈	孟	盲	盟	猛	綿	滅	銘
매화 매	묻을 매 감출 매	줄기 맥 맥 맥	맏 맹 맹랑할 맹	눈 멀 맹	맹세 맹	사나울 맹	솜 면 얽힐 면	꺼질 멸 멸할 멸	새길 명

冥	募	某	謀	貌	慕	模	侮	冒	牧
어두울 명	모을 모 뽑을 모	아무 모	꾀 모 도모할 모	모양 모	그릴 모 생각할 모	본뜰 모 모호할 모	업신여길 모	무릅쓸 모	칠 목 다스릴 목

睦	沒	夢	蒙	墓	廟	苗	貿	霧	默
화목할 목	빠질 몰 잠길 몰	꿈 몽	어두울 몽	무덤 묘	사당 묘 묘당 묘	모 묘	무역할 무	안개 무	잠잠할 묵

微	眉	迷	敏	憫	蜜	泊	博	拍	薄
작을 미	눈썹 미	미혹할 미	민첩할 민	민망할 민 근심할 민	꿀 밀	배 댈 박 머무를 박	넓을 박	칠 박	엷을 박

迫	叛	班	返	盤	般	伴	髮	拔	倣
핍박할 박	배반할 반	나눌 반 반 반	돌이킬 반	쟁반 반 소반 반	일반 반	짝 반 따를 반	터럭 발 머리털 발	뽑을 발	본뜰 방 본받을 방

芳	邦	妨	傍	培	輩	倍	排	配	背
꽃다울 방 향기 방	나라 방	방해할 방 거리낄 방	곁 방	북 돋울 배	무리 배	곱 배	물리칠 배	짝 배 나눌 배	등 배 배반할 배

伯	煩	飜	繁	罰	範	犯	壁	碧	辨
맏 백	번거로울 번 번민할 번	번역할 번 뒤칠 번	번성할 번	벌할 벌	법 범 한계 범	범할 범 죄인 범	벽 벽	푸를 벽	분별할 변 가릴 변

辯	邊	竝	屛	補	寶	譜	普	卜	複
말씀 변 말 잘할 변	가 변	나란히 병 함께 병	병풍 병	기울 보 도울 보	보배 보	족보 보	넓을 보 두루 보	점 복	겹칠 복

腹	覆	蜂	鳳	封	峯	符	簿	賦	赴
배 복	다시 복 덮을 부	벌 봉	봉새 봉	봉할 봉	봉우리 봉	부호 부	문서 부	부세 부	다다를 부

附	付	腐	府	副	負	紛	奮	墳	奔
붙을 부	줄 부 붙일 부	썩을 부 낡을 부	마을 부	버금 부	질 부	어지러울 분	떨칠 분 성낼 분	무덤 분	달릴 분 달아날 분

粉	憤	拂	崩	卑	妃	批	肥	碑	祕
가루 분	분할 분	떨칠 불	무너질 붕	낮을 비 천할 비	왕비 비 짝 비	비평할 비 칠 비	살찔 비 거름 비	비석 비	숨길 비

婢	費	賓	頻	聘	似	捨	斯	沙	蛇
여자 종 비	쓸 비	손님 빈	자주 빈	부를 빙	닮을 사 본뜰 사	버릴 사 베풀 사	이 사 어조사 사	모래 사	뱀 사

詐	詞	賜	寫	辭	邪	査	斜	司	社
속일 사 거짓 사	말 사 글 사	줄 사	베낄 사 그릴 사	말씀 사 사양할 사	간사할 사	조사할 사	비낄 사 기울 사	맡을 사 벼슬 사	모일 사

祀	削	朔	嘗	裳	詳	祥	床	象	像
제사 사	깎을 삭	초하루 삭 북쪽 삭	맛볼 상 일찍 상	치마 상	자세할 상	상서 상 조짐 상	평상 상	코끼리 상	모양 상

桑	狀	償	雙	塞	索	敍	徐	庶	恕
뽕나무 상	형상 상 문서 장	갚을 상 보답할 상	두 쌍 쌍 쌍	변방 새 막힐 색	찾을 색 동아줄 삭	펼 서 차례 서	천천히 할 서	여러 서	용서할 서
署	緖	誓	逝	析	釋	宣	禪	旋	涉
관청 서 서명할 서	실마리 서	맹세할 서 약속 서	갈 서	쪼갤 석 나눌 석	풀 석	베풀 선	좌선할 선 고요할 선	돌 선	건널 섭
攝	召	昭	蘇	騷	燒	訴	掃	疏	蔬
다스릴 섭 잡을 섭	부를 소	밝을 소	되살아날 소 깨어날 소	떠들 소	불사를 소	호소할 소	쓸 소	소통할 소 성길 소	나물 소 채소 소
束	粟	屬	損	訟	誦	頌	刷	鎖	衰
묶을 속 약속할 속	조 속	무리 속 이을 촉	덜 손	송사할 송	외울 송	칭송할 송 기릴 송	인쇄할 쇄	쇠사슬 쇄 잠글 쇄	쇠할 쇠 상복 최
囚	睡	輸	遂	隨	帥	獸	殊	需	垂
가둘 수 죄수 수	졸음 수 잠잘 수	보낼 수	드디어 수 따를 수	따를 수	장수 수	짐승 수	다를 수 뛰어날 수	쓸 수	드리울 수
搜	孰	肅	熟	循	旬	殉	瞬	脣	巡
찾을 수	누구 숙	엄숙할 숙	익을 숙 익숙할 숙	돌 순 순행할 순	열흘 순	따라 죽을 순	깜짝일 순 잠깐 순	입술 순	돌 순 순행할 순
術	述	濕	襲	僧	昇	侍	矢	息	飾
재주 술 기술 술	펼 술	젖을 습	엄습할 습	중 승	오를 승	모실 시	화살 시	쉴 식 자식 식	꾸밀 식

伸	愼	晨	審	尋	牙	亞	芽	雅	餓
펼 신	삼갈 신	새벽 신	살필 심	찾을 심	어금니 아	버금 아	싹 아	맑을 아	주릴 아

岳	雁	岸	謁	壓	押	央	殃	涯	厄
큰 산 악	기러기 안	언덕 안	뵐 알	누를 압	누를 압 단속할 갑	가운데 앙	재앙 앙	물가 애	재앙 액

額	耶	躍	樣	壤	楊	御	抑	焉	予
이마 액 수량 액	어조사 야	뛸 약	모양 양	흙덩이 양	버들 양	거느릴 어 막을 어	누를 억	어찌 언	나 여 줄 여

輿	域	役	驛	疫	譯	宴	燕	沿	燃
수레 여	지경 역 구역 역	부릴 역	역 역	전염병 역	번역할 역	잔치 연	제비 연	물 따라갈 연 따를 연	탈 연

演	鉛	延	軟	緣	閱	染	鹽	泳	詠
펼 연 넓힐 연	납 연	늘일 연	연할 연	인연 연	볼 열 셀 열	물들 염	소금 염	헤엄칠 영	읊을 영 노래할 영

映	營	影	豫	譽	銳	傲	嗚	娛	汚
비칠 영	경영할 영	그림자 영	미리 예	기릴 예 명예 예	날카로울 예	거만할 오	슬플 오	즐길 오	더러울 오

獄	翁	擁	緩	畏	腰	遙	謠	搖	慾
옥 옥	늙은이 옹	낄 옹 안을 옹	느릴 완	두려워할 외	허리 요	멀 요 거닐 요	노래 요	흔들 요	욕심 욕

辱	庸	偶	愚	郵	羽	優	韻	援	院
욕될 욕	떳떳할 용 쓸 용	짝 우 우연 우	어리석을 우	우편 우	깃 우	넉넉할 우 뛰어날 우	운 운	도울 원	집 원

源	員	越	緯	胃	謂	違	圍	慰	僞
근원 원	인원 원	넘을 월	씨줄 위	밥통 위	이를 위	어긋날 위	에워쌀 위	위로할 위	거짓 위

衛	委	幽	惟	維	乳	儒	裕	誘	愈
지킬 위	맡길 위	그윽할 유	생각할 유 오직 유	벼리 유 맬 유	젖 유	선비 유	넉넉할 유	꾈 유	나을 유

悠	閏	潤	隱	淫	凝	儀	疑	宜	夷
멀 유 한가할 유	윤달 윤	윤택할 윤 젖을 윤	숨을 은	음란할 음	엉길 응	거동 의 본보기 의	의심할 의	마땅 의	오랑캐 이

翼	姻	逸	任	賃	刺	姿	紫	資	玆
날개 익	혼인 인	편안할 일 숨을 일	맡길 임 버려둘 임	품삯 임	찌를 자/척	모양 자 성품 자	자줏빛 자	재물 자	이 자 검을 자

恣	爵	酌	殘	潛	暫	雜	張	粧	腸
방자할 자 마음대로 자	벼슬 작	술 부을 작 잔질할 작	잔인할 잔	잠길 잠	잠깐 잠	섞일 잡	베풀 장 과장할 장	단장할 장	창자 장

莊	裝	墻	障	藏	丈	掌	葬	奬	帳
씩씩할 장 장중할 장	꾸밀 장	담 장	막을 장	감출 장	어른 장	손바닥 장 맡을 장	장사 지낼 장	권면할 장	장막 장

臟	載	災	裁	宰	抵	底	寂	摘	滴
오장 장	실을 재	재앙 재	마를 재	재상 재 주관할 재	막을 저 거스를 저	밑 저	고요할 적	딸 적	물방울 적

績	跡	賊	積	籍	專	轉	殿	折	切
길쌈할 적 공 적	발자취 적	도둑 적	쌓을 적	문서 적	오로지 전	구를 전 옮길 전	전각 전	꺾을 절	끊을 절 모두 체

竊	點	漸	占	蝶	廷	訂	程	亭	征
훔칠 절	점 점	점점 점	점칠 점 점령할 점	나비 접	조정 정	바로잡을 정	한도 정 길 정	정자 정	칠 정

整	際	堤	濟	制	齊	提	弔	照	租
가지런할 정	즈음 제 사귈 제	둑 제	건널 제 도울 제	절제할 제 지을 제	가지런할 제 다스릴 제	끌 제	조상할 조	비칠 조 대조할 조	조세 조

燥	組	條	操	潮	拙	縱	佐	座	周
마를 조 애태울 조	짤 조	가지 조 조목 조	잡을 조 지조 조	밀물 조 조수 조	옹졸할 졸	세로 종	도울 좌	자리 좌	두루 주

舟	州	柱	株	洲	奏	珠	鑄	準	俊
배 주	고을 주	기둥 주 받칠 주	그루 주 주식 주	물가 주 섬 주	아뢸 주 연주할 주	구슬 주	불릴 주 부어 만들 주	준할 준 법도 준	준걸 준

遵	仲	憎	症	蒸	贈	遲	智	誌	池
좇을 준 지킬 준	버금 중	미울 증	증세 증	찔 증	줄 증	더딜 지 늦을 지	지혜 지	기록할 지	못 지

職	織	珍	鎭	振	陳	陣	震	姪	疾
직분 직	짤 직	보배 진	진압할 진	떨칠 진 진동할 진	베풀 진	진칠 진	우레 진	조카 질 조카딸 질	병 질 미워할 질
秩	徵	懲	差	捉	錯	贊	讚	慙	慘
차례 질	부를 징 거둘 징	징계할 징	다를 차	잡을 착	어긋날 착	도울 찬 찬성할 찬	기릴 찬	부끄러울 참	참혹할 참
創	暢	蒼	倉	債	彩	策	斥	戚	拓
비롯할 창 시작할 창	화창할 창	푸를 창	곳집 창 창고 창	빚 채	채색 채 무늬 채	꾀 책 채찍 책	물리칠 척	친척 척	넓힐 척 박을 탁
薦	賤	遷	踐	哲	徹	尖	添	妾	廳
천거할 천 드릴 천	천할 천 업신여길 천	옮길 천	밟을 천	밝을 철 슬기로울 철	통할 철 뚫을 철	뾰족할 첨	더할 첨	첩 첩	관청 청 마루 청
替	滯	逮	遞	抄	肖	礎	超	秒	促
바꿀 체	막힐 체	잡을 체 미칠 체	갈릴 체	뽑을 초	닮을 초	주춧돌 초 기초 초	뛰어넘을 초	분초 초	재촉할 촉
觸	燭	總	聰	銃	催	抽	醜	逐	縮
닿을 촉	촛불 촉 밝을 촉	모두 총 합할 총	귀밝을 총 총명할 총	총 총	재촉할 최 열 최	뽑을 추	추할 추 더러울 추	쫓을 축 물리칠 축	줄일 축
畜	築	蓄	衝	臭	趣	醉	側	測	層
가축 축 짐승 축	쌓을 축	모을 축	찌를 충 부딪칠 충	냄새 취	뜻 취	취할 취	곁 측 기울 측	헤아릴 측	층 층

恥	値	置	漆	沈	侵	寢	枕	浸	稱
부끄러울 치	값 치	둘 치	옻 칠	잠길 침	침노할 침 범할 침	잘 침	베개 침 벨 침	잠길 침 적실 침	칭찬할 칭 일컬을 칭
墮	妥	托	濁	濯	卓	歎	彈	炭	誕
떨어질 타	온당할 타	맡길 탁 의지할 탁	흐릴 탁	씻을 탁	높을 탁 탁자 탁	탄식할 탄	탄알 탄	숯 탄	거짓 탄 낳을 탄
奪	貪	塔	湯	怠	殆	態	澤	擇	討
빼앗을 탈	탐낼 탐	탑 탑	끓일 탕	게으를 태	거의 태 위태로울 태	모습 태 태도 태	못 택 은혜 택	가릴 택	칠 토 연구할 토
吐	痛	鬪	透	播	罷	派	頗	把	販
토할 토	아플 통	싸울 투	통할 투 사무칠 투	뿌릴 파	마칠 파	갈래 파 보낼 파	자못 파 치우칠 파	잡을 파	팔 판 장사 판
版	板	編	遍	偏	評	幣	廢	弊	肺
판목 판 인쇄 판	널빤지 판 판목 판	엮을 편	두루 편	치우칠 편 기울 편	평할 평	화폐 폐	폐할 폐	폐단 폐	허파 폐
蔽	胞	包	浦	飽	捕	幅	爆	標	票
덮을 폐	세포 포	쌀 포 꾸러미 포	개 포	배부를 포	잡을 포	폭 폭	터질 폭	표할 표	표 표
漂	被	避	疲	畢	荷	鶴	旱	汗	割
떠다닐 표 빨래할 표	입을 피 받을 피	피할 피	피곤할 피	마칠 필	멜 하	학 학	가물 한	땀 한	벨 할 나눌 할

含	咸	陷	巷	港	航	抗	項	奚	該
머금을 함	다 함	빠질 함 함정 함	거리 항	항구 항	배 항 비행할 항	겨룰 항	항목 항	어찌 해 종 해	갖출 해 마땅 해

核	響	享	軒	憲	獻	險	驗	顯	懸
씨 핵	울릴 향	누릴 향	집 헌	법 헌	드릴 헌	험할 험	시험 험	나타날 현	매달 현

玄	縣	絃	穴	嫌	脅	亨	螢	衡	慧
검을 현	고을 현	줄 현	구멍 혈	싫어할 혐 혐의할 혐	위협할 협	형통할 형	반딧불 형	저울대 형 가로 횡	슬기로울 혜

兮	毫	互	浩	胡	豪	護	惑	昏	魂
어조사 혜 말 이을 혜	터럭 호	서로 호	넓을 호	오랑캐 호 어찌 호	호걸 호	도울 호	미혹할 혹	어두울 혼	넋 혼

忽	洪	弘	鴻	禾	禍	擴	確	穫	還
갑자기 홀 소홀할 홀	넓을 홍	클 홍	기러기 홍	벼 화	재앙 화	넓힐 확	굳을 확 확실할 확	거둘 확	돌아올 환

環	丸	換	荒	況	悔	懷	獲	劃	橫
고리 환 두를 환	둥글 환	바꿀 환	거칠 황	상황 황 하물며 황	뉘우칠 회	품을 회 달랠 회	얻을 획	그을 획	가로 횡

曉	侯	候	毁	輝	揮	携	吸	稀	戱
새벽 효 밝을 효	제후 후	기후 후	헐 훼 무너질 훼	빛날 휘	휘두를 휘	이끌 휴	마실 흡	드물 희	희롱할 희 탄식할 호

德不孤, 必有隣.
"덕 있는 사람은 외롭지 않다.
반드시 알아줄 이웃이 있다."
- ≪논어≫, 〈이인(里仁)〉

DAY 03~04

2급 배정한자
합격보장 1,501자

합격 Tip!
총 150문제 중 130문제가 2급에서 출제!
2급 한자를 완벽하게 익힌다면 합격 보장!

往者不可諫, 來者猶可追.
"지나간 일은 되돌릴 수 없으나,
다가올 일은 결정할 수 있다."
- ≪논어≫, 〈미자(微子)〉

DAY 03~04 2급 배정한자
합격보장 1,501자

DAY 03~04 쪽지시험

DAY 03

伽	哥	嘉	嫁	柯	稼	苛	袈	訶	賈
절 가 가야 가	성씨 가 노래 가	아름다울 가 기릴 가	시집갈 가	가지 가	심을 가	가혹할 가 매울 가	가사 가	꾸짖을 가/하	값 가 장사 고

跏	迦	駕	恪	殼	墾	奸	杆	桿	澗
책상다리 할 가	부처 이름 가	멍에 가 능가할 가	삼갈 각	껍질 각	개간할 간	간사할 간	몽둥이 간	난간 간	산골 물 간

癎	竿	艮	艱	諫	喝	碣	葛	褐	鞨
간질 간	낚싯대 간	괘 이름 간	어려울 간	간할 간	꾸짖을 갈 고함칠 갈	비석 갈	칡 갈	갈색 갈 굵은 베 갈	말갈 갈

勘	堪	嵌	憾	柑	疳	紺	邯	龕	匣
헤아릴 감	견딜 감	산골짜기 감	섭섭할 감	귤 감	감질 감	감색 감	땅 이름 감/한	감실 감	갑 갑

岬	姜	岡	崗	疆	羌	腔	薑	凱	漑
곶 갑	성씨 강	산등성이 강	언덕 강	지경 강	오랑캐 강	속 빌 강	생강 강	개선할 개	물 댈 개

箇	芥	坑	羹	渠	巾	腱	虔	鍵	杰
낱 개	겨자 개	구덩이 갱	국 갱	개천 거 도랑 거	수건 건	힘줄 건	공경할 건	열쇠 건 자물쇠 건	뛰어날 걸

黔	劫	怯	偈	揭	擎	覡	甄	繭	鵑
검을 검	위협할 겁	겁낼 겁	쉴 게	높이 들 게	격문 격	박수 격	질그릇 견 살필 견	고치 견	두견새 견

訣	鎌	憬	曔	梗	璟	瓊	痙	磬	脛
이별할 결 비결 결	낫 겸	깨달을 경 동경할 경	볕 경 밝을 경	줄기 경 막힐 경	옥빛 경	구슬 경	경련 경	경쇠 경	정강이 경

莖	頸	鯨	悸	稽	誡	谿	叩	拷	攷
줄기 경	목 경	고래 경	두근거릴 계	생각할 계 머무를 계	경계할 계	시내 계	두드릴 고 조아릴 고	칠 고	생각할 고 살필 고

皋	股	膏	藁	袴	誥	錮	雇	崑	昆
언덕 고 못 고	넓적다리 고	기름 고	짚 고 원고 고	바지 고	고할 고	막을 고	품 팔 고 품 살 고	산 이름 곤	맏 곤 벌레 곤

棍	袞	控	拱	串	戈	瓜	菓	顆	槨
몽둥이 곤	곤룡포 곤	당길 공	팔짱 낄 공	땅 이름 곶 꿸 관	창 과	오이 과	과자 과 과일 과	낟알 과	덧널 곽

藿	廓	棺	款	灌	罐	括	适	匡	壙
콩잎 곽 미역 곽	둘레 곽	널 관	항목 관 정성 관	물 댈 관	두레박 관	묶을 괄	빠를 괄 맞을 적	바를 광 구원할 광	뫼 구덩이 광

曠	珖	卦	乖	傀	槐	魁	宏	僑	咬
빌 광 밝을 광	옥피리 광	점괘 괘 걸 괘	어그러질 괴	허수아비 괴 클 괴	회화나무 괴	괴수 괴	클 굉	더부살이 교	물 교

喬	嬌	攪	絞	膠	轎	驕	仇	勾	垢
높을 교	아리따울 교	어지러울 교	목맬 교	아교 교	가마 교	교만할 교	원수 구	글귀 구 갈고리 구	때 구
寇	歐	毬	溝	灸	矩	臼	舅	購	軀
도적 구	구라파 구	공 구	도랑 구	뜸 구	모날 구 법도 구	절구 구	시아버지 구	살 구	몸 구
逑	邱	鉤	駒	鳩	鷗	耆	鞠	鞫	麴
짝 구	언덕 구 땅 이름 구	갈고리 구	망아지 구	비둘기 구 모일 구	갈매기 구	늙을 구	공 국 국문할 국	국문할 국	누룩 국
裙	堀	掘	窟	穹	躬	倦	圈	捲	眷
치마 군	굴 굴	팔 굴	굴 굴	하늘 궁	몸 궁	게으를 권	우리 권 술잔 권	거둘 권 말 권	돌볼 권
闕	櫃	潰	晷	圭	奎	揆	珪	硅	窺
대궐 궐 모자랄 궐	궤 궤	무너질 궤	그림자 귀/구	서옥 규 홀 규	별 규	헤아릴 규 벼슬 규	서옥 규 홀 규	규소 규	엿볼 규
葵	閨	篤	釣	橘	剋	戟	棘	隙	劤
해바라기 규	안방 규	대 균	서른 근 균	귤 귤	이길 극	창 극	가시 극	틈 극	힘 근
槿	瑾	筋	覲	芩	衾	衿	襟	扱	汲
무궁화 근	아름다운 옥 근	힘줄 근	뵐 근	풀 이름 금	이불 금	옷깃 금	옷깃 금	미칠 급 거둘 흡	길을 급

兢	矜	伎	冀	嗜	妓	岐	崎	碁	杞
떨릴 긍 삼갈 긍	자랑할 긍	재간 기	바랄 기	즐길 기	기생 기	갈림길 기	험할 기	돌 기	구기자 기 나라 이름 기
棋	汽	沂	琦	琪	璣	畸	碁	祇	祺
바둑 기	물끓는김 기	물 이름 기	옥 이름 기	아름다운 옥 기	구슬 기 별 이름 기	뙈기밭 기 불구 기	바둑 기	땅귀신 기	길할 기
箕	綺	羈	耆	饑	驥	麒	喫	攤	拿
키 기 별 이름 기	비단 기	굴레 기 나그네 기	늙을 기	주릴 기	천리마 기	기린 기	먹을 끽	푸닥거리 나	잡을 나
拏	捺	囊	撚	拈	弩	濃	膿	尿	訥
붙잡을 나	누를 날	주머니 낭	비틀 년	집을 념	쇠뇌 노	짙을 농	고름 농	오줌 뇨	말 더듬거릴 눌
紐	尼	溺	匿	湍	緞	蛋	袒	鍛	曇
맺을 뉴 끈 뉴	여승 니	빠질 닉	숨길 닉	여울 단	비단 단	새알 단	웃통 벗을 단	불릴 단	흐릴 담
湛	潭	澹	痰	膽	譚	塘	幢	撞	棠
괼 담 즐길 담	못 담 깊을 담	맑을 담	가래 담	쓸개 담	클 담 말씀 담	못 당	기 당	칠 당	아가위 당
垈	戴	玳	袋	悳	屠	悼	濤	燾	禱
집터 대	일 대	대모 대	자루 대	큰 덕 덕 덕	죽일 도	슬퍼할 도	물결 도	비칠 도 덮을 도	빌 도

萄	賭	蹈	鍍	瀆	牘	禿	墩	旽	沌
포도 도	내기 도	밟을 도	도금할 도	도랑 독 더럽힐 독	서찰 독	대머리 독	돈대 돈	밝을 돈	엉길 돈
頓	憧	桐	棟	潼	疼	瞳	胴	董	兜
조아릴 돈 둔할 둔	동경할 동	오동나무 동	마룻대 동	물 이름 동	아플 동	눈동자 동	큰창자 동 몸통 동	감독할 동	투구 두
杜	痘	遁	遯	藤	謄	鄧	螺	裸	蘿
막을 두	역질 두	숨을 둔	달아날 둔/돈	등나무 등	베낄 등	나라 이름 등	소라 라	벗을 라	쑥 라 여라 라
懶	癩	洛	珞	酪	烙	駱	爛	瀾	鸞
게으를 라	문둥이 라	물 이름 락	구슬 목걸이 락	쇠젖 락	지질 락	낙타 락	빛날 란 문드러질 란	물결 란	난새 란
藍	拉	蠟	臘	朗	狼	萊	亮	樑	侶
쪽 람	끌 랍	밀 랍	섣달 랍	밝을 랑	이리 랑	명아주 래	밝을 량	들보 량	짝 려
儷	藜	驢	呂	閭	驪	黎	廬	礪	濾
짝 려	명아주 려	당나귀 려	성씨 려 법칙 려	마을 려	검은 말 려/리	검을 려	녹막집 려 창 자루 로	숫돌 려	거를 려
瀝	礫	煉	漣	輦	攣	斂	濂	簾	殮
스밀 력	조약돌 력 뛰어날 락	달굴 련	잔물결 련	가마 련	걸릴 련 경련할 련	거둘 렴	물 이름 렴	발 렴	염할 렴

DAY 03~04 2급 배정한자

翎	齡	玲	鈴	醴	魯	盧	鷺	櫓	蘆
깃 령	나이 령	옥소리 령	방울 령	단술 례	노나라 로 노둔할 로	성씨 로 밥그릇 로	해오라기 로	방패 로	갈대 로
虜	撈	鹵	麓	籠	聾	儡	瀨	牢	療
사로잡을 로	건질 로	소금 로 노략질할 로	산기슭 록	대바구니 롱	귀먹을 롱	꼭두각시 뢰	여울 뢰	우리 뢰	병 고칠 료
遼	寮	陋	壘	婁	琉	劉	硫	溜	榴
멀 료	동관 료 벼슬아치 료	더러울 루	보루 루	끌 루 별 이름 루	유리 류	죽일 류	유황 류	처마물 류	석류나무 류
瘤	謬	戮	綸	崙	慄	勒	肋	廩	凌
혹 류	그르칠 류	죽일 륙	벼리 륜	산 이름 륜	떨릴 률	굴레 륵	갈빗대 륵	곳집 름	업신여길 릉
綾	菱	稜	楞	璃	籬	鰲	鯉	痢	羅
비단 릉	마름 릉	모 날 릉	네모질 릉	유리 리	울타리 리	다스릴 리	잉어 리	설사 리	걸릴 리
裡	麟	鱗	璘	燐	琳	霖	淋	笠	粒
속 리	기린 린	비늘 린	옥빛 린	도깨비불 린	옥 림	장마 림	임질 림 장마 림	삿갓 립	낟알 립
摩	瑪	痲	魔	寞	膜	卍	娩	彎	挽
문지를 마	차돌 마 마노 마	저릴 마	마귀 마	고요할 막	꺼풀 막 막 막	만자 만	낳을 만	굽을 만	당길 만

曼	灣	蔓	蠻	輓	抹	沫	襪	網	芒
길게 끌 만	물굽이 만	덩굴 만	오랑캐 만	끌 만 애도할 만	지울 말	물거품 말	말갈 말 버선 말	그물 망	까끄라기 망
昧	枚	罵	邁	魅	貊	萌	冕	棉	沔
어두울 매	낱 매	꾸짖을 매	갈 매	매혹할 매 도깨비 매	맥국 맥	움 맹	면류관 면	목화 면	물 이름 면 빠질 면
麵	蔑	溟	皿	帽	牟	牡	瑁	矛	耗
밀가루 면	업신여길 멸	바다 명	그릇 명	모자 모	소 우는 소리 모	수컷 모	옥홀 모 대모 매	창 모	소모할 모
茅	謨	沐	穆	描	猫	巫	戀	撫	畝
띠 모	꾀 모	머리 감을 목	화목할 목	그릴 묘	고양이 묘	무당 무	무성할 무	어루만질 무	이랑 무/묘
蕪	誣	吻	汶	紋	彌	薇	悶	愍	旼
거칠 무	속일 무	입술 문	물 이름 문	무늬 문	미륵 미 두루 미	장미 미	답답할 민	근심할 민	화할 민 하늘 민
閔	剝	搏	珀	箔	縛	舶	駁	搬	攀
성씨 민 위문할 민	벗길 박	두드릴 박 어깨 박	호박 박/백	발 박	얽을 박	배 박	논박할 박 얼룩말 박	옮길 반	더위잡을 반
斑	槃	泮	潘	畔	攀	頒	磻	勃	撥
아롱질 반 얼룩 반	쟁반 반	물가 반 녹을 반	성씨 반 뜨물 반	밭두둑 반 배반할 반	명반 반	나눌 반 머리 클 분	강 이름 반 돌살촉 파	노할 발	다스릴 발

渤	潑	跋	醱	鉢	坊	幇	彷	枋	榜
바다 이름 발	물 뿌릴 발	밟을 발	술 괼 발	바리때 발	동네 방	도울 방	헤맬 방 비슷할 방	다목 방 자루 병	방 붙일 방 도지개 병

紡	肪	俳	盃	胚	褒	賠	陪	帛	柏
길쌈 방	살찔 방	배우 배	잔 배	아이 밸 배	성씨 배 치렁치렁할 배	물어줄 배	모실 배	비단 백	측백 백

栢	魄	幡	樊	燔	蕃	藩	閥	帆	梵
측백 백	넋 백 영락할 탁	깃발 번	울타리 번	사를 번	우거질 번	울타리 번	문벌 벌	돛 범	불경 범

汎	泛	范	僻	璧	癖	闢	卞	弁	倂
넓을 범	뜰 범	성씨 범	궁벽할 벽 피할 피	구슬 벽	버릇 벽	열 벽	성씨 변 법 변	고깔 변 말씀 변	아우를 병

幷	柄	炳	瓶	秉	餠	騈	堡	洑	甫
아우를 병	자루 병 근본 병	불꽃 병 밝을 병	병 병	잡을 병	떡 병	나란히 할 병/변	작은 성 보	보 보 스며흐를 복	클 보 채마밭 포

菩	褓	輔	輻	僕	茯	馥	峰	俸	捧
보살 보	포대기 보	도울 보	바퀴살 복/폭	종 복	복령 복	향기 복	봉우리 봉	녹 봉	받들 봉

棒	烽	琫	縫	蓬	鋒	俯	傅	剖	孚
막대 봉	봉화 봉	칼집 장식 봉	꿰맬 봉	쑥 봉	칼날 봉	구부릴 부	스승 부 펼 부	쪼갤 부	미쁠 부

敷	斧	溥	腑	膚	芙	訃	趺	釜	阜
펼 부	도끼 부	펼 부 넓을 보	육부 부	살갗 부	연꽃 부	부고 부	책상다리 할 부	가마 부	언덕 부

噴	忿	汾	焚	盆	糞	芬	弗	棚	鵬
뿜을 분	성낼 분	클 분	불사를 분	동이 분	똥 분	향기 분	아닐 불 말 불	사다리 붕	붕새 붕

丕	匪	庇	扉	泌	沸	琵	痺	砒	秘
클 비	비적 비 나눌 분	덮을 비 허물 자	사립문 비	분비할 비 스며흐를 필	끓을 비 용솟음할 불	비파 비	저릴 비 왜소할 비	비상 비	숨길 비

緋	翡	脾	臂	裨	鄙	毘	嬪	彬	斌
비단 비	물총새 비	지라 비	팔 비	도울 비	더러울 비 마을 비	도울 비	아내 빈 궁녀 벼슬 이름 빈	빛날 빈 밝을 반	빛날 빈

殯	濱	憑	僿	唆	嗣	奢	娑	徙	泗
빈소 빈	물가 빈	기댈 빙	잘게 부술 사/새	부추길 사	이을 사	사치할 사	춤출 사 사바 세상 사	옮길 사	물 이름 사

瀉	獅	砂	祠	紗	肆	莎	裟	赦	飼
쏟을 사	사자 사	모래 사	사당 사	비단 사	방자할 사	사초 사	가사 사	용서할 사	기를 사

麝	傘	刪	珊	酸	撒	煞	薩	杉	森
사향노루 사	우산 산	깎을 산	산호 산	실 산	뿌릴 살	죽일 살 빠를 쇄	보살 살	삼나무 삼	수풀 삼

蔘	衫	滲	揷	澁	庠	湘	箱	翔	璽
삼 삼	적삼 삼	스며들 삼	꽂을 삽	떫을 삽	학교 상	강 이름 상	상자 상	날 상	옥새 새

穡	牲	笙	壻	嶼	抒	曙	棲	犀	瑞
거둘 색	희생 생	생황 생	사위 서	섬 서	풀 서	새벽 서	깃들일 서	무소 서	상서 서

筮	胥	舒	薯	鋤	黍	鼠	奭	晳	汐
점 서	서로 서	펼 서	감자 서	호미 서	기장 서	쥐 서	클 석	밝을 석	조수 석

潟	碩	錫	扇	璇	癬	繕	羨	腺	膳
개펄 석	클 석	주석 석	부채 선	구슬 선	옴 선	기울 선	부러워할 선	샘 선	선물 선 반찬 선

蟬	詵	銑	卨	屑	楔	泄	薛	暹	纖
매미 선 날 선	많을 선/신	무쇠 선	사람 이름 설	가루 설	문설주 설	샐 설	성씨 설	햇살 치밀 섬 나라 이름 섬	가늘 섬

蟾	贍	閃	陝	燮	惺	晟	醒	貰	塑
두꺼비 섬	넉넉할 섬	번쩍일 섬	땅 이름 섬	불꽃 섭	깨달을 성	밝을 성	깰 성	세낼 세	흙 빚을 소

宵	巢	梳	沼	瀟	疎	簫	紹	蕭	逍
밤 소 닮을 초	새집 소	얼레빗 소	못 소	강 이름 소	성길 소	퉁소 소	이을 소 느슨할 초	쓸쓸할 소 맑은대쑥 소	노닐 소

遡	邵	韶	贖	巽	遜	飡	宋	碎	嫂
거스를 **소**	땅 이름 **소** 성씨 **소**	풍류 이름 **소**	속죄할 **속**	부드러울 **손** 손괘 **손**	겸손할 **손**	저녁밥 **손**	성씨 **송** 송나라 **송**	부술 **쇄**	형수 **수**
戍	洙	漱	燧	狩	瘦	穗	竪	粹	綏
수자리 **수**	물가 **수**	양치질할 **수**	부싯돌 **수**	사냥할 **수**	여월 **수**	이삭 **수**	세울 **수**	순수할 **수** 부술 **쇄**	편안할 **수**
綬	繡	羞	蒐	藪	袖	讐	酬	銖	隋
끈 **수**	수놓을 **수**	부끄러울 **수**	모을 **수**	늪 **수**	소매 **수**	원수 **수**	갚을 **수/주**	저울눈 **수**	수나라 **수** 떨어질 **타**
髓	鬚	塾	楯	洵	淳	盾	筍	舜	荀
뼛골 **수**	수염 **수** 모름지기 **수**	글방 **숙**	난간 **순** 방패 **순**	참으로 **순** 멀 **현**	순박할 **순**	방패 **순**	죽순 **순**	순임금 **순**	풀 이름 **순**
詢	醇	馴	嵩	瑟	膝	褶	丞	升	繩
물을 **순**	전국술 **순**	길들일 **순** 가르칠 **훈**	높은 산 **숭**	큰 거문고 **슬**	무릎 **슬**	주름 **습**	정승 **승**	되 **승** 오를 **승**	노끈 **승**
陞	匙	媤	尸	屍	弑	柴	翅	諡	柿
오를 **승**	숟가락 **시**	시집 **시**	주검 **시**	주검 **시**	윗사람 죽일 **시**	섶 **시**	날개 **시**	시호 **시**	감나무 **시**
殖	湜	蝕	軾	娠	紳	腎	薪	訊	迅
불릴 **식**	물 맑을 **식**	좀먹을 **식**	수레 앞턱 가로 나무 **식**	아이 밸 **신**	띠 **신**	콩팥 **신**	섶 **신**	물을 **신**	빠를 **신**

DAY 04

悉	瀋	什	俄	啞	娥	峨	蛾	衙	鵝
다 실	즙 낼 심 성씨 심	열 사람 십 세간 집	아까 아	벙어리 아	예쁠 아	높을 아	나방 아	마을 아	거위 아

嶽	堊	握	顎	按	晏	鞍	閼	庵	癌
큰 산 악	흰흙 악	쥘 악	턱 악	누를 안	늦을 안	안장 안	가로막을 알	암자 암 갑자기 엄	암 암

菴	鴨	昂	秧	厓	埃	崖	碍	艾	腋
암자 암	오리 압	밝을 앙 오를 앙	모 앙	언덕 애	티끌 애	언덕 애	거리낄 애	쑥 애 다스릴 예	겨드랑이 액 낄 액

液	腋	櫻	鶯	倻	冶	孃	攘	瘍	襄
진 액	겨드랑이 액	앵두 앵	꾀꼬리 앵	가야 야	풀무 야	아가씨 양	물리칠 양	헐 양	도울 양

釀	禦	堰	彦	諺	孼	儼	掩	繹	捐
술 빚을 양	막을 어	둑 언	선비 언	언문 언 속담 언	서자 얼	엄연할 엄	가릴 엄	풀 역	버릴 연

椽	淵	烟	硯	筵	衍	鳶	涅	厭	焰
서까래 연	못 연	연기 연	벼루 연 갈 연	대자리 연	넓을 연	솔개 연	개흙 열	싫어할 염 누를 엽	불꽃 염

艶	閻	髥	燁	暎	瑩	瀛	瓔	盈	穎
고울 염	마을 염	구레나룻 염	빛날 엽	비칠 영 희미할 앙	밝을 영 의혹할 형	바다 영	옥돌 영	찰 영	이삭 영

纓	叡	曳	濊	睿	穢	芮	裔	預	伍
갓끈 영	밝을 예	끌 예	종족 이름 예	슬기 예	더러울 예	성씨 예 나라 이름 열	후손 예	맡길 예 미리 예	다섯 사람 오

吳	奧	旿	梧	鰲	沃	鈺	瘟	穩	蘊
성씨 오	깊을 오	밝을 오	오동나무 오	자라 오	기름질 옥	보배 옥	염병 온	편안할 온	쌓을 온

兀	甕	雍	饔	渦	窩	蛙	訛	婉	浣
우뚝할 올	독 옹	화할 옹	아침밥 옹	소용돌이 와	움집 와	개구리 와	그릇될 와	순할 완 아름다울 완	빨 완

玩	阮	腕	莞	頑	旺	汪	倭	歪	矮
희롱할 완	성씨 완 나라 이름 원	팔뚝 완	빙그레 웃을 완	완고할 완	왕성할 왕	넓을 왕	왜나라 왜	기울 왜/외	난쟁이 왜

巍	凹	堯	夭	妖	姚	擾	曜	瑤	窯
높고 클 외	오목할 요	요임금 요	일찍 죽을 요	요사할 요	예쁠 요	시끄러울 요	빛날 요	아름다운 옥 요	기와 굽는 가마 요

耀	饒	褥	傭	湧	溶	熔	茸	蓉	踊
빛날 요	넉넉할 요	요 욕	품 팔 용	물 솟을 용	녹을 용	쇠 녹일 용	풀 날 용 버섯 이	연꽃 용	뛸 용

鎔	鏞	佑	寓	瑀	盂	祐	禑	禹	虞
쇠 녹일 용	쇠북 용	도울 우	부칠 우 머무를 우	패옥 우	사발 우	복 우 도울 우	복 우	성씨 우	염려할 우 나라 이름 우

迂	隅	旭	昱	郁	耘	芸	隕	蔚	鬱
에돌 우 굽을 오	모퉁이 우	아침 해 욱	햇빛 밝을 욱	성할 욱	김맬 운	평지 운	떨어질 운 둘레 원	고을 이름 울 제비쑥 위	답답할 울
熊	垣	媛	冤	猿	苑	袁	尉	渭	萎
곰 웅	담 원	여자 원	원통할 원	원숭이 원	나라 동산 원	성씨 원	벼슬 위	물 이름 위	시들 위
葦	韋	魏	兪	喩	宥	庾	愉	楡	游
갈대 위	가죽 위	나라 이름 위	대답할 유	깨우칠 유	너그러울 유	곳집 유	즐거울 유	느릅나무 유	헤엄칠 유 깃발 류
濡	瑜	癒	諭	踰	釉	鍮	堉	毓	允
적실 유	아름다운 옥 유	병 나을 유	타이를 유	넘을 유 멀 요	광택 유	놋쇠 유	기름진 땅 육	기를 육	맏 윤 진실할 윤
尹	胤	戎	絨	融	殷	蔭	揖	膺	鷹
성씨 윤	자손 윤	병장기 융 오랑캐 융	가는 베 융	녹을 융	성할 은 은나라 은	그늘 음	읍할 읍 모을 집	가슴 응	매 응
倚	懿	擬	椅	毅	蟻	誼	伊	弛	彝
의지할 의 기이할 기	아름다울 의	비길 의 헤아릴 의	의자 의	굳셀 의	개미 의	정 의 옳을 의	저 이	늦출 이 떨어질 치	떳떳할 이
怡	爾	珥	貳	餌	頤	瀷	翊	咽	刃
기쁠 이	너 이	귀고리 이	두 이 갖은두 이	미끼 이	턱 이	강 이름 익	도울 익	목구멍 인 목멜 열	칼날 인

靭	佾	壹	溢	鎰	馹	姙	荏	仍	剩
질길 인	춤 줄 일	한 일 갖은한 일	넘칠 일	무게 이름 일	역말 일	아이 밸 임	들깨 임	인할 잉	남을 잉
炙	咨	姊	滋	煮	瓷	磁	藉	諮	雌
구울 자/적	물을 자	손위 누이 자	불을 자	삶을 자	사기그릇 자	자석 자	깔 자	물을 자	암컷 자
灼	綽	芍	雀	鵲	棧	盞	岑	箴	簪
불사를 작	너그러울 작	함박꽃 작	참새 작	까치 작	사다리 잔 성할 진	잔 잔	봉우리 잠	경계 잠	비녀 잠
蠶	仗	匠	庄	杖	欌	漿	獐	璋	蔣
누에 잠	의장 장	장인 장	전장 장	지팡이 장	장롱 장	즙 장	노루 장	홀 장	성씨 장
薔	贓	醬	梓	滓	齋	諍	儲	咀	杵
장미 장 여뀌 색	장물 장	장 장	가래나무 재/자	찌꺼기 재	재계할 재 집 재	간할 쟁	쌓을 저	씹을 저	공이 저
楮	沮	渚	猪	疽	箸	苧	藷	邸	嫡
닥나무 저	막을 저	물가 저	돼지 저	등창 저	젓가락 저 붙을 착	모시풀 저	감자 저/서	집 저	정실 적
狄	笛	翟	謫	蹟	迪	迹	佃	剪	塡
오랑캐 적	피리 적	꿩 적	귀양갈 적	자취 적	나아갈 적	자취 적	밭 갈 전	자를 전	메울 전 진정할 진

塼	奠	廛	栓	氈	澱	煎	甸	箋	箭
벽돌 전 뭉칠 단	정할 전 제사 전	가게 전	마개 전	모전 전	앙금 전	달일 전	경기 전	기록할 전	화살 전

篆	纏	詮	鈿	銓	顚	截	浙	岾	点
전자 전	얽을 전	설명할 전	비녀 전	사람 가릴 전	엎드러질 전 이마 전	끊을 절	강 이름 절	땅 이름 점 고개 재	점 점

粘	偵	呈	幀	挺	旌	晶	楨	汀	町
붙을 점	염탐할 정	드릴 정 한도 정	그림 족자 정/탱	빼어날 정	기 정	맑을 정	광나무 정	물가 정	밭두둑 정

禎	艇	鄭	釘	錠	靖	鼎	劑	悌	梯
상서로울 정	배 정	나라 이름 정	못 정	덩이 정	편안할 정	솥 정	약제 제	공손할 제	사다리 제

臍	蹄	霽	俎	嘲	彫	措	曺	曹	棗
배꼽 제	굽 제	비 갤 제	도마 조	비웃을 조	새길 조	둘 조 섞을 착	성씨 조	무리 조	대추 조

槽	漕	爪	祚	稠	粗	肇	藻	詔	趙
구유 조	배로 실어 나를 조	손톱 조	복 조	빽빽할 조	거칠 조	비롯할 조	마름 조	조서 조 소개할 소	조나라 조 찌를 조

躁	遭	釣	阻	雕	簇	鏃	倧	綜	腫
조급할 조	만날 조	낚을 조 낚시 조	막힐 조	독수리 조 새길 조	가는 대 족	화살촉 족/촉	상고 신인 종	모을 종	종기 종

鍾	挫	做	呪	廚	疇	籌	紂	紬	蛛
쇠북 종	꺾을 좌	지을 주	빌 주	부엌 주	이랑 주	살 주	주임금 주	명주 주	거미 주
註	誅	週	駐	胄	粥	准	埈	峻	浚
글뜻풀 주	벨 주	돌 주	머무를 주	투구 주	죽 죽	준할 준	높을 준	높을 준 준엄할 준	깊게 할 준
濬	駿	櫛	汁	拯	甑	址	旨	砥	祉
깊을 준	준마 준	빗 즐	즙 즙	건질 증	시루 증	터 지	뜻 지	숫돌 지	복 지
祇	肢	脂	芝	趾	稙	稷	晉	塵	津
다만 지 공경할 지	팔다리 지	기름 지	지초 지	발 지	올벼 직	피 직	나아갈 진	티끌 진	나루 진
疹	秦	診	賑	叱	帙	窒	膣	輯	澄
마마 진	성씨 진 나라 이름 진	진찰할 진	구휼할 진	꾸짖을 질	책권 차례 질	막힐 질	음도 질	모을 집	맑을 징
叉	箚	遮	搾	窄	鑿	撰	燦	瓚	竄
갈래 차	찌를 차 차자 차	가릴 차	짤 착	좁을 착	뚫을 착	지을 찬 가릴 선	빛날 찬	옥잔 찬	숨을 찬
纂	纘	餐	饌	刹	擦	札	僭	懺	斬
모을 찬	이을 찬	밥 찬	반찬 찬 지을 찬	절 찰	문지를 찰	편지 찰	주제넘을 참	뉘우칠 참	벨 참

站	讒	讖	倡	娼	廠	彰	敞	昶	槍
역마을 참 우두커니 설 참	참소할 참	예언 참	광대 창	창녀 창	공장 창	드러날 창 밝힐 창	시원할 창	해 길 창 트일 창	창 창
滄	瘡	脹	菖	綵	蔡	采	柵	擲	滌
큰 바다 창	부스럼 창	부을 창	창포 창	비단 채	성씨 채 내칠 살	풍채 채	울타리 책	던질 척	씻을 척
脊	陟	隻	喘	穿	闡	凸	喆	撤	澈
등마루 척	오를 척	외짝 척	숨찰 천	뚫을 천	밝힐 천	볼록할 철	밝을 철 쌍길 철	거둘 철	맑을 철
綴	轍	僉	瞻	簽	籤	詹	帖	捷	牒
엮을 철	바퀴 자국 철	다 첨 여러 첨	볼 첨	제비 첨 제첨 첨	제비 첨	이를 첨 넉넉할 담	문서 첩 체지 체	빠를 첩 이길 첩	편지 첩
疊	諜	貼	菁	締	諦	哨	椒	楚	樵
거듭 첩 겹쳐질 첩	염탐할 첩	붙일 첩	우거질 청 순무 정	맺을 체	살필 체	망볼 초	산초나무 초	초나라 초 회초리 초	나무할 초
炒	焦	硝	礁	蕉	醋	醮	鈔	囑	蜀
볶을 초	탈 초	화약 초	암초 초	파초 초	초 초 잔 돌릴 작	제사 지낼 초	좋은 쇠 초	부탁할 촉	나라 이름 촉
叢	塚	寵	摠	撮	崔	椎	楸	樞	芻
떨기 총 모일 총	무덤 총	사랑할 총 현 이름 룡	다 총 합할 총	모을 촬 사진 찍을 촬	성씨 최 높을 최	쇠몽치 추 등골 추	가래나무 추	지도리 추 나무 이름 우	꼴 추

趨	鄒	酋	錐	錘	竺	蹴	軸	椿	秫
달아날 추 재촉할 촉	추나라 추	우두머리 추	송곳 추	저울추 추	나라이름 축 두터울 독	찰 축	굴대 축	참죽나무 춘	차조 출
黜	沖	衷	娶	翠	聚	鷲	仄	侈	峙
내칠 출	화할 충 찌를 충	속마음 충	장가들 취	푸를 취 물총새 취	모을 취	독수리 취	기울 측	사치할 치	언덕 치
痴	癡	稚	穉	緻	雉	馳	勅	鍼	秤
어리석을 치	어리석을 치	어릴 치	어릴 치	빽빽할 치 이를 치	꿩 치	달릴 치	칙서 칙 신칙할 칙	침 침	저울 칭
唾	惰	舵	陀	駝	擢	琢	託	鐸	呑
침 타	게으를 타	키 타	비탈질 타	낙타 타	뽑을 탁	다듬을 탁	부탁할 탁	방울 탁	삼킬 탄
嘆	坦	灘	耽	蕩	兌	台	汰	笞	胎
탄식할 탄	평탄할 탄 너그러울 탄	여울 탄	즐길 탐	방탕할 탕	바꿀 태 기쁠 태	별이름 태 나 이	일 태	볼기칠 태	아이 밸 태
苔	撑	兎	桶	筒	堆	腿	頹	套	妬
이끼 태	버틸 탱	토끼 토	통 통 되 용	대통 통	쌓을 퇴	넓적다리 퇴	무너질 퇴	씌울 투 덮개 투	샘낼 투
坡	婆	巴	琶	芭	坂	瓣	辦	阪	佩
언덕 파	할머니 파	꼬리 파 땅이름 파	비파 파	파초 파	언덕 판	외씨 판	힘들일 판	언덕 판	찰 패

唄	悖	浿	牌	稗	霸	彭	膨	扁	鞭
염불 소리 패	거스를 패 우쩍일어날 발	강 이름 패	패 패	피 패	으뜸 패 두목 패	성씨 팽 곁 방	부를 팽	작을 편 넓적할 편	채찍 편
貶	坪	哺	圃	怖	拋	泡	疱	砲	脯
낮출 폄	들 평	먹일 포	채마밭 포	두려워할 포	던질 포	거품 포	물집 포	대포 포	포 포 회식할 보
苞	葡	蒲	袍	褒	逋	鋪	鮑	曝	瀑
쌀 포	포도 포	부들 포	도포 포	기릴 포 모을 부	도망갈 포	가게 포 펼 포	절인 물고기 포	쬘 폭/포	폭포 폭 소나기 포
杓	瓢	豹	稟	楓	諷	豊	馮	披	弼
북두자루 표 구기 작	바가지 표	표범 표	여쭐 품 곳집 름	단풍 풍	풍자할 풍	풍년 풍	성씨 풍 업신여길 빙	헤칠 피	도울 필
乏	逼	廈	瑕	蝦	霞	虐	謔	翰	閒
모자랄 핍	핍박할 핍	문간방 하 큰집 하	허물 하	두꺼비 하 새우 하	노을 하	모질 학	희롱할 학	편지 한	한가할 한
轄	函	涵	艦	銜	鹹	哈	盒	蛤	閤
다스릴 할	함 함	젖을 함	큰 배 함	재갈 함	짤 함	물고기 많은 모양 합	합 합	대합조개 합	쪽문 합
陜	亢	杭	沆	肛	咳	楷	蟹	諧	骸
땅 이름 합 좁을 협	높을 항	건널 항	넓을 항	항문 항	어린아이 웃을 해	본보기 해	게 해	화할 해	뼈 해

劾	杏	珦	餉	饗	墟	歇	爀	赫	炫
꾸짖을 핵	살구 행	옥 이름 향	건량 향	잔치할 향	터 허	쉴 헐	불빛 혁	빛날 혁	빛날 혁

倪	峴	弦	炫	玹	眩	舷	鉉	頁	俠
염탐할 현	고개 현	시위 현	밝을 현	옥돌 현	어지러울 현	뱃전 현	솥귀 현	머리 혈	의기로울 협

夾	峽	挾	狹	脇	莢	型	瀅	炯	荊
낄 협	골짜기 협	낄 협	좁을 협	위협할 협 겨드랑이 협	꼬투리 협	모형 형	물 이름 형	빛날 형	가시나무 형

馨	彗	鞋	壕	壺	弧	扈	昊	濠	狐
꽃다울 형 향기 형	살별 혜	신 혜	해자 호	병 호	활 호	따를 호 파랑새 호	하늘 호	해자 호 호주 호	여우 호

琥	瑚	糊	鎬	酷	渾	琿	笏	虹	樺
호박 호	산호 호	풀칠할 호 죽 호	호경 호	심할 혹	흐릴 혼 뒤섞일 혼	아름다운 옥 혼	홀 홀	무지개 홍	벚나무 화 자작나무 화

畵	靴	喚	宦	幻	桓	煥	滑	闊	凰
그림 화 그을 획	신 화	부를 환	벼슬 환	헛보일 환	굳셀 환	불꽃 환 빛날 환	미끄러울 활 익살스러울 골	넓을 활	봉황 황

慌	晃	滉	煌	隍	廻	晦	檜	淮	澮
어리둥절 할 황	밝을 황	깊을 황	빛날 황	해자 황	돌 회	그믐 회	전나무 회	물 이름 회	봇도랑 회

灰	繪	膾	誨	梟	爻	酵	后	喉	嗅
재 회	그림 회	회 회	가르칠 회	올빼미 효	사귈 효 가로그을 효	삭힐 효	뒤 후 임금 후	목구멍 후	맡을 후
朽	彙	勛	勳	熏	燻	薰	萱	卉	彙
썩을 후	무리 훈	공 훈	공 훈	불길 훈	연기 낄 훈	향풀 훈	원추리 훤	풀 훼	무리 휘 모을 휘
徽	暉	諱	恤	匈	欣	痕	屹	欠	欽
아름다울 휘 표기 휘	빛 휘	숨길 휘 꺼릴 휘	불쌍할 휼	오랑캐 흉	기쁠 흔	흔적 흔	우뚝 솟을 흘	하품 흠 이지러질 결	공경할 흠
洽	僖	姬	嬉	憙	熙	熹	犧	禧	羲
흡족할 흡	기쁠 희	여자 희	아름다울 희	기뻐할 희	빛날 희	빛날 희	희생 희	복 희	복희씨 희
詰

꾸짖을 힐

日知其所亡, 月無忘其所能, 可謂好學也已矣.
"날마다 자기에게 없는 것을 알아가고,
달마다 자기가 잘하는 것을 잊지 않는다면,
배움을 좋아한다고 할 수 있다."
- ≪논어≫, 〈자장(子張)〉

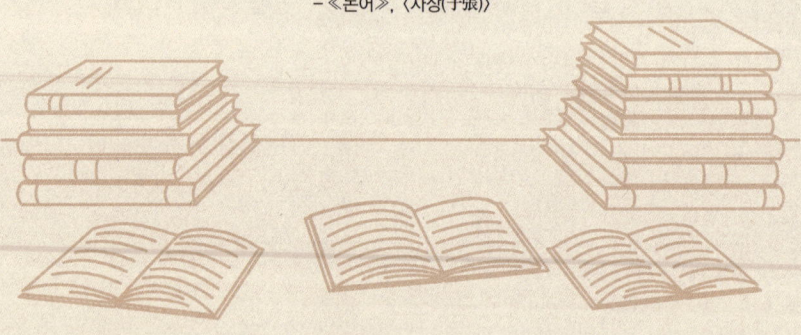

DAY 05~12

1급 배정한자
고득점보장 1,607자

합격 Tip!

총 900점 중 810점을 받아야 1급 합격!
1급 한자 꼼꼼히 익히고 고득점으로 합격하자!

人無遠慮, 必有近憂.
"사람이 먼 앞날을 걱정하지 않으면,
반드시 가까운 시일에 근심이 생긴다."
- 《논어》,〈위령공(衛靈公)〉

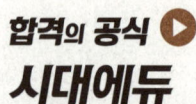

자격증 · 공무원 · 금융/보험 ; 면허증 · 언어/외국어 · 검정고시/독학사 · 기업체/취업
이 시대의 모든 합격! 시대에듀에서 합격하세요!
www.youtube.com → 시대에듀 → 구독

DAY 05~12

1급 배정한자
고득점보장 1,607자

DAY 05~12 쪽지시험

ㄱ

DAY 05

呵 꾸짖을 가 / 웃을 가
- 부수: 口 입 구
- 총획: 8획
- 呵責(가책) 남의 잘못에 대해 꾸짖어 책망함
- 呵凍(가동) 언 붓을 입김으로 불어 녹임. 추울 때 시문(詩文)의 초안을 잡음

軻 수레 가 / 사람 이름 가
- 부수: 車 수레 거
- 총획: 12획
- 軻峨(가아) 높이 솟은 모양

枷 칼 가
- 부수: 木 나무 목
- 총획: 9획
- 枷囚(가수) 죄인의 목에 칼을 씌워 옥에 가둠
- 枷鎖(가쇄) 죄인의 목에 칼을 씌우고 발에 쇠사슬을 채움

慤 성실할 각
- 부수: 心 마음 심
- 총획: 15획
- 慤實(각실) 성실
- 誠慤(성각) 성실
- 謹慤(근각) 신중하고 성실함

珂 마노 가
- 부수: 王 구슬옥변
- 총획: 9획
- 珂馬(가마) 굴레를 화려하게 꾸민 말. 귀한 사신·관료가 타던 화려한 말
- 珂里(가리) 남의 고향을 높여 부르는 말

玨 쌍옥 각
- 부수: 王 구슬옥변
- 총획: 9획
- ※ '쌍옥 곡'으로도 읽으며, '쌍옥'은 한 쌍의 구슬을 뜻함

痂 딱지 가
- 부수: 疒 병질엄
- 총획: 10획
- 痂皮(가피) 피부병을 앓아 생긴 부스럼 딱지
- 膿痂疹(농가진) 피부에 고름이 생기고 딱지가 앉는 피부병

侃 굳셀 간
- 부수: 亻 사람인변
- 총획: 8획
- 侃侃(간간) 성품이나 행실이 꼿꼿하고 굳셈

茄 가지 가 / 연줄기 가
- 부수: 艹 초두머리
- 총획: 9획
- 茄子(가자) 가지
- 茄荷(가하) 연 줄기

揀 가릴 간
- 부수: 扌 재방변
- 총획: 12획
- 揀擇(간택) 분간하여 고름. 또는 왕족의 배우자를 고르는 일
- 揀選(간선) 가려서 뽑음
- 分揀(분간) 정체를 구별하거나 가려서 앎

柬	가릴 간 간략할 간	**부수** 木 나무 목	**총획** 9획

柬帖(간첩) 초대장. 통지문
書柬(서간) 편지
發柬(발간) 초대장을 보냄

曷	어찌 갈	**부수** 日 가로 왈	**총획** 9획

蒼天曷有極(창천갈유극) 하늘이 어찌 다함이 있겠는가

磵	산골짜기 물 간	**부수** 石 돌 석	**총획** 17획

磵水(간수) 산골짜기를 흐르는 물
磵道(간도) 산골짜기에 난 길

竭	다할 갈	**부수** 立 설 립	**총획** 14획

竭力(갈력) 있는 힘을 다함
竭盡(갈진) 바닥이 드러날 정도로 다하여 없어짐
困竭(곤갈) 재물이 다 떨어져 곤궁함

稈	볏짚 간	**부수** 禾 벼 화	**총획** 12획

麥稈(맥간) 밀짚이나 보릿짚의 줄기

蝎	전갈 갈	**부수** 虫 벌레 훼	**총획** 15획

蛇蝎(사갈) 뱀과 전갈

栞	표할 간 벨 간	**부수** 木 나무 목	**총획** 10획

※ 刊(새길 간)과 동자

坎	구덩이 감	**부수** 土 흙 토	**총획** 7획

土坎(토감) 흙구덩이
心坎(심감) 명치
坎止(감지) 일이 험난하여 도중에 그만둠

玕	옥돌 간	**부수** 王 구슬옥변	**총획** 7획

琅玕(낭간) 중국에서 나는 경옥(硬玉)의 한 가지
青琅玕(청낭간) 산호와 비슷한 푸른 보석

戡	이길 감	**부수** 戈 창 과	**총획** 13획

戡定(감정) 적을 물리쳐 난리를 평정함
戡亂(감란) 난리를 평정함
戡夷(감이) 적을 물리쳐 난리를 평정함

乫	땅 이름 갈	**부수** 乙 새 을	**총획** 6획

新乫坡鎭(신갈파진) 함경남도 삼수군 신파면의 압록강에 있는 하항
※ 하항 : 하천에 있는 항구

橄	감람나무 감	**부수** 木 나무 목	**총획** 16획

橄欖(감람) 감람나무의 열매
橄欖油(감람유) 감람의 씨로 짠 기름

| 瞰 | 굽어볼 감 | 부수: 目 눈 목 | 총획: 17획 |

瞰視(감시) 높은 데서 내려다봄
瞰臨(감림) 높은 곳에서 내려다보면서 대함
鳥瞰圖(조감도) 높은 곳에서 내려다본 상태의 그림이나 지도

| 鑑 | 거울 감 | 부수: 金 쇠 금 | 총획: 22획 |

雅鑑(아감) '보여 드립니다'라는 뜻으로, 자기가 쓴 글씨나 그림을 남에게 정중하게 보낼 때 쓰는 말

| 胛 | 어깨뼈 갑 | 부수: 月 육달월 | 총획: 9획 |

肩胛(견갑) 어깨뼈가 있는 자리
胛骨(갑골) 어깨뼈

| 鉀 | 갑옷 갑 | 부수: 金 쇠 금 | 총획: 13획 |

| 閘 | 수문 갑 | 부수: 門 문 문 | 총획: 13획 |

閘門(갑문) 물의 양을 조절하는 데 쓰는 문
閘頭(갑두) 운하, 수로, 항구 등에서 때때로 여닫는 수문(水門)
水閘(수갑) 수문

| 堈 | 언덕 강 | 부수: 土 흙 토 | 총획: 11획 |

堈碓(강대) 중국 주나라 때의 유물인, 진흙으로 빚어서 구워 만든 절구
※ 岡(언덕 강)과 동자(同字)

| 彊 | 굳셀 강 | 부수: 弓 활 궁 | 총획: 16획 |

彊求(강구) 구하기 힘든 것을 억지로 구함
彊記(강기) 오랫동안 잊지 않고 똑똑하게 잘 기억함
盛彊(성강) 세력이 번성하고 강함

| 慷 | 슬플 강, 강개할 강 | 부수: 忄 심방변 | 총획: 14획 |

慷慨(강개) 불의를 보고 슬퍼하고 한탄함
悲憤慷慨(비분강개) 슬프고 분하여 마음이 북받침

| 畺 | 지경 강 | 부수: 田 밭 전 | 총획: 13획 |

※ 疆(지경 강)과 同字(동자)

| 糠 | 겨 강 | 부수: 米 쌀 미 | 총획: 17획 |

糠類(강류) 곡식의 겨나 속껍질 등의 총칭
米糠油(미강유) 쌀겨로 짠 기름
麥糠(맥강) 보리에서 보리쌀을 내고 난 후에 남은 속겨

| 絳 | 진홍 강 | 부수: 糸 실 사 | 총획: 12획 |

絳紅(강홍) 짙은 붉은 빛
絳帳(강장) 붉은 빛깔의 휘장
絳袍(강포) 임금이 신하들로부터 하례를 받을 때 입던 예복

| 舡 | 배 강, 배 선 | 부수: 舟 배 주 | 총획: 9획 |

舡軒(강헌) 배 모양으로 지은 정자(亭子)
舡魚(강어) 낙지의 일종으로, 집낙지

襁	포대기 강 / 부수 衤 옷의변 / 총획 17획 襁褓(강보) 포대기	价	클 개, 값 가 / 부수 亻 사람인변 / 총획 6획 使价(사개) 사신(使臣) 賀价(하개) 외국에 경사가 있을 때 축하하기 위하여 보내는 사신
鱇	아귀 강 / 부수 魚 물고기 어 / 총획 22획 鮟鱇(안강) 아귀. 아귓과의 바닷물고기	塏	높은 땅 개 / 부수 土 흙 토 / 총획 13획 勝塏(승개) 경치가 좋은, 높고 밝은 곳 爽塏(상개) 높아서 앞을 내려다보기 좋은 곳
杠	외나무다리 강, 막대기 공 / 부수 木 나무 목 / 총획 7획 長杠(장강) 길고 굵은 멜대 杠軸(강축) 사람이 밀고 끄는 대형 수레	愷	즐거울 개 / 부수 忄 심방변 / 총획 13획 愷弟(개제) 용모와 기상이 단아하고 화평함
橿	감탕나무 강 / 부수 木 나무 목 / 총획 17획 ※ 감탕나무 : 황록색 꽃이 피고 둥글고 붉은 열매를 맺는 교목. 재목이 단단해 도장·기구에 쓰이고 주로 관상용으로 재배함	愾	성낼 개 / 부수 忄 심방변 / 총획 13획 愾憤(개분) 몹시 분하게 여김 敵愾(적개) 적에 대한 분노와 증오
嫝	편안할 강 / 부수 女 여자 녀 / 총획 14획	疥	옴 개 / 부수 疒 병질엄 / 총획 9획 疥瘡(개창) 옴벌레가 옮아서 생기는 피부병 蟲疥(충개) '옴'을 한방에서 이르는 말
跭	세울 강, 세울 항 / 부수 足 발 족 / 총획 13획	盖	덮을 개 / 부수 皿 그릇 명 / 총획 11획 腦盖(뇌개) 뇌두개골

鎧

갑옷 개
- 부수: 金 쇠 금
- 총획: 18획

鐵鎧(철개) 철갑(쇠붙이를 붙여 만든 갑옷)
鎧袖(개수) 갑옷의 소매
鎧板(개판) 탄알의 관통을 막기 위해 물건의 겉에 댄 철판

据

근거 거 / 의지할 거
- 부수: 扌 재방변
- 총획: 11획

据置(거치) 손을 대지 않고 그대로 둠
据銃(거총) 사격에서 총의 개머리판을 어깨에 대는 동작
拮据(길거) 쉴 틈 없이 바쁘게 일함

玠

홀 개
- 부수: 王 구슬옥변
- 총획: 8획

※ 홀 : 조선 시대에 신하가 임금을 뵐 때, 조복에 갖추어 손에 쥐던 물건

炬

횃불 거
- 부수: 火 불 화
- 총획: 9획

炬燭(거촉) 횃불과 촛불
炬眼(거안) 사물을 잘 분별하는 안목과 식견
植炬(식거) 임금이 밤에 나갈 때 길 양쪽에 횃불을 늘여 세우던 일

喀

토할 객
- 부수: 口 입 구
- 총획: 12획

喀血(객혈) 폐에서 피를 토함
喀痰(객담) 가래를 뱉음. 또는 그 가래
喀出(객출) 뱉어 냄

祛

떨 거
- 부수: 示 보일 시
- 총획: 10획

祛痰(거담) 가래를 없앰
革祛(혁거) 오래된 법의 폐해를 없앰

粳

메벼 갱 / 메벼 경
- 부수: 米 쌀 미
- 총획: 13획

粳稻(갱도) 메벼(벼의 한 종류)
粳米(갱미) 멥쌀
粳粟(경속) 메조(찰기가 없는 조)

踞

걸어앉을 거
- 부수: 足 발 족
- 총획: 15획

踞坐(거좌) 어떤 것에 걸터앉음
踞床(거상) 가로로 길게 생긴 걸상
虎踞(호거) 범이 걸터앉은 모양. 즉 지세가 웅대함

醵

추렴할 갹
- 부수: 酉 닭 유
- 총획: 20획

醵出(갹출) 같은 목적을 위하여 여러 사람이 돈을 나누어 냄

遽

급히 거
- 부수: 辶 책받침
- 총획: 17획

遽經(거경) 허무하게 빨리 지남
輕遽(경거) 말이나 행동이 가벼움
急遽(급거) 갑자기
薄遽(박거) 매우 급박함

倨

거만할 거
- 부수: 亻 사람인변
- 총획: 10획

倨慢(거만) 잘난 체하며 남을 업신여김
倨傲(거오) 거만하고 오만함
倨侮(거모) 거만하여 남을 업신여김
驕倨(교거) 교만하고 거만함

鉅

클 거
- 부수: 金 쇠 금
- 총획: 13획

鉅萬(거만) 많은 수를 비유적으로 이르는 말
鉅漁(거어) 큰 물고기
鉅公(거공) 군주 국가의 최고 통치자
細鉅(세거) 작은 일과 큰일

鋸

톱 거 | 부수: 金 쇠 금 | 총획: 16획

- 鋸刀(거도) 혼자 잡아당겨 켜는 톱
- 鋸齒(거치) 톱니
- 引鋸(인거) 큰톱을 마주 잡고 톱질함
- 鋸屑(거설) 톱밥

劒

칼 검 | 부수: 刀 칼 도 | 총획: 16획

- 木劒(목검) 나무로 된 칼
- 雲劒(운검) 임금을 호위할 때 별운검(조선 시대에 임금이 거동할 때 임금의 좌우에서 호위하던 사람)이 차던 칼

愆

허물 건 | 부수: 心 마음 심 | 총획: 13획

- 愆過(건과) 그릇되게 저지른 실수 유 愆尤(건우)
- 愆悔(건회) 허물이나 잘못

瞼

눈꺼풀 검 | 부수: 目 눈 목 | 총획: 18획

- 眼瞼(안검) 눈꺼풀
- 眼瞼下垂(안검하수) 눈꺼풀이 처져서 시야를 가리는 현상

楗

문빗장 건 | 부수: 木 나무 목 | 총획: 13획

- 窓楗(창건) 창문

鈐

비녀장 검, 도장 검 | 부수: 金 쇠 금 | 총획: 12획

- 鈐印(검인) 관청에서 쓰는 도장을 찍음
- 鈐璽(검새) 옥새를 찍음
- 鈐束(검속) 엄중하게 단속함

蹇

절뚝발이 건 | 부수: 足 발 족 | 총획: 17획

- 蹇步(건보) 절름거리는 걸음
- 蹇脚(건각) 절름발이
- 蹇滯(건체) 괴로워하며 머뭇거림
- 蹇屯(건둔) 운수가 꽉 막혀있음

迲

자래 겁 | 부수: 辶 책받침 | 총획: 9획

※ 자래 : 쌍으로 된 생선의 알상자 또는 땔나무

騫

이지러질 건 | 부수: 馬 말 마 | 총획: 20획

※ 이지러지다 : 달 따위가 한쪽이 차지 않다

憩

쉴 게 | 부수: 心 마음 심 | 총획: 16획

- 憩息(게식) 잠깐 쉬면서 숨을 돌림
- 憩泊(게박) 쉬며 머무름
- 休憩(휴게) 일을 하는 동안 잠시 쉼
- 小憩(소게) 잠깐 쉼

桀

홰 걸, 사나울 걸 | 부수: 木 나무 목 | 총획: 10획

- 桀桀(걸걸) 잡초 등이 널리 퍼져 무성한 모양
- 姦桀(간걸) 간교하고 사나운 사람

膈

가슴 격 | 부수: 月 육달월 | 총획: 14획

- 膈痰(격담) 가래가 가슴에 몰려 답답하고 숨이 차는 병증
- 胸膈(흉격) 마음속
- 橫膈膜(횡격막) 배와 가슴 사이를 분리하는 근육

譴	꾸짖을 견 / 부수 言 말씀 언 / 총획 21획	
	譴責(견책) 잘못을 꾸짖음 譴告(견고) 꾸짖고 훈계함 譴罰(견벌) 잘못을 꾸짖어 처벌함 怒譴(노견) 성내어 꾸짖음	

勁	굳셀 경 / 부수 力 힘 력 / 총획 9획
	勁直(경직) 의지가 굳세고 곧음 勁草(경초) 억센 풀. 지조가 꿋꿋한 사람 勁節(경절) 굳은 절개 强勁(강경) 타협하거나 굽힘없이 굳셈

抉	도려낼 결 / 부수 扌 재방변 / 총획 7획
	抉摘(결적) 숨겨진 것을 들추어냄 剔抉(척결) 살을 도려내고 뼈를 발라냄. 또는 나쁜 부분을 깨끗이 없애 버림

徑	지름길 경 / 부수 彳 사람인변 / 총획 9획
	行徑(행경) 좁은 길 유 小徑(소경) 直徑(직경) 원이나 구의 지름 徑路(경로) 멀리 돌지 않고 가깝게 질러 통하는 길

慊	찐덥지 않을 겸 / 부수 忄 심방변 / 총획 13획
	慊然(겸연) 미안하여 볼 낯이 없음. 또는 쑥스럽고 어색함

倞	셀 경 / 부수 亻 사람인변 / 총획 10획

箝	재갈 먹일 겸 / 부수 竹 대 죽 / 총획 14획
	箝馬(겸마) 말에 재갈을 물림 箝口(겸구) 협박하여 말하지 못하게 함 箝制(겸제) 자유를 구속함 箝語(겸어) 입을 막고 말을 못하게 함

勍	셀 경 / 부수 力 힘 력 / 총획 10획
	勍敵(경적) 만만찮은 상대. 강적 ※ 倞(셀 경)과 同字(동자)

鉗	칼 겸 / 다물 겸 / 부수 金 쇠 금 / 총획 13획
	鉗徒(겸도) 목에 칼을 쓴 죄인 鉗脚(겸각) 집게발 鉗口(겸구) 협박하여 말하지 못하게 함 鉗子(겸자) 집게

坰	들 경 / 부수 土 흙 토 / 총획 8획
	坰場(경장) 야외. 또는 확 트인 먼 곳 坰畓(경답) 바닷가에 둑을 쌓고 만든 논

儆	경계할 경 / 부수 亻 사람인변 / 총획 15획
	儆戒(경계) 타일러 주의시킴 規儆(규경) 바르게 경계함 ※ 警(공경할 경/경계할 경)과 동자(同字)

擎	들 경 / 부수 手 손 수 / 총획 17획
	擎手(경수) 경건한 마음으로 두 손으로 떠받듦

	통할 경 곧을 경	**부수** 氵 삼수변	**총획** 10획
涇	涇渭(경위) 사물의 이치에 대한 옳고 그른 구분이나 구별		

	좁은 길 경	**부수** 辶 책받침	**총획** 11획
逕	小逕(소경) 좁은 길 鳥逕(조경) 겨우 새나 통할 만큼의 좁은 산속 길 石逕(석경) 돌이 많은 좁은 길		

	빛날 경 성씨 계	**부수** 火 불 화	**총획** 8획
炅	寒炅(한경) 병증 중 한기와 열이 번갈아 오가는 증상		

	빛날 경	**부수** 冂 멀경몸	**총획** 7획
冏			

	빛날 경	**부수** 火 불 화	**총획** 11획
烱			

	도지개 경	**부수** 木 나무 목	**총획** 17획
檠	短檠(단경) 높이가 낮은 촛대. 또는 그 위에 켜는 등불 木鍮檠(목유경) 나무를 다듬어 만든 등잔 받침 ※ 도지개 : 트집난 활을 바로잡는 틀		

	경옥 경	**부수** 王 구슬옥변	**총획** 17획
璥	※ '경옥'은 옥의 한 종류		

	도지개 경	**부수** 木 나무 목	**총획** 17획
檄	※ 檠(도지개 경)과 同字(동자)		

	끌어 죌 경	**부수** 糸 실 사	**총획** 11획
絅	衣錦絅衣(의금경의) 군자가 미덕을 갖추고 있으나 이를 자랑하지 않음을 비유한 말		

	빛날 경	**부수** 火 불 화	**총획** 15획
熲			

	빛 경	**부수** 耳 귀 이	**총획** 10획
耿	耿光(경광) 밝은 빛 耿潔(경결) 밝고 깨끗함 耿暉(경휘) 밝은 햇빛. 덕이 높음		

	꾀꼬리 경	**부수** 鳥 새 조	**총획** 19획
鶊	鶬鶊(창경) 꾀꼬리		

痼

고질 고 | 부수 疒 병질엄 | 총획 13획

痼疾病(고질병) 오래 앓아서 고치기 어려운 병
痼弊(고폐) 뿌리 깊어 고치기 어려운 폐단
深痼(심고) 고치기 어려운 깊은 마음의 병

睾

불알 고
못 고 | 부수 目 눈 목 | 총획 14획

睾丸(고환) 포유류의 음낭 속에 있는 공 모양의 기관

羔

새끼 양 고 | 부수 羊 양 양 | 총획 10획

羔羊(고양) 어린 양
羔雁(고안) 새끼 양과 기러기

苽

줄 고 | 부수 ⺿ 초두머리 | 총획 9획

沈苽(침고) 줄(볏과의 여러해살이풀)
※ 菰(줄 고)와 同字(동자)

菰

줄 고 | 부수 ⺿ 초두머리 | 총획 12획

眞菰(진고) 줄(볏과의 여러해살이풀)
菰根(고근) 줄풀의 뿌리를 한방에서 이르는 말
菰菜(고채) 줄풀의 연한 줄기로 무친 나물

蠱

뱃속 벌레 고
미혹할 고 | 부수 虫 벌레 훼 | 총획 23획

蠱蟲(고충) 회충과의 기생충
蠱毒(고독) 뱀, 지네, 두꺼비 등의 독
蠱惑(고혹) 매력에 홀려서 정신을 못 차림

辜

허물 고 | 부수 辛 매울 신 | 총획 12획

無辜(무고) 잘못이 없음
不辜(불고) 잘못이나 허물이 될 일이 아님
罪辜(죄고) 죄가 될 만한 허물 유 罪過(죄과)

杲

밝을 고
밝을 호 | 부수 木 나무 목 | 총획 8획

斛

휘 곡 | 부수 斗 말 두 | 총획 11획

斗斛(두곡) 곡식의 분량을 헤아리는 말과 휘를 아울러 이르는 말
萬斛(만곡) 아주 많은 분량
※ 휘: 10말의 용량

梏

수갑 곡 | 부수 木 나무 목 | 총획 11획

桎梏(질곡) 죄수를 가둘 때 쓰던 형구인 차꼬와 수갑을 아울러 이르는 말. 또는 속박으로 자유롭지 않은 상태를 비유함

鵠

고니 곡
과녁 곡 | 부수 鳥 새 조 | 총획 18획

鴻鵠(홍곡) 큰 기러기와 고니. 즉 포부가 원대하고 큰 인물
鵠志(곡지) 크고 높게 품은 뜻

梱

문지방 곤
가지런히 할 곤 | 부수 木 나무 목 | 총획 11획

梱包(곤포) 거적이나 새끼로 짐을 꾸려 포장함
懇梱(간곤) 간절하고 정성스러움

滾	흐를 곤	부수 氵 삼수변	총획 14획

滾滾(곤곤) 흐르는 큰 물이 출렁출렁 넘칠 듯한 모양
滾沸(곤불) 용솟음
滾汨(곤골) 몹시 바쁨

琨	옥돌 곤	부수 王 구슬옥변	총획 12획

鯤	곤이 곤	부수 魚 물고기 어	총획 19획

鯤鵬(곤붕) 장자(莊子)에 나오는 상상 속의 동물. '곤(鯤)'이라는 큰 물고기와 '붕(鵬)'이라는 큰 새라는 뜻으로 아주 커다란 사물을 비유함

錕	붉은 쇠 곤	부수 金 쇠 금	총획 16획

曹錕(조곤) 중국(中國)의 정치가·군인

汩	골몰할 골	부수 氵 삼수변	총획 7획

汩沒(골몰) 다른 생각은 하지 않고 한 가지 일에만 온 정신을 쏟음
渴汩(갈골) 일에 파묻혀 몹시 바쁨

玒	옥 공	부수 王 구슬옥변	총획 10획

※ 玑(구슬 공)과 동자(同字)

蚣	지네 공	부수 虫 벌레 훼	총획 10획

蜈蚣(오공) 지네

鞏	굳을 공	부수 革 가죽 혁	총획 15획

鞏固(공고) 단단하고 튼튼함
鞏膜(공막) 눈알의 바깥벽을 둘러싸고 있는 흰색의 튼튼한 막. 흰자위막

跨	넘을 과	부수 足 발 족	총획 13획

跨線橋(과선교) 자동차, 사람이 철로를 건너갈 수 있도록 그 위에 놓은 다리

鍋	노구솥 과	부수 金 쇠 금	총획 17획

慈善鍋(자선과) 자선냄비
※ 노구솥 : 놋쇠나 구리쇠로 만든 솥

琯	옥피리 관	부수 王 구슬옥변	총획 12획

※ 琿(광낼 곤, 옥피리 관) 동자(同字)

瓘	옥 관	부수 王 구슬옥변	총획 22획

瓘斝(관가) 옥으로 만든 잔

| 菅 | 골풀 관 / 부수 ⺾ 초두머리 / 총획 12획
菅履(관리) 엄짚신[상제(喪制)가 초상 때부터 졸곡(卒哭) 때까지 신는 짚신]

| 昡 | 빛 광 / 부수 火 불 화 / 총획 8획

| 錧 | 줏대 관 / 비녀장 관 / 부수 金 쇠 금 / 총획 16획
※ 비녀장 : 바퀴가 벗어나지 않도록 굴대 머리 구멍에 끼우는 큰 못

| 筐 | 광주리 광 / 부수 竹 대 죽 / 총획 12획
筐底(광저) 바구니나 광주리의 바닥 또는 속
筐球(광구) 농구
粉筐(분광) 분을 담는 광주리

| 刮 | 긁을 괄 / 부수 刂 선칼도방 / 총획 8획
刮目(괄목) 눈을 비비고 볼 정도로 매우 놀람

| 胱 | 오줌통 광 / 부수 月 육달월 / 총획 10획
膀胱(방광) 콩팥에서 흘러나오는 오줌을 저장하였다가 일정한 양이 되면 요도를 통하여 배출시키는 주머니 모양의 기관

| 恝 | 여유가 없을 괄 / 부수 心 마음 심 / 총획 10획
恝待(괄대) 업신여겨 소홀히 대접함
恝視(괄시) 업신여겨 하찮게 대함

| 桄 | 광랑나무 광 / 부수 木 나무 목 / 총획 10획
※ 광랑나무 : 야자과의 상록 교목으로, 사탕의 원료로 쓰고 줄기에서 전분을 취하며 잎자루의 섬유로 노끈을 만듦

| 侊 | 성찬 광 / 성할 광 / 부수 亻 사람인변 / 총획 8획

| 罫 | 줄 괘 / 부수 ⺳ 그물망머리 / 총획 13획
罫線(괘선) 가로세로로 그은 선
罫紙(괘지) 괘선이 그어진 종이

| 洸 | 성낼 광 / 부수 氵 삼수변 / 총획 9획

| 拐 | 후릴 괴 / 부수 扌 재방변 / 총획 8획
拐引(괴인) 꾀어냄
誘拐(유괴) 사람을 속여 꾀어냄

紘
끈 굉
- 부수: 糸 실 사
- 총획: 10획
- 八紘(팔굉) 여덟 방위의 멀고 너른 범위라는 뜻으로 온 세상을 말함
- 帝紘(제굉) 제왕이 천하를 다스리는 도리

肱
팔뚝 굉
- 부수: 月 육달월
- 총획: 8획
- 股肱(고굉) 다리와 팔이라는 뜻으로 온몸을 이르는 말. 또는 임금이 가장 신임하는 신하
- 曲肱(곡굉) 팔을 굽힘

轟
울릴 굉
- 부수: 車 수레 거
- 총획: 21획
- 轟音(굉음) 매우 요란한 소리
- 轟笑(굉소) 크게 웃음
- 轟發(굉발) 몹시 요란한 소리를 내면서 폭발함

嶠
산 쭈뼛할 교
- 부수: 山 뫼 산
- 총획: 15획
- 嶠南(교남) 영남(경상남도와 경상북도를 이르는 말)

狡
교활할 교
- 부수: 犭 개사슴록변
- 총획: 9획
- 狡猾(교활) 간사하고 꾀를 잘 씀
- 狡惡(교악) 교활하고 간악함
- 鉅狡(거교) 아주 간사하고 교활함

皎
달 밝을 교
- 부수: 白 흰 백
- 총획: 11획
- 皎月(교월) 희고 밝은 달
- 皎潔(교결) 달이 밝고 맑음. 또는 마음씨가 깨끗함
- 皎鏡(교경) 밝은 거울이라는 뜻. 달을 이르는 말

翹
뛰어날 교
- 부수: 羽 깃 우
- 총획: 18획
- 翹秀(교수) 재능이 남달리 우수함
- 翹望(교망) 발돋움하여 바라본다는 뜻으로 몹시 기다림
- 翹首(교수) 간절히 바람

蕎
메밀 교
- 부수: ⺿ 초두머리
- 총획: 16획
- 蕎花(교화) 메밀꽃
- 蕎麥(교맥) 메밀
- 蕎麥飯(교맥반) 메밀밥

蛟
교룡 교
- 부수: 虫 벌레 훼
- 총획: 12획
- 蛟龍(교룡) 상상 속에 등장하는 용의 하나

餃
경단 교
- 부수: 食 밥식변
- 총획: 15획
- 餃子(교자) 만두

鮫
상어 교
- 부수: 魚 물고기 어
- 총획: 17획
- 鮫魚(교어) 상어
- 鮫皮(교피) 말린 상어 가죽
- 鮫類(교류) 상어 무리

姣
아리따울 교
- 부수: 女 여자 녀
- 총획: 9획
- 姣姣(교교) 재주와 지혜가 있음

咎	허물 구	부수 口 입 구	총획 8획

咎殃(구앙) 재앙
咎責(구책) 잘못을 꾸짖음
咎悔(구회) 꾸지람을 듣고 뉘우침
咎徵(구징) 재앙의 징조

柩	널 구	부수 木 나무 목	총획 9획

運柩(운구) 관을 운반하는 것
返柩(반구) 객지에서 죽은 사람의 시체를 고향으로 보냄
※ 널 : 시체를 넣는 관이나 곽

嘔	게울 구	부수 口 입 구	총획 14획

嘔吐(구토) 뱃속의 음식물을 토함
嘔逆(구역) 속이 메스꺼워 토하고 싶은 느낌

毆	때릴 구	부수 殳 갖은등글월문	총획 15획

毆打(구타) 사람을 때림
毆擊(구격) 구타
鬪毆(투구) 서로 다투거나 싸우며 때림

坵	언덕 구	부수 土 흙 토	총획 8획

坵段(구단) 토지의 구획

玖	옥돌 구	부수 王 구슬옥변	총획 7획

嶇	험할 구	부수 山 뫼 산	총획 14획

崎嶇(기구) 산이 가파르고 험함. 또는 삶이 순조롭지 못하고 갖은 어려움을 겪음

瞿	놀랄 구	부수 目 눈 목	총획 18획

瞿麥(구맥) '패랭이꽃'을 한방에서 이르는 말

廐	마구간 구	부수 广 엄호	총획 14획

廐舍(구사) 마구간
馬廐(마구) 말을 기르는 집
※ 廏(마구간 구)의 속자(俗字)

絿	급할 구 어릴 구	부수 糸 실 사	총획 13획

※ 紌(급할 구, 어릴 구)와 동자(同字)

枸	구기자 구	부수 木 나무 목	총획 9획

枸杞子(구기자) 구기자나무. 또는 그 열매
枸橘(구귤) 탱자나무

衢	네거리 구	부수 行 다닐 행	총획 24획

衢街(구가) 큰 길거리
衢路(구로) 네거리. 또는 갈림길
康衢(강구) 사방으로 통하는 큰 길거리
通衢(통구) 통행하는 길

謳

노래 구
- 부수: 言 말씀 언
- 총획: 18획

謳歌(구가) 여러 사람이 입을 모아 칭송하여 노래함. 또는 행복한 마음을 거리낌 없이 나타냄
謳吟(구음) 노래를 부름

蕨

고사리 궐
- 부수: ++ 초두머리
- 총획: 16획

蕨菜(궐채) 고사리. 또는 고사리나물
蕨湯(궐탕) 고사릿국

鉥

끌 구
- 부수: 金 쇠 금
- 총획: 15획

※ 끌: 나무에 구멍을 뚫는 연장

蹶

넘어질 궐 / 일어설 궐
- 부수: 足 발 족
- 총획: 19획

蹶起(궐기) 어떤 목적을 이루기 위하여 결심을 굳히고 기운차게 일어남
蹶然(궐연) 벌떡 일어남. 또는 매우 기운차게 일어나는 모양

窘

군색할 군
- 부수: 穴 구멍 혈
- 총획: 12획

窘窮(군궁) 곤궁함
窘乏(군핍) 필요한 것이 모자라 군색하고 아쉬움
窘迫(군박) 몹시 구차하고 군색함

机

책상 궤
- 부수: 木 나무 목
- 총획: 6획

机下(궤하) 책상 아래. 편지 겉봉에 상대편의 이름 밑에 붙여 쓰는 경칭

芎

궁궁이 궁
- 부수: ++ 초두머리
- 총획: 7획

川芎(천궁) 천궁이(산형과의 여러해살이풀)
※ 궁궁이: 산형과의 여러해살이풀

詭

속일 궤
- 부수: 言 말씀 언
- 총획: 13획

詭辯(궤변) 도리에 맞지 않는 말을 도리에 맞는 것처럼 억지로 꾸며 대는 말이나 논법
詭術(궤술) 남을 속이는 간사한 꾀

淃

물 돌아 흐를 권
- 부수: 氵 삼수변
- 총획: 11획

饋

보낼 궤
- 부수: 食 밥식변
- 총획: 21획

饋送(궤송) 물품을 보냄
饋恤(궤휼) 가난한 이에게 물건을 보내 구제함
供饋(공궤) 음식을 줌

獗

날뛸 궐
- 부수: 犭 개사슴록변
- 총획: 15획

猖獗(창궐) 못된 세력이나 전염병 등이 세차게 일어나서 걷잡을 수 없이 퍼짐

銶

삽 귀 / 삽 궤
- 부수: 金 쇠 금
- 총획: 14획

槻	물푸레나무 규 / 부수 木 나무 목 / 총획 15획 槻木(규목) 느티나무 ※ 물푸레나무 : 물푸레나뭇과의 낙엽 활엽 교목	

槻 물푸레나무 규 — 부수: 木 나무 목, 총획: 15획
- 槻木(규목) 느티나무
- ※ 물푸레나무 : 물푸레나뭇과의 낙엽 활엽 교목

畇 개간할 균 — 부수: 田 밭 전, 총획: 9획

竅 구멍 규 — 부수: 穴 구멍 혈, 총획: 18획
- 穴竅(혈규) 구멍 ㉠ 孔竅(공규)
- 毛竅(모규) 털구멍
- 七竅(칠규) 사람의 얼굴에 있는 일곱 개의 구멍 (귀, 눈, 코, 입)

懃 은근할 근 — 부수: 心 마음 심, 총획: 17획
- 慇懃(은근) 야단스럽지 않고 꾸준함
- 懃懇(근간) 은근하고 간절함

赳 헌걸찰 규 — 부수: 走 달릴 주, 총획: 9획
- 赳赳(규규) 씩씩하고 헌걸참
- ※ 헌걸차다 : 풍채가 좋고 의기가 당당하다

芹 미나리 근 — 부수: 艹 초두머리, 총획: 8획
- 芹菜(근채) 미나리
- 獻芹(헌근) 변변치 못한 미나리를 바침. 즉, 윗사람에게 물건을 주거나 자신의 의견을 보낼 때 겸손하게 이르는 말

逵 길거리 규 — 부수: 辶 책받침, 총획: 12획
- 九逵(구규) 사방으로 통하는 큰길

菫 진흙 근 — 부수: 艹 초두머리, 총획: 12획
- 菫靑石(근청석) 철·마그네슘·알루미늄 등으로 이루어진 광물

紏 꼴 규 — 부수: 糸 실 사, 총획: 7획
- 蓁紏(진규) '진교'의 뿌리. 풍습(風濕)으로 인한 마비 증세, 골증(骨蒸), 조열(潮熱), 황달(黃疸) 따위에 사용

饉 주릴 근 — 부수: 食 밥식변, 총획: 20획
- 飢饉(기근) 흉년으로 곡식이 부족해 굶주림
- 凶饉(흉근) 흉작에 따른 기근

勻 고를 균 — 부수: 勹 쌀포몸, 총획: 4획
- 勻旨(균지) 조선 시대 때 의정부의 영의정, 좌의정, 우의정의 의견이나 명령

墐 매흙질할 근 — 부수: 土 흙 토, 총획: 14획
- 墐戶(근호) 진흙을 문에 발라 바람을 막음

DAY 06

| 漌 | 맑을 근 | 부수: 氵 삼수변 | 총획: 14획 |

| 嫤 | 여자의 자 근 | 부수: 女 여자 녀 | 총획: 14획 |

| 妗 | 외숙모 금 | 부수: 女 여자 녀 | 총획: 7획 |

| 擒 | 사로잡을 금 | 부수: 扌 재방변 | 총획: 16획 |

擒獲(금획) 산 채로 붙잡음
囚擒(수금) 사로잡은 적. 포로

| 昑 | 밝을 금 | 부수: 日 날 일 | 총획: 8획 |

| 檎 | 능금나무 금 | 부수: 木 나무 목 | 총획: 17획 |

林檎(임금) 능금. 능금나무의 열매

| 伋 | 속일 급 | 부수: 亻 사람인변 | 총획: 6획 |

資伋(자급) 벼슬아치의 품위(品位)의 등급

| 亘 | 뻗칠 긍 | 부수: 二 두 이 | 총획: 6획 |

亘古(긍고) 옛날까지 걸침
綿亘(면긍) 끊임없이 이어져 뻗침
延亘(연긍) 길게 뻗침

| 圻 | 경기 기 | 부수: 土 흙 토 | 총획: 7획 |

圻營(기영) 조선 시대 경기 감영(京畿監營)의 다른 이름
※ 畿(경기 기)와 동자(同字)

| 埼 | 갑 기 | 부수: 土 흙 토 | 총획: 11획 |

※ 갑 : 바다 쪽으로 뻗은 부리 모양의 육지

| 夔 | 조심할 기 | 부수: 夂 천천히걸을쇠발 | 총획: 20획 |

夔(기) 외발을 가졌다는 상상 속의 동물. 또는 그 동물 모양으로 빚은 그릇

| 淇 | 물 이름 기 | 부수: 氵 삼수변 | 총획: 11획 |

淇園長(기원장) 대나무를 달리 이르는 말

玘

패옥 기

부수	총획
王 구슬옥변	7획

※ 패옥 : 허리띠에 차는 옥

璂

피변 꾸미개 기

부수	총획
王 구슬옥변	15획

※ 피변(임금이 평상시 조회 때 쓰던 관) 꾸미개 : 가죽 고깔의 좌우 솔기에 오색으로 된 12개의 옥 꾸미개

磯

물가 기

부수	총획
石 돌 석	17획

漁磯(어기) 낚시터
釣磯(조기) 낚시터

祁

성할 기

부수	총획
示 보일 시	8획

祁寒(기한) 매우 심한 추위

機

갈 기

부수	총획
耒 가래 뢰	18획

台丸機(태환기) 메리야스를 짜는 기계의 한 가지. 주로 여름 속옷을 짬

肌

살가죽 기

부수	총획
月 육달월	6획

肌骨(기골) 살과 뼈대
肌膚(기부) 사람·동물의 몸을 감싸고 있는 살이나 살가죽

譏

비웃을 기

부수	총획
言 말씀 언	19획

譏弄(기롱) 실없는 말로 놀림
譏評(기평) 헐뜯어 평함
譏謗(기방) 남을 비웃고 헐뜯어서 말함
유 誹謗(비방)

錡

가마솥 기

부수	총획
金 쇠 금	16획

錡(기) 다리가 세 개 달린 솥. 세발솥.

錤

호미 기

부수	총획
金 쇠 금	16획

騏

준마 기

부수	총획
馬 말 마	18획

騏驥(기기) 몹시 빠르고 잘 달리는 말

暣

날씨 기

부수	총획
日 날 일	14획

稘

돌 기
일주년 기

부수	총획
禾 벼 화	13획

佶	헌걸찰 길 / 亻 사람인변 / 8획
	佶屈(길굴) 문장이 난해하여 이해하기 어려움

拮	일할 길 / 扌 재방변 / 9획
	拮抗(길항) 서로 버티어 대항함 拮据(길거) 쉴 새 없이 일함 拮抗筋(길항근) 서로 반대되는 작용을 동시에 하는 한 쌍의 근육

桔	도라지 길 / 木 나무 목 / 10획
	桔梗(길경) 도라지 桔桀(길걸) 높고 험준함

姞	삼갈 길 / 女 여자 녀 / 9획

娜	아름다울 나 / 女 여자 녀 / 10획
	婀娜(아나) 곱고 아리따움

懦	나약할 나 / 忄 심방변 / 17획
	懦弱(나약) 의지가 굳세지 못함 懦薄(나박) 마음이 약하고 덕이 없음 怯懦(겁나) 겁이 많고 나약함

喇	나팔 나 / 口 입 구 / 12획
	喇叭(나팔) 금속으로 만든 관악기

脶	성길 나 / 月 육달월 / 10획

拏	붙잡을 나 / 手 손 수 / 10획
	拏雲(나운) 구름을 손으로 붙잡는다는 뜻으로 포부가 원대함 ※ 拿(붙잡을 나)와 同字(동자)

旇	기 펄렁일 나 / 方 모 방 / 12획

煖	더울 난 / 火 불 화 / 13획
	煖房(난방) 실내의 온도를 높여 따뜻하게 하는 일 煖爐(난로) 나무, 석유, 가스 등의 연료를 때거나 전기를 이용해 열을 내어 방 안의 온도를 올리는 기구

捏	꾸밀 날 / 扌 재방변 / 10획
	捏造(날조) 사실이 아닌 것을 사실인 것처럼 거짓으로 꾸밈

| 枏 | 녹나무 남 | 부수: 木 나무 목 | 총획: 8획 |

| 楠 | 녹나무 남 | 부수: 木 나무 목 | 총획: 13획 |
※ 枏(녹나무 남)과 同字(동자)
※ 녹나무 : 녹나뭇과의 상록 활엽 교목으로 줄기, 가지는 약용하고 나무는 건축재, 가구재의 원료로 쓴다.

| 湳 | 물 이름 남 | 부수: 氵 삼수변 | 총획: 12획 |

| 衲 | 기울 납 | 부수: 衤 옷의변 | 총획: 9획 |
衲衣(납의) 낡은 헝겊을 모아 기워 만든 승려의 옷
迷衲(미납) 납의를 입은 사람이란 뜻으로 승려가 자신을 낮춰 이르는 말

| 柰 | 능금나무 내 | 부수: 木 나무 목 | 총획: 9획 |
柰麻(내마) 신라 17관등의 열한째 위계

| 秊 | 해 년 | 부수: 禾 벼 화 | 총획: 8획 |
※ 年(해 년)의 本字(본자)

| 恬 | 편안할 념 | 부수: 忄 심방변 | 총획: 9획 |
恬淡(염담) 욕심이 없고 마음이 깨끗함
恬安(염안) 욕심이 없어 늘 마음이 바르고 편안함
恬靜(염정) 편안하고 고요함

| 捻 | 비틀 념 | 부수: 扌 재방변 | 총획: 11획 |
實捻(실념) 곡식알이 여물고 익음

| 寗 | 차라리 녕 | 부수: 宀 갓머리 | 총획: 13획 |
※ 寧(편안할 녕)과 동자(同字)

| 瑙 | 마노 노 | 부수: 王 구슬옥변 | 총획: 13획 |
瑪瑙(마노) 석영의 일종

| 駑 | 둔한 말 노 | 부수: 馬 말 마 | 총획: 15획 |
駑鈍(노둔) 둔하고 어리석어 미련함
駑材(노재) 재주와 지혜가 우둔함을 이르거나 그런 사람. 또는 자신의 재능과 지략을 낮추어 이르는 말

| 嫩 | 어릴 눈 | 부수: 女 여자 녀 | 총획: 14획 |
嫩葉(눈엽) 어린잎

杻	감탕나무 **뉴** / 수갑 **추** — 부수: 木 나무 목, 총획: 8획	

木杻(목추) 씨아(목화의 씨를 빼는 기구)의 가락

簞	소쿠리 **단** — 부수: 竹 대 죽, 총획: 18획	

簞食(단사) 대나무로 만든 밥그릇에 담은 밥

鈕 인꼭지 **뉴** — 부수: 金 쇠 금, 총획: 12획

印鈕(인뉴) 도장의 손잡이 부분
※ 인꼭지 : 도장의 손잡이

鄲 조나라 서울 **단** — 부수: 阝 우부방, 총획: 15획

邯鄲之夢(한단지몽) 한단에서 꾼 꿈이라는 뜻으로, 인생의 부귀영화는 일장춘몽과 같이 허무함을 이르는 말

柅 무성할 **니** — 부수: 木 나무 목, 총획: 9획

柅柅(니니) 초목이 무성한 모양

撻 때릴 **달** — 부수: 扌 재방변, 총획: 16획

撻罰(달벌) 회초리로 종아리를 때려 벌을 줌
鞭撻(편달) 채찍으로 때림. 잘할 수 있도록 경계하고 격려함

ㄷ

爹 아버지 **다** — 부수: 父 아비 부, 총획: 10획

澾 미끄러울 **달** — 부수: 氵 삼수변, 총획: 16획

亶 믿음 **단** — 부수: 亠 돼지해머리, 총획: 13획

杏亶(행단) 공자가 은행나무 단 위에서 제자를 가르쳤다는 데서 나온 말로, 학문을 닦는 곳

獺 수달 **달** — 부수: 犭 개사슴록변, 총획: 19획

水獺(수달) 족제빗과의 포유류
海獺(해달) 족제빗과의 바다짐승

彖 판단할 **단** — 부수: 彑 튼가로왈, 총획: 9획

疸 황달 **달** — 부수: 疒 병질엄, 총획: 10획

黃疸(황달) 담즙이 원활하지 못해 온몸과 눈 등이 누렇게 되는 병
疸病(달병) 황달

啖	씹을 담 먹을 담	부수: 口 입 구	총획: 11획

茶啖(차담) 손님을 대접하기 위한 다과
健啖(건담) 잘 먹음
寢啖(침담) 침식(寢食 - 자는 것과 먹는 것)의 높임말

鐱	창 담	부수: 金 쇠 금	총획: 16획

圳	무너질 담	부수: 土 흙 토	총획: 7획

沓	겹칠 답	부수: 水 물 수	총획: 8획

沓雜(답잡) 북적북적하고 복잡함
유 雜沓(잡답), 紛沓(분답)

憺	참담할 담	부수: 忄 심방변	총획: 16획

憺憺(참담) 끔찍하고 절망적임 유 慘澹(참담)
憺畏(담외) 두려워함

遝	뒤섞일 답	부수: 辶 책받침	총획: 14획

遝至(답지) 한곳으로 몰려듦

聃	귓바퀴 없을 담	부수: 耳 귀 이	총획: 11획

成聃壽(성담수) 조선 시대 세조 때 생육신(生六臣)의 한 사람

戇	어리석을 당	부수: 心 마음 심	총획: 28획

戇愚(당우) 정직하나 어리석음
戇直(당직) 어리석을 만큼 성격이 곧음
戇朴(당박) 어리석을 만큼 매우 순박함

蕁	지모 담	부수: 艹 초두머리	총획: 16획

※ 지모 : 백합과의 여러해살이풀

螳	버마재비 당 사마귀 당	부수: 虫 벌레 훼	총획: 17획

※ 버마재비 : 사마귀

覃	깊을 담 미칠 담	부수: 襾 덮을 아	총획: 12획

覃恩(담은) 은혜를 널리 베풂. 또는 임금이 베푸는 은혜

鐺	쇠사슬 당 솥 쟁	부수: 金 쇠 금	총획: 21획

鐺口(당구) 절에서 밥을 짓는 큰 솥을 이르는 말

		부수	총획
垈	대 대	土 흙 토	8획

※ 대 : 높고 평평한 건축물

		부수	총획
嶋	섬 도	山 뫼 산	14획

※ 島(섬 도)와 同字(동자)

		부수	총획
岱	대산 대	山 뫼 산	8획

岱宗(대종) 중국 태산(泰山)의 다른 이름

		부수	총획
掉	흔들 도	扌 재방변	11획

掉尾(도미) 꼬리를 흔듦. 또는 막판에 더욱 활약함
掉頭(도두) 머리를 흔듦. 어떤 일을 부정하는 모양

		부수	총획
擡	들 대	扌 재방변	17획

擡頭(대두) 머리를 듦. 즉 어떤 현상이나 세력이 새롭게 나타남을 이르는 말

		부수	총획
搗	찧을 도	扌 재방변	13획

搗精(도정) 곡식을 찧거나 쓿음
搗砧(도침) 피륙, 종이 등을 다듬잇돌에 다듬는 일
搗練紙(도련지) 다듬이질을 하여 매끄럽게 한 종이

		부수	총획
黛	눈썹먹 대	黑 검을 흑	17획

黛眉(대미) 눈썹연필로 그린 눈썹
黛靑(대청) 눈썹연필처럼 검고 푸름
粉黛(분대) 분을 바른 얼굴과 먹으로 그린 눈썹

		부수	총획
棹	노 도	木 나무 목	12획

棹歌(도가) 뱃노래
回棹(회도) 가던 배가 돛대를 돌리는 것 같다는 뜻으로, 병이 차차 나음을 이르는 말

		부수	총획
昊	햇빛 대 클 영	日 날 일	7획

		부수	총획
櫂	노 도	木 나무 목	18획

櫂舟(도주) 배를 저음

		부수	총획
堵	담 도	土 흙 토	12획

堵墻(도장) 담
堵列(도열) 많은 사람이 죽 늘어섬
安堵(안도) 사는 곳에서 평안히 지냄. 또는 어떤 일이 잘 진행되어 마음을 놓음

		부수	총획
淘	쌀 일 도	氵 삼수변	11획

淘汰(도태) 물에 일어서 불필요한 것을 가려 없앰. 또는 환경에 적응하지 못한 개체군이 없어지는 현상 유 陶汰(도태)

| 滔 | 물 넘칠 도 | 부수: 氵 삼수변 | 총획: 13획 |

滔蕩(도탕) 넓고 성한 모양
滔滔(도도) 말하는 모양이 거침이 없음
滔天(도천) 큰물이 하늘에까지 차서 넘침. 세력이 커 하늘을 업신여김.

| 惇 | 도타울 돈 | 부수: 忄 심방변 | 총획: 11획 |

惇德(돈덕) 도타운 덕행
惇信(돈신) 두텁게 믿음
惇惠(돈혜) 두터운 은혜

| 睹 | 볼 도 | 부수: 目 눈 목 | 총획: 14획 |

睹聞(도문) 보고 들음 유 見聞(견문)
目睹(목도) 눈으로 직접 봄 유 目擊(목격)
始睹(시도) 처음 봄

| 暾 | 아침 해 돈 | 부수: 日 날 일 | 총획: 16획 |

朝暾(조돈) 아침에 뜨는 해

| 覩 | 볼 도 | 부수: 見 볼 견 | 총획: 16획 |

厭覩(염도) 이치

| 焞 | 귀갑 지지는 불 돈 | 부수: 火 불 화 | 총획: 12획 |

※ 귀갑 : 거북의 등딱지

| 韜 | 감출 도 | 부수: 韋 가죽 위 | 총획: 19획 |

韜晦(도회) 재능·학식 등을 감춤. 또는 종적을 감춤

| 燉 | 불빛 돈 | 부수: 火 불 화 | 총획: 16획 |

※ 炖(불빛 돈)과 동자(同字)

| 犢 | 송아지 독 | 부수: 牛 소 우 | 총획: 19획 |

犢牛(독우) 송아지
牲犢(생독) 제물로 쓰는 송아지

| 乭 | 이름 돌 | 부수: 乙 새 을 | 총획: 6획 |

孫乭風(손돌풍) 음력 10월 20일경에 부는 몹시 매섭고 추운 바람

| 纛 | 기 독 | 부수: 糸 실 사 | 총획: 25획 |

纛祭(독제) 임금의 행차나 군대의 행렬 앞에 세우는 둑(의장기)에 지내던 제사
※ 기 : 쇠꼬리나 꿩의 꽁지로 장식한 큰 기

| 仝 | 한가지 동 | 부수: 人 사람 인 | 총획: 5획 |

※ 同(한가지 동)의 古字(고자)

垌

항아리 **동**
- 부수: 土 흙 토
- 총획: 9획

垌畓(동답) 간석지에 둑을 쌓아 만든 논
築垌(축동) 물이 들어오는 것을 막기 위한 둑

蝀

무지개 **동**
- 부수: 虫 벌레 훼
- 총획: 14획

螮蝀(체동) 무지개

朣

달 뜰 **동**
- 부수: 月 달 월
- 총획: 16획

曈

동틀 **동**
- 부수: 日 날 일
- 총획: 16획

彤

붉을 **동**
- 부수: 彡 터럭 삼
- 총획: 7획

彤弓(동궁) 붉은 칠을 바른 활
彤雲(동운) 붉은 구름
彤管(동관) 대에 붉은 칠을 한 붓

烔

뜨거운 모양 **동**
- 부수: 火 불 화
- 총획: 10획

枓

두공 **두**
- 부수: 木 나무 목
- 총획: 8획

枓工(두공) 큰 규모의 목조 건물에서, 기둥 위에서 지붕을 받치며 차례로 짜 올린 구조 유 枓栱(두공)

竇

구멍 **두**
- 부수: 穴 구멍 혈
- 총획: 20획

利竇(이두) 이익이 생길 만한 기회나 일
慧竇(혜두) 슬기가 생겨나는 원천

荳

콩 **두**
- 부수: ⺿ 초두머리
- 총획: 11획

紅荳(홍두) 콩과의 상록 덩굴성 나무

逗

머무를 **두**
- 부수: 辶 책받침
- 총획: 11획

逗留(두류) 객지에서 일정 기간 묵음

阧

치솟을 **두**
- 부수: 阝 좌부변
- 총획: 7획

臀

볼기 **둔**
- 부수: 月 육달월
- 총획: 17획

臀部(둔부) 엉덩이
牛臀(우둔) 소의 볼기. 또는 그 부위의 살

苞	싹 나올 둔	부수 ++ 초두머리	총획 8획

草苞(초둔) 뜸(짚, 띠, 부들 등으로 엮어 만든 물건)
油苞(유둔) 비를 피하기 위해 사용하는 이어 붙인 기름종이

璬	옥 광채 란	부수 王 구슬옥변	총획 21획

嶝	고개 등	부수 山 뫼 산	총획 15획

剌	발랄할 랄	부수 刂 선칼도방	총획 9획

潑剌(발랄) 밝고 활기 있음
生氣潑剌(생기발랄) 싱싱한 기운이 있고 기세가 활발함

橙	귤 등 걸상 등	부수 木 나무 목	총획 16획

橙橘(등귤) 감귤나무과에 속한 나무 또는 그 열매로, 귤, 레몬, 유자, 탱자 등
橙色(등색) 귤이나 등자의 껍질과 같은 붉은빛을 띤 누런색

辣	매울 랄	부수 辛 매울 신	총획 14획

辛辣(신랄) 맛이 매우 쓰고 매움. 또는 분석·비평 등이 날카로움
惡辣(악랄) 악독하고 잔인함

【ㄹ】

邏	순라 라	부수 辶 책받침	총획 23획

巡邏(순라) 조선 시대에 궁중과 장안 안팎을 순찰하던 군졸
警邏(경라) 순찰하며 경계함

嵐	남기 람	부수 山 뫼 산	총획 12획

嵐氣(남기) 해 질 무렵 멀리 보이는 푸르스름하고 흐릿한 기운
溪嵐(계람) 산골짜기 시냇물에서 생기는 푸르스름하고 흐릿한 기운

剌	가지 칠 라	부수 刂 선칼도방	총획 9획

擥	가질 람	부수 手 손 수	총획 18획

擥取(남취) 손에 쥠

欒	둥글 란	부수 木 나무 목	총획 23획

團欒(단란) 여럿이 함께 즐겁고 화목함
團欒酒店(단란주점) 술과 노래를 함께 즐길 수 있는 주점

襤	헌 누더기 람	부수 衤 옷의변	총획 19획

襤褸(남루) 낡아 해진 옷

		부수	총획
攬	가질 람 추릴 람	扌 재방변	24획

延攬(연람) 남을 자기편으로 끌어들임
結攬(결람) 어떤 목적을 위해 동지를 모음
攬要(남요) 요점을 추림

		부수	총획
瑯	옥돌 랑	王 구슬옥변	14획

琺瑯(법랑) 광물을 원료로 하여 만든 유약

		부수	총획
欖	감람나무 람	木 나무 목	25획

橄欖(감람) 감람나무의 열매
欖仁(남인) 감람나무 열매의 씨

		부수	총획
螂	사마귀 랑	虫 벌레 훼	16획

螳螂(당랑) 사마귀

		부수	총획
籃	대바구니 람	竹 대 죽	20획

搖籃(요람) 젖먹이를 놀게 하거나 재우기 위해 태우고 흔들도록 만든 물건
魚籃(어람) 물고기를 담는 바구니

		부수	총획
峽	산 이름 래	山 뫼 산	11획

		부수	총획
纜	닻줄 람	糸 실 사	27획

繫纜(계람) 닻줄을 맴
解纜(해람) 배가 항구를 떠남 유 出帆(출범)

		부수	총획
徠	올 래 위로할 래	彳 두인변	11획

招徠(초래) 불러서 어루만져 위로함 유 招撫(초무)
勞徠(노래) 수고를 위로하고 권면함

		부수	총획
嬾	예쁠 람	女 여자 녀	11획

		부수	총획
倆	재주 량	亻 사람인변	10획

技倆(기량) 기술상의 재주 유 伎倆(기량)

		부수	총획
琅	옥돌 랑	王 구슬옥변	11획

琅然(낭연) 구슬이 서로 부딪혀 내는 소리처럼 맑음
琅琅(낭랑) 옥이 서로 부딪쳐 울리는 소리가 아주 맑음

		부수	총획
粮	양식 량	米 쌀 미	13획

田粮(전량) 땅과 곡식
經粮(경량) 절에서 불경을 공부하는 사람이 먹는 양식

梁	기장 량 / 부수: 米 쌀 미 / 총획: 13획
	黃粱(황량) 메조(찰기 없는 조) ※ 기장 : 볏과의 한해살이풀

輛	수레 량 / 부수: 車 수레 거 / 총획: 15획
	車輛(차량) 모든 차를 통틀어 이르는 말

涼	서늘할 량 / 부수: 氵 삼수변 / 총획: 11획
	涼秋(양추) 서늘한 가을. 또는 음력 9월을 달리 이르는 말 滿目凄涼(만목처량) 눈에 띄는 모든 것이 쓸쓸하거나 서글픔 ※ 凉(서늘할 량)의 本字(본자)

戾	어그러질 려 / 부수: 戶 지게 호 / 총획: 8획
	返戾(반려) 윗사람에게 제출한 문서를 처리하지 않고 되돌려줌 戾道(여도) 돌아가는 길 戾還(여환) 되돌려보냄

櫚	종려 려 / 부수: 木 나무 목 / 총획: 19획
	棕櫚(종려) 종려나무

蠣	굴조개 려 / 부수: 虫 벌레 훼 / 총획: 21획
	蠣殼(여각) 조개껍데기 유 蠣房(여방) 牡蠣(모려) 굴의 살을 말린 것 雕蠣(조려) 쇠붙이 물건에 용무늬를 새기는 일

靂	벼락 력 / 부수: 雨 비 우 / 총획: 24획
	霹靂(벽력) 벼락

轢	칠 력 삐걱거릴 력 / 부수: 車 수레 거 / 총획: 22획
	軋轢(알력) 수레바퀴가 삐걱거린다는 뜻으로 서로 의견이 맞지 않아 충돌함

璉	호련 련 / 부수: 王 구슬옥변 / 총획: 15획
	瑚璉(호련) 중국 하나라와 은나라 때 서직(黍稷)을 담던 제기(祭器)

孌	아름다울 련 / 부수: 女 여자 녀 / 총획: 22획
	婉孌(완련) 나이가 젊고 예쁨. 또는 미소년

冽	맑을 렬 거셀 례 / 부수: 冫 이수변 / 총획: 8획
	淸冽(청렬) 물이 맑고 참. 또는 맛이 산뜻하고 시원함 冽泉(열천) 차고 맑은 샘 ※ 洌(맑을 렬)의 俗字(속자)

洌	맑을 렬 거셀 례 / 부수: 氵 삼수변 / 총획: 9획
	甘洌(감렬) 달고 아주 차가움 洌水(열수) 조선 시대에 한강을 이르던 말

伶	영리할 령 / 부수 亻사람인변 / 총획 7획
	伶俐(영리) 눈치가 빠르고 똑똑함 ㊌ 怜悧(영리)
	伶人(영인) 악공과 광대

羚	영양 령 / 부수 羊 양 양 / 총획 11획
	羚羊(영양) 솟과의 포유류 중 야생 염소와 산양 등을 통틀어 이르는 말

岺	고개 령 / 부수 山 뫼 산 / 총획 8획
	※ 嶺(고개 령)과 동자(同字)

聆	들을 령 / 부수 耳 귀 이 / 총획 11획
	瞻聆(첨령) 여러 사람이 보고 듣는 일

笭	도꼬마리 령 / 부수 竹 대 죽 / 총획 11획
	茯笭(복령) 구멍장이 버섯과의 버섯으로 한방에서 약재로 쓰임
	※ 도꼬마리 : 국화과에 속하는 한해살이풀

姈	슬기로울 령 / 부수 女 여자 녀 / 총획 8획

逞	쾌할 령 / 굳셀 령 / 부수 辶 책받침 / 총획 11획
	逞兵(영병) 뛰어나게 강한 병사
	不逞(불령) 불만, 불평 등을 품고 제 마음대로 행동함

昤	햇빛 령 / 부수 日 날 일 / 총획 9획
	※ 曆(햇빛 령)과 동자(同字)

怜	영리할 령 / 불쌍히 여길 련 / 부수 忄심방변 / 총획 8획
	怜悧(영리) 눈치가 빠르고 똑똑함 ㊌ 伶俐(영리)

泠	깨우칠 령 / 물 이름 령 / 부수 氵삼수변 / 총획 8획
	泠泠(영령) 바람 소리, 악기 소리, 목소리, 물소리 등이 듣기에 맑고 시원함

囹	옥 령 / 부수 囗 큰입구몸 / 총획 8획
	囹圄(어령) 감옥

澧	강 이름 례 / 강 이름 풍 / 부수 氵삼수변 / 총획 16획

擄	노략질할 로 · 부수: 扌 재방변 · 총획: 16획
	擄掠(노략) 떼를 지어 돌아다니며 사람과 재물을 약탈함

潞	강 이름 로 · 부수: 氵 삼수변 · 총획: 16획

瀘	물 이름 로 · 부수: 氵 삼수변 · 총획: 19획

輅	수레 로 · 부수: 車 수레 거 · 총획: 13획
	大輅(대로) 임금이 타던 수레
	象輅(상로) 제왕이 타던, 상아로 호사스럽게 꾸민 수레

嚧	웃을 로 · 부수: 口 입 구 · 총획: 19획

蕗	조개풀 록 · 부수: ++ 초두머리 · 총획: 12획
	※ 조개풀: 가름한 버들잎 모양의 잎을 가진 볏과의 한해살이풀

碌	푸른 돌 록 / 자갈땅 락 · 부수: 石 돌 석 · 총획: 13획
	勞碌(노록) 게을리하지 않고 꾸준하게 힘을 다함

彔	새길 록 · 부수: 彑 튼가로왈 · 총획: 8획
	曲彔(곡록) 승려가 쓰는 의자
	※ 錄(기록할 록)의 本字(본자)

朧	흐릿할 롱 · 부수: 月 달 월 · 총획: 20획
	朦朧(몽롱) 흐릿함. 또는 의식이 흐리멍덩함

瀧	비 올 롱 · 부수: 氵 삼수변 · 총획: 19획
	瀧瀧(농롱) 비가 부슬부슬 오는 모양

瓏	옥소리 롱 · 부수: 玉 구슬옥변 · 총획: 20획
	瓏瓏(농롱) 옥(玉) 등이 부딪쳐서 나는 소리가 매우 맑음. 또는 빛이 매우 찬란함

壟	밭두둑 롱 · 부수: 土 흙 토 · 총획: 19획
	土壟(토롱) 흙을 모아서 임시로 만든 무덤
	丘壟(구롱) 언덕

賚

줄 **뢰** | 부수: 貝 조개 패 | 총획: 15획

- 賚賜(뇌사) 윗사람이 아랫사람에게 물건을 줌 (유) 下賜(하사)
- 錫賚(석뢰) 윗사람이 아랫사람에게 물건·지시 등을 내림

賂

뇌물 **뢰** | 부수: 貝 조개 패 | 총획: 13획

- 賂物(뇌물) 자신의 목적을 위하여 남에게 몰래 건네는 재물
- 贈賂(증뢰) 뇌물을 줌
- 受賂(수뢰) 뇌물을 받음

磊

돌무더기 **뢰** | 부수: 石 돌 석 | 총획: 15획

- 磊磊(뇌뢰) 겹겹이 쌓인 돌무더기

蓼

여뀌 **료** | 부수: 艹 초두머리 | 총획: 15획

- 紅蓼(홍료) 단풍이 들어 빨갛게 된 여뀌
- 馬蓼(마료) 털여뀌
- ※ 여뀌 : 마디풀과의 한해살이풀

廖

텅 빌 **료** | 부수: 广 엄호 | 총획: 14획

- 寂廖(적료) 석료(寂寥 – 적적하고 고요함)의 원말

瞭

밝을 **료** | 부수: 目 눈 목 | 총획: 17획

- 明瞭(명료) 뚜렷하고 분명함
- 不明瞭(불명료) 불분명함
- 瞭然(요연) 분명하고 명백함

聊

애오라지 **료** | 부수: 耳 귀 이 | 총획: 11획

- 無聊(무료) 심심하고 지루함
- 聊賴(요뢰) 남에게 의지하여 살아감
- ※ 애오라지 : '겨우'나 '오로지'를 강조하여 이르는 말

鬧

시끄러울 **료** | 부수: 鬥 싸울 투 | 총획: 15획

- 熱鬧(열뇨) 많은 사람이 모여 떠들썩함
- 粉鬧(분뇨) 번거롭고 바쁨
- 惹鬧(야료) 이유 없이 트집을 잡고 함부로 떠듦

燎

횃불 **료** | 부수: 火 불 화 | 총획: 16획

- 燭燎(촉료) 촛불과 횃불
- 望燎(망료) 제사가 끝나고 축문 등이 불에 다 탈 때까지 지켜보는 일

縷

실 **루** | 부수: 糸 실 사 | 총획: 17획

- 絲縷(사루) 실의 가닥 (유) 線縷(선루)
- 金縷(금루) 금실

瘻

부스럼 **루** | 부수: 疒 병질엄 | 총획: 16획

- 疳瘻(감루) 피부에 잔구멍이 생겨 고름이 나는 부스럼

蔞

산쑥 **루** | 부수: 艹 초두머리 | 총획: 15획

- 瓜蔞(과루) 박과의 여러해살이 덩굴풀

| 褸 | 헌 누더기 **루** / 부수 衤 옷의변 / 총획 16획
襤褸(남루) 낡아 해진 옷 |

| 侖 | 생각할 **륜** / 둥글 **륜** / 부수 人 사람 인 / 총획 8획 |

| 鏤 | 새길 **루** / 부수 金 쇠 금 / 총획 19획
鏤刻(누각) 나무 등에 글씨, 그림을 새김
鏤氷(누빙) 얼음에 새김. 즉, 보람 없는 노력
雕鏤(조루) 새겨 박음 |

| 輪 | 쇠 **륜** / 부수 金 쇠 금 / 총획 16획 |

| 旒 | 깃발 **류** / 부수 方 모 방 / 총획 13획
旗旒(기류) 중요한 기 위에 달던 좁고 긴 띠
長旒(장류) 폭이 넓고 긴 깃발 |

| 凜 | 찰 **름** / 늠름할 **름** / 부수 冫 이수변 / 총획 15획
凜冽(늠렬) 추위가 살을 엘 듯이 심함
凜凜(늠름) 의젓함 |

| 瀏 | 맑을 **류** / 부수 氵 삼수변 / 총획 18획
瀏亮(유량) 맑고 밝은 모양 |

| 俚 | 속될 **리** / 부수 亻 사람인변 / 총획 9획
俚俗(이속) 상스럽고 속됨
俚淺(이천) 속되고 천박함
俚言(이언) 사람들 사이에 쓰이는 속된 말
유 俚語(이어) |

| 瑠 | 맑은 유리 **류** / 부수 王 구슬옥변 / 총획 14획
瑠璃(유리) 석영, 석회암 등을 섞어 녹인 다음 급히 냉각하여 만든 물질. 투명하고 단단하며 잘 깨짐 |

| 厘 | 다스릴 **리** / 부수 厂 민엄호 / 총획 9획
分厘(분리) 돈, 저울, 자 등의 단위인 푼(分)과 리(厘)
五厘(오리) 화폐 단위인 일전(一錢)의 절반 |

| 淪 | 빠질 **륜** / 부수 氵 삼수변 / 총획 11획
沈淪(침륜) 침몰
渾淪(혼륜) 혼돈
隱淪(은륜) 물건이 가라앉아 보이지 않음. 또는 은둔 |

| 唎 | 가는 소리 **리** / 부수 口 입 구 / 총획 10획 |

俐 영리할 리 — 부수: ↑ 심방변, 총획: 10획 怜悧(영리) 눈치가 빠르고 똑똑함 ⊕ 伶俐(영리)	**俐** 똑똑할 리 — 부수: 亻 사람인변, 총획: 9획 伶俐(영리) 눈치가 빠르고 똑똑함
浬 해리 리 — 부수: 氵 삼수변, 총획: 10획 ※ 해리 : 바다나 공중에서의 거리 단위. 보통 1해리는 1,852미터에 해당함	**离** 떠날 리 / 산신 리 — 부수: 内 짐승발자국유, 총획: 11획 离宮(이궁) 세자궁을 달리 이르는 말 离方(이방) 팔방의 하나로, 정남(正南)을 중심으로 한 45도 각도 안의 방향
犁 얼룩소 리 / 쟁기 려 / 밭 갈 리 — 부수: 牛 소 우, 총획: 11획 犁牛(이우) 얼룩소 一犁雨(일리우) 밭 갈기에 적당하게 한바탕 오는 비 兩牛犁(양우려) 소 두 마리가 끄는 쟁기	**涖** 다다를 리 — 부수: 氵 삼수변, 총획: 10획
狸 삵 리 — 부수: 犭 개사슴록변, 총획: 10획 狐狸(호리) 여우와 삵 海狸(해리) 비버(포유류 동물)	**攲** 바를 리 — 부수: 支 지탱할 지, 총획: 16획
羸 파리할 리 — 부수: 羊 양 양, 총획: 19획 老羸(노리) 늙어서 쇠약해짐 羸敗(이패) 피로하여 패함 ※ 파리하다 : 몸이 마르고 얼굴에 핏기가 전혀 없다.	**藺** 골풀 린 — 부수: ⺾ 초두머리, 총획: 20획 藺草(인초) 골풀 馬藺(마린) 꽃창포
莉 말리 리 — 부수: ⺾ 초두머리, 총획: 11획 茉莉(말리) 물푸레나뭇과의 상록 관목	**吝** 아낄 린 — 부수: 口 입 구, 총획: 7획 吝嗇(인색) 재물을 지나치게 아낌 貪吝(탐린) 탐욕스럽고 인색함 儉吝(검린) 검소하고 인색함

DAY 07

| 潾 | 맑을 린 | 부수: 氵 삼수변 | 총획: 15획 |

| 碼 | 마노 마 | 부수: 石 돌 석 | 총획: 15획 |
電碼(전마) 전신 부호와 해당 글자를 대조하여 놓은 표

| 躪 | 짓밟을 린 | 부수: 足 발 족 | 총획: 27획 |
蹂躪(유린) 남의 권리나 인격을 짓밟음
征躪(정린) 남을 정복하여 짓밟음

| 邈 | 멀 막 | 부수: 辶 책받침 | 총획: 18획 |
邈然(막연) 아득함
邈遠(막원) 멀고 아득함
綿邈(면막) 아주 멀고 아득함

| 撛 | 붙들 린 | 부수: 扌 재방변 | 총획: 15획 |

| 万 | 일만 만 | 부수: 一 한 일 | 총획: 3획 |
※ 萬(일만 만)의 俗字(속자)

| 鄰 | 이웃 린 | 부수: 阝 우부방 | 총획: 15획 |
近鄰(근린) 가까운 이웃. 또는 근처
鄰近(인근) 이웃한 가까운 곳
鄰保館(인보관) 인보 사업과 빈민 구제를 목적으로 세운 단체

| 巒 | 뫼 만 | 부수: 山 뫼 산 | 총획: 22획 |
峯巒(봉만) 꼭대기가 뾰족하게 솟은 산봉우리
層巒(층만) 여러 층으로 겹쳐진 산
岡巒(강만) 언덕과 산

| 麐 | 기린 린 | 부수: 鹿 사슴 록 | 총획: 17획 |
※ 麟(기린 린)과 同字(동자)

| 瞞 | 속일 만 | 부수: 目 눈 목 | 총획: 16획 |
欺瞞(기만) 남을 속여 넘김
瞞報(만보) 거짓으로 속여 보고함
瞞過(만과) 속여서 넘김

| 砬 | 돌 소리 립 | 부수: 石 돌 석 | 총획: 10획 |
申砬(신립) 임진왜란 때 왜군을 막다가 전사한 조선 선조 때의 어벌성교무장(1546~1592)

| 饅 | 만두 만 | 부수: 食 밥식변 | 총획: 20획 |
饅頭(만두) 밀가루를 반죽하여 그 안에 소를 넣어 빚은 음식

鰻 뱀장어 만 / 부수: 魚 물고기 어 / 총획: 22획 鰻鱺(만리) 뱀장어 養鰻(양만) 뱀장어를 기름 海鰻(해만) 갯장어	**輞** 바퀴 테 망 / 부수: 車 수레 거 / 총획: 15획
鏋 금 만 / 부수: 金 쇠 금 / 총획: 19획	**邙** 북망산 망 / 부수: 阝 우부방 / 총획: 6획 北邙山(북망산) 묘지가 많은 곳이나 사람이 죽어서 묻히는 곳(중국의 베이망산에 묘지가 많았다는 데서 유래)
朶 끝 말 / 끝 끚 / 부수: 口 입 구 / 총획: 10획 ※ 끚 : 접쳐서 파는 피륙의 길이를 나타내는 단위. 한 끚은 피륙을 한 번 접은 만큼의 길이이다.	**寐** 잘 매 / 부수: 宀 갓머리 / 총획: 12획 寤寐(오매) 자나 깨나 언제나 夢寐(몽매) 잠을 자면서 꿈을 꿈 假寐(가매) 거짓으로 자는 체함
茉 말리 말 / 부수: 艹 초두머리 / 총획: 9획 茉莉(말리) 물푸레나뭇과의 상록 관목	**煤** 그을음 매 / 부수: 火 불 화 / 총획: 13획 煤煙(매연) 연료가 탈 때 생기는 그을음이 섞인 연기 煤炭(매탄) 석탄
襪 버선 말 / 부수: 衤 옷의변 / 총획: 20획 洋襪(양말) 맨발에 신도록 실이나 섬유로 짠 것 綿襪(면말) 솜버선 襪裙(말군) 조선 시대에 여인들이 입던 속바지 종류	**陌** 길 맥 / 부수: 阝 좌부변 / 총획: 9획 阡陌(천맥) 산기슭이나 밭 사이에 난 길 巷陌(항맥) 도회지의 거리
莽 우거질 망 / 부수: 艹 초두머리 / 총획: 10획 灌莽(관망) 잡목들이 우거진 숲 草莽(초망) 풀숲. 또는 후미진 시골을 이르는 말	**驀** 말 탈 맥 / 부수: 馬 말 마 / 총획: 21획 驀進(맥진) 좌우를 돌아볼 겨를이 없이 매우 힘차게 나아감

氓

백성 맹 | 부수: 氏 각시 씨 | 총획: 8획

- 愚氓(우맹) 어리석은 백성 　유 愚民(우민)
- 村氓(촌맹) 시골에 사는 백성

冖

덮을 멱 | 부수: 冖 민갓머리 | 총획: 16획

- 冪數(멱수) 거듭제곱으로 된 수
- 昇冪(승멱) 오름차순의 전 용어
- 冪集合(멱집합) 어떤 집합 x의 모든 부분 집합을 원소로 하는 집합

覓

찾을 멱 | 부수: 見 볼 견 | 총획: 11획

- 尋覓(심멱) 물건이나 사람을 찾기 위하여 살핌
- 覓來(멱래) 찾아오거나 가져옴
- 覓去(멱거) 찾아가거나 가져감

眄

곁눈질할 면 | 부수: 目 눈 목 | 총획: 9획

- 眄視(면시) 곁눈질을 함
- 仰眄(앙면) 존경하는 마음으로 우러러 쳐다봄
- 顧眄(고면) 잊을 수가 없어 돌이켜 봄

緬

멀 면 / 가는 실 면 | 부수: 糸 실 사 | 총획: 15획

- 緬憶(면억) 지난 일을 돌이켜 생각함
- 緬禮(면례) 무덤을 옮겨서 장사를 다시 지냄

暝

저물 명 / 어두울 명 | 부수: 日 날 일 | 총획: 14획

- 暝色(명색) 해가 질 무렵의 어둑한 빛

榠

홈통 명 | 부수: 木 나무 목 | 총획: 12획

※ 홈통 : 물이 흐르거나 타고 내리도록 만든 물건

瞑

눈 감을 명 / 잘 면 | 부수: 目 눈 목 | 총획: 15획

- 瞑坐(명좌) 조용히 눈을 감고 앉음
- 瞑眩(명현) 어지럽고 눈앞이 캄캄함
- 瞑想(명상) 조용히 눈을 감고 깊이 생각함
- 瞑目(명목) 눈을 감음

茗

차 싹 명 | 부수: ⺾ 초두머리 | 총획: 10획

- 茗爐(명로) 찻물을 끓이는 데 쓰는 화로

蓂

명협 명 | 부수: ⺾ 초두머리 | 총획: 14획

- 蓂莢(명협) 중국 요(堯)임금 시대에 났다는 상서로운 풀
- 蓂曆(명력) 예전에, 음력을 이르던 말

螟

멸구 명 | 부수: 虫 벌레 훼 | 총획: 16획

- 螟蟲(명충) 명나방과의 곤충을 통틀어 이르는 말
- 螟蛾(명아) 명나방과의 곤충을 통틀어 이르는 말

酩

술 취할 명 | 부수: 酉 닭 유 | 총획: 13획

- 酩酊(명정) 술에 몹시 취함

한자	훈음	부수	총획	용례
惯	너그러울 명	↑ 심방변	13획	
洺	강 이름 명	氵 삼수변	9획	
袂	소매 몌	衤 옷의변	9획	袂口(몌구) 옷소매에서 손이 나올 수 있게 뚫려 있는 부분 揚袂(양몌) 소매를 올린다는 뜻으로, 춤추는 것을 이르는 말
姆	유모 모	女 여자 녀	8획	保姆(보모) 아동 복지 시설에서 어린이를 돌보아 주는 여자
摸	본뜰 모	扌 재방변	14획	摸倣(모방) 다른 것을 본뜸 유 模倣(모방), 摹倣(모방) 摸索(모색) 일을 해결할 방법을 더듬어 찾음 摸擬(모의) 실제를 흉내 내어 그대로 해 봄
摹	베낄 모	手 손 수	15획	摹倣(모방) 다른 것을 본뜸 摹出(모출) 어떤 모양을 그대로 그려 냄
眸	눈동자 모	目 눈 목	11획	明眸(명모) 맑고 아름다운 눈동자 睛眸(정모) 눈동자 雙眸(쌍모) 양쪽의 두 눈
芼	우거질 모 풀 모	⺾ 초두머리	8획	芼滑(모활) 화갱(여러 가지 양념을 하여 간을 맞춘 국)을 만들 때 맛을 내기 위하여 넣는 나물
鶩	집오리 목	鳥 새 조	20획	野鶩(야목) 청동오리
歿	죽을 몰	歹 죽을사변	8획	戰歿(전몰) 전사(戰死) 歿後(몰후) 죽은 뒤
朦	흐릴 몽	月 달 월	18획	朦朧(몽롱) 흐릿함. 또는 의식이 흐리멍덩함 朦昏(몽혼) 독물이나 약물에 의해 감각을 잃고 자극에 반응할 수 없게 됨
昴	별 이름 묘	日 날 일	9획	昴星(묘성) 이십팔수의 열여덟째 별자리의 별들

杳	아득할 묘 / 부수 木 나무 목 / 총획 8획	
	杳然(묘연) 흐릿함. 또는 행방을 알 수 없음	
	杳冥(묘명) 어두침침하고 아득함	

无	없을 무 / 부수 无 이미기방 / 총획 4획	
	※ 無(없을 무)의 古字(고자)	

渺	아득할 묘 / 부수 氵삼수변 / 총획 12획	
	渺漠(묘막) 아득하게 넓음 유 廣漠(광막)	
	渺遠(묘원) 까마득하게 멂	
	縹渺(표묘) 넓고 끝이 없는 모양	

楙	무성할 무 / 부수 木 나무 목 / 총획 13획	

玅	묘할 묘 / 부수 立 설 립 / 총획 9획	
	※ 妙(묘할 묘)와 同字(동자)	

毋	말 무 / 부수 毋 말 무 / 총획 4획	
	毋論(무론) 물론	

錨	닻 묘 / 부수 金 쇠 금 / 총획 17획	
	錨泊(묘박) 배가 닻을 내리고 머무름	
	投錨(투묘) 배를 정박하고자 닻을 내림	
	揚錨(양묘) 닻을 올림	

珷	옥돌 무 / 부수 王 구슬옥변 / 총획 12획	
	珷玞(무부) 붉은 바탕에 흰무늬가 있는, 옥(玉)과 비슷한 돌	

憮	어루만질 무 / 부수 忄심방변 / 총획 15획	
	懷憮(회무) 어루만지어 달램	

繆	얽을 무 / 부수 糸 실 사 / 총획 17획	
	綢繆(주무) 빈틈없이 꼼꼼하게 미리 준비함	

拇	엄지손가락 무 / 부수 扌재방변 / 총획 8획	
	拇指(무지) 엄지손가락	
	拇印(무인) 지장	

鸚	앵무새 무 / 부수 鳥 새 조 / 총획 19획	
	鸚鵡(앵무) 사람의 말을 잘 흉내 내는 새의 한 종류	

們	들 문 / 부수: 亻 사람인변 / 총획: 10획
	圖們(도문) 중국 길림성 연변 조선족 자치주에 있는 도시

刎	목 벨 문 / 부수: 刂 선칼도방 / 총획: 6획
	刎頸之交(문경지교) 서로를 위해서 목이 잘려도 후회하지 않을 정도의 사이. 즉, 소중한 벗

紊	어지러울 문, 문란할 문 / 부수: 糸 실 사 / 총획: 10획
	紊亂(문란) 도덕, 질서, 규범 등이 어지러움

蚊	모기 문 / 부수: 虫 벌레 훼 / 총획: 10획
	蚊城(문성) 모기떼 유 蚊陣(문진)

| 雯 | 구름무늬 문 / 부수: 雨 비 우 / 총획: 12획 |

| 炆 | 따뜻할 문 / 부수: 火 불 화 / 총획: 8획 |

| 汨 | 아득할 물, 아득할 매 / 부수: 氵 삼수변 / 총획: 7획 |

媚	아첨할 미, 예쁠 미 / 부수: 女 여자 녀 / 총획: 12획
	媚笑(미소) 아양을 떨며 곱게 웃는 웃음 媚諂(미첨) 남에게 잘 보이려고 알랑거림 유 阿諂(아첨) 鮮媚(선미) 경치가 아름답고 조용함

嵋	산 이름 미 / 부수: 山 뫼 산 / 총획: 12획
	竹嵋山(죽미산) 경상북도 봉화군에 있는 산

| 梶 | 나무 끝 미 / 부수: 木 나무 목 / 총획: 11획 |

楣	문미 미 / 부수: 木 나무 목 / 총획: 13획
	門楣(문미) 창문 위에 가로 댄 나무

渼	물놀이 미 / 부수: 氵 삼수변 / 총획: 12획
	渼金(미금) 과거, 경기도에 있던 시. 1995년 남양주군과 통합되며 폐지됨

湄	물가 미 더운 물 난	부수: 氵 삼수변 총획: 12획

躾	가르칠 미	부수: 身 몸 신 총획: 16획

謎 수수께끼 미 — 부수 言 말씀 언, 총획 17획
- 謎語(미어) 수수께끼
- 謎題(미제) 수수께끼 같아서 풀기 어려운 문제

嫐 착하고 아름다울 미 — 부수 女 여자 녀, 총획 13획

靡 쓰러질 미 — 부수 非 아닐 비, 총획 19획
- 風靡(풍미) 바람에 초목이 쓰러짐. 즉 어떤 사회적 현상이나 사조 등이 사회에 널리 퍼짐
- 靡費(미비) 모두 써 버리거나 허비함

岷 산 이름 민 — 부수 山 뫼 산, 총획 8획
- 岷江(민강) 중국 사천성의 큰 강

黴 곰팡이 미 / 매우 매 — 부수 黑 검을 흑, 총획 23획
- 防黴(방미) 곰팡이가 생기는 것을 막음
- 黴雨(미우) 매우(梅雨 – 매실이 익을 때 내리는 비. 6~7월에 걸쳐 내리는 장마)

旻 하늘 민 — 부수 日 날 일, 총획 8획
- 旻天(민천) 사천(四天)의 하나로 가을 하늘을 뜻함
- 蒼旻(창민) 푸른 하늘. 또는 가을 하늘

媄 아름다울 미 — 부수 女 여자 녀, 총획 12획

泯 망할 민 — 부수 氵 삼수변, 총획 8획
- 泯滅(민멸) 흔적이 아예 없어짐
  - 유 泯絶(민절), 泯沒(민몰)
- 泯亂(민란) 사회의 질서와 도덕을 어지럽힘

嵄	산 미	부수: 山 뫼 산 총획: 12획

玟 아름다운 돌 민 — 부수 王 구슬옥변, 총획 8획
- 玟坯釉(민배유) 자기의 겉에 발라 윤을 내고 물이 스며들지 않게 하는, 유리 성질의 가루

ㅂ

撲
칠 **박** / 칠 **복**
- 부수: 扌 재방변
- 총획: 15획

打撲(타박) 동물이나 사람을 때리고 침
撲滅(박멸) 모조리 잡아 없앰
打撲傷(타박상) 맞거나 부딪쳐서 난 상처

鉑
금박 **박**
- 부수: 金 쇠 금
- 총획: 13획

樸
순박할 **박**
- 부수: 木 나무 목
- 총획: 16획

樸陋(박루) 수수하고 허름함
質樸(질박) 꾸민 데가 없이 수수함
簡樸(간박) 간소하고 순박함

机
뗏목 **범**
- 부수: 木 나무 목
- 총획: 7획

璞
옥돌 **박**
- 부수: 玉 구슬옥변
- 총획: 16획

璞玉(박옥) 손대지 않은 천연 그대로의 옥 덩어리

拌
버릴 **반** / 쪼갤 **반**
- 부수: 扌 재방변
- 총획: 8획

攪拌(교반) 휘저어 한데 섞음
攪拌器(교반기) 어떤 물건을 섞거나 열을 전달시키기 위해 휘젓는 기구

粕
지게미 **박**
- 부수: 米 쌀 미
- 총획: 11획

糟粕(조박) 술을 걸러 내고 남은 찌꺼기
大麻粕(대마박) 삼씨로 기름을 짜낸 뒤에 남은 찌꺼기

瘢
흉터 **반**
- 부수: 疒 병질엄
- 총획: 15획

瘡瘢(창반) 부스럼 자국이나, 칼에 다친 흉터
刀瘢(도반) 칼자국
紫瘢(자반) 상처가 나아도 아직 남아 있는 자줏빛의 흔적

膊
팔뚝 **박**
- 부수: 月 육달월
- 총획: 14획

肩膊(견박) 어깨의 바깥쪽 상박의 윗머리
臂膊(비박) 팔과 어깨
上膊(상박) 어깨에서 팔꿈치까지의 부분

盼
눈 예쁠 **반** / 날 새려 할 **분**
- 부수: 目 눈 목
- 총획: 9획

雹
우박 **박**
- 부수: 雨 비 우
- 총획: 13획

雨雹(우박) 기상의 급변으로 오는 얼음덩어리
霜雹(상박) 서리와 우박

磐
너럭바위 **반**
- 부수: 石 돌 석
- 총획: 15획

磐石(반석) 넓고 평평한 큰 돌이나 어떤 사물 등이 아주 견고함을 이르는 말

絆	얽어맬 반 / 부수 糸 실 사 / 총획 11획
	羈絆(기반) 굴레를 씌우듯 자유를 얽매는 일 脚絆(각반) 발목에서부터 무릎 아래까지 돌려 감거나 싸는 띠 絆緣(반연) 얽혀서 맺어지는 인연

蟠	서릴 반 / 부수 虫 벌레 훼 / 총획 18획
	蟠龍(반룡) 아직 승천하지 않고 땅에 서려 있는 용 ※ 서리다 : 둥그렇게 포개어 감다

魃	가뭄 귀신 발 / 부수 鬼 귀신 귀 / 총획 15획
	旱魃(한발) 가뭄을 맡고 있다는 귀신 炎魃(염발) 가뭄. 또는 가뭄을 맡은 신

尨	삽살개 방 / 부수 尢 절름발이 왕 / 총획 7획
	靑尨(청방) 청삽살이. 검고 긴 털이 곱슬곱슬하게 난 개 尨大(방대) 엄청나게 크거나 많음 尨服(방복) 염색한 옷

旁	곁 방 / 부수 方 모 방 / 총획 10획
	偏旁(편방) 한자의 왼쪽과 오른쪽을 통틀어 이르는 말 旁通(방통) 자세하고 분명하게 앎

昉	밝을 방 / 찾을 방 / 부수 日 날 일 / 총획 8획
	神昉(신방) 신라 중엽의 승려

滂	비 퍼부을 방 / 부수 氵 삼수변 / 총획 13획
	滂滂(방방) 눈물 나오는 것이 비 오듯 함

磅	돌 떨어지는 소리 방 / 부수 石 돌 석 / 총획 15획

膀	오줌통 방 / 부수 月 육달월 / 총획 14획
	膀胱(방광) 신장에서 흘러나오는 오줌을 저장했다가 일정량이 되면 요도를 통해 배출시키는 주머니 모양의 기관

舫	방주 방 / 부수 舟 배 주 / 총획 10획
	畫舫(화방) 용이나 봉황 따위로 꾸미고 그림을 그리어 곱게 단청을 한 놀잇배

蒡	우엉 방 / 부수 艹 초두머리 / 총획 14획
	牛蒡(우방) 우엉. 국화과의 두해살이풀 牛蒡子(우방자) 우엉의 씨

蚌	방합 방 / 부수 虫 벌레 훼 / 총획 10획
	蚌珠(방주) 진주

謗	헐뜯을 방	부수: 言 말씀 언	총획: 17획

誹謗(비방) 남을 헐뜯어 말함
毀謗(훼방) 남을 헐뜯어 비방하거나 남의 일을 방해함

褙	속적삼 배	부수: 衣 옷 의	총획: 14획

塗褙(도배) 종이를 벽·반자·장지 등에 바르는 일
褙接(배접) 종이, 헝겊 또는 얇은 널조각 등을 여러 겹 포개어 붙임

龐	어지러울 방 충실할 롱	부수: 龍 용 룡	총획: 19획

佰	일백 백	부수: 亻사람인변	총획: 8획

徘	어정거릴 배	부수: 彳두인변	총획: 11획

徘徊(배회) 목적 없이 거닒

筏	뗏목 벌	부수: 竹 대 죽	총획: 12획

筏橋(벌교) 뗏목을 엮어 만든 다리

湃	물결칠 배	부수: 氵삼수변	총획: 12획

澎湃(팽배) 큰 물결이 서로 부딪쳐 솟구치는 것. 또는 기세나 사조 등이 맹렬한 기세로 일어나는 것

氾	넘칠 범 땅 이름 범	부수: 氵삼수변	총획: 5획

氾濫(범람) 큰물이 흘러넘침
氾溢(범일) 큰물이 흘러넘침

焙	불에 쬘 배	부수: 火 불 화	총획: 12획

焙籠(배롱) 화로 위에 엎어 씌워 놓고 그 위에 젖은 옷 같은 것을 얹어 말리도록 만든 기구

琺	법랑 법	부수: 王 구슬옥변	총획: 12획

琺瑯(법랑) 금속기·도자기 등의 표면에 구워 올려 윤이 나게 하는, 광물을 원료로 한 유약

裴	성씨 배 치렁치렁할 배	부수: 衣 옷 의	총획: 14획

劈	쪼갤 벽	부수: 刀 칼 도	총획: 15획

劈理(벽리) 습곡을 형성하는 과정에서 생기는 틈의 한 가지
劈頭(벽두) 글의 첫머리. 또는 일의 첫머리

한자	훈음	부수	총획	예시
擘	엄지손가락 벽	手 손 수	17획	擘指(벽지) 엄지손가락 巨擘(거벽) 학식이나 어떤 전문 부분에서 남달리 뛰어난 사람
蘗	황벽나무 벽	木 나무 목	17획	黃蘗(황벽) 황벽나무
蘗	황벽나무 벽 그루터기 얼	++ 초두머리	21획	黃蘗(황벽) 황벽나무 黃蘗色(황벽색) 황벽나무의 껍질로 물들인 누런색
霹	벼락 벽	雨 비 우	21획	霹靂(벽력) 벼락
瞥	깜짝할 별	目 눈 목	17획	瞥眼間(별안간) 갑작스럽고 아주 짧은 동안 瞥觀(별관) 자세히 보지 않고 얼른 봄 一瞥(일별) 한 번 흘깃 봄
鼈	자라 별	魚 물고기 어	23획	魚鼈成橋(어별성교) 물고기와 자라들이 다리를 놓아 줌
鼈	자라 별	黽 맹꽁이 맹	25획	鼈主簿傳(별주부전) 조선 후기의 판소리계 소설 鼈腹(별복) 배 안에 자라 모양의 멍울이 생기고, 추웠다 더웠다 하여 몸이 점차 쇠약해지는 병
襒	털 별	衤 옷의변	17획	
馠	향기로울 별 향기로울 함	香 향기 향	13획	
昞	불꽃 병 밝을 병	日 날 일	9획	
昺	불꽃 병 밝을 병	日 날 일	9획	※ 昞(불꽃 병)과 同字(동자)
棅	자루 병	木 나무 목	12획	※ 柄(자루 병)과 同字(동자)

| 軿 | 수레 병
수레 변 | 부수: 車 수레 거 | 총획: 15획 |
| | | | |

| 鉼 | 판금 병 | 부수: 金 쇠 금 | 총획: 16획 |
| | ※ 판금 : 얇고 넓게 조각을 낸 쇠붙이 | | |

| 渁 | 보 보 | 부수: 氵 삼수변 | 총획: 12획 |

| 濳 | 물 이름 보 | 부수: 氵 삼수변 | 총획: 15획 |

| 珤 | 보배 보 | 부수: 玉 구슬옥변 | 총획: 10획 |

| 匍 | 길 복 | 부수: 勹 쌀포몸 | 총획: 11획 |
| | 匍匐(포복) 배를 땅에 대고 김
匍步(복보) 엎드려 김 | | |

| 宓 | 성씨 복
잠잠할 밀 | 부수: 宀 갓머리 | 총획: 8획 |

| 蔔 | 무 복 | 부수: ⺿ 초두머리 | 총획: 15획 |
| | 蘿蔔(나복) 무. 십자화과의 채소
薝蔔(담복) 치자나무의 꽃 | | |

| 輹 | 복토 복 | 부수: 車 수레 거 | 총획: 16획 |
| | ※ 복토 : 차여(車輿)와 차축을 연결·고정하는 나무 | | |

| 鰒 | 전복 복 | 부수: 魚 물고기 어 | 총획: 20획 |
| | 全鰒(전복) 전복과의 조개를 통틀어 이르는 말 | | |

| 鍑 | 솥 복 | 부수: 金 쇠 금 | 총획: 17획 |

| 乶 | 음역자 볼
땅 이름 폴 | 부수: 乙 새 을 | 총획: 8획 |

燧
봉화 봉
연기 자욱할 봉
부수: 火 불 화
총획: 15획

※ 烽(봉화 봉)과 同字(동자)

咐
분부할 부
불 부
부수: 口 입 구
총획: 8획

咐囑(부촉) 부탁하여 맡김
吩咐(분부) 윗사람이 아랫사람에게 명령이나 지시를 내림. 또는 그 명령이나 지시

埠
부두 부
부수: 土 흙 토
총획: 11획

埠頭(부두) 배를 대어 사람이나 짐이 뭍으로 오르내릴 수 있도록 만들어 놓은 곳
船埠(선부) 나루터

孵
알 깔 부
부수: 子 아들 자
총획: 14획

孵化(부화) 동물의 알이 깨는 것
孵卵(부란) 알에서 깨거나 알을 깜

缶
장군 부
두레박 관
부수: 缶 장군 부
총획: 6획

水缶戱(수부희) 음력 사월 초파일 관등절 때에 하는 아이들 놀이의 하나

艀
작은 배 부
부수: 舟 배 주
총획: 13획

艀船(부선) 동력 설비가 없어서 짐을 실은 채 다른 배에 끌려 다니는 배

莩
갈대청 부
굶어죽을 표
부수: ⺿ 초두머리
총획: 11획

餓莩(아표) 굶어 죽은 사람의 몸

賻
부의 부
부수: 貝 조개 패
총획: 17획

賻儀(부의) 초상집에 부조로 보내는 돈이나 물품
致賻(치부) 임금이 신하가 죽었을 때에 내리는 부의

駙
곁마 부
부수: 馬 말 마
총획: 15획

駙馬(부마) 임금의 사위에게 주던 칭호
※ 곁마: 두 마리 이상의 말이 마차를 끌 때 옆에서 끌거나 따라가는 말

鳧
오리 부
부수: 鳥 새 조
총획: 13획

野鳧(야부) 청둥오리
舒鳧(서부) 집오리
鳧鐘(부종) 종(鐘)을 달리 이르는 말

吩
분부할 분
뿜을 분
부수: 口 입 구
총획: 7획

吩咐(분부) 윗사람이 아랫사람에게 명령이나 지시를 내림. 또는 그 명령이나 지시

扮
꾸밀 분
부수: 扌 재방변
총획: 7획

扮裝(분장) 배우가 등장인물에 어울리도록 얼굴, 몸, 옷 등을 꾸미는 일

盼	햇빛 **분**	부수: 日 날 일 / 총획: 8획

匕	비수 **비**	부수: 匕 비수 비 / 총획: 2획
	匕首(비수) 날이 예리하고 짧은 칼	
	棘匕(극비) 국자	
	飯匕(반비) 숟가락	

賁	클 **분** / 꾸밀 **비**	부수: 貝 조개 패 / 총획: 12획
	虎賁(호분) 호랑이처럼 용감하고 날래다는 뜻으로 천자(天子)를 가까이에서 호위하는 군대를 뜻함	
	賁飾(비식) 예쁘게 꾸밈	

憊	고단할 **비**	부수: 心 마음 심 / 총획: 16획
	虛憊(허비) 기운이 없어 고달픔	
	困憊(곤비) 아무것도 할 기력이 없을 만큼 지쳐 몹시 고단함	

雰	눈 날릴 **분** / 안개 **분**	부수: 雨 비 우 / 총획: 12획
	雰圍氣(분위기) 어떤 환경이나 어떤 자리 등에서 저절로 만들어져서 감도는 느낌	

斐	문채 날 **비**	부수: 文 글월 문 / 총획: 12획
	斐斐(비비) 꾸밈새가 있어 아름다운 모양	
	※ 문채 : 아름다운 광채	

彿	비슷할 **불**	부수: 彳 두인변 / 총획: 8획
	彷彿(방불) 거의 비슷함	

枇	비파나무 **비**	부수: 木 나무 목 / 총획: 8획
	枇杷(비파) 비파나무의 열매	

硼	붕사 **붕** / 돌 소리 **평**	부수: 石 돌 석 / 총획: 13획
	硼素(붕소) 붕사와 붕산의 주성분이 되는 비금속 원소	
	硼酸(붕산) 붕사에 황산을 작용시켜 만든 물질로, 무색무취에 광택이 나는 결정	

榧	비자나무 **비**	부수: 木 나무 목 / 총획: 14획
	榧子(비자) 비자나무의 열매	

繃	묶을 **붕**	부수: 糸 실 사 / 총획: 17획
	繃帶(붕대) 상처에 감는 소독한 얇은 헝겊 띠	
	繃帶術(붕대술) 상처가 난 곳에 붕대를 감아서 매는 여러 가지 방법	

毖	삼갈 **비**	부수: 比 견줄 비 / 총획: 9획
	懲毖錄(징비록) 우리나라 국보로, 조선 시대에 유성룡이 7년 동안에 걸친 임진왜란에 대하여 적은 책	

秕
쭉정이 비
더럽힐 비
- 부수: 禾 벼 화
- 총획: 9획

秕政(비정) 백성을 괴롭히고 나라를 잘못되게 하는 정치

毗
도울 비
- 부수: 比 견줄 비
- 총획: 9획

倚毗(의비) 의지하고 믿음
※ 毘(도울 비)와 同字(동자)

粃
쭉정이 비
더럽힐 비
- 부수: 米 쌀 미
- 총획: 10획

粃糠(비강) 쭉정이와 겨를 일컫는 말로 변변치 못한 것을 뜻함 유 糠粃(강비)
※ 秕(쭉정이 비)의 俗字(속자)

棐
도지개 비
도울 비
- 부수: 木 나무 목
- 총획: 12획

※ 도지개 : 뒤틀린 활을 바로 잡는 틀

菲
엷을 비
- 부수: ⺿ 초두머리
- 총획: 12획

菲才(비재) 변변치 못한 재주

嚬
찡그릴 빈
- 부수: 口 입 구
- 총획: 19획

嚬蹙(빈축) 눈살을 찌푸리고 얼굴을 찡그리는 것
嚬笑(빈소) 슬픔과 기쁨을 아울러 이르는 말

蜚
바퀴 비
날 비
- 부수: 虫 벌레 훼
- 총획: 14획

蜚蠊(비렴) 바퀴벌레

檳
빈랑나무 빈
- 부수: 木 나무 목
- 총획: 18획

檳榔(빈랑) 빈랑나무
※ 빈랑나무 : 염료나 식용으로 쓰이는 종려나뭇과의 교목

誹
헐뜯을 비
- 부수: 言 말씀 언
- 총획: 15획

誹謗(비방) 남을 헐뜯어 말함
誹笑(비소) 남을 비방하거나 비난하여 웃음

浜
물가 빈
선거 병
- 부수: 氵 삼수변
- 총획: 10획

※ 선거 : 배를 매어두는 곳

譬
비유할 비
- 부수: 言 말씀 언
- 총획: 20획

譬喩(비유) 어떤 현상이나 사물을 직접 설명하지 아니하고 다른 비슷한 현상이나 사물에 빗대서 설명하는 일

瀕
물가 빈
가까울 빈
- 부수: 氵 삼수변
- 총획: 19획

瀕死(빈사) 거의 죽을 지경에 이름
瀕海(빈해) 지형이 바다에 가까이 닿아 있음
※ 濱(물가 빈)과 同字(동자)

| 牝 | 암컷 빈 | 부수: 牛 소 우 | 총획: 6획 |

牝牛(빈우) 암소
牝牡(빈모) 짐승의 암컷과 수컷

| 玭 | 구슬 이름 빈 | 부수: 王 구슬옥변 | 총획: 8획 |

| 儐 | 인도할 빈 | 부수: 亻 사람인변 | 총획: 16획 |

儐相(빈상) 손님을 안내하며 주인을 돕는 사람

| 璸 | 구슬 이름 빈 | 부수: 王 구슬옥변 | 총획: 18획 |

| 馪 | 향기 빈 | 부수: 禾 벼 화 | 총획: 19획 |

| 邠 | 나라 이름 빈 | 부수: 阝 우부방 | 총획: 7획 |

去邠(거빈) 임금이 도성을 떠나 다른 곳으로 피란하던 일

| 繽 | 어지러울 빈 | 부수: 糸 실 사 | 총획: 20획 |

繽紛(빈분) 혼잡하여 어지러움
落英繽紛(낙영빈분) 낙화가 어지럽게 떨어지면서 흩어지는 모양

| 騁 | 달릴 빙 | 부수: 馬 말 마 | 총획: 17획 |

馳騁(치빙) 말을 타고 이곳저곳 바삐 돌아다니는 것

人

| 乍 | 잠깐 사 / 일어날 작 | 부수: 丿 삐침 별 | 총획: 5획 |

乍晴(사청) 지루하게 내리던 비가 그치고 잠깐 갬
猝乍間(졸사간) 미처 어떻게 해 볼 수 없을 만큼 짧은 동안

| 些 | 적을 사 | 부수: 二 두 이 | 총획: 8획 |

些少(사소) 보잘것없이 작거나 적음
些末的(사말적) 자질구레해 중요하지 않은 것
些事(사사) 별로 중요하지 않은 사소한 일

| 伺 | 엿볼 사 | 부수: 亻 사람인변 | 총획: 7획 |

伺察(사찰) 남의 행동을 몰래 엿보아 살핌
伺候(사후) 웃어른의 명령을 기다림. 또는 웃어른을 찾아뵙고 문안을 드림
伺隙(사극) 기회나 틈을 엿봄

| 俟 | 기다릴 사 / 성씨 기 | 부수: 亻 사람인변 | 총획: 9획 |

俟命(사명) 임금의 명령을 기다림. 또는 천명을 기다림

DAY 08

栖 수저 사 | 부수: 木 나무 목 | 총획: 9획
擲栖(척사) 윷놀이
栖占(사점) 정초에 윷을 던져 그해의 길흉을 알아보는 점

梭 북 사 / 나무 이름 준 | 부수: 木 나무 목 | 총획: 11획
梭鷄(사계) 베짱이
擲梭(척사) 피륙을 짤 때에 북을 이리저리 던지는 일
水梭花(수사화) 절에서 물고기를 이르는 말

渣 찌꺼기 사 | 부수: 氵 삼수변 | 총획: 12획
殘渣(잔사) 쓰고 남은 찌꺼기
渣滓(사재) 가라앉은 찌꺼기

篩 체 사 | 부수: 竹 대 죽 | 총획: 16획
篩別機(사별기) 체로 쳐서 골라내는 기계
篩管(사관) 체관. 식물의 관다발 안에 있는 관상 조직

蓑 도롱이 사 / 꽃술 늘어질 쇠 | 부수: ++ 초두머리 | 총획: 14획
綠蓑衣(녹사의) 도롱이. 짚, 띠 따위로 엮어 허리나 어깨에 걸쳐 두르는 비옷
一蓑雨(일사우) 도롱이를 적실 정도의 비, 즉 적은 양의 비를 이르는 말

駟 사마 사 | 부수: 馬 말 마 | 총획: 15획
駟馬(사마) 한 채의 수레를 끄는 네 필의 말

糸 실 사 / 가는 실 멱 | 부수: 糸 실 사 | 총획: 6획
※ 絲(실 사)의 俗字(속자)

汕 오구 산 | 부수: 氵 삼수변 | 총획: 6획
※ 오구: 그물의 한 가지

疝 산증 산 | 부수: 疒 병질엄 | 총획: 8획
疝症(산증) 생식기와 고환이 붓고 아픈 병증

蒜 마늘 산 / 마늘 선 | 부수: ++ 초두머리 | 총획: 14획
大蒜(대산) 마늘
醬蒜(장산) 마늘장아찌
蒜腦藷(산뇌저) 백합의 뿌리를 한방에서 이르는 말

霰 싸라기눈 산 / 싸라기눈 선 | 부수: 雨 비 우 | 총획: 20획
霰彈(산탄) 탄피가 터지면서 속에 든 많은 작은 탄알이 한꺼번에 퍼져 터지는 탄환

乺 음역자 살 | 부수: 乙 새 을 | 총획: 8획

| 茀 | 벨 삼 | 부수: ++ 초두머리 | 총획: 8획 |

茀除(삼제) 풀을 깎듯이 베어 없애 버림
茀荒(삼황) 거친 풀을 베어 버림

| 橡 | 상수리나무 상 | 부수: 木 나무 목 | 총획: 16획 |

橡子酒(상자주) 상수리나 도토리를 넣고 담근 술
橡實乳(상실유) 도토리묵
狗飯橡實(구반상실) 개밥의 도토리

| 鍤 | 창 삽 | 부수: 金 쇠 금 | 총획: 12획 |

鍤字(삽자) 얼굴이나 팔뚝의 살을 따고 홈을 내어 먹물로 죄명을 찍어 넣던 벌

| 爽 | 시원할 상 | 부수: 爻 점괘 효 | 총획: 11획 |

爽快(상쾌) 느낌이 시원하고 산뜻함
昧爽(매상) 날이 새려고 막 먼동이 틀 무렵

| 颯 | 바람 소리 삽 | 부수: 風 바람 풍 | 총획: 14획 |

颯辣(삽랄) 힘차고 굳센 모양
蕭颯(소삽) 바람이 차고 쓸쓸함

| 牀 | 평상 상 | 부수: 뉘 장수장변 | 총획: 8획 |

寢牀(침상) 사람이 누워 잘 수 있게 만든 가구
病牀(병상) 병자가 눕는 침상

| 孀 | 홀어머니 상 | 부수: 女 여자 녀 | 총획: 20획 |

孀娥(상아) 남편을 잃고 혼자 사는 여자
孀老(상로) 늙은 과부

| 觴 | 잔 상 | 부수: 角 뿔 각 | 총획: 18획 |

玉觴(옥상) 옥으로 만든 술잔. 아름다운 술잔
壺觴(호상) 술병과 술잔

| 峠 | 고개 상 | 부수: 山 뫼 산 | 총획: 9획 |

| 塽 | 높고 밝은 땅 상 | 부수: 土 흙 토 | 총획: 14획 |

塽塏(상개) 위치가 높아서 앞을 내다보기에 썩 좋은 곳

| 廂 | 행랑 상 | 부수: 广 엄호 | 총획: 12획 |

後廂(후상) 임금이 행차할 때 뒤를 호위하던 군대
先廂大將(선상대장) 임금이 나들이할 때에 호위군을 지휘하던 장수

| 賽 | 굿할 새 | 부수: 貝 조개 패 | 총획: 17획 |

報賽(보새) 매해 가을에 농사를 끝마친 뒤 신의 은덕에 보답하기 위해 지내던 제사
答賽(답새) 신불에게 보답하기 위해 제사를 지냄

嗇 아낄 색
- 부수: 口 입 구
- 총획: 13획

吝嗇(인색) 재물을 지나치게 아낌

甥 생질 생
- 부수: 生 날 생
- 총획: 12획

甥姪(생질) 누이의 아들
舅甥(구생) 외삼촌과 생질. 또는 장인과 사위
甥姪婦(생질부) 누이의 며느리

墅 농막 서
- 부수: 土 흙 토
- 총획: 14획

別墅(별서) 논밭 부근에 한적하게 지은 집
村墅(촌서) 시골에 있는 별장

捿 깃들일 서
- 부수: 扌 재방변
- 총획: 11획

栖 깃들일 서
- 부수: 木 나무 목
- 총획: 10획

絮 솜 서
- 부수: 糸 실 사
- 총획: 12획

絮雪(서설) 솜이나 눈송이처럼 하얗게 바람에 날리는 버들개지

諝 슬기 서
- 부수: 言 말씀 언
- 총획: 16획

才諝(재서) 재주와 슬기

惰 지혜 서
- 부수: 忄 심방변
- 총획: 12획

※ 諝(슬기 서)와 同字(동자)

嶼 섬 서
- 부수: 山 뫼 산
- 총획: 17획

※ 㠘(섬 서)와 同字(동자)

藇 아름다울 서
- 부수: ⺾ 초두머리
- 총획: 18획

淅 일 석
- 부수: 氵 삼수변
- 총획: 11획

淅瀝(석력) 비나 눈이 내리는 소리. 또는 바람이 나무를 스치어 울리는 소리
淅然(석연) 찬물을 뒤집어쓴 것처럼 오싹오싹 추워서 떠는 증상

蓆 자리 석
- 부수: ⺾ 초두머리
- 총획: 14획

※ 席(자리 석)과 同字(동자)

한자	훈음	부수	총획	용례
鉐	놋쇠 석	金 쇠 금	13획	
秴	섬 석	禾 벼 화	10획	※ 1섬 = 십두(十斗)
僊	춤출 선 / 신선 선	亻 사람인변	13획	上僊(상선) 하늘에 올라 신선이 된다는 뜻으로 귀한 사람의 죽음을 높여 이르는 말
嬋	고울 선	女 여자 녀	15획	
敾	기울 선	攵 등글월문	16획	
渲	바림 선	氵 삼수변	12획	渲染法(선염법) 동양화에서, 화면에 물을 칠하여 마르기 전에 채색하는 화법
煽	부채질할 선	火 불 화	14획	煽動(선동) 남을 부추기어 일을 일으키게 함 煽情的(선정적) 욕정의 감정을 북돋아 일으키는 것
琁	옥 선 / 붉은 옥 경	王 구슬옥변	11획	※ 璇(옥 선)과 同字(동자)
瑄	도리옥 선	王 구슬옥변	13획	※ 도리옥 : 조선 시대 벼슬아치의 관모에 붙이던 옥관자
璇	옥 선	王 구슬옥변	15획	璇室(선실) 옥으로 꾸민 방 璇碧(선벽) 아름다운 옥
蘚	이끼 선	⺾ 초두머리	21획	蘚苔類(선태류) 이끼식물 水蘚(수선) 개구리밥
跣	맨발 선	足 발 족	13획	徒跣(도선) 아무것도 신지 아니한 맨발 裸跣(나선) 벌거벗은 몸과 벗은 발

鐥	복자 선 낫 삼	부수: 金 쇠 금	총획: 20획

※ 복자 : 조판에 필요한 활자가 없을 경우 적당한 활자를 임시로 꽂은 것

洩	샐 설	부수: 氵 삼수변	총획: 9획

漏洩(누설) 물·공기·냄새·비밀 따위가 밖으로 새어 나감

饍	반찬 선 차려낼 찬	부수: 食 밥식변	총획: 21획

※ 膳(반찬 선)과 同字(동자)

渫	파낼 설 출렁거릴 접	부수: 氵 삼수변	총획: 12획

浚渫(준설) 물의 깊이를 깊게 하여 배가 잘 드나들게 하기 위해 하천, 항만 등의 바닥에 쌓인 모래나 암석을 파내는 일

墡	백토 선	부수: 土 흙 토	총획: 15획

墡腒(선이) 차진 백토(白土)

褻	더러울 설	부수: 衣 옷 의	총획: 17획

褻慢(설만) 행동이 무례하고 거만함
褻服(설복) 속옷. 또는 예복이 아닌 평상시에 입는 옷
猥褻(외설) 사람의 성욕을 함부로 자극하여 난잡함

嫙	예쁠 선	부수: 女 여자 녀	총획: 14획

齧	물 설	부수: 齒 이 치	총획: 21획

齧齒類(설치류) 쥐, 다람쥐 등의 쥐류
窮鼠齧猫(궁서설묘) 궁지에 몰린 쥐가 고양이를 문다는 뜻으로, 궁지에 몰리면 약자라도 강자에게 필사적으로 반항함을 이르는 말

愃	잊을 선 너그러울 훤	부수: 忄 심방변	총획: 12획

蔎	향풀 설	부수: ⺿ 초두머리	총획: 15획

珗	옥돌 선	부수: 王 구슬옥변	총획: 10획

卨	사람 이름 설	부수: 禸 짐승발자국 유	총획: 12획

剡	땅 이름 섬 날카로울 염	부수: 刂 선칼도방	총획: 10획

剡手(염수) 날카로운 칼끝이라는 뜻으로, 민첩한 솜씨를 이르는 말
廟剡(묘염) 조선 시대에, 벼슬에 알맞은 인재를 추천하여 뽑던 일

腥	비릴 성	부수: 月 육달월	총획: 13획

腥風(성풍) 피비린내 나는 바람
腥血(성혈) 비린내 나는 피
血腥(혈성) 피비린내

殲	다 죽일 섬	부수: 歹 죽을사변	총획: 21획

殲滅(섬멸) 적을 모조리 무찔러 없애는 것

琞	옥빛 성 빛날 성	부수: 玉 구슬옥변	총획: 13획

宬	서고 성	부수: 宀 갓머리	총획: 10획

※ 서고 : 책을 보관하는 방

娍	아름다울 성	부수: 女 여자 녀	총획: 10획

猩	성성이 성	부수: 犭 개사슴록변	총획: 12획

猩紅(성홍) 오랑우탄의 털빛처럼 약간 검고 짙은 다홍색
黑猩猩(흑성성) 침팬지
※ 성성이 : 오랑우탄

賏	재물 성 재물 생	부수: 貝 조개 패	총획: 12획

珹	옥 이름 성	부수: 玉 구슬옥변	총획: 11획

笹	조릿대 세	부수: 竹 대 죽	총획: 11획

※ 조릿대 : 볏과의 여러해살이식물

筬	바디 성	부수: 竹 대 죽	총획: 13획

※ 바디 : 베틀, 방직기 등에 딸린 기구

忕	익숙해질 세 사치할 태	부수: 忄 심방변	총획: 6획

嘯
휘파람 불 **소**
꾸짖을 **질**
- 부수: 口 입 구
- 총획: 16획

嘯音(소음) 휘파람 소리
虎嘯(호소) 범의 휘파람이라는 뜻으로, 범의 으르렁거리는 소리. 또는 영웅들의 활약을 비유적으로 이르는 말

搔
긁을 **소**
손톱 **조**
- 부수: 扌 재방변
- 총획: 13획

搔痒症(소양증) 몸 안에 열이 많거나 피가 부족하여서 피부가 가려운 병증

溯
거슬러 올라갈 **소**
물 **삭**
- 부수: 氵 삼수변
- 총획: 13획

溯行(소행) 물의 흐름을 거슬러 올라감
溯源(소원) 어떤 사물이나 일의 근원을 찾아 밝히고 상고함

炤
밝을 **소**
비출 **조**
- 부수: 火 불 화
- 총획: 9획

炤炤(소소) 밝고 환함

甦
깨어날 **소**
- 부수: 生 날 생
- 총획: 12획

甦生(소생) 거의 죽어가다가 다시 살아나는 것
甦息(소식) 막혔던 숨통이 트이면서 숨을 돌려 쉼

瘙
피부병 **소**
- 부수: 疒 병질엄
- 총획: 15획

風瘙(풍소) 풍사(風邪)로 인하여 피부가 가려운 병증

篠
조릿대 **소**
- 부수: 竹 대 죽
- 총획: 17획

※ 조릿대 : 볏과의 여러해살이식물

銷
녹일 **소**
- 부수: 金 쇠 금
- 총획: 15획

徒銷(도소) 헛되이 씀
銷暑(소서) 더위를 가시게 함

招
흔들릴 **소**
- 부수: 木 나무 목
- 총획: 9획

珨
아름다운 옥 **소**
- 부수: 王 구슬옥변
- 총획: 9획

愫
정성 **소**
- 부수: 忄 심방변
- 총획: 13획

穌
깨어날 **소**
긁어모을 **소**
- 부수: 禾 벼 화
- 총획: 16획

蟾穌(섬소) 두꺼비의 고막 뒤의 이선(耳腺)에서 분비되는 흰색의 액체를 말린 약

| 卲 | 높을 소 | 부수: 卩 병부절 | 총획: 7획 |

| 淞 | 강 이름 송 | 부수: 氵 삼수변 | 총획: 11획 |
霧淞(무송) 나무나 풀에 내려 눈처럼 된 서리

| 霩 | 하늘 소
닮을 초 | 부수: 雨 비 우 | 총획: 19획 |

| 灑 | 뿌릴 쇄 | 부수: 氵 삼수변 | 총획: 22획 |
灑掃(쇄소) 물을 뿌리고 비로 쓰는 일
瀟灑(소쇄) 기운이 맑고 깨끗함

| 涑 | 헹굴 속 | 부수: 氵 삼수변 | 총획: 10획 |
雲涑計(운속계) 구름의 움직이는 속도를 측정하는 기계

| 釗 | 쇠 쇠
볼 소 | 부수: 金 쇠 금 | 총획: 10획 |

| 謖 | 일어날 속 | 부수: 言 말씀 언 | 총획: 17획 |
泣斬馬謖(읍참마속) 큰 목적을 위하여 자기가 아끼는 사람을 버림

| 嗽 | 기침할 수
빨아들일 삭 | 부수: 口 입 구 | 총획: 14획 |
咳嗽(해수) '기침'을 한방에서 이르는 말
乾嗽(건수) '마른기침'을 한방에서 이르는 말

| 蓀 | 향풀 이름 손 | 부수: ⺿ 초두머리 | 총획: 14획 |
溪蓀(계손) 붓꽃

| 岫 | 산굴 수 | 부수: 山 뫼 산 | 총획: 8획 |
巖岫(암수) 바위로 된 굴
岫雲(수운) 골짜기의 바위 구멍에서 일어나는 것처럼 보이는 구름

| 悚 | 두려울 송 | 부수: 忄 심방변 | 총획: 10획 |
罪悚(죄송) 죄스러울 정도로 미안함
悚懼(송구) 두려워서 마음이 몹시 거북함

| 峀 | 산굴 수 | 부수: 山 뫼 산 | 총획: 8획 |
巖峀杳冥(암수묘명) 큰 바위와 메 뿌리가 묘연하고 아득함
※ 岫(산굴 수)와 同字(동자)

璓
옥돌 수 | 부수: 王 구슬옥변 | 총획: 11획

璲
패옥 수 | 부수: 王 구슬옥변 | 총획: 17획

脩
포 수 | 부수: 月 육달월 | 총획: 11획
- 脯脩(포수) 얇게 저며서 말린 고기
- 脩竹(수죽) 밋밋하게 자란 가늘고 긴 대

茱
수유 수 | 부수: ⺾ 초두머리 | 총획: 10획
- 山茱萸(산수유) 산수유나무의 열매
- 食茱萸(식수유) 머귀나무

蓚
수산 수, 싹 조 | 부수: ⺾ 초두머리 | 총획: 14획
- 蓚酸(수산) 카복시기 두 개가 결합한 다이카복실산. 염료의 원료나 표백제 따위에 쓰임

邃
깊을 수 | 부수: 辶 책받침 | 총획: 18획
- 深邃(심수) 깊숙하고 그윽함. 또는 학예 등이 깊이가 있음
- 祕邃(비수) 비밀스럽고 깊숙함
- 邃古(수고) 아득한 옛날. 멀고 먼 옛적

銹
녹슬 수 | 부수: 金 쇠 금 | 총획: 15획
- 鐵銹(철수) 쇠에 생기는 녹
- 轉銹(전수) 기와나 검은빛의 토기를 불에 그슬리어 광채를 내는 일

隧
길 수, 떨어질 추 | 부수: 阝 좌부변 | 총획: 16획
- 墓隧(묘수) 무덤으로 가는 길
- 隧道(수도) 평지, 산, 바다, 강 등의 밑바닥을 뚫어서 굴로 만든 철도나 도로

濉
물 이름 수, 부릅떠 볼 휴 | 부수: 氵 삼수변 | 총획: 16획
- ※ 睢(물 이름 수, 부릅떠 볼 휴)와 同字(동자)

�
새매 수 | 부수: 鳥 새 조 | 총획: 19획
- ※ 새매 : 수릿과의 새

賥
재물 수 | 부수: 貝 조개 패 | 총획: 15획

夙
이를 숙 | 부수: 夕 저녁 석 | 총획: 6획
- 夙成(숙성) 나이는 어리지만 정신적·육체적 발육이 빠름
- 夙怨(숙원) 오랫동안 품고 있는 원한
- 夙起(숙기) 아침에 일찍 일어남

潚	빠를 **숙** / 깊고 맑을 **축** — 부수: 氵 삼수변 — 총획: 16획

恂	정성 **순** / 엄할 **준** — 부수: 忄 심방변 — 총획: 9획 恂慄(순율) 몹시 무섭거나 두려워 몸이 벌벌 떨림

琡	옥 이름 **숙** — 부수: 王 구슬옥변 — 총획: 12획

栒	가름대 **순** — 부수: 木 나무 목 — 총획: 10획 ※ 가름대 : 가로지른 나무 막대기

璹	옥 그릇 **숙** — 부수: 王 구슬옥변 — 총획: 18획

橓	무궁화나무 **순** — 부수: 木 나무 목 — 총획: 16획

菽	콩 **숙** — 부수: ⺿ 초두머리 — 총획: 12획 菽水(숙수) 콩과 물. 즉, 변변치 못한 검소한 음식을 이르는 말 菽麥(숙맥) 사리 분별을 못 하고 세상 물정을 잘 모르는 사람

珣	옥 이름 **순** — 부수: 王 구슬옥변 — 총획: 10획

橚	줄지어 설 **숙** — 부수: 木 나무 목 — 총획: 17획

蓴	순채 **순** — 부수: ⺿ 초두머리 — 총획: 15획 蓴菜(순채) 수련과의 여러해살이 수초(水草) 蓴菜茶(순채차) 순채잎을 오미자의 국물에 넣고 꿀을 탄 차

徇	돌 **순** / 주창할 **순** — 부수: 彳 두인변 — 총획: 9획 徇軍府(순군부) 고려 초에 군사를 맡아보던 관아

蕣	무궁화 **순** — 부수: ⺿ 초두머리 — 총획: 16획 蕣花(순화) 무궁화

諄

타이를 순
- 부수: 言 말씀 언
- 총획: 15획

諄諭博士(순유박사) 고려 시대와 조선 전기에, 성균관에 속한 종칠품 벼슬

錞

악기 이름 순
창고달 대
- 부수: 金 쇠 금
- 총획: 16획

金錞(금순) '∩' 모양의 손잡이 아래로 방울 같은 것이 달려서 흔들 때 소리를 내는 악기

鉥

돗바늘 술
- 부수: 金 쇠 금
- 총획: 13획

劌目鉥心(귀목술심) 돗바늘로 눈과 마음을 찌름. 글의 구상이나 내용이 뛰어남을 이르는 말
※ 돗바늘 : 매우 크고 굵은 바늘

崧

우뚝 솟을 숭
- 부수: 山 뫼 산
- 총획: 11획

崧高(숭고) 산이 높음

蝨

이 슬
- 부수: 虫 벌레 훼
- 총획: 15획

臭蝨(취슬) 빈대
毛蝨(모슬) 사면발니

璱

푸른 구슬 슬
- 부수: 玉 구슬옥변
- 총획: 17획

蠅

파리 승
- 부수: 虫 벌레 훼
- 총획: 19획

家蠅(가승) 집파리
蚊蠅(문승) 모기와 파리

縢

잉아 승
- 부수: 木 나무 목
- 총획: 14획

※ 잉아 : 베틀의 굵은 실

丞

이을 승
- 부수: 水 물 수
- 총획: 5획

塍

밭두둑 승
- 부수: 土 흙 토
- 총획: 13획

嘶

울 시
- 부수: 口 입 구
- 총획: 15획

聲嘶症(성시증) 목소리가 쉬는 증세

屎

똥 시
- 부수: 尸 주검시엄
- 총획: 9획

胎屎(태시) 갓난아이가 먹은 것 없이 처음으로 싸는 똥
屎尿(시뇨) 똥과 오줌

恃	믿을 시 어머니 시	부수: 忄 심방변	총획: 9획

自恃(자시) 어떤 일이 그러려니 하고 자기 혼자 짐작하여 믿고 겉으로 드러냄. 또는 자기 자신의 능력이나 가치를 믿음

偲	굳셀 시	부수: 亻 사람인변	총획: 11획

猜	시기할 시 시기할 채	부수: 犭 개사슴록변	총획: 11획

猜忌(시기) 남이 잘되는 것을 샘하여 미워함
猜妬(시투) 시기하고 질투함

埴	찰흙 식 찰흙 치	부수: 土 흙 토	총획: 11획

埏埴(연식) 도자기의 원료로 쓰는 흙을 개는 일
埴壤土(치양토) 자갈을 제외한 흙 가운데 37.5~50%의 진흙이 들어 있는 참흙

蒔	모종 낼 시	부수: 艹 초두머리	총획: 14획

寔	이 식	부수: 宀 갓머리	총획: 12획

寔景(식경) 매우 좋은 경치

蓍	톱풀 시	부수: 艹 초두머리	총획: 14획

蓍草(시초) 톱풀
短蓍占(단시점) 솔잎 따위를 뽑아서 간단하게 치는 점

拭	씻을 식	부수: 扌 재방변	총획: 9획

拂拭(불식) 말끔하게 치워 없앰
掃拭(소식) 쓸고 닦음
拭淨(식정) 말끔하게 씻어 깨끗이 함
拭目(식목) 눈을 씻고 자세히 봄

豕	돼지 시	부수: 豕 돼지 시	총획: 7획

豕牢(시뢰) 돼지우리
豕心(시심) 욕심이 많고 부끄러움을 모르는 돼지 같은 마음

熄	불 꺼질 식	부수: 火 불 화	총획: 14획

終熄(종식) 한때 매우 성하던 것이 끝나거나 없어짐
熄滅(식멸) 불이 꺼져 없어짐. 또는 자취도 없이 없애 버림

豺	승냥이 시	부수: 豸 갖은돼지시변	총획: 10획

豺狼(시랑) 승냥이와 이리
豺虎(시호) 승냥이와 호랑이. 또는 사납고 악독한 사람을 비유적으로 이르는 말

簽	대밥통 식	부수: 竹 대 죽	총획: 15획

柶
점치는 기구 **식**
- 부수: 木 나무 목
- 총획: 10획

伸
걷는 모양 **신**
- 부수: 亻 사람인변
- 총획: 8획

呻
읊조릴 **신**
- 부수: 口 입 구
- 총획: 8획

呻吟(신음) 앓는 소리를 냄
嚬呻(빈신) 얼굴을 찌푸리고 끙끙거림

宸
대궐 **신**
- 부수: 宀 갓머리
- 총획: 10획

宸闕(신궐) 궁궐
宸掖(신액) 궁궐
宸襟(신금) 임금의 마음
宸慮(신려) 임금의 뜻

燼
불탄 끝 **신**
- 부수: 火 불 화
- 총획: 18획

灰燼(회신) 불에 타고 남은 끄트러기나 재. 또는 흔적 없이 아주 타 없어짐
餘燼(여신) 타고 남은 불기운

莘
족두리풀 **신**
나라 이름 **신**
- 부수: 艹 초두머리
- 총획: 11획

藎
조개풀 **신**
나머지 **탄**
- 부수: 艹 초두머리
- 총획: 18획

藎臣(신신) 충신

蜃
큰 조개 **신**
- 부수: 虫 벌레 훼
- 총획: 13획

蜃氣樓(신기루) 대기 속에서 빛의 굴절 현상에 의하여 공중이나 땅 위에 무엇이 있는 것처럼 보이는 현상

璶
옥돌 **신**
- 부수: 王 구슬옥변
- 총획: 18획

沁
스며들 **심**
- 부수: 氵 삼수변
- 총획: 7획

沁留(심류) 조선 시대 때 강화 유수를 달리 이르던 말
沁營(심영) 조선 시대에, 바다의 방위를 맡은 군영

芯
골풀 **심**
- 부수: 艹 초두머리
- 총획: 8획

鉛筆芯(연필심) 연필 속에 들어 있는 가느다란 심

諶
참 **심**
- 부수: 言 말씀 언
- 총획: 16획

宋諶(송심) 조선 시대 인조 때의 장군

| 莪 쑥 아 | 부수: ++ 초두머리 | 총획: 11획 |

菁莪(청아) 인재를 교육함

| 幄 휘장 악 | 부수: 巾 수건 건 | 총획: 12획 |

帳幄(장악) 볕 또는 비바람을 피할 수 있도록 둘러치는 막
幄幕(악막) 군대의 진영 안에 친 장막

| 訝 의심할 아 | 부수: 言 말씀 언 | 총획: 11획 |

疑訝(의아) 의심스럽고 이상함
驚訝(경아) 놀랄 만큼 의아하게 여김
訝惑(아혹) 괴이하고 의심스러움

| 愕 놀랄 악 | 부수: 忄 심방변 | 총획: 12획 |

驚愕(경악) 소스라치게 깜짝 놀람
愕然(악연) 몹시 놀라 정신이 아찔함
嗟愕(차악) 슬픈 일을 당하여 몹시 놀람

| 阿 언덕 아 | 부수: 阝 좌부변 | 총획: 8획 |

阿附(아부) 남의 비위를 맞추고 알랑거림
阿諂(아첨) 남의 환심을 사거나 잘 보이려고 알랑거림

| 渥 두터울 악 / 담글 우 | 부수: 氵 삼수변 | 총획: 12획 |

優渥(우악) 은혜가 매우 넓고 두터움
渥丹(악단) 얼굴빛이 붉고 윤기가 도는 것

| 鴉 갈까마귀 아 | 부수: 鳥 새 조 | 총획: 15획 |

烏鴉(오아) 까마귀
嘴細鴉(취세아) 까마귀
寒鴉(한아) 까마귀

| 鄂 나라 이름 악 | 부수: 阝 우부방 | 총획: 12획 |

| 妸 아름다울 아 | 부수: 女 여자 녀 | 총획: 8획 |

※ 婀(아리따울 아)와 同字(동자)

| 鍔 칼날 악 | 부수: 金 쇠 금 | 총획: 17획 |

有鍔土器(유악토기) 아가리가 곧게 끝나지 아니하고 목에 비하여 옆으로 튀어나온 깔때기 모양으로 된 토기

| 婀 아리따울 아 | 부수: 女 여자 녀 | 총획: 11획 |

婀娜(아나) 곱고 아리따움

| 鰐 악어 악 | 부수: 魚 물고기 어 | 총획: 20획 |

鰐魚(악어) 악어류에 딸린 동물을 통틀어 말함
鰐皮(악피) 악어가죽

齷

악착할 악 | 부수: 齒 이 치 | 총획: 24획

齷齪(악착) 일을 해 나가는 태도가 매우 모질고 끈덕짐

鮟

아귀 안 | 부수: 魚 물고기 어 | 총획: 17획

鮟鱇(안강) 아귀
鮟鱇網(안강망) 긴 주머니 모양의 통그물

斡

돌 알 | 부수: 斗 말 두 | 총획: 14획

斡旋(알선) 남의 일을 잘 되도록 마련하여 줌
斡流(알류) 뱅뱅 돌아 흐르는 물

軋

삐걱거릴 알 | 부수: 車 수레 거 | 총획: 8획

軋轢(알력) 의견이 서로 충돌함
軋齒(알치) 소리를 내어 이를 갊

岩

바위 암 | 부수: 山 뫼 산 | 총획: 8획

唵

머금을 암 | 부수: 口 입 구 | 총획: 11획

闇

숨을 암 / 큰물 질 음 | 부수: 門 문 문 | 총획: 17획

鄕闇(향암) 시골에서 지내 온갖 사리에 어둡고 어리석음
昏闇(혼암) 불빛 등이 없어 밝지 않음

狎

익숙할 압 / 익숙할 합 | 부수: 犭 개사슴록변 | 총획: 8획

狎客(압객) 주인과 스스럼없이 가깝게 지내는 손님
狎褻(압설) 사이가 너무 가까워서 예의가 없음

怏

원망할 앙 | 부수: 忄 심방변 | 총획: 8획

怏心(앙심) 원한을 품고 앙갚음하려고 벼르는 마음
怏宿(앙숙) 앙심을 품고 서로 미워하는 사이

鴦

원앙 앙 | 부수: 鳥 새 조 | 총획: 16획

鴛鴦(원앙) 오릿과의 물새
鴛鴦契(원앙계) 금슬이 좋은 부부의 사이

昂

밝을 앙 / 오를 앙 | 부수: 日 날 일 | 총획: 8획

昂揚(앙양) 정신이나 사기 등을 드높이고 북돋움
昂奮(앙분) 매우 흥분함
※ 昂(밝을 앙)의 本字(본자)

曖

희미할 애 | 부수: 日 날 일 | 총획: 17획

曖昧(애매) 희미하여 분명하지 않음

隘	좁을 애 / 막을 액 — 부수: 阝 좌부변, 총획: 13획	

隘路(애로) 좁고 험한 길. 또는 일의 진행을 방해하는 장애
隘守(액수) 중요한 곳을 굳게 지킴

靄 아지랑이 애 — 부수: 雨 비 우, 총획: 24획

蒼靄(창애) 푸른 아지랑이
暮靄(모애) 저녁 안개

扼 잡을 액 — 부수: 扌 재방변, 총획: 7획

扼腕(액완) 성나고 분하여 팔짓을 함
要扼(요액) 적을 기다렸다가 도중에서 맞받아침

縊 목맬 액 — 부수: 糸 실 사, 총획: 16획

縊死(액사) 목을 매어 죽음
自縊(자액) 스스로 목매어 죽음

罌 양병 앵 — 부수: 缶 장군 부, 총획: 20획

罌粟(앵속) 양귀비
※ 양병 : 배가 부르고 목이 좁고 짧은 오지병

鸚 앵무새 앵 — 부수: 鳥 새 조, 총획: 28획

鸚鵡(앵무) 앵무과의 새를 통틀어 이르는 말

惹 이끌 야 — 부수: 心 마음 심, 총획: 13획

惹起(야기) 무슨 일이나 사건 따위를 끌어 일으킴
惹端(야단) 떠들썩하게 벌어진 일
惹鬧(야료) 까닭 없이 트집을 잡고 함부로 떠들어 댐

揶 야유할 야 — 부수: 扌 재방변, 총획: 12획

揶揄(야유) 남을 빈정거려 놀리는 것

椰 야자나무 야 — 부수: 木 나무 목, 총획: 13획

椰子樹(야자수) 야자나무
椰子油(야자유) 야자열매 씨로 짠 기름. 비누와 버터의 원료로 쓰임

爺 아버지 야 — 부수: 父 아비 부, 총획: 13획

好好爺(호호야) 인품이 아주 좋은 늙은이
爺爺(야야) 예전에, '아버지'를 높여 이르던 말

蘂 꽃밥 약 — 부수: 艹 초두머리, 총획: 13획

蘂(약) 식물의 수술 끝에 붙은 화분과 그것을 싸고 있는 화분낭을 통틀어 이르는 말

蒻 구약나물 약 — 부수: 艹 초두머리, 총획: 14획

菎蒻(곤약) 구약나물의 땅속줄기를 가루를 내어, 거기에 석회유를 섞어 끓여서 만든 식품

佯	거짓 **양** / 亻 사람인변 / 8획	
	佯病(양병) 꾀병 佯名(양명) 이름을 속임 佯言(양언) 거짓말	

恙	병 **양** / 근심할 **양** / 心 마음 심 / 10획	
	無恙(무양) 몸에 탈이 없음 微恙(미양) 가벼운 병 小恙(소양) 대수롭지 않은 작은 병	

敭	오를 **양** / 攵 등글월문 / 13획	
	歷敭(역양) 여러 직위를 두루 거쳐 지냄	

暘	해돋이 **양** / 日 날 일 / 13획	
	暘谷(양곡) 해가 처음 돋는 곳	

瀁	내 이름 **양** / 氵 삼수변 / 18획	

煬	쬘 **양** / 火 불 화 / 13획	
	隋煬帝(수양제) 중국 수나라의 제2대 황제	

痒	가려울 **양** / 疒 병질엄 / 11획	

禳	제사 이름 **양** / 물리칠 **양** / 示 보일 시 / 22획	
	祈禳(기양) 토속 신앙에서 복은 오고 재앙은 물러가라고 빎	

穰	짚 **양** / 禾 벼 화 / 22획	
	早穰(조양) 제철보다 일찍 여무는 벼. 올벼 豐穰(풍양) 풍년이 들어 곡식이 잘 여묾 饑穰(기양) 흉년과 풍년	

漾	출렁거릴 **양** / 氵 삼수변 / 14획	
	漾漾(양양) 물 위에 둥둥 뜨는 모양. 물결이 출렁거리는 모양 蕩漾(탕양) 물결이 넘실거려 움직임	

昜	볕 **양** / 日 날 일 / 9획	
	※ 陽(볕 양)의 고자(古字)	

圄	옥 **어** / 囗 큰입구몸 / 10획	
	囹圄(영어) 죄수를 가두는 감옥 圄囹(어령) 감옥	

DAY 09

瘀 어혈질 **어** | 부수: 疒 병질엄 | 총획: 13획
- 瘀血(어혈) 타박상 등으로 살 속에 피가 맺힘

偃 쓰러질 **언** | 부수: 亻사람인변 | 총획: 11획
- 偃然(언연) 거드름을 피우고 거만함
- 偃息(언식) 걱정이 없어 편안하게 누워서 쉼

馭 말 부릴 **어** | 부수: 馬 말 마 | 총획: 12획
- 龍馭(용어) 용이 수레를 몲. 즉 임금의 죽음을 뜻함
- 馭馬(어마) 말을 몲
- 制馭(제어) 억눌러 다룸 유 制御(제어)

嫣 아름다울 **언** | 부수: 女 여자 녀 | 총획: 14획

齟 어긋날 **어** | 부수: 齒 이 치 | 총획: 22획
- 齟齬(저어) 익숙하지 않아 서름서름함. 또는 뜻이 맞지 않아 조금 서먹함

蘖 그루터기 **얼** | 부수: 艹 초두머리 | 총획: 21획
- 麴蘖(국얼) 누룩. 술을 빚는 데 쓰는 발효제
- 麥蘖(맥얼) 엿기름
- 分蘖(분얼) 화본과 줄기의 밑동 마디에서 곁눈이 발육하여 줄기, 잎을 형성함

唹 고요히 웃을 **어** | 부수: 口 입 구 | 총획: 11획

俺 클 엄 / 나 암 | 부수: 亻사람인변 | 총획: 10획

檍 감탕나무 **억** | 부수: 木 나무 목 | 총획: 17획
- 南宮檍(남궁억) 《황성신문》 사장을 지냈으며, 교육과 민족 문화 사업에 힘쓴 독립운동가·언론인·교육가

奄 문득 **엄** | 부수: 大 큰 대 | 총획: 8획
- 奄忽(엄홀) 급작스러움
- 奄奄(엄엄) 숨이 곧 끊어지려 하거나 매우 약한 상태

臆 가슴 **억** | 부수: 月 육달월 | 총획: 17획
- 臆測(억측) 근거가 없이 하는 추측
- 臆斷(억단) 근거 없이 판단함
- 臆見(억견) 어떤 근거 없이 미루어 헤아리는 자기 상상의 소견

淹 담글 **엄** | 부수: 氵삼수변 | 총획: 11획
- 淹留(엄류) 오래 머무름
- 滯淹(체엄) 막혀서 오래 머문다는 뜻으로, 현재(賢才)가 오랫동안 초야(草野)에 묻혀 있음을 이르는 말

빅데이터 합격한자

합격을 위한 가장 빠르고 확실한 방법!

① **빅데이터를 기반으로** 상공회의소 한자 1급 **빈출 한자 완벽 분석!**
② **빈출 한자** 445자, **빈출 한자어** 100개, **빈출 사자성어** 100개 정리!
③ **빈출 한자 · 한자어 · 사자성어로** 시험 직전 막판 뒤집기!

빈출순으로 정리한 한자

※ 빈칸을 채워서 합격 한자책을 완성해 보세요.

	한자	훈·음
1	俓	
2	蠱	
3	獗	
4	饋	
5	坰	
6	堵	
7	遝	
8	乭	
9	臀	
10	爹	
11	擡	
12	剌	
13	擄	
14	巒	
15	蚊	
16	靡	
17	愍	

	훈·음	한자
1	지름길 경	
2	뱃속벌레 고 미혹할 고	
3	날뛸 궐	
4	보낼 궤	
5	들 경	
6	담 도	
7	뒤섞일 답	
8	이름 돌	
9	볼기 둔	
10	아버지 다	
11	들 대	
12	발랄할 랄	
13	노략질할 로	
14	뫼 만	
15	모기 문	
16	쓰러질 미	
17	근심할 민	

	한자	훈·음		훈·음	한자
18	摹		18	베낄 모	
19	旻		19	하늘 민	
20	氓		20	백성 맹	
21	鼈		21	자라 별	
22	伺		22	엿볼 사	
23	煽		23	부채질할 선	
24	乍		24	잠깐 사	
25	棲		25	깃들일 서	
26	褻		26	더러울 설	
27	蓑		27	도롱이 사	
28	鰲		28	자라 오	
29	齷		29	악착할 악	
30	嬰		30	어린아이 영	
31	殞		31	죽을 운	
32	玩		32	희롱할 완	
33	翫		33	희롱할 완	
34	佾		34	춤 줄 일	
35	詛		35	저주할 저	
36	烝		36	김 오를 증	
37	脊		37	등마루 척	
38	剿		38	끊을 초	

	한자	훈·음		훈·음	한자
39	齪		39	악착할 착	
40	瘠		40	여윌 척	
41	擅		41	멋대로 할 천	
42	驟		42	달릴 취	
43	咤		43	꾸짖을 타	
44	坨		44	언덕 타	
45	慝		45	사특할 특	
46	闖		46	엿볼 틈	
47	宕		47	호탕할 탕	
48	罷		48	마칠 파	
49	爬		49	긁을 파	
50	愎		50	강퍅할 퍅	
51	絢		51	무늬 현	
52	蝴		52	나비 호	
53	煇		53	빛날 휘	
54	兇		54	흉악할 흉	
55	彰		55	드러날 창	
56	怡		56	기쁠 이	
57	隕		57	떨어질 운	
58	衰		58	쇠할 쇠/상복 최	
59	權		59	권세 권	

	한자	훈·음
60	囑	
61	鯉	
62	咽	
63	頹	
64	舅	
65	劫	
66	拯	
67	纏	
68	竄	
69	淮	
70	懋	
71	綏	
72	董	
73	曙	
74	瓣	
75	娑	
76	巍	
77	撓	
78	輦	
79	貂	
80	肇	

	훈·음	한자
60	부탁할 촉	
61	잉어 리	
62	목구멍 인	
63	무너질 퇴	
64	시아버지 구	
65	위협할 겁	
66	건질 증	
67	얽을 전	
68	숨을 찬	
69	물 이름 회	
70	무성할 무	
71	편안할 수	
72	감독할 동	
73	새벽 서	
74	외씨 판	
75	춤출 사	
76	높고 클 외	
77	어지러울 요	
78	가마 련	
79	꼴 추	
80	새길 조	

	한자	훈·음		훈·음	한자
81	雕		81	독수리 조	
82	稠		82	빽빽할 조	
83	勃		83	노할 발	
84	輝		84	빛날 휘	
85	悉		85	다 실	
86	苗		86	모 묘	
87	鑑		87	거울 감	
88	阪		88	언덕 판	
89	匙		89	숟가락 시	
90	巽		90	부드러울 손	
91	穗		91	이삭 수	
92	瀨		92	여울 뢰(뇌)	
93	誨		93	가르칠 회	
94	棠		94	아가위 당	
95	轎		95	가마 교	
96	檀		96	박달나무 단	
97	暹		97	햇살 치밀 섬	
98	喘		98	숨찰 천	
99	績		99	길쌈할 적	
100	堊		100	흰흙 악	
101	畝		101	이랑 무/묘	

	한자	훈·음		훈·음	한자
102	吻		102	입술 문	
103	靡		103	쓰러질 미	
104	悶		104	답답할 민	
105	酋		105	우두머리 추	
106	套		106	씌울 투	
107	鉢		107	바리때 발	
108	潟		108	개펄 석	
109	勁		109	굳셀 경	
110	稿		110	원고 고	
111	孺		111	젖먹이 유	
112	唾		112	침 타	
113	觴		113	잔 상	
114	皐		114	언덕 고	
115	衛		115	지킬 위	
116	竊		116	훔칠 절	
117	剽		117	겁박할 표	
118	陶		118	질그릇 도	
119	扈		119	따를 호	
120	決		120	결단할 결	
121	庶		121	여러 서	
122	叩		122	두드릴 고	

	한자	훈·음
123	剛	
124	謬	
125	塡	
126	摺	
127	邂	
128	嚬	
129	哄	
130	蹙	
131	逅	
132	楸	
133	軸	
134	撰	
135	聘	
136	寇	
137	僭	
138	襲	
139	焚	
140	讒	
141	煞	
142	涎	
143	穿	

	훈·음	한자
123	굳셀 강	
124	그르칠 류	
125	메울 전	
126	접을 접	
127	만날 해	
128	찡그릴 빈	
129	떠들썩할 홍	
130	닥칠 축	
131	만날 후	
132	가래나무 추	
133	굴대 축	
134	지을 찬	
135	부를 빙	
136	도적 구	
137	주제넘을 참	
138	엄습할 습	
139	불사를 분	
140	참소할 참	
141	죽일 살/빠를 쇄	
142	침 연	
143	뚫을 천	

	한자	훈·음		훈·음	한자
144	勘		144	헤아릴 감	
145	剝		145	벗길 박	
146	惶		146	두려울 황	
147	訶		147	꾸짖을 가/하	
148	覲		148	뵐 근	
149	緊		149	긴할 긴	
150	殼		150	껍질 각	
151	墾		151	개간할 간	
152	艮		152	괘 이름 간	
153	喝		153	꾸짖을 갈	
154	龕		154	감실 감	
155	彊		155	굳셀 강	
156	薑		156	생강 강	
157	凱		157	개선할 개	
158	漑		158	물 댈 개	
159	羹		159	국 갱	
160	虔		160	공경할 건	
161	鍵		161	열쇠 건	
162	訣		162	이별할 결	
163	憬		163	깨달을 경	
164	稼		164	심을 가	

• 9

	한자	훈·음		훈·음	한자
165	繭		165	고치 견	
166	磬		166	경쇠 경	
167	股		167	넓적다리 고	
168	膏		168	기름 고	
169	袞		169	곤룡포 곤	
170	顆		170	낱알 과	
171	灌		171	물 댈 관	
172	魁		172	괴수 괴	
173	宏		173	클 굉	
174	攪		174	어지러울 교	
175	毬		175	공 구	
176	鞠		176	공 국	
177	窟		177	굴 굴	
178	闕		178	대궐 궐	
179	眷		179	돌볼 권	
180	潰		180	무너질 궤	
181	晷		181	그림자 귀/구	
182	鈞		182	서른 근 균	
183	橘		183	귤 귤	
184	棘		184	가시 극	
185	隙		185	틈 극	

번호	한자	훈·음	번호	훈·음	한자
186	衾		186	이불 금	
187	矜		187	자랑할 긍	
188	冀		188	바랄 기	
189	嗜		189	즐길 기	
190	棋		190	바둑 기	
191	羈		191	굴레 기	
192	耆		192	늙을 기	
193	款		193	항목/정성 관	
194	乖		194	어그러질 괴	
195	管		195	대롱 관	
196	裙		196	치마 군	
197	筋		197	힘줄 근	
198	伎		198	재간 기	
199	窺		199	엿볼 규	
200	秧		200	모 앙	
201	喫		201	먹을 끽	
202	驕		202	교만할 교	
203	羌		203	오랑캐 강	
204	拏		204	붙잡을 나	
205	捺		205	누를 날	
206	囊		206	주머니 낭	

· 11

한자	훈·음		훈·음	한자
207	拈		207 집을 념	
208	戴		208 일 대	
209	擡		209 들 대	
210	屠		210 죽일 도	
211	萄		211 포도 도	
212	蹈		212 밟을 도	
213	鍍		213 도금할 도	
214	憧		214 동경할 동	
215	兜		215 투구 두	
216	遁		216 숨을 둔	
217	遯		217 달아날 둔/돈	
218	謄		218 베낄 등	
219	藤		219 등나무 등	
220	瀨		220 여울 뢰	
221	勒		221 굴레 륵	
222	壘		222 보루 루	
223	劉		223 죽일 류	
224	漏		224 샐 루	
225	罹		225 걸릴 리	
226	吝		226 아낄 린	
227	戮		227 죽일 륙	

번호	한자	훈·음	번호	훈·음	한자
228	藍		228	쪽 람	
229	拉		229	끌 랍	
230	臘		230	섣달 랍	
231	亮		231	밝을 량	
232	黎		232	검을 려	
233	牢		233	우리 뢰	
234	療		234	병 고칠 료	
235	陋		235	더러울 루	
236	瀝		236	스밀 력	
237	麓		237	산기슭 록	
238	籠		238	대바구니 롱	
239	隸		239	종 례	
240	憫		240	민망할 민	
241	蔓		241	덩굴 만	
242	撤		242	거둘 철	
243	旼		243	화할 민	
244	鍼		244	침 침	
245	薩		245	보살 살	
246	罵		246	꾸짖을 매	
247	蔑		247	업신여길 멸	
248	稗		248	피 패	

	한자	훈·음		훈·음	한자
249	萌		249	움 맹	
250	頻		250	자주 빈	
251	痺		251	저릴 비	
252	跗		252	책상다리 할 부	
253	胚		253	아이 밸 배	
254	譜		254	족보 보	
255	撥		255	다스릴 발	
256	傅		256	스승 부	
257	潑		257	물 뿌릴 발	
258	醱		258	술 괼 발	
259	珀		259	호박 박	
260	搬		260	옮길 반	
261	俳		261	배우 배	
262	幇		262	도울 방	
263	肪		263	살찔 방	
264	樊		264	울타리 번	
265	傍		265	곁 방	
266	臂		266	팔 비	
267	斌		267	빛날 빈	
268	憑		268	기댈 빙	
269	閥		269	문벌 벌	

	한자	훈·음		훈·음	한자
270	癖		270	버릇 벽	
271	菩		271	보살 보	
272	輻		272	바퀴살 복/폭	
273	敷		273	펼 부	
274	噴		274	뿜을 분	
275	丕		275	클 비	
276	沸		276	끓을 비	
277	竪		277	세울 수	
278	膝		278	무릎 슬	
279	紹		279	이을 소	
280	嶼		280	섬 서	
281	鼠		281	쥐 서	
282	僧		282	중 승	
283	徙		283	옮길 사	
284	詢		284	물을 순	
285	馴		285	길들일 순	
286	諡		286	시호 시	
287	柿		287	감나무 시	
288	撒		288	뿌릴 살	
289	湜		289	물 맑을 식	
290	娠		290	아이 밸 신	

번호	한자	훈·음	번호	훈·음	한자
291	迅		291	빠를 신	
292	嫂		292	형수 수	
293	棲		293	깃들일 서	
294	泄		294	샐 설	
295	纖		295	가늘 섬	
296	宵		296	밤 소	
297	傘		297	우산 산	
298	珊		298	산호 산	
299	庠		299	학교 상	
300	壻		300	사위 서	
301	裳		301	치마 상	
302	審		302	살필 심	
303	蟾		303	두꺼비 섬	
304	翼		304	날개 익	
305	寓		305	부칠 우	
306	穎		306	이삭 영	
307	凝		307	엉길 응	
308	疑		308	의심할 의	
309	運		309	옮길 운	
310	鳶		310	솔개 연	
311	溢		311	넘칠 일	

	한자	훈·음		훈·음	한자
312	叡		312	밝을 예	
313	搖		313	흔들 요	
314	閼		314	가로막을 알	
315	弛		315	늦출 이	
316	頤		316	턱 이	
317	衙		317	마을 아	
318	鵝		318	거위 아	
319	魏		319	나라 이름 위	
320	巍		320	높고 클 외	
321	孼		321	서자 얼	
322	艾		322	쑥 애	
323	櫻		323	앵두 앵	
324	荏		324	들깨 임	
325	繹		325	풀 역	
326	椽		326	서까래 연	
327	瀛		327	바다 영	
328	瓔		328	옥돌 영	
329	纓		329	갓끈 영	
330	睿		330	슬기 예	
331	雍		331	화할 옹	
332	窩		332	움집 와	

	한자	훈·음
333	窯	
334	訛	
335	穢	
336	茸	
337	虞	
338	萎	
339	郁	
340	癒	
341	毓	
342	胤	
343	猿	
344	鎭	
345	籌	
346	廚	
347	詔	
348	腸	
349	酌	
350	謫	
351	棗	
352	阻	
353	梓	

	훈·음	한자
333	기와 굽는 가마 요	
334	그릇될 와	
335	더러울 예	
336	풀 날 용	
337	염려할 우	
338	시들 위	
339	성할 욱	
340	병 나을 유	
341	기를 육	
342	자손 윤	
343	원숭이 원	
344	진압할 진	
345	살 주	
346	부엌 주	
347	조서 조	
348	창자 장	
349	술 부을 작	
350	귀양 갈 적	
351	대추 조	
352	막힐 조	
353	가래나무 재/자	

한자	훈·음		훈·음	한자
354	奠		354	정할 전
355	迪		355	나아갈 적
356	炙		356	구울 자/적
357	滋		357	불을 자
358	雌		358	암컷 자
359	雀		359	참새 작
360	滓		360	찌꺼기 재
361	咀		361	씹을 저
362	澱		362	앙금 전
363	鈿		363	비녀 전
364	截		364	끊을 절
365	澄		365	맑을 징
366	做		366	지을 주
367	疇		367	이랑 주
368	胄		368	투구 주
369	址		369	터 지
370	疹		370	마마 진
371	叱		371	꾸짖을 질
372	窒		372	막힐 질
373	輯		373	모을 집
374	鍾		374	쇠북 종

	한자	훈·음
375	脂	
376	刺	
377	茨	
378	增	
379	贈	
380	沖	
381	衷	
382	擲	
383	醋	
384	慙	
385	稚	
386	娶	
387	鷲	
388	箚	
389	秤	
390	諜	
391	穉	
392	鑿	
393	倡	
394	陟	
395	闡	

	훈·음	한자
375	기름 지	
376	찌를 자/척	
377	지붕 일 자	
378	더할 증	
379	줄 증	
380	화할 충	
381	속마음 충	
382	던질 척	
383	초 초	
384	부끄러울 참	
385	어릴 치	
386	장가들 취	
387	독수리 취	
388	찌를 차	
389	저울 칭	
390	염탐할 첩	
391	어릴 치	
392	뚫을 착	
393	광대 창	
394	오를 척	
395	밝힐 천	

	한자	훈·음		훈·음	한자
396	籤		396	제비 첨	
397	帖		397	문서 첩	
398	塚		398	무덤 총	
399	摠		399	다 총	
400	寵		400	사랑할 총	
401	撮		401	모을 촬	
402	錐		402	송곳 추	
403	黜		403	내칠 출	
404	脆		404	연할 취	
405	仄		405	기울 측	
406	峙		406	언덕 치	
407	駝		407	낙타 타	
408	擢		408	뽑을 탁	
409	鐸		409	방울 탁	
410	蕩		410	방탕할 탕	
411	胎		411	아이 밸 태	
412	堆		412	쌓을 퇴	
413	辦		413	힘들일 판	
414	坂		414	언덕 판	
415	唄		415	염불 소리 패	
416	肺		416	허파 폐	

	한자	훈·음		훈·음	한자
417	拋		417	던질 포	
418	貶		418	폄할 폄	
419	悖		419	거스를 패	
420	泡		420	거품 포	
421	葡		421	포도 포	
422	逋		422	도망갈 포	
423	披		423	헤칠 피	
424	弼		424	도울 필	
425	渾		425	흐릴 혼	
426	晦		426	그믐 회	
427	虹		427	무지개 홍	
428	蝦		428	두꺼비/새우 하	
429	謔		429	희롱할 학	
430	笏		430	홀 홀	
431	梟		431	올빼미 효	
432	閒		432	한가할 한	
433	諧		433	화할 해	
434	劾		434	꾸짖을 핵	
435	鞋		435	신 혜	
436	昊		436	하늘 호	
437	欠		437	하품 흠	

한자		훈·음
438	膾	
439	酵	
440	喉	
441	嗅	
442	燻	
443	諱	
444	欽	
445	犧	

	훈·음	한자
438	회 회	
439	삭힐 효	
440	목구멍 후	
441	맡을 후	
442	연기 낄 훈	
443	숨길 휘	
444	공경할 흠	
445	희생 희	

빈출순으로 정리한 한자어

	한자어	독음	뜻풀이
1	珊瑚	산호	따뜻하고 얕은 바닷속 바위에 붙어서 사는 동물로, 나뭇가지 모양으로 살고 있음.
2	揶揄	야유	남을 빈정거려 놀림. 또는 그런 말이나 몸짓.
3	擊毬	격구	말을 타고 달리며 막대기로 공을 치던 무예.
4	剛愎	강퍅	성격이 까다롭고 고집이 셈.
5	唾罵	타매	아주 더럽게 생각하고 경멸히 여겨 욕함.
6	扈衛	호위	궁궐을 지킴.
7	唾棄	타기	업신여기거나 아주 더럽게 생각하여 돌아보지 않고 버림.
8	歆饗	흠향	신명(神明)이 제물을 받아서 먹음.
9	脆弱	취약	무르고 약함.
10	潑剌	발랄	표정이나 행동이 밝고 활기가 있음.
11	沈澱	침전	액체 중에 있는 미세한 고체가 가라앉아서 바닥에 고임.
12	剽竊	표절	시나 글, 노래 등을 지을 때에 남의 작품의 일부를 몰래 따다 씀.
13	蠶食	잠식	누에가 뽕잎을 먹듯이 점차 조금씩 침략하여 먹어 들어감.
14	高邁	고매	높고 뛰어남.
15	軋轢	알력	서로 의견이 맞지 아니하여 사이가 안 좋거나 충돌하는 것.
16	皐陶	고요	중국 고대의 전설상의 인물로 순임금의 신하.

	한자어	독음	뜻풀이
17	索隱	색은	사물의 숨은 이치를 찾아냄.
18	矜肆	긍사	잰 체하여 제멋대로 행동함.
19	遝至	답지	한군데로 몰려들거나 몰려옴.
20	狀啓	장계	왕명을 받고 지방에 나가 있는 신하가 자기 관하의 중요한 일을 왕에게 보고하던 일.
21	蠱惑	고혹	아름다움이나 매력 같은 것에 홀려서 정신을 못 차림.
22	叱咤	질타	큰 소리로 꾸짖음.
23	琥珀	호박	지질 시대 나무의 진 등이 땅속에 묻혀서 탄소, 수소, 산소 등과 화합하여 굳어진 누런색 광물.
24	褻翫	설완	가까이 두고 즐겨 구경함.
25	疏宕	소탕	성질이 수더분하고 호탕함.
26	賄賂	회뢰	뇌물을 주고받음.
27	盤桓	반환	어정어정 머뭇거리면서 그 자리에서 멀리 떠나지 못하고 서성이는 일. 어떻게 할지 결정을 못 내리고 우물쭈물하는 일.
28	謬說	유설	이치에 어긋나거나 잘못된 말. 또는 그런 학설.
29	眷屬	권속	한집에 거느리고 사는 식구.
30	屬邦	속방	법적으로는 독립국이지만, 실제로는 정치·경제·군사 면에서 다른 나라에 지배되고 있는 국가.
31	充塡	충전	빈 곳이나 공간 등을 채움. 또는 채워서 메움.
32	矜持	긍지	자신의 능력을 믿음으로써 가지는 당당함.
33	削黜	삭출	벼슬을 빼앗고 내쫓음.
34	龜裂	균열	거북의 등에 있는 무늬처럼 갈라져 터짐. 친한 사이에 틈이 남.

한자어	독음	뜻풀이
35 除授	제수	추천 절차를 밟지 않고 임금이 직접 벼슬을 내리던 일.
36 架空	가공	어떤 시설물을 공중에 설치함. 이유나 근거가 없이 꾸며 냄.
37 批評	비평	좋고 나쁨, 옳고 그름을 갈라 말함.
38 絕讚	절찬	지극히 칭찬함. 또는 그런 칭찬.
39 股慄	고율	무서워서 다리가 떨림.
40 柴扉	시비	사립짝을 달아서 만든 문.
41 堡壘	보루	적의 침입을 막기 위하여 돌이나 콘크리트 등으로 튼튼하게 쌓은 구축물.
42 慘憺	참담	끔찍하고 절망적임. 몹시 슬프고 괴로움.
43 沮喪	저상	기운을 잃음.
44 滿喫	만끽	마음껏 먹고 마심. 욕망을 마음껏 충족함.
45 龕室	감실	종교에서 신위 및 작은 불상 등을 모셔둔 곳.
46 變節	변절	절개나 지조를 지키지 않고 바꿈. 계절이 바뀜.
47 摺扇	접선	접었다 폈다 하게 된 부채.
48 乖愎	괴팍	붙임성이 없이 까다롭고 별남.
49 營繕	영선	건축물 등을 새로 짓거나 수리함.
50 邂逅	해후	오랫동안 헤어졌다가 뜻밖에 다시 만남.
51 窯址	요지	질그릇이나 사기그릇, 기와 등을 굽는 가마가 있던 옛터.
52 憑藉	빙자	남의 힘을 빌려서 의지함.
53 醋醬	초장	간장에 초를 타고 깨소금이나 잣가루를 뿌린 양념장의 한 가지.
54 披瀝	피력	생각하는 것을 털어놓고 말함.

	한자어	독음	뜻풀이
55	撥軍	발군	각 역참에 속하여 중요한 공문서를 교대 교대로 변방에 급히 전하던 군졸.
56	嚬蹙	빈축	눈살을 찌푸리고 얼굴을 찡그림. 남을 비난하거나 미워함.
57	擺撥	파발	조선 후기 공문서를 보내기 위한 통신 제도로서, 사람이 직접 가거나 말을 타고 소식을 전달하는 통신 수단.
58	豕牢	시뢰	돼지를 가두어 기르는 곳.
59	驛站	역참	중앙과 지방 사이의 명령 전달, 관리의 사행 및 운수를 뒷받침하기 위해 설치된 기관.
60	撤床	철상	음식상이나 제사상을 거두어 치움.
61	窺伺	규사	기회를 엿봄.
62	塡然	전연	큰북을 치거나 큰북 소리가 울리는 상태에 있음.
63	楸枰	추평	바둑판.
64	狼藉	낭자	여기저기 흩어져 어지러움.
65	龜趺	귀부	거북 모양으로 만든 비석의 받침돌.
66	杜撰	두찬	전거나 출처가 확실하지 못한 저술. 틀린 곳이 많은 작품.
67	巢窟	소굴	좋지 못한 짓을 하는 사람들이 활동의 근거지로 삼고 있는 곳.
68	剿襲	초습	남의 것을 덮쳐서 빼앗거나 하여 자기 것으로 함. 남의 말이나 글을 따다가 씀.
69	僭濫	참람	하는 짓이 분수에 지나침.
70	僭稱	참칭	자기의 신분에 넘치는 칭호를 자칭하거나 또는 그 칭호.
71	謬說	유설	이치에 어긋나거나 잘못된 말. 또는 그런 학설.
72	穿鑿	천착	구멍을 뚫음. 학문을 깊이 연구함.

번호	한자어	독음	뜻풀이
73	除夕	제석	섣달그믐날 밤. 음력 12월 말일.
74	閨秀	규수	남의 집 처녀를 정중하게 이르는 말. 학문과 재주가 뛰어난 여자.
75	賑撫	진무	도와주어 위로함.
76	歸寧	귀녕	시집간 딸이 친정에 가서 부모를 뵘.
77	棋盤	기반	바둑판.
78	鞭撻	편달	채찍으로 때림. 어떤 사람을 잘할 수 있도록 따끔하게 나무라는 것.
79	焚蕩	분탕	집안의 재산을 다 없애 버리는 것. 아주 야단스럽고 부산하게 소동을 일으킴.
80	曇天	담천	구름이 끼어서 흐린 하늘.
81	昂騰	앙등	물건값이 뛰어오름.
82	喝采	갈채	외침이나 박수 등으로 찬양이나 환영의 뜻을 나타냄.
83	揶揄	야유	남을 빈정거려 놀림. 또는 그런 말이나 몸짓.
84	濊貊	예맥	한족(韓族)을 형성한 예족과 맥족을 통틀어 이르는 말.
85	剔抉	척결	살을 긁어내고 뼈를 발라냄. 나쁜 부분이나 요소들을 깨끗이 없애 버림.
86	親狎	친압	버릇없이 너무 지나치게 친함.
87	諷諫	풍간	완곡한 표현으로 잘못을 고치도록 간함을 이름.
88	娑婆	사바	괴로움이 많은 인간 세계. 석가모니불이 교화하는 세계를 이름.
89	諱日	휘일	조상이 돌아가신 날.
90	拿捕	나포	죄인을 붙잡는 일. 사람이나 배, 비행기 등을 사로잡음.
91	驅使	구사	말이나 수사법, 기교, 수단 따위를 능숙하게 마음대로 부려 씀.

	한자어	독음	뜻풀이
92	躁鬱症	조울증	정신이 상쾌하고 흥분된 상태와 우울하고 억제된 상태가 교대로 나타나거나 둘 가운데 한쪽이 주기적으로 나타나는 병.
93	祛痰劑	거담제	가래를 묽게 하여 삭게 하는 약.
94	慰藉料	위자료	위법한 행위에 의하여 발생한 정신적 고통에 대한 손해 배상.
95	昇降機	승강기	건축물 내부의 수직 통로 안쪽에 설치된 한 쌍의 안내 레일을 따라 사람이나 화물을 상하로 옮기는 장치.
96	閼伽水	알가수	부처나 보살에게 공양하는 물.
97	手數料	수수료	국가·공공 단체가 타인을 위하여 공적 사무를 제공한 보상으로 징수하는 요금.
98	瞻星臺	첨성대	신라 선덕 여왕 때 세운 천문 기상 관측대.
99	斥候兵	척후병	적의 형편이나 지형 등을 정찰하고 탐색하는 임무를 맡은 병사.
100	蛋白質	단백질	우리 몸 안에서 새로운 세포를 구성하고 늙은 세포를 재생시키는 역할을 하는 영양소.

빈출순으로 정리한 사자성어

	성어	독음	뜻풀이
1	黔驢之技	검려지기	겉치레뿐이고 보잘것없는 솜씨.
2	群盲撫象	군맹무상	사물을 좁은 소견과 주관으로 잘못 판단함.
3	君子不器	군자불기	군자는 한 가지 용도로만 쓰이는 그릇과 같지 않다는 뜻으로, 덕이 있는 사람은 다방면에 통함을 이르는 말.
4	首鼠兩端	수서양단	머뭇거리며 진퇴나 거취를 정하지 못하는 상태.
5	門前雀羅	문전작라	권력이나 재물을 잃으면 찾아오는 사람이 드물어짐.
6	漸入佳境	점입가경	일이 점점 더 재미가 있음.
7	上下撐石	상하탱석	몹시 꼬이는 일을 당하여 임시변통으로 이리저리 맞추어서 겨우 유지해 감.
8	膠柱鼓瑟	교주고슬	고지식하여 조금도 융통성이 없음.
9	竿頭之勢	간두지세	매우 위태로운 형세.
10	暴虎馮河	포호빙하	범을 맨손으로 때려잡고 황허강을 걸어서 건넌다는 뜻으로, 죽음을 두려워하지 않는 무모한 용기.
11	磨斧爲針	마부위침	아무리 어려운 일이라도 끊임없이 노력하면 반드시 이룰 수 있음.
12	泥田鬪狗	이전투구	진흙탕에서 싸우는 개라는 뜻으로, 볼썽사납게 서로 헐뜯거나 이익을 차지하려고 지저분하게 다툼. 본뜻은 함경도 사람의 강인한 성격을 평한 말.
13	茫茫大海	망망대해	한없이 크고 넓은 바다.
14	戰戰兢兢	전전긍긍	몹시 두려워서 벌벌 떨며 조심함.

	성어	독음	뜻풀이
15	牽强附會	견강부회	이치에 맞지 않는 말을 억지로 끌어 붙여 자기에게 유리하게 함.
16	黜陟幽明	출척유명	성적이 좋은 관리는 승진시키고, 공적이 없는 관리는 내쫓음.
17	春秋筆法	춘추필법	대의명분을 밝혀 세우는 사필의 준엄한 논법을 비유하여 이르는 말.
18	捐金沈珠	연금침주	재물을 가벼이 보고 부귀를 탐하지 않음.
19	欲巧反拙	욕교반졸	너무 잘하려 하면 도리어 안 됨.
20	道不拾遺	도불습유	형벌이 준엄하여 백성이 법을 범하지 아니함.
21	冬扇夏爐	동선하로	때에 맞지 않아 쓸모없이 된 사물을 가리킴. 아무 쓸모 없는 물건.
22	魚遊釜中	어유부중	지금은 살아 있기는 하여도 생명이 얼마 남지 아니하였음을 이르는 말.
23	龜背刮毛	귀배괄모	불가능한 일을 무리하게 하려고 함.
24	戴盆望天	대분망천	한 번에 두 가지 일을 함께하기 어려움.
25	席不暇暖	석불가난	자리나 주소를 자주 옮기거나 매우 바쁘게 돌아다님.
26	烏飛梨落	오비이락	아무 관계도 없이 한 일이 공교롭게도 때가 같아 억울하게 의심을 받거나 난처한 위치에 서게 됨.
27	緣木求魚	연목구어	도저히 불가능한 일을 굳이 하려 함.
28	隔世之感	격세지감	오래지 않은 동안에 몰라보게 변하여 아주 다른 세상이 된 것 같은 느낌.
29	莫逆之友	막역지우	허물없이 아주 친한 친구.
30	燈火可親	등화가친	서늘한 가을밤은 등불을 가까이 하여 글 읽기에 좋음.
31	掩目捕雀	엄목포작	일을 건성으로 함.
32	西施捧心	서시봉심	함부로 흉내내다가 웃음거리가 됨.

	성어	독음	뜻풀이
33	赤手空拳	적수공권	아무것도 가진 것이 없음.
34	尸位素餐	시위소찬	자기 직책을 다하지 않음.
35	非禮勿視	비례물시	예가 아니면 보지도 말라는 말.
36	南柯一夢	남가일몽	덧없는 꿈이나 한때의 헛된 부귀영화를 이르는 말.
37	掩耳盜鐘	엄이도종	자기 귀를 막고 종을 훔침. 얕은 꾀로 남을 속이려는 어리석음. 나쁜 일을 하고 남의 비난은 듣기 싫어서 귀를 막지만 소용이 없음.
38	班門弄斧	반문농부	자신의 실력도 헤아리지 아니하고 어떤 일을 하려고 당찮게 덤비는 일.
39	鼓舌搖脣	고설요순	입심이 좋아 마구 지껄여댐.
40	揭斧入淵	게부입연	쓸데없는 짓을 함.
41	麻中之蓬	마중지봉	삼밭에서 자라는 쑥이 붙들어 주지 않아도 곧게 자라듯 사람도 주위 환경에 따라 선악이 다르게 될 수 있음.
42	口蜜腹劍	구밀복검	겉으로는 친절하나 마음속은 음흉한 것.
43	桑梓之鄕	상재지향	여러 대의 조상의 무덤이 있는 고향.
44	如履薄氷	여리박빙	아슬아슬하고 위험한 일.
45	宋襄之仁	송양지인	쓸데없이 베푸는 인정.
46	拈華微笑	염화미소	말로 통하지 아니하고 마음에서 마음으로 전하는 일.
47	長袖善舞	장수선무	재물이 넉넉한 사람은 일을 하거나 성공하기가 쉬움.
48	水到渠成	수도거성	학문을 열심히 하면 스스로 도를 깨닫게 됨.
49	輾轉不寐	전전불매	누워서 몸을 이리저리 뒤척이며 잠을 이루지 못함.
50	尾生之信	미생지신	미련하도록 약속을 굳게 지키는 것. 고지식하여 융통성이 없음.

	성어	독음	뜻풀이
51	白駒過隙	백구과극	인생이나 세월이 덧없이 짧음.
52	毛遂自薦	모수자천	자기가 자기를 추천함.
53	經年閱歲	경년열세	여러 해를 지냄.
54	漱石枕流	수석침류	실수를 인정하지 않고 억지를 부리는 태도.
55	曳尾塗中	예미도중	부귀롭지만 속박당하는 삶보다는 가난하지만 자유로운 삶이 좋다는 뜻.
56	汗牛充棟	한우충동	가지고 있는 책이 매우 많음.
57	捕風捉影	포풍착영	믿음직하지 않고 허황한 언행을 말함.
58	洛陽紙貴	낙양지귀	사람들의 환영을 받는 저작물이나 책을 가리킴.
59	含哺鼓腹	함포고복	먹을 것이 풍족하여 즐겁게 지냄.
60	訥言敏行	눌언민행	말은 느려도 실제 행동은 재빠르고 능란함.
61	一攫千金	일확천금	힘들이지 아니하고 단번에 많은 재물을 얻음. 또는 그 재물.
62	朽木糞牆	후목분장	어떤 일을 하고자 하는 의지와 기개가 없는 사람은 가르칠 수 없음.
63	懸梁刺股	현량자고	분발하여 열심히 공부함.
64	凍足放尿	동족방뇨	잠시 동안만 효력이 있을 뿐 효력이 바로 사라짐
65	不俱戴天	불구대천	이 세상에서 같이 살 수 없을 만큼 큰 원한을 가진 원수.
66	密雲不雨	밀운불우	조건은 갖추어졌으나 아무런 일도 이루어지지 않아 답답함.
67	欲哭逢打	욕곡봉타	불평을 품고 있는 사람을 선동함.
68	十伐之木	십벌지목	열 번 찍어 안 넘어가는 나무가 없음.
69	粉骨碎身	분골쇄신	있는 힘을 다해 노력함. 또는 남을 위하여 수고를 아끼지 않음.
70	封庫罷職	봉고파직	부정을 저지른 관리를 파면하고 관고를 봉하여 잠그는 일.

	성어	독음	뜻풀이
71	朝名市利	조명시리	무슨 일이든 알맞은 곳에서 하여야 함.
72	生口不網	생구불망	아무리 곤궁하여도 그럭저럭 먹고살 수 있음.
73	淸白剛毅	청백강의	성품이 깨끗하고 뜻이 굳으며 씩씩함.
74	桂玉之艱	계옥지간	물가가 비싼 도시에서 고학하는 것.
75	斑衣之戲	반의지희	늙어서도 부모에게 효도함.
76	望梅解渴	망매해갈	매실을 바라보며 갈증을 해소한다는 뜻으로, 공상으로 마음의 위안을 얻는다는 말.
77	同歸殊塗	동귀수도	귀착점은 같으나 경로가 다름.
78	自繩自縛	자승자박	자기가 한 말과 행동에 자기 자신이 옭혀 곤란하게 됨.
79	點鐵成金	점철성금	나쁜 것을 고쳐서 좋은 것을 만듦.
80	一狐之腋	일호지액	아주 값이 비싼 물건.
81	蚌鷸之爭	방휼지쟁	서로 다투다가 곁에서 바라보던 제3자만 이롭게 하는 다툼.
82	伯牙絕絃	백아절현	자기를 알아주는 참다운 벗의 죽음을 슬퍼함.
83	邯鄲之步	한단지보	함부로 자기 본분을 버리고 남의 행위를 따라 하면 두 가지 모두 잃음.
84	笑裏藏刀	소리장도	겉으로는 웃고 있으나 마음속에는 해칠 마음을 품고 있음.
85	窮奢極侈	궁사극치	사치가 극도에 달함. 또는 아주 심한 사치.
86	接鸞鳳翅	접란봉시	수재가 함께 과거에 급제함.
87	櫛風沐雨	즐풍목우	오랜 세월을 객지에서 방랑하며 온갖 고생을 다함.
88	瓦釜雷鳴	와부뇌명	별로 아는 것도 없는 사람이 과장해서 말함.
89	隔靴搔癢	격화소양	일이 성에 차지 않는 안타까움.

	성어	독음	뜻풀이
90	閉目捕雀	폐목포작	제 눈을 가리면 참새가 나를 못 본다고 생각하는 어리석음.
91	以指測海	이지측해	양(量)을 헤아릴 줄 모르는 어리석음.
92	滄海一粟	창해일속	아주 많거나 넓은 것 가운데 있는 매우 하찮고 작은 것을 말함.
93	暮雲春樹	모운춘수	먼 곳에 있는 친구를 생각하는 정이 간절함을 이름.
94	苛斂誅求	가렴주구	세금을 가혹하게 거두어들이고, 무리하게 재물을 빼앗음.
95	鯨戰蝦死	경전하사	강한 자끼리 서로 싸우는 통에 아무 상관도 없는 약한 자가 해를 입음.
96	博而不精	박이부정	널리 알지만 능숙하거나 정밀하지 못함.
97	菽麥不辨	숙맥불변	사리 분별을 못하고 세상 물정을 잘 모름.
98	按圖索驥	안도색기	틀에 박힌 원칙보다 직접 경험하여 체득하는 것이 중요함.
99	吐哺握髮	토포악발	민심을 잡고 국가 행정에 관계되는 사무를 보살피기에 잠시도 편안함이 없음.
100	春雉自鳴	춘치자명	제 허물을 스스로 드러내어 화를 자초함.

嶪 높고 험할 업 부수: 山 뫼 산 / 총획: 16획 岌嶪(급업) 산이 높고 험함	**茹** 먹을 여 부수: ⺾ 초두머리 / 총획: 10획 竹茹(죽여) 솜대의 얇은 속껍질을 한방에서 이르는 말
円 화폐 단위 엔, 둥글 원 부수: 冂 멀경몸 / 총획: 4획 円貨(엔화) 엔을 화폐 단위로 하는 일본의 화폐 ※ 圓(둥글 원)의 俗字(속자)	**轝** 수레 여 부수: 車 수레 거 / 총획: 21획 ※ 輿(수레 여, 명예 예)와 同字(동자)
歟 어조사 여 부수: 欠 하품 흠 / 총획: 18획 也歟(야여) 그러한가	**妤** 여관 여 부수: 女 여자 녀 / 총획: 7획 婕妤(첩여) 중국 한나라 때에 둔, 여관(女官)의 한 계급
璵 옥 여 부수: 玉 구슬옥변 / 총획: 18획	**暘** 해 반짝 날 역, 해돋이 양 부수: 日 날 일 / 총획: 12획 暘谷(양곡) 해가 처음 돋는 곳 暘烏(양오) '태양'을 달리 이르는 말
礜 돌 이름 여 부수: 石 돌 석 / 총획: 19획	**嚥** 삼킬 연 부수: 口 입 구 / 총획: 19획 嚥下(연하) 꿀떡 삼켜서 넘김 誤嚥(오연) 모르고 잘못 삼킴
艅 배 이름 여 부수: 舟 배 주 / 총획: 13획	**堧** 빈 터 연 부수: 土 흙 토 / 총획: 12획 朴堧(박연) 궁중 음악을 정비하여 우리나라 고유 음악의 토대를 튼튼히 한 조선 세종 때의 음악가

姸	고울 연	부수 女 여자 녀	총획 9획
	姸粧(연장) 예쁘게 단장함 姸容(연용) 어여쁜 용모. 아름다운 얼굴 姸醜(연추) 용모의 아름다움과 추함		

縯	길 연 사람 이름 인	부수 糸 실 사	총획 17획

娟	예쁠 연	부수 女 여자 녀	총획 10획
	娟娟(연연) 빛이 엷고 산뜻하며 고움. 또는 아름답고 어여쁨 娟秀(연수) 얼굴이 빼어나게 아름다움		

㛈	빛날 연	부수 女 여자 녀	총획 10획

挻	늘일 연	부수 扌 재방변	총획 10획

瑌	옥돌 연	부수 王 구슬옥변	총획 13획

沇	강 이름 연	부수 氵 삼수변	총획 7획

曣	청명할 연	부수 日 날 일	총획 20획

涎	침 연	부수 氵 삼수변	총획 10획
	垂涎(수연) 좋은 음식을 보고 침을 흘림. 또는 무엇을 탐내어 가지고 싶어함 流涎(유연) 부러워서 침을 흘림		

嬿	성씨 연	부수 女 여자 녀	총획 15획

涓	시내 연	부수 氵 삼수변	총획 10획
	涓流(연류) 작은 시내. 또는 사물의 미세함을 비유한 말 涓露(연로) 이슬 정도의 매우 적은 물		

醼	잔치 연	부수 酉 닭 유	총획 23획
	醼享(연향) 국빈을 대접하는 잔치		

兗	바를 연 땅 이름 연 — 부수: 儿 어진사람인발 — 총획: 9획	
琰	옥 염 — 부수: 玉 구슬옥변 — 총획: 12획 琬琰(완염) 아름다운 옥	
苒	풀 우거질 염 — 부수: ⺾ 초두머리 — 총획: 9획 荏苒(임염) 차츰차츰 세월이 지나거나 일이 되어 감	
艶	고울 염 — 부수: 色 빛 색 — 총획: 24획 妖艷(요염) 사람을 호릴 만큼 매우 아리따움 浮艷(부염) 실속 없이 겉만 아름다움 ※ 艷(고울 염)의 本字(본자)	
曄	빛날 엽 — 부수: 日 날 일 — 총획: 16획 曄然(엽연) 기상이 뛰어나고 성한 모양	
熀	이글거릴 엽 이글거릴 황 — 부수: 火 불 화 — 총획: 14획	

塋	무덤 영 — 부수: 土 흙 토 — 총획: 13획 墳塋(분영) 무덤 先塋(선영) 조상의 무덤. 또는 그 근처의 땅	
嶸	가파를 영 — 부수: 山 뫼 산 — 총획: 17획 崢嶸(쟁영) 산이 높고 가파름 嶒嶸(증영) 산이 높고 험함	
楹	기둥 영 — 부수: 木 나무 목 — 총획: 13획 丹楹(단영) 붉게 칠한 기둥	
渶	물 맑을 영 — 부수: 氵 삼수변 — 총획: 12획	
潁	강 이름 영 — 부수: 水 물 수 — 총획: 15획 秀潁(수영) 잘 여문 벼나 수수 따위의 이삭. 또는 재능이 뛰어남	
濚	물 졸졸 흐를 영 — 부수: 氵 삼수변 — 총획: 17획	

猊	사자 예	부수: 犭 개사슴록변	총획: 11획

猊座(예좌) 부처가 앉는 자리

榮	꽃술 예	부수: 木 나무 목	총획: 16획

蘂	꽃술 예	부수: ⺾ 초두머리	총획: 20획

蘂國(예국) 삼국 시대 초기의 부족(部族) 국가

珸	옥돌 예	부수: 王 구슬옥변	총획: 9획

詣	이를 예	부수: 言 말씀 언	총획: 13획

造詣(조예) 학문이나 기예에 대한 지식이나 경험이 깊은 경지까지 이름
馳詣(치예) 웃어른 앞으로 빠른 걸음으로 나아감

俉	맞이할 오	부수: 亻 사람인변	총획: 9획

霓	무지개 예	부수: 雨 비 우	총획: 16획

虹霓(홍예) 무지개
雲霓(운예) 구름과 무지개. 또는 비가 올 징조
霓裳(예상) 무지개와 같이 아름다운 치마라는 뜻으로, 신선의 옷을 이름

塢	둑 오	부수: 土 흙 토	총획: 13획

堄	성가퀴 예	부수: 土 흙 토	총획: 11획

※ 성가퀴 : 성 위에 낮게 쌓은 담

墺	물가 오 / 물가 욱	부수: 土 흙 토	총획: 16획

墺國(오국) 오스트리아
墺地利(오지리) 오스트리아

埶	재주 예/심을 예, 형세 세	부수: 土 흙 토	총획: 11획

※ 藝(재주 예)와 同字(동자)
※ 勢(형세 세)와 同字(동자)

寤	잠 깰 오	부수: 宀 갓머리	총획: 14획

覺寤(각오) 잠에서 깸
寤寐(오매) 자나 깨나 언제나

縕 헌솜 온 | 부수 糸 실 사 | 총획 16획
縕袍(온포) 묵은 솜을 둔 도포

媼 할머니 온 | 부수 女 여자 녀 | 총획 13획
媒媼(매온) 혼인을 중매하는 할머니
尊媼(존온) 늙은 어머니를 높여 이르는 말
翁媼(옹온) 할아버지와 할머니

壅 막을 옹 | 부수 土 흙 토 | 총획 16획
壅拙(옹졸) 성질이 너그럽지 못하고 생각이 좁음
壅固執(옹고집) 억지가 아주 심해 자기 의견만 내세워 우기는 성미

瓮 독 옹 | 부수 瓦 기와 와 | 총획 9획
鐵瓮城(철옹성) 매우 튼튼히 둘러싼 것이나 그러한 상태를 비유하여 이르는 말
※ 甕(독 옹)과 同字(동자)

癰 악창 옹 | 부수 疒 병질엄 | 총획 23획
肝癰(간옹) 간에 생긴 종기
齒癰(치옹) 잇몸이 부어서 곪는 병

邕 막힐 옹 | 부수 邑 고을 읍 | 총획 10획

窪 웅덩이 와 | 부수 穴 구멍 혈 | 총획 14획
窪地(와지) 움푹 패어 웅덩이가 된 땅
窪隆(와륭) 우묵한 곳과 높은 곳

蝸 달팽이 와 | 부수 虫 벌레 훼 | 총획 15획
蝸牛(와우) 달팽이. 달팽잇과의 하나

宛 완연할 완 | 부수 宀 갓머리 | 총획 8획
宛轉(완전) 순탄하고 원활하여 구차하지 않음

梡 도마 완 | 부수 木 나무 목 | 총획 11획

椀 주발 완 | 부수 木 나무 목 | 총획 12획
椀器(완기) 주발이나 공기 같은 작은 식기(食器)
玉椀(옥완) 옥으로 만든 주발
※ 주발 : 놋쇠로 만든 그릇

琓 옥 이름 완 | 부수 王 구슬옥변 | 총획 11획

琬	홀 완	부수: 王 구슬옥변	총획: 12획
	戚琬(척완) 임금의 내척과 외척		

媔	품성 좋을 완	부수: 女 여자 녀	총획: 11획

碗	사발 완	부수: 石 돌 석	총획: 13획
	茶碗(차완) 찻종(茶鍾)의 한 가지. 조금 크고 뚜껑이 있음		

妧	좋을 완 / 예쁠 완	부수: 女 여자 녀	총획: 7획

翫	희롱할 완	부수: 羽 깃 우	총획: 15획
	傳翫(전완) 사랑하여 대대로 전해 가며 가까이 두고 다루거나 보며 즐김 展翫(전완) 펼쳐서 보고 즐김		

岏	산 뾰족할 완	부수: 山 뫼 산	총획: 7획

脘	밥통 완	부수: 月 육달월	총획: 11획
	上脘(상완) 식도에서 위로 들어가는 부분		

枉	굽을 왕	부수: 木 나무 목	총획: 8획
	枉曲(왕곡) 휘어 구부러짐 枉臨(왕림) 남이 자기 있는 곳으로 찾아오는 일을 높여 이르는 말		

豌	완두 완	부수: 豆 콩 두	총획: 15획
	豌豆(완두) 콩과의 두해살이 덩굴풀		

娃	예쁠 왜 / 예쁠 와	부수: 女 여자 녀	총획: 9획
	吳娃(오왜) 중국 오(吳)나라의 미인		

垸	바를 완 / 바를 환	부수: 土 흙 토	총획: 10획

嵬	높을 외	부수: 山 뫼 산	총획: 13획
	嵬選(외선) 과거에 우등으로 급제하는 일		

猥

외람할 **외**
부수: 犭 개사슴록변
총획: 12획

猥褻(외설) 사람의 성욕을 함부로 자극하여 난잡함
猥言(외언) 추잡하고 음탕한 말

橈

굽을 **요**
부수: 木 나무 목
총획: 16획

橈狀(요상) 배를 젓는 노와 같은 모양

僥

요행 **요**
부수: 亻 사람인변
총획: 14획

僥倖(요행) 행복을 바람. 또는 뜻밖에 얻은 행운
僥倖數(요행수) 뜻밖에 얻는 행복한 운수

燿

빛날 **요**
부수: 火 불 화
총획: 18획

炳燿(병요) 빛나고 번쩍임
閃燿(섬요) 번쩍거리며 빛남
燿燿(요요) 빛이 비쳐 밝음

寥

쓸쓸할 **요**
부수: 宀 갓머리
총획: 14획

閑寥(한료) 한가롭고 조용함
寂寥(적요) 적적하고 고요함

窈

고요할 **요**
부수: 穴 구멍 혈
총획: 10획

窈靄(요애) 멀고 까마득함
窈然(요연) 희미하고 매우 멂
窈窕(요조) 여자의 행동이 얌전하고 정숙함

嶢

높을 **요**
부수: 山 뫼 산
총획: 15획

嶢崎(요기) 사물이 복잡하고 곡절이 많음

繇

역사 **요**
말미암을 **유**
부수: 糸 실 사
총획: 17획

拗

우길 **요**
부수: 扌 재방변
총획: 8획

執拗(집요) 몹시 고집스럽고 끈질김
拗執(요집) 외통으로 우기며 고집함

繞

두를 **요**
부수: 糸 실 사
총획: 18획

環繞(환요) 빙 둘러 에워쌈
纏繞性(전요성) 식물의 줄기가 다른 물체에 휘감기면서 뻗어 가는 성질

撓

어지러울 **요**
부수: 扌 재방변
총획: 15획

不撓(불요) 마음이 흔들리지 않음
可撓(가요) 마음대로 구부릴 수 있음

蟯

요충 **요**
부수: 虫 벌레 훼
총획: 18획

蟯蟲(요충) 요충과의 기생충

聳	솟을 용	부수: 耳 귀 이	총획: 17획

聳出(용출) 우뚝 솟아남
高聳(고용) 높이 솟음
聳動(용동) 두렵거나 놀라서 몸을 솟구쳐 뛰듯 움직임

俗	익숙할 용	부수: 亻 사람인변	총획: 12획

旴	클 우	부수: 日 날 일	총획: 7획

玗	옥돌 우	부수: 王 구슬옥변	총획: 7획

紆	굽을 우	부수: 糸 실 사	총획: 9획

盤紆(반우) 꼬불꼬불하게 얽힘
紆曲(우곡) 얽혀 구부러져 있음

芋	토란 우 / 우거질 우	부수: ⺾ 초두머리	총획: 7획

芋山島(우산도) '독도'의 옛 이름

藕	연뿌리 우	부수: ⺾ 초두머리	총획: 19획

藕花(우화) 연꽃
藕根(우근) 연근

釪	창고달 우	부수: 金 쇠 금	총획: 11획

鉢釪(발우) 절에서 쓰는 승려의 공양 그릇
※ 창고달 : 창 끝에 끼우는 뾰족한 쇠

雩	기우제 우	부수: 雨 비 우	총획: 11획

舞雩(무우) 기우제. 또는 기우제를 지내는 제단

堣	모퉁이 우	부수: 土 흙 토	총획: 12획

羽	물소리 우 / 깃 우	부수: 雨 비 우	총획: 14획

※ 羽(깃 우)와 同字(동자)

扜	당길 우	부수: 扌 재방변	총획: 6획

한자	훈	음	부수	총획	비고
勖	힘쓸	욱	力 힘 력	11획	
彧	문채	욱	彡 터럭 삼	10획	※ 문채 : 아름다운 광채
栯	산앵두 / 나무 이름	욱 / 유	木 나무 목	10획	
煜	빛날	욱	火 불 화	13획	炳煜(병욱) 밝게 빛남 煜煜(욱욱) 빛나서 환함
稶	서직 무성할	욱	禾 벼 화	15획	※ 서직 : 기장과 피를 아울러 이르는 말
頊	삼갈	욱	頁 머리 혈	13획	
橒	나무 무늬	운	木 나무 목	16획	
殞	죽을	운	歹 죽을사변	14획	殞命(운명) 사람의 목숨이 끊어짐 殞泣(운읍) 눈물을 흘리면서 욺
澐	큰 물결	운	氵 삼수변	15획	
煇	노란 모양	운	火 불 화	14획	
蕓	평지	운	⺾ 초두머리	16획	蕓薹(운대) 십자화과의 두해살이풀, 유채 ※ 평지 : 십자화과의 두해살이풀
沄	돌아흐를	운	氵 삼수변	7획	沄沄(현운) 물이 솟아서 흘러나오는 모양

褑	패옥 띠 **원** / 부수: 衤 옷의변 / 총획: 14획	※ 패옥 : 허리에 차는 옥
禕	아름다울 **위** / 폐슬 **휘** / 부수: 衤 옷의변 / 총획: 14획	※ 폐슬 : 조복(朝服)이나 제복(祭服)을 입을 때 앞에 늘여 무릎을 가리던 헝겊
鉞	도끼 **월** / 부수: 金 쇠 금 / 총획: 13획	弓鉞(궁월) 활과 도끼 斧鉞(부월) 작은 도끼와 큰 도끼
侑	권할 **유** / 부수: 亻 사람인변 / 총획: 8획	侑食(유식) 임금과 함께 음식을 먹으면서 임금에게 음식을 권하던 일. 또는 제사를 지내는 절차의 하나
暐	햇빛 **위** / 부수: 日 날 일 / 총획: 13획	
孺	젖먹이 **유** / 부수: 子 아들 자 / 총획: 17획	孺子(유자) 나이 어린 남자 孺慕(유모) 돌아간 부모를 그리워함
瑋	옥 **위** / 부수: 王 구슬옥변 / 총획: 13획	奇瑋(기위) 기이하고 아름다움
揄	야유할 **유** / 부수: 扌 재방변 / 총획: 12획	揶揄(야유) 남을 빈정거려 놀리는 것
蔿	애기풀 **위** / 부수: 艹 초두머리 / 총획: 16획	
攸	바 **유** / 부수: 攵 등글월문 / 총획: 7획	攸司(유사) 그 관청 攸好德(유호덕) 오복의 하나. 덕을 좋아하여 즐겨 행하는 일
蝟	고슴도치 **위** / 부수: 虫 벌레 훼 / 총획: 15획	蝟集(위집) 사물이 한꺼번에 번잡하게 모여듦 蝟縮(위축) 고슴도치가 적을 만나면 몸을 움츠리는 것처럼, 두려워서 몸을 움츠림을 비유적으로 이르는 말
柚	유자 **유** / 바디 **축** / 부수: 木 나무 목 / 총획: 9획	柚子(유자) 유자나무의 열매 橘柚(귤유) 귤과 유자

| 楢 | 졸참나무 유 | 부수: 木 나무 목 | 총획: 13획 |

※ 졸참나무 : 참나뭇과의 낙엽 활엽 교목

| 蹂 | 밟을 유 | 부수: 足 발 족 | 총획: 16획 |

蹂躪(유린) 남의 권리나 인격을 짓밟음

| 洧 | 강 이름 유 | 부수: 氵 삼수변 | 총획: 9획 |

| 逾 | 넘을 유 | 부수: 辶 책받침 | 총획: 13획 |

逾越(유월) 한도를 넘음

| 猷 | 꾀 유 | 부수: 犬 개 견 | 총획: 13획 |

大猷(대유) 굉장히 큰 계획
皇猷(황유) 황제가 국가를 통치하기 위한 계책

| 瑜 | 옥돌 유 | 부수: 王 구슬옥변 | 총획: 12획 |

| 臾 | 잠깐 유 / 권할 용 | 부수: 臼 절구구변 | 총획: 9획 |

須臾(수유) 잠시
須臾間(수유간) 잠시 동안

| 秞 | 무성할 유 | 부수: 禾 벼 화 | 총획: 10획 |

| 萸 | 수유 유 | 부수: ++ 초두머리 | 총획: 13획 |

山茱萸(산수유) 산수유나무의 열매
※ 수유 : 쉬나무의 열매

| 曘 | 햇빛 유 | 부수: 日 날 일 | 총획: 18획 |

| 諛 | 아첨할 유 | 부수: 言 말씀 언 | 총획: 16획 |

諂諛(첨유) 알랑거리며 아첨하는 것
阿諛(아유) 남의 환심을 사기 위해 알랑거림

| 婑 | 아리따울 유 / 정숙할 와 | 부수: 女 여자 녀 | 총획: 11획 |

DAY 10

한자	뜻/음	부수	총획
闇	향기 은 화기애애할 은	言 말씀 언	15획
璁	옥 은	王 구슬옥변	14획
濦	물소리 은	氵 삼수변	13획
蘟	나물 이름 은	++ 초두머리	21획
珢	옥돌 은	王 구슬옥변	10획
檼	마룻대 은	木 나무 목	18획

※ 마룻대 : 용마루 밑에 서까래가 걸리게 된 도리

濦	강 이름 은	氵 삼수변	17획
檃	도지개 은	木 나무 목	17획

※ 檼(마룻대 은)과 同字(동자)
※ 도지개 : 틈이 가거나 뒤틀린 활을 바로잡는 틀

㒎	기댈 은 안온할 온	亻 사람인변	16획
訢	화평할 은 기뻐할 흔	言 말씀 언	11획
听	웃을 은 입 벌린 모양 이	口 입 구	7획
䁹	응시할 응	目 눈 목	22획

※ 穩(편안할 온)과 同字(동자)

艤 배 댈 의 부수: 舟 배 주 / 총획: 19획 艤裝(의장) 배가 항해할 수 있도록 모든 장비를 구비하는 일 艤裝品(의장품) 배 안에 꾸려 놓은 물품	**蒢** 벨 이 띠 싹 제 부수: ⺿ 초두머리 / 총획: 10획 無蒢仁(무이인) 난티나무의 열매
薏 율무 의 율무 억 부수: ⺿ 초두머리 / 총획: 17획 薏苡(의이) 율무	**貽** 끼칠 이 부수: 貝 조개 패 / 총획: 12획 貽笑(이소) 남에게 비웃음을 받게 됨 貽憂(이우) 남에게 걱정을 끼침 貽害(이해) 남에게 해를 끼침
姨 이모 이 부수: 女 여자 녀 / 총획: 9획 姨母(이모) 어머니의 여자 형제 姨母夫(이모부) 이모의 남편	**邇** 가까울 이 부수: ⻍ 책받침 / 총획: 18획 遠邇(원이) 원근 密邇(밀이) 임금을 가까이함. 또는 남몰래 가까이 함
痍 상처 이 부수: 疒 병질엄 / 총획: 11획 創痍(창이) 병기에 다친 상처	**飴** 엿 이 부수: 食 밥식변 / 총획: 14획 水飴(수이) 물엿 餃飴(교이) 엿에 곡식 가루를 버무려서 만든 과자
肄 익힐 이 부수: 聿 붓 율 / 총획: 13획 肄儀(이의) 의식, 범절을 미리 익힘	**嫛** 기쁠 이 기쁠 희 부수: 女 여자 녀 / 총획: 12획
苡 질경이 이 부수: ⺿ 초두머리 / 총획: 9획 芣苡(부이) 질경이	**杝** 피나무 이 쪼갤 치 부수: 木 나무 목 / 총획: 7획

翌 다음날 익
- 부수: 羽 깃 우
- 총획: 11획

翌月(익월) 다음 달
翌朝(익조) 다음 날 아침

謚 웃을 익
- 부수: 言 말씀 언
- 총획: 17획

熤 사람 이름 익
- 부수: 火 불 화
- 총획: 15획

湮 묻힐 인 / 막힐 연
- 부수: 氵 삼수변
- 총획: 12획

湮滅(인멸) 자취도 없이 모두 없어짐
湮淪(인륜) 자취도 없이 모두 없어짐

絪 기운 인
- 부수: 糸 실 사
- 총획: 12획

茵 자리 인
- 부수: ⺾ 초두머리
- 총획: 10획

茵席(인석) 왕골이나 부들로 만든 돗자리
茵匠(인장) 고려·조선 시대에, 장흥고에 속하여 자리를 만드는 일을 맡아 하던 장인

蚓 지렁이 인
- 부수: 虫 벌레 훼
- 총획: 10획

蚯蚓(구인) 지렁이

靷 가슴걸이 인
- 부수: 革 가죽 혁
- 총획: 13획

發靷(발인) 상여가 집에서 묘지를 향하여 떠나는 것
發靷記(발인기) 묘터로 상여가 떠나기 전 대문간에 써 붙이는 기록

暕 작은 북 인
- 부수: 日 가로 왈
- 총획: 14획

茵 씨 인
- 부수: ⺾ 초두머리
- 총획: 8획

佚 편안할 일 / 방탕할 질
- 부수: 亻 사람인변
- 총획: 7획

佚遊(일유) 마음 편히 즐겁게 놂
佚蕩(질탕) 신이 나서 정도가 지나치도록 흥겨움. 또는 그렇게 노는 짓

妊 아이 밸 임
- 부수: 女 여자 녀
- 총획: 7획

妊娠(임신) 아이를 뱀
不妊(불임) 임신을 하지 못하는 것
懷妊(회임) 임신
避妊(피임) 임신을 피함

| 恁 | 생각할 임 | 부수: 心 마음 심 | 총획: 10획 |

| 稔 | 여물 임 | 부수: 禾 벼 화 | 총획: 13획 |
一稔(일임) 곡물이 한 번 여물어 익는다는 뜻으로, '일 년(一年)'을 이르는 말
稔性(임성) 생물이 유성 생식이 가능한 일

| 誑 | 생각할 임 | 부수: 言 말씀 언 | 총획: 11획 |

| 廿 | 스물 입 | 부수: 十 열 십 | 총획: 3획 |

| 孕 | 아이 밸 잉 | 부수: 子 아들 자 | 총획: 5획 |
孕胎(잉태) 임신　유 孕重(잉중)
懷孕(회잉) 임신　유 孕身(잉신)

| 艿 | 새 풀싹 잉 | 부수: ++ 초두머리 | 총획: 8획 |
艿朴船(잉박선) 너비가 넓은 배

ㅈ

| 仔 | 자세할 자 | 부수: 亻 사람인변 | 총획: 5획 |
仔細(자세) 아주 작고 하찮은 부분까지 구체적이고 분명함
仔詳(자상) 자세하고 찬찬함. 인정이 넘치고 정성이 지극함

| 疵 | 허물 자 | 부수: 疒 병질엄 | 총획: 11획 |
瑕疵(하자) 흠. 결점
疵痕(자흔) 흠이 된 자리
細疵(세자) 자디잔 흠이나 티

| 孜 | 힘쓸 자 | 부수: 子 아들 자 | 총획: 7획 |
勤勤孜孜(근근자자) 매우 부지런하고 꾸준함
孜孜(자자) 꾸준하게 부지런함

| 茨 | 지붕 일 자 | 부수: ++ 초두머리 | 총획: 10획 |
茅茨(모자) 지붕을 이는 짚. 또는 모옥(띠나 이엉으로 지붕을 인 초라한 집)

| 蔗 | 사탕수수 자 | 부수: ++ 초두머리 | 총획: 15획 |
蔗糖(자당) 식물에 들어있는 이당류의 하나
甘蔗(감자) 사탕수수
蔗境(자경) 담화·문장·사건이 점점 재미있어지는 대목

| 勺 | 구기 작 | 부수: 勹 쌀포몸 | 총획: 3획 |
銀勺(은작) 은으로 만든 구기
※ 구기 : 자루가 달린 술 등을 푸는 용기

한자	훈음	부수	총획	용례
嚼	씹을 작	口 입 구	21획	咀嚼(저작) 음식물을 씹음
斫	벨 작	斤 날 근	9획	斫破(작파) 찍어서 쪼개거나 쪼개서 깨뜨림 長斫(장작) 통나무를 길쭉하게 잘라서 쪼갠 땔나무
炸	터질 작	火 불 화	9획	炸藥(작약) 포탄, 폭탄 따위를 작렬시키는 작용을 하는 화약 炸裂(작렬) 터져서 산산이 흩어짐. 또는 터져 퍼짐
孱	잔약할 잔	子 아들 자	12획	孱妄(잔망) 얄밉도록 맹랑함 孱孑(잔혈) 가냘프고 연약하며 의지할 데 없음 孱夫(잔부) 약하거나 겁 많은 남자
潺	졸졸 흐를 잔	氵 삼수변	15획	潺湲(잔원) 물, 눈물 등의 흐름이 조용하고 잔잔함 潺潺(잔잔) 흐르는 물소리가 가늘고 나지막함. 또는 내리는 비가 가늘고 조용함
暲	밝을 장	日 날 일	15획	
樟	녹나무 장	木 나무 목	15획	樟木(장목) 녹나무
檣	돛대 장	木 나무 목	17획	檣竿(장간) 돛을 달기 위하여 배 바닥에 세운 기둥. 돛대 船檣(선장) 배의 돛대
牆	담 장	爿 장수장변	17획	牆屋(장옥) 집의 둘레나 공간을 둘러막기 위해 흙, 돌, 벽돌 따위로 쌓아 올린 것
臧	착할 장	臣 신하 신	14획	臧否(장부) 착함과 착하지 못함 臧獲(장획) 예전에, 남의 집에 딸려 천한 일을 하던 사람
奘	클 장	大 큰 대	10획	
漳	물 이름 장	氵 삼수변	14획	

濟	맑을 재	부수: 氵 삼수변 / 총획: 12획

姐	누이 저	부수: 女 여자 녀 / 총획: 8획

小姐(소저) 아가씨
姐姐(저저) 누님

繂	일 재	부수: 糸 실 사 / 총획: 16획

樗	가죽나무 저	부수: 木 나무 목 / 총획: 15획

樗根(저근) 가죽나무 뿌리
樗才(저재) 쓸모없는 재주·재능
樗散(저산) 말하는 이가 자기를 낮추어 이르는 일인칭 대명사

齎	가져올 재 / 탄식할 자	부수: 齊 가지런할 제 / 총획: 21획

齎來(재래) 어떠한 원인에 따른 결과를 가져옴
齎糧(재량) 먹을 양식을 지니고 다님
齎鬱(재울) 원한을 품음

狙	원숭이 저 / 엿볼 저	부수: 犭 개사슴록변 / 총획: 8획

狙擊(저격) 어떤 대상을 노리고 겨냥하여 총을 쏘는 것
狙擊手(저격수) 적을 저격하기 위하여 뽑힌 병사

箏	쟁 쟁	부수: 竹 대 죽 / 총획: 14획

牙箏(아쟁) 고려 시대부터 전해 오는 7현으로 된 우리나라 현악기의 하나. 활로 줄을 문질러 연주하고, 현악기 가운데 가장 좁은 음역을 가진 저음 악기

紵	모시 저	부수: 糸 실 사 / 총획: 11획

紵衣(저의) 모시로 지은 옷
紵布(저포) 모시풀 껍질의 섬유로 짠 피륙
唐紵(당저) 중국에서 나는 모시

錚	쇳소리 쟁	부수: 金 쇠 금 / 총획: 16획

錚盤(쟁반) 흔히 그릇을 받치는 데 쓰는 동글납작한 그릇
錚錚(쟁쟁) 쇠붙이 따위가 맞부딪쳐 맑게 울리는 소리

菹	김치 저	부수: 艹 초두머리 / 총획: 12획

石花菹(석화저) 굴김치
菁芽菹(청아저) 무순김치
熟紅菹(숙홍저) 숙깍두기

佇	우두커니 설 저	부수: 亻 사람인변 / 총획: 7획

佇見(저견) 멈춰 서서 바라봄
佇念(저념) 머물러 서서 생각에 잠김

詛	저주할 저	부수: 言 말씀 언 / 총획: 12획

詛呪(저주) 남에게 재앙이나 불행이 일어나도록 빌며 바라는 것 유 咀呪(저주)

癲 미칠 전 · 부수 疒 병질엄 · 총획 24획 癲狂(전광) 정신 이상으로 일어나는 미친 증세 癲癇(전간) '뇌전증'의 전 용어	**荃** 향초 전 · 부수 艹 초두머리 · 총획 10획 魚荃(어전) 물고기를 잡는 통발
筌 통발 전 · 부수 竹 대 죽 · 총획 12획 筌蹄(전제) 목적을 위한 방편이라는 뜻으로 고기를 잡는 통발과 토끼를 잡는 올가미의 뜻에서 유래함	**癤** 부스럼 절 · 부수 疒 병질엄 · 총획 20획 癰癤(옹절) 급성으로 곪으면서 한가운데에 큰 근(根)이 생기는 종기
輾 돌아누울 전 · 부수 車 수레 거 · 총획 17획 輾轉(전전) 누워서 이리저리 뒤척거림	**晢** 밝을 절 별 반짝반짝할 제 · 부수 日 날 일 · 총획 11획
鐫 새길 전 · 부수 金 쇠 금 · 총획 21획 彫鐫(조전) 조각	**霑** 젖을 점 · 부수 雨 비 우 · 총획 16획 霑濕(점습) 물기에 젖음. 또는 물기에 적심 均霑(균점) 고르게 이익이나 혜택을 받음 霑汗(점한) 땀에 젖음
顫 떨 전 · 부수 頁 머리 혈 · 총획 22획 顫動(전동) 떨거나 떨려서 움직임 手顫症(수전증) 손이 떨리는 증상	**鮎** 메기 점 · 부수 魚 물고기 어 · 총획 16획 鮎魚(점어) 메기
餞 보낼 전 · 부수 飠 밥식변 · 총획 17획 餞別(전별) 예의를 차려 작별함 餞春(전춘) 봄철을 마지막으로 보냄 勝餞(승전) 성대한 송별연	**摺** 접을 접 · 부수 扌 재방변 · 총획 14획 摺紙(접지) 종이를 접음. 또는 그 종이 摺綴(접철) 접어서 한데 묶음

한자	훈음	부수	총획
碇	닻 정	石 돌 석	13획

碇泊(정박) 배가 닻을 내리고 머무름
碇泊燈(정박등) 정박하고 있는 배가 밤에 그 위치를 나타내기 위하여 갑판 위에 내거는 등불

한자	훈음	부수	총획
鋌	쇳덩이 정	金 쇠 금	15획

한자	훈음	부수	총획
穽	함정 정	穴 구멍 혈	9획

陷穽(함정) 짐승을 잡기 위해 파놓은 구덩이. 또는 빠져 나올 수 없는 곤경이나 남을 해치기 위한 계략
深穽(심정) 깊은 함정

한자	훈음	부수	총획
霆	천둥소리 정	雨 비 우	15획

霆擊(정격) 벼락을 침
震霆(진정) 요란하게 울리는 천둥소리

한자	훈음	부수	총획
綎	가죽 띠 정	糸 실 사	13획

한자	훈음	부수	총획
婷	예쁠 정	女 여자 녀	12획

한자	훈음	부수	총획
諪	조정할 정	言 말씀 언	16획

한자	훈음	부수	총획
桯	기둥 정	木 나무 목	11획

한자	훈음	부수	총획
酊	술 취할 정	酉 닭 유	9획

酒酊(주정) 술에 취하여 정신없이 말하거나 행동함
酩酊(명정) 몸을 가눌 수 없을 정도로 술에 몹시 취함

한자	훈음	부수	총획
珵	패옥 정	王 구슬옥변	11획

※ 패옥 : 허리띠에 차는 옥

한자	훈음	부수	총획
鉦	징 소리 정	金 쇠 금	13획

鼓鉦(고정) 군대에서 쓰는 북과 징

한자	훈음	부수	총획
鋥	칼날 세울 정	金 쇠 금	15획

| 晁 | 아침 조 | 부수: 日 날 일 | 총획: 10획 |

| 蚤 | 벼룩 조 | 부수: 虫 벌레 훼 | 총획: 10획 |
蚤蝨(조슬) 벼룩과 이
蚤歲(조세) 연초(年初). 또는 젊은 시절

| 璪 | 면류관드림옥 조 | 부수: 王 구슬옥변 | 총획: 17획 |

| 猝 | 갑자기 졸 | 부수: 犭 개사슴록변 | 총획: 11획 |
猝地(졸지) 갑작스러운 판국
猝富(졸부) 갑자기 부귀를 얻은 벼락부자
猝乍間(졸사간) 미처 어떻게 해 볼 수 없을 만큼 짧은 시간

| 眺 | 바라볼 조 | 부수: 目 눈 목 | 총획: 11획 |
眺望(조망) 먼 곳을 바라봄. 또는 그런 경치

| 悰 | 즐길 종 | 부수: 忄 심방변 | 총획: 11획 |

| 窈 | 으늑할 조 | 부수: 穴 구멍 혈 | 총획: 11획 |
窈窕(요조) 여자의 행동이 얌전하고 정숙함
※ 으늑하다 : 푸근하게 감싸인 듯 편안하고 조용한 느낌이 있다.

| 慫 | 권할 종 | 부수: 心 마음 심 | 총획: 15획 |
慫慂(종용) 잘 설명하고 달래며 권함

| 糟 | 지게미 조 | 부수: 米 쌀 미 | 총획: 17획 |
糟粕(조박) 술을 걸러 내고 남은 찌끼. 또는 학문·서화 등에서 옛사람이 다 밝혀내어 지금은 새로운 의의가 없는 것
糟糠(조강) 가난한 사람이 먹는 변변찮은 음식

| 棕 | 종려나무 종 | 부수: 木 나무 목 | 총획: 12획 |

| 繰 | 야청 통견 조 / 고치 켤 소 | 부수: 糸 실 사 | 총획: 19획 |
繰出(조출) 고치를 삶아 실을 뽑아냄
繰綿(조면) 목화의 씨를 앗아 틀에 솜을 만드는 것. 또는 그렇게 만들어 놓은 솜

| 淙 | 물소리 종 | 부수: 氵 삼수변 | 총획: 11획 |

琮

| 옥홀 종 | 부수: 玉 구슬옥변 | 총획: 12획 |

踪

| 자취 종 | 부수: 足 발 족 | 총획: 15획 |

失踪(실종) 소재나 행방, 생사 여부를 알 수 없게 됨

踵

| 발꿈치 종 | 부수: 足 발 족 | 총획: 16획 |

踵至(종지) 남의 뒤를 따라 곧 옴
踵接(종접) 사물이나 사건이 잇따라 생김
旋踵(선종) 발길을 돌려 돌아섬

璁

| 패옥 소리 종 | 부수: 玉 구슬옥변 | 총획: 15획 |

椶

| 종려나무 종 | 부수: 木 나무 목 | 총획: 13획 |

椶櫚(종려) 종려나무
椶櫚油(종려유) 종려 열매에서 짜낸 기름. 팜유

柊

| 나무 이름 종 | 부수: 木 나무 목 | 총획: 9획 |

柊楑(종규) 메. 묵직하고 둥그스름한 나무토막이나 쇠토막에 자루를 박아 무엇을 치거나 박을 때 쓰는 물건

侏

| 난쟁이 주 | 부수: 亻 사람인변 | 총획: 8획 |

侏儒(주유) 기형적으로 키가 작은 사람을 낮잡아 이르는 말
侏儒國(주유국) 난쟁이의 나라. 또는 약소한 나라

姝

| 예쁠 주 | 부수: 女 여자 녀 | 총획: 9획 |

嗾

| 부추길 주 / 부추길 수 | 부수: 口 입 구 | 총획: 14획 |

使嗾(사주) 남을 부추겨서 좋지 않은 일을 시킴
指嗾(지주) 달래고 꾀어서 무엇을 하도록 부추김
嗾囑(주촉) 상대편을 꾀어 부추겨서 시킴

湊

| 모일 주 | 부수: 氵 삼수변 | 총획: 12획 |

輻湊(복주) 수레의 바퀴통에 바퀴살이 모이듯 한다는 뜻으로, 한곳으로 많이 몰려듦을 이르는 말

澍

| 단비 주 | 부수: 氵 삼수변 | 총획: 15획 |

澍濡(주유) 단비에 젖는다는 뜻으로, 임금의 은총이 골고루 미침을 비유적으로 이르는 말

炷

| 심지 주 | 부수: 火 불 화 | 총획: 9획 |

燈炷(등주) 불의 심지
炷香(주향) 향을 피움

한자	훈	음	부수	총획
綢	얽을	주	糸 실 사	14획

細綢(세주) 가늘게 짠 피륙
綢直(주직) 성격이 치밀하고 마음이 곧음
綢繆(주무) 미리 빈틈없이 꼼꼼하게 준비함

한자	훈	음	부수	총획
燽	밝을	주	火 불 화	18획

한자	훈	음	부수	총획
躊	머뭇거릴	주	足 발 족	21획

躊躇(주저) 머뭇거리며 망설임

한자	훈	음	부수	총획
鉒	쇳돌	주	金 쇠 금	13획

한자	훈	음	부수	총획
輳	몰려들	주	車 수레 거	16획

輻輳(복주) 수레의 바퀴통에 바퀴살이 모이듯 한다는 뜻으로, 한곳으로 많이 몰려듦을 이르는 말

한자	훈	음	부수	총획
拄	버틸	주	扌 재방변	8획

拄張(주장) 허튼소리로 떠벌림
拄杖(주장) 짚고 의지하는 지팡이

한자	훈	음	부수	총획
酎	전국술	주	酉 닭 유	10획

한자	훈	음	부수	총획
皗	밝을	주	白 흰 백	13획

한자	훈	음	부수	총획
遒	닥칠 / 힘셀	주	辶 책받침	13획

遒勁(주경) 그림, 글씨 따위에서 붓의 힘이 굳셈
遒放(주방) 필체나 문장이 힘차고 막힘이 없음

한자	훈	음	부수	총획
儁	준걸	준	亻 사람인변	15획

儁異(준이) 재능이 뚜렷이 뛰어남. 또는 그런 사람

한자	훈	음	부수	총획
姓	사람 이름	주	女 여자 녀	8획

한자	훈	음	부수	총획
寯	모일	준	宀 갓머리	16획

| 晙 | 밝을 준 | 부수: 日 날 일 | 총획: 11획 |

| 逡 | 뒷걸음질 칠 준 | 부수: 辶 책받침 | 총획: 11획 |
逡巡(준순) 뒤로 멈칫멈칫 물러남. 또는 어떤 일을 단행하지 못하고 우물쭈물함

| 樽 | 술통 준 | 부수: 木 나무 목 | 총획: 16획 |
樽杓(준작) 술병과 술잔
樽俎(준조) 제사 때에 술을 담는 '준'과 고기를 담는 '조'를 아울러 이르는 말. 또는 예절을 갖추어 하는 공식적인 잔치

| 雋 | 영특할 준 | 부수: 隹 새 추 | 총획: 13획 |
雋哲(준철) 뛰어나게 슬기롭고 현명한 사람
雋異(준이) 재능이 뚜렷이 뛰어남. 또는 그런 사람
雋選(준선) 재능이 뛰어난 사람을 뽑음

| 焌 | 구울 준 / 태울 출 | 부수: 火 불 화 | 총획: 11획 |

| 埻 | 과녁 준 | 부수: 土 흙 토 | 총획: 11획 |

| 畯 | 농부 준 | 부수: 田 밭 전 | 총획: 12획 |
寒畯(한준) 가난하나 재주와 지혜가 뛰어난 사람

| 隼 | 송골매 준 | 부수: 隹 새 추 | 총획: 10획 |

| 竣 | 마칠 준 | 부수: 立 설 립 | 총획: 12획 |
竣工(준공) 공사를 마침
告竣(고준) 준공되었음을 알림

| 葰 | 클 준 / 생강 준 | 부수: 艹 초두머리 | 총획: 13획 |

| 蠢 | 꾸물거릴 준 | 부수: 虫 벌레 훼 | 총획: 21획 |
蠢愚(준우) 굼뜨고 어리석음
蠢蠢(준준) 벌레가 꾸물꾸물함. 또는 어리석고 미련함

| 噂 | 기쁠 준 | 부수: 立 설 립 | 총획: 17획 |

茁	싹 줄 싹틀 촬	**부수** ++ 초두머리	**총획** 9획
	茁浦(줄포) 전북특별자치도 부안군에 있는 어업 항구		

楫	노 즙	**부수** 木 나무 목	**총획** 13획
	舟楫(주즙) 배와 삿대라는 뜻으로, 배 전체를 이르는 말		

葺	기울 즙	**부수** ++ 초두머리	**총획** 13획
	修葺(수즙) 집을 고치고 지붕을 새로 이는 일 瓦葺(와즙) 기와로 지붕을 이음		

烝	김 오를 증	**부수** 灬 연화발	**총획** 10획
	烝熱(증열) 증기로 열을 가하여 쪄 냄. 또는 무더위 烝溜(증류) 액체를 가열하여 생긴 기체를 냉각하여 다시 액체로 만드는 일		

繒	비단 증	**부수** 糸 실 사	**총획** 18획
	甲繒(갑증) 품질 좋고 바탕이 얇은 고급 비단 繒綾(증릉) 들쭉날쭉한 모양. 또는 가지런하지 못한 모양		

咫	여덟 치 지	**부수** 口 입 구	**총획** 9획
	咫尺(지척) 아주 가까운 거리		

摯	잡을 지 지극할 지	**부수** 手 손 수	**총획** 15획
	眞摯(진지) 말이나 태도가 참되고 착실함 懇摯(간지) 지성스럽고 참됨		

枳	탱자 지 탱자 기	**부수** 木 나무 목	**총획** 9획
	枳擬(지의) 의망(擬望)을 방해함 ※ 의망 : 조선 시대에, 벼슬아치를 임명할 때 이조·병조에서 세 사람을 추천하던 일		

沚	물가 지	**부수** 氵 삼수변	**총획** 7획

漬	담글 지	**부수** 氵 삼수변	**총획** 14획
	漸漬(점지) 물 따위가 점점 스며듦 浸漬(침지) 액체에 담가 적심		

芷	어수리 지	**부수** ++ 초두머리	**총획** 8획
	白芷(백지) 구릿대의 뿌리 ※ 어수리 : 산형과의 여러해살이풀		

蜘	거미 지	**부수** 虫 벌레 훼	**총획** 14획
	蜘蛛(지주) 거미 蜘蛛網(지주망) 거미줄		

한자	훈음	부수	총획	용례
贄	폐백 지	貝 조개 패	18획	執贄(집지) 예전에, 제자가 스승을 처음으로 뵐 때 예폐를 가지고 가서 경의를 표하던 일
鋕	기록할 지	金 쇠 금	15획	
淽	섬 지	氵 삼수변	9획	
厎	숫돌 지	厂 민엄호	7획	
晋	진나라 진	日 날 일	10획	
唇	놀랄 진	口 입 구	10획	
嗔	성낼 진	口 입 구	13획	嗔怒(진노) 성내어 노여워함 嗔言(진언) 성내어서 꾸짖는 말 嗔心(진심) 왈칵 성내는 마음
搢	꽂을 진	扌 재방변	13획	搢紳(진신) 벼슬아치를 통틀어 일컬음. 또는 지위가 높고 행동이 점잖은 사람 搢笏(진홀) 손에 들었던 홀을 띠에 꽂음
榗	평고대 진	木 나무 목	11획	※ 평고대 : 처마 끝의 서까래를 받치기 위해 가로 놓는 나무
榛	개암나무 진	木 나무 목	14획	榛子(진자) 개암나무의 열매 榛蕪(진무) 잡목이나 잡초가 무성함. 또는 신분이 미천함. 또는 정도(正道)를 해치는 물건
殄	다할 진	歹 죽을사변	9획	殄戮(진륙) 모조리 다 죽임 殄破(진파) 패하여 망함
溱	많을 진	氵 삼수변	13획	

DAY 11

| 瑨 | 아름다운 돌 진 | 부수: 玉 구슬옥변 | 총획: 14획 |

| 臻 | 이를 진 | 부수: 至 이를 지 | 총획: 16획 |

| 璡 | 옥돌 진 | 부수: 玉 구슬옥변 | 총획: 16획 |

| 蓁 | 더위지기 진 | 부수: ⺿ 초두머리 | 총획: 15획 |
茵蔯(인진) 사철쑥

| 畛 | 두둑 진 | 부수: 田 밭 전 | 총획: 10획 |
畛域(진역) 밭두렁. 또는 경계

| 袗 | 홑옷 진 | 부수: 衤 옷의변 | 총획: 10획 |

| 瞋 | 부릅뜰 진 | 부수: 目 눈 목 | 총획: 15획 |
瞋怒(진노) 성내어 노여워함
瞋目(진목) 두 눈을 부릅뜸

| 軫 | 수레 뒤턱 나무 진 | 부수: 車 수레 거 | 총획: 12획 |
軫恤(진휼) 불쌍하고 가련하게 여김
軫念(진념) 윗사람이 아랫사람의 사정을 돌보아 걱정하여 생각함
軫憂(진우) 걱정이나 근심

| 縉 | 붉은 비단 진 / 꽂을 진 | 부수: 糸 실 사 | 총획: 16획 |
縉紳(진신) 벼슬아치를 통틀어 일컬음. 또는 지위가 높고 행동이 점잖은 사람

| 瑱 | 귀막이 옥 전 / 누를 진 | 부수: 玉 구슬옥변 | 총획: 14획 |
※ 귀막이 : 면류관의 양쪽으로 비녀 끝에 구슬을 꿴 줄을 귀까지 늘어뜨린 물건

| 縝 | 고울 진 | 부수: 糸 실 사 | 총획: 16획 |

| 抮 | 되돌릴 진 | 부수: 扌 재방변 | 총획: 8획 |

禛
복 받을 진
- 부수: 示 보일 시
- 총획: 15획

鉁
보배 진
- 부수: 金 쇠 금
- 총획: 13획

昣
밝을 진
흘겨볼 미
- 부수: 臣 신하 신
- 총획: 11획

蓁
우거질 진
- 부수: ++ 초두머리
- 총획: 14획

蓁糺(진규) 진교의 뿌리. 풍습(風濕)으로 인한 마비 증세, 골증, 조열, 황달 등에 쓰임

晙
밝을 진
- 부수: 日 날 일
- 총획: 9획

侄
어리석을 질
조카 질
- 부수: 亻 사람인변
- 총획: 8획

嫉
미워할 질
- 부수: 女 여자 녀
- 총획: 13획

嫉妬(질투) 잘나거나 앞선 사람을 시기하고 미워하는 것
嫉逐(질축) 샘내어 내쫓음
嫉視(질시) 시기하여 봄

桎
차꼬 질
- 부수: 木 나무 목
- 총획: 10획

桎檻(질함) 발에 칼을 씌워 감옥에 넣음
桎梏(질곡) 옛 형구인 차꼬와 수갑을 이르는 말. 또는 속박하여 자유를 가질 수 없는 고통의 상태를 비유적으로 이르는 말

瓆
사람 이름 질
- 부수: 王 구슬옥변
- 총획: 19획

蛭
거머리 질
- 부수: 虫 벌레 훼
- 총획: 12획

馬蛭(마질) 말거머리
肝蛭(간질) 가축의 간에 기생하여 해를 끼치는 디스토마의 일종

跌
거꾸러질 질
- 부수: 足 발 족
- 총획: 12획

蹉跌(차질) 발을 헛디디어 넘어짐. 또는 하던 일이 계획이나 의도에서 벗어나 틀어지는 일
跌宕(질탕) 신나서 정도가 지나치도록 흥겨움

迭
번갈아들 질
- 부수: ⻍ 책받침
- 총획: 9획

迭代(질대) 서로 번갈아 가며 대신함

斟

짐작할 짐 | 부수: 斗 말 두 | 총획: 13획

斟酌(짐작) 사정이나 형편 따위를 어림잡아 헤아림

朕

나 짐 / 조짐 짐 | 부수: 月 달 월 | 총획: 10획

兆朕(조짐) 길흉이 일어날 기미가 보이는 현상

潗

샘솟을 집 | 부수: 氵 삼수변 | 총획: 15획

緝

모을 집 | 부수: 糸 실 사 | 총획: 15획

緝合(집합) 주워 모아서 합함
緝捕(집포) 죄인을 잡음

鏶

판금 집 | 부수: 金 쇠 금 | 총획: 20획

※ 판금 : 얇고 넓게 조각을 낸 쇠붙이

ㅊ

侘

낙망할 차 | 부수: 亻 사람인변 | 총획: 8획

※ 낙망하다 : 희망을 잃다

嗟

탄식할 차 | 부수: 口 입 구 | 총획: 13획

嗟乎(차호) 주로 글에서, 슬퍼서 탄식할 때에 쓰는 말
嗟嘆(차탄) 탄식하고 한탄함
嗟稱(차칭) 깊이 감동하거나 감탄하여 칭찬함

嵯

우뚝 솟을 차 / 울쑥불쑥할 치 | 부수: 山 뫼 산 | 총획: 13획

嵯峨(차아) 산이 높고 험함

磋

갈 차 | 부수: 石 돌 석 | 총획: 15획

切磋(절차) 옥이나 돌을 갈고 닦는다는 뜻으로, 학문과 덕행을 닦음을 이르는 말

蹉

미끄러질 차 | 부수: 足 발 족 | 총획: 17획

蹉跌(차질) 발을 헛디디어 넘어짐. 또는 하던 일이 계획이나 의도에서 벗어나 틀어지는 일

釵

비녀 차 / 비녀 채 | 부수: 金 쇠 금 | 총획: 11획

花釵(화채) 새색시가 머리를 치장하는 데 쓰는 비녀.
金鳳釵(금봉채) 머리 부분에 봉황의 모양을 새긴 금비녀

瑳

고울 차 | 부수: 王 구슬옥변 | 총획: 14획

砗

옥돌 **차**
조개 **거**

부수	총획
石 돌 석	12획

砗磲(차거) 보석과 같이 아름다운 돌

篡

빼앗을 **찬**

부수	총획
竹 대 죽	17획

篡奪(찬탈) 왕위 또는 국가 주권 등을 억지로 빼앗음
篡位(찬위) 임금 자리를 빼앗음

䛐

관대할 **차**
풍부할 **다**

부수	총획
大 큰 대	24획

粲

정미 **찬**

부수	총획
米 쌀 미	13획

粲然(찬연) 조촐하고 산뜻한 모양

姹

자랑할 **차**
자랑할 **타**

부수	총획
女 여자 녀	9획

鑽

뚫을 **찬**

부수	총획
金 쇠 금	27획

硏鑽(연찬) 학문을 깊이 연구함
鑽刺(찬자) 어떤 일을 주선할 때 가장 빠르고 중요한 방법을 써서 소개하는 일

齪

악착할 **착**

부수	총획
齒 이 치	22획

齷齪(악착) 일을 해 나가는 태도가 매우 모질고 끈덕짐

攢

모일 **찬**

부수	총획
扌 재방변	22획

攢立(찬립) 모여 일어섬
攢賀(찬하) 두 손 모아 경사를 축하함

澯

맑을 **찬**

부수	총획
氵 삼수변	16획

巑

산 뾰족할 **찬**

부수	총획
山 뫼 산	22획

璨

옥빛 **찬**
빛날 **찬**

부수	총획
王 구슬옥변	17획

璀璨(최찬) 빛이 번쩍거려서 찬란함

紮

감을 **찰**

부수	총획
糸 실 사	11획

緊紮(긴찰) 몹시 덤빔. 또는 꽉 묶어서 죔. 또는 몹시 부대낌

塹 구덩이 참
- **부수**: 土 흙 토
- **총획**: 14획

塹壕(참호) 성 둘레의 구덩이. 또는 야전에서 몸을 숨기면서 적과 싸우기 위하여 방어선을 따라 판 구덩이
坑塹(갱참) 깊고 길게 파 놓은 구덩이

愴 슬플 창
- **부수**: 忄 심방변
- **총획**: 13획

愴冥(창명) 슬프고 막막한 상태
悲愴(비창) 마음이 몹시 상하고 슬픔

漲 넘칠 창
- **부수**: 氵 삼수변
- **총획**: 14획

漲天(창천) 하늘에 가득 퍼짐
漲水(창수) 큰 물난리가 나서 넘치는 물
유 洪水(홍수)
漲潮(창조) 밀물

猖 미쳐 날뛸 창
- **부수**: 犭 개사슴록변
- **총획**: 11획

猖狂(창광) 미친 듯이 사납게 날뜀
猖獗(창궐) 좋지 못한 병이나 세력이 걷잡을 수 없이 퍼져나감
猖披(창피) 체면이 깎여 부끄럽거나 사나운 모양

艙 부두 창
- **부수**: 舟 배 주
- **총획**: 16획

船艙(선창) 배를 대고 짐을 싣거나 부릴 수 있도록 물가에 만든 시설
魚艙(어창) 잡은 물고기를 보관하는 어선 안에 있는 창고

埰 사패지 채
- **부수**: 土 흙 토
- **총획**: 11획

※ 사패지 : 고려·조선 시대 때 임금이 내려 준 논밭

寀 녹봉 채
- **부수**: 宀 갓머리
- **총획**: 11획

寨 목책 채
- **부수**: 宀 갓머리
- **총획**: 14획

山寨(산채) 산적들의 산 속 근거지
木寨(목채) 말뚝 같은 것을 박아서 만든 울타리. 또는 그 말뚝
敵寨(적채) 적의 보루

砦 진터 채
- **부수**: 石 돌 석
- **총획**: 11획

砦堡(채보) 적을 막기 위해서 쌓은 작은 성
城砦(성채) 성과 요새

琗 주옥 광채 채
- **부수**: 王 구슬옥변
- **총획**: 12획

棌 참나무 채
- **부수**: 木 나무 목
- **총획**: 12획

婇 여자의 자 채
- **부수**: 女 여자 녀
- **총획**: 11획

凄	쓸쓸할 처 찰 처	부수: 冫 이수변	총획: 10획

凄凉(처량) 마음이 구슬퍼질 만큼 외롭거나 쓸쓸함. 또는 초라하고 가여움
凄切(처절) 몹시 처량함

悽	슬퍼할 처	부수: 忄 심방변	총획: 11획

悽慘(처참) 몸서리칠 정도로 슬프고 끔찍함
悽然(처연) 기운이 차고 쓸쓸함
悽絶(처절) 몹시 처참함

倜	기개 있을 척	부수: 亻 사람인변	총획: 10획

倜儻(척당) 큰 뜻을 품어 기개가 있음

剔	뼈 바를 척 깎을 체	부수: 刂 선칼도방	총획: 10획

剔出(척출) 도려내거나 발라냄
剔去(척거) 도려내서 없앰
剔抉(척결) 뼈를 발라냄. 또는 나쁜 요소를 깨끗이 없애 버림

慽	근심할 척	부수: 忄 심방변	총획: 14획

慘慽(참척) 부모나 조부모보다 자손이 먼저 죽는 일
慽悲(척비) 근심스럽고 슬픔

瘠	여윌 척	부수: 疒 병질엄	총획: 15획

瘠薄(척박) 땅이 메마르고 기름지지 못함
瘠土(척토) 메마르고 척박한 땅 유 薄土(박토)
瘠骨(척골) 슬픔으로 인해 몸이 바짝 마르고 뼈가 앙상하게 드러남

躑	밟을 척	부수: 足 발 족	총획: 18획

足躑(족척) 발바닥
對躑(대척) 두 사물이나 현상 등이 서로 정반대가 됨

坧	터 척	부수: 土 흙 토	총획: 8획

仟	일천 천 밭두둑 천	부수: 亻 사람인변	총획: 5획

擅	멋대로 할 천	부수: 扌 재방변	총획: 16획

擅便(천편) 자기 마음대로 결정하여 함부로 행동함
擅行(천행) 남의 의견은 듣지 않고 혼자 판단하고 결정하여 행함

韆	그네 천	부수: 革 가죽 혁	총획: 24획

鞦韆(추천) 그네

玔	옥고리 천	부수: 玉 구슬옥변	총획: 7획

舛	어그러질 천	부수 舛 어그러질 천	총획 6획

舛駁(천박) 뒤섞여서 고르지 못함. 또는 어수선함
舛訛(천와) 말이나 글자가 잘못됨

甜	달 첨	부수 甘 달 감	총획 11획

甜瓜(첨과) 참외
甜菜(첨채) 사탕무

釧	팔찌 천	부수 金 쇠 금	총획 11획

玉釧(옥천) 옥으로 만든 팔찌
寶釧(보천) 훌륭한 팔찌

諂	아첨할 첨	부수 言 말씀 언	총획 15획

阿諂(아첨) 남의 환심을 사거나 잘 보이려고 알랑거림
諂曲(첨곡) 자기의 지조를 굽혀 아첨함

阡	두렁 천	부수 阝 좌부변	총획 6획

阡陌(천맥) 산기슭이나 밭 사이에 난 길. 또는 산기슭이나 밭두둑. 또는 경작지

堞	성가퀴 첩	부수 土 흙 토	총획 12획

城堞(성첩) 몸을 숨기고 적병을 공격하기 위해 성 위에 쌓은 낮은 담
女堞(여첩) 성 위에 낮게 덧쌓아 적을 공격할 수 있게 만든 담

茜	꼭두서니 천	부수 ⺾ 초두머리	총획 10획

茜草(천초) 꼭두서닛과에 속한 여러해살이 덩굴풀
茜根(천근) 꼭두서니의 뿌리를 한방에서 이르는 말

睫	속눈썹 첩	부수 目 눈 목	총획 13획

目睫(목첩) 눈과 속눈썹. 또는 아주 가까운 때나 장소를 비유적으로 이르는 말
交睫(교첩) 잠을 자려고 눈을 붙임 유 接目(접목)

輟	그칠 철	부수 車 수레 거	총획 15획

輟朝(철조) 나라에 큰일이 있을 때 임금이 일정한 기간 동안 조회를 폐하는 일
輟市(철시) 과거 국상이 났을 때 저자의 문을 닫고 쉬던 일

輒	문득 첩	부수 車 수레 거	총획 14획

一覽輒記(일람첩기) 한 번 보면 다 기억한다는 뜻. 기억력이 썩 좋음을 이름

沾	더할 첨 / 적실 첨	부수 氵 삼수변	총획 8획

均沾(균첨) 이익이나 혜택을 고르게 받음
沾衣(첨의) 옷을 적심
沾濕(첨습) 물기에 젖음

鯖	청어 청 / 잡회 정	부수 魚 물고기 어	총획 19획

鯖魚(청어) 고등어

剃

머리 깎을 체 | 부수: 刂 선칼도방 | 총획: 9획

- 剃刀(체도) 머리털을 깎는 데 쓰는 칼
- 剃度(체도) 머리털을 깎고 승려가 됨
- 剃髮(체발) 머리털을 짧게 바싹 깎음

涕

눈물 체 | 부수: 氵 삼수변 | 총획: 10획

- 涕泗(체사) 울면서 흘리는 눈물이나 콧물
- 涕淚(체루) 슬프거나 감동하여 흐르는 눈물

勦

끊을 초 | 부수: 刂 선칼도방 | 총획: 13획

- 勦滅(초멸) 도둑·악당의 무리를 무찔러 없앰
- 勦襲(초습) 남의 것을 빼앗아 자기 것으로 씀
- 勦說(초설) 남의 주장이나 가설을 자기 것처럼 몰래 따서 씀

憔

파리할 초 | 부수: 忄 심방변 | 총획: 15획

- 憔悴(초췌) 병, 근심, 고생 따위로 얼굴이나 몸이 여위고 파리함
- 焦憔(초초) 애를 태우며 근심함

梢

나뭇가지 끝 초 | **마들가리 소** | 부수: 木 나무 목 | 총획: 11획

- 末梢(말초) 사물의 끝 부분
- 結梢(결초) 어떤 일이 마무리되는 끝
  유 結末(결말)

稍

점점 초 | **끝 초** | 부수: 禾 벼 화 | 총획: 12획

- 稍解(초해) 겨우 조금 이해함
- 稍良(초량) 조금 양호함. 또는 수확량이 3~9% 늘어날 것으로 예상되는 작황 등급

艸

풀 초 | 부수: 艸 풀 초 | 총획: 6획

苕

완두 초 | **풀이름 소** | 부수: ⺿ 초두머리 | 총획: 9획

貂

담비 초 | 부수: 豸 갖은돼지시변 | 총획: 12획

- 貂毛筆(초모필) 담비의 털로 맨 붓
- 貂鼠(초서) 족제빗과에 속하는 짐승

酢

초 초 | **잔 돌릴 작** | 부수: 酉 닭 유 | 총획: 12획

- 魚酢(어초) 생선을 소금에 절여 삭힌 것
- 胡麻酢(호마초) 참깨, 간장, 설탕 등을 섞어 만든 식초

岧

높을 초 | 부수: 山 뫼 산 | 총획: 8획

矗

우거질 촉 | 부수: 目 눈 목 | 총획: 24획

- 矗石(촉석) 높게 삐죽삐죽 솟은 돌
- 矗矗(촉촉) 높이 솟아 삐죽삐죽함

忖	헤아릴 촌	부수: 忄 심방변	총획: 6획
	忖度(촌탁) 남의 마음을 미루어 헤아림		

墜	떨어질 추	부수: 土 흙 토	총획: 15획
	墜落(추락) 높은 곳에서 떨어짐 失墜(실추) 명예나 위신을 떨어뜨리거나 잃음 擊墜(격추) 비행기 등 날아다니는 물체를 쏘아 떨어뜨림		

邨	마을 촌	부수: 阝 우부방	총획: 7획

湫	다할 추 낮을 초	부수: 氵 삼수변	총획: 12획
	湫湫(숙추) 날씨가 으스스하고 음산함 龍湫(용추) 폭포수가 떨어지는 바로 밑에 있는 깊은 웅덩이		

悤	바쁠 총	부수: 忄 심방변	총획: 11획
	悤悤(총총) 편지를 쓸 때 내용이 마무리됨을 나타내는 말. 또는 몹시 급하고 바쁜 모양 悤急(총급) 몹시 급함		

皺	주름 추	부수: 皮 가죽 피	총획: 15획
	皺面(추면) 주름살이 잡힌 얼굴 皺眉(추미) 눈썹을 찡그림		

憁	분주할 총	부수: 忄 심방변	총획: 14획

萩	사철쑥 추	부수: 艹 초두머리	총획: 13획

蔥	파 총 짐수레 창	부수: 艹 초두머리	총획: 15획
	蔥根(총근) 파의 흰 뿌리. 또는 미인의 흰 손가락 蔥菹(총저) 파김치		

諏	물을 추	부수: 言 말씀 언	총획: 15획
	諮諏(자추) 임금이 신하나 백성에게 물음 諏吉(추길) 길일을 택함		

総	다 총 합할 총	부수: 糸 실 사	총획: 14획
	※ 總(다 총)과 同字(동자)		

鎚	쇠망치 추 옥 다듬을 퇴	부수: 金 쇠 금	총획: 18획
	空氣鎚(공기추) 압축한 공기의 힘으로 망치를 움직여서 재료를 두드리는 장치		

雛 병아리 추
부수: 隹 새 추 **총획**: 18획
- 雛兒(추아) 병아리 같은 아이라는 뜻으로 풋내기를 이르는 말
- 雛孫(추손) 어린 손자
- 雛鶯(추앵) 꾀꼬리의 새끼

驉 마부 추
부수: 馬 말 마 **총획**: 20획
- 驉從(추종) 윗사람을 따라다니는 종

鰍 미꾸라지 추
부수: 魚 물고기 어 **총획**: 20획
- 鰍魚(추어) 미꾸라지
- 鰍湯(추탕) 미꾸라지를 주 재료로 얼큰하게 끓인 국

筑 악기이름 축, 쌓을 축
부수: 竹 대 죽 **총획**: 12획
- 筑(축) 금(琴)과 같은 열세 줄의 현악기로, 옛 중국 악기의 하나

蹙 닥칠 축, 줄어들 척
부수: 足 발 족 **총획**: 18획
- 窮蹙(궁축) 생활이 어려워 집 안에만 있음
- 蹙眉(축미) 두 눈썹의 사이가 좁은 인상

瑃 옥 이름 춘
부수: 王 구슬옥변 **총획**: 13획

賰 넉넉할 춘
부수: 貝 조개 패 **총획**: 16획

琉 귀고리 옥 충
부수: 王 구슬옥변 **총획**: 10획

悴 파리할 췌
부수: ↑ 심방변 **총획**: 11획
- 憔悴(초췌) 병, 근심, 고생 따위로 얼굴이나 몸이 여위고 파리함
- 悴容(췌용) 초췌한 얼굴
- 營悴(영췌) 기운이 좋음과 병에 시달림

膵 췌장 췌
부수: 月 육달월 **총획**: 16획
- 膵臟(췌장) 배안의 뒤쪽에 가로로 길쭉하게 자리한 기관
- 膵液(췌액) 췌장에서 만들어진 소화액
- 膵癌(췌암) 췌장에 생기는 암

萃 모을 췌
부수: ⺿ 초두머리 **총획**: 12획
- 拔萃(발췌) 책이나 글에서 필요하거나 중요한 부분만을 가려서 뽑음
- 出萃(출췌) 여러 사람들 속에서 뚜렷하게 뛰어남
- 叢萃(총췌) 떼를 지어 모임

贅 혹 췌
부수: 貝 조개 패 **총획**: 18획
- 贅肉(췌육) 군살
- 贅言(췌언) 쓸데없는 말
- 贅壻(췌서) 데릴사위
- 贅居(췌거) 처가살이

嘴 부리 취

부수	총획
口 입 구	16획

- 毒嘴(독취) 독살스러운 부리. 즉 악독한 말을 옮기는 사람의 입을 이르는 말
- 煙嘴(연취) 담배를 끼워 입에 물고 빠는 물건

炊 불 땔 취

부수	총획
火 불 화	8획

- 炊事(취사) 끼니로 먹을 음식을 만듦
- 炊飯(취반) 밥을 지음
- 自炊(자취) 손수 밥을 지어 먹으면서 생활함

脆 연할 취

부수	총획
月 육달월	10획

- 脆弱(취약) 무르고 약함
- 脆怯(취겁) 사람이 무르고 겁이 많아 쓸 데가 없음
- 脆軟(취연) 무르고 부드러움

驟 달릴 취

부수	총획
馬 말 마	24획

- 驟步(취보) 빨리 뛰어감
- 驟暑(취서) 갑작스럽게 찾아온 더위
- 驟凉(취량) 가을철에 갑작스럽게 느끼는 서늘한 기운

厠 뒷간 측

부수	총획
厂 민엄호	11획

惻 슬퍼할 측

부수	총획
↑ 심방변	12획

- 惻切(측절) 몹시 가엾게 여겨 슬퍼함
- 惻心(측심) 불쌍히 여기는 마음
- 惻愴(측창) 괴로워하고 슬퍼함

嗤 비웃을 치

부수	총획
口 입 구	13획

- 嗤點(치점) 비웃으며 손가락질함
- 嗤侮(치모) 비웃으면서 깔보거나 멸시함

幟 기 치

부수	총획
巾 수건 건	15획

- 旗幟(기치) 옛날 군대에서 쓰던 깃발

梔 치자나무 치

부수	총획
木 나무 목	11획

- 梔子(치자) 치자나무의 열매
- 梔子色(치자색) 치자나무 열매로 물들인 짙은 누런색
- 梔蠟(치랍) 실속은 없고 겉만 꾸밈

淄 검은빛 치

부수	총획
氵 삼수변	11획

熾 성할 치

부수	총획
火 불 화	16획

- 熾憤(치분) 격렬히 분노함
- 熾熱(치열) 열도가 매우 높음
- 熾烈(치열) 기세나 세력이 맹렬함

痔 치질 치

부수	총획
疒 병질엄	11획

- 痔瘻(치루) 항문 또는 곧창자 부위에 고름집이 저절로 터지면서 샛길이 생기고, 고름 따위가 나오는 치질의 하나

緇

검을 **치** | 부수 糸 실 사 | 총획 14획

- 緇衣(치의) 승려가 입는 물들인 옷
- 緇墨(치묵) 숯이나 먹과 같은 검은 빛깔
- 緇塵(치진) 검은 티끌이라는 뜻으로, 세속의 때를 비유적으로 이르는 말

蚩

어리석을 **치** | 부수 虫 벌레 훼 | 총획 10획

- 姸蚩(연치) 아름다움과 추함

輜

짐수레 **치** | 부수 車 수레 거 | 총획 15획

- 輜車(치차) 예전에, 군수품을 실어 나르던 차
- 輜重(치중) 말이나 수레에 실은 짐. 또는 군대의 여러 물품을 통틀어 이르는 말

飭

신칙할 **칙** | 부수 食 밥식변 | 총획 13획

- 申飭(신칙) 단단히 타일러서 경계함
- 禁飭(금칙) 하지 못하게 타이름
- 嚴飭(엄칙) 엄하게 타일러 경계함

柒

옻 **칠** | 부수 木 나무 목 | 총획 9획

- 光柒(광칠) 광택이 나도록 칠을 하는 것

琛

보배 **침** | 부수 玉 구슬옥변 | 총획 12획

砧

다듬잇돌 **침** | 부수 石 돌 석 | 총획 10획

- 砧杵(침저) 다듬잇방망이
- 砧石(침석) 다듬잇돌

蟄

숨을 **칩** | 부수 虫 벌레 훼 | 총획 17획

- 蟄伏(칩복) 벌레나 동물 등이 겨울 동안 땅속에 틀어박힘
- 蟄居(칩거) 밖에 나가서 활동하지 않고 집에만 틀어박혀 있음

ㅋ

夬

터놓을 **쾌** / 쾌괘 **쾌** | 부수 大 큰 대 | 총획 4획

- 夬卦(쾌괘) 육십사괘(卦)의 하나

ㅌ

咤

꾸짖을 **타** | 부수 口 입 구 | 총획 9획

- 叱咤(질타) 잘못에 대해 큰 소리로 꾸짖음

拖

끌 **타** | 부수 扌 재방변 | 총획 8획

- 拖過(타과) 이런저런 핑계로 기한을 끌어 나감
- 拖鉤(타구) 줄다리기
- 延拖(연타) 일을 끌어서 뒤로 미루어 감

朶

늘어질 **타** | 부수 木 나무 목 | 총획 6획

- 耳朶(이타) 귓불
- 萬朶(만타) 매우 많은 꽃송이

한자	훈음	부수	총획	용례
楕	길고 둥글 타	木 나무 목	13획	楕球(타구) 타원형으로 된 구 楕圓形(타원형) 길쭉하게 둥근 타원으로 된 평면 도형
晫	밝을 탁	日 날 일	12획	
馱	실을 타 실을 태	馬 말 마	13획	馱酒(타주) 질이 나쁜 술
柝	딱따기 탁	木 나무 목	9획	柝字(탁자) 한자의 자획을 나누거나 합하여 길흉을 점침 ※ 딱따기 : 딱딱 소리를 내게 만든 두 짝의 나무 토막
坨	언덕 타 사람 이름 택	土 흙 토	9획	
琸	사람 이름 탁	王 구슬옥변	12획	
倬	클 탁	亻 사람인변	10획	
綻	터질 탄	糸 실 사	14획	破綻(파탄) 일이나 계획 등이 원만하게 진행되지 못하고 중도에서 어긋나 깨짐 綻露(탄로) 숨긴 일을 드러냄
啄	쫄 탁 부리 주	口 입 구	11획	啄木(탁목) 딱따구리 啄食(탁식) 음식을 쪼아 먹음
憚	꺼릴 탄	忄 심방변	15획	憚服(탄복) 두려워서 복종함 無忌憚(무기탄) 아무 꺼릴 바가 없음 유 無所忌憚(무소기탄)
坼	터질 탁	土 흙 토	8획	坼封(탁봉) 봉해져 있는 편지를 뜯음 坼榜(탁방) 과거에 급제한 이의 이름을 게시함 坼甲(탁갑) 씨의 껍질이 갈라져 싹이 틈
眈	노려볼 탐	目 눈 목	9획	

搭
탈 탑 | 부수: 扌 재방변 | 총획: 13획
- 搭乘(탑승) 배・비행기 등에 올라탐
- 搭船(탑선) 배를 탐
- 搭載(탑재) 배・수레・비행기 등에 물건을 실음

榻
걸상 탑 | 부수: 木 나무 목 | 총획: 14획
- 榻床(탑상) 걸상과 평상을 통틀어 일컬음
- 榻印(탑인) 원형 그대로 본떠서 박음
- 榻影(탑영) 어떤 형태를 그대로 본떠서 그린 그림

宕
호탕할 탕 / 방탕할 탕 | 부수: 宀 갓머리 | 총획: 8획
- 豪宕(호탕) 호기롭고 걸걸함
- 跌宕(질탕) 신나서 정도가 지나치도록 노는 짓
  - 유 佚蕩(질탕)
- 宕巾(탕건) 벼슬아치가 갓 아래 받쳐 쓰던 관

帑
금고 탕 / 처자 노 | 부수: 巾 수건 건 | 총획: 8획
- 內帑(내탕) 조선 시대 때 왕실의 재물을 넣어 두던 곳간
- 公帑(공탕) 정부가 소유하는 돈

跆
밟을 태 | 부수: 足 발 족 | 총획: 12획
- 跆拳道(태권도) 우리나라 전통 무예를 바탕으로 한 운동

##
나라 이름 태 | 부수: 阝 우부방 | 총획: 8획

颱
태풍 태 | 부수: 風 바람 풍 | 총획: 14획
- 颱風(태풍) 북태평양 서남부에서 발생해 아시아 대륙으로 불어오는, 폭풍우를 수반한 열대성 저기압

攄
펼 터 | 부수: 扌 재방변 | 총획: 18획
- 攄得(터득) 깊이 생각하여 이치를 깨달아 알아냄
- 攄抱(터포) 속을 터놓고 이야기함
- 攄破(터파) 속마음을 털어놓아 다른 사람의 의혹을 풀어 줌

慟
서러워할 통 | 부수: 忄 심방변 | 총획: 14획
- 慟哭(통곡) 큰 소리로 서럽게 욺
- 慟泣(통읍) 슬피 욺
- 慟絶(통절) 너무 슬퍼서 기절함

槌
망치 퇴 / 망치 추 | 부수: 木 나무 목 | 총획: 14획
- 鐵槌(철퇴) 쇠로 만든 몽둥이
- 槌擊(퇴격) 방망이나 쇠뭉치로 침
- 紙槌(지추) 밑 배가 부르고 목이 긴 중국 꽃병

褪
바랠 퇴 | 부수: 衤 옷의변 | 총획: 15획
- 褪色(퇴색) 빛이나 색이 바램. 또는 무엇이 낡거나 몰락하면서 존재가 희미해지거나 볼품없어짐을 비유적으로 이르는 말.

偸
훔칠 투 | 부수: 亻 사람인변 | 총획: 11획
- 偸取(투취) 도둑질을 해서 취함
- 偸安(투안) 할 일을 미루어 두고 눈앞의 안일만을 탐함
- 偸庸(투용) 용렬하고 미련함

| 慝 | 사특할 특 | 부수 心 마음 심 | 총획 15획 |

慝惡(특악) 간사하고 매우 악함
慝者(특자) 악하고 간사한 사람

| 鈑 | 금박 판 | 부수 金 쇠 금 | 총획 12획 |

| 闖 | 엿볼 틈 | 부수 門 문 문 | 총획 18획 |

闖入(틈입) 기회를 틈타 느닷없이 함부로 들어감
闖發(틈발) 기회를 틈타 일어남
闖肆(틈사) 기회를 타서 제멋대로 함

| 叭 | 입 벌릴 팔
나팔 팔 | 부수 口 입 구 | 총획 5획 |

喇叭(나팔) 금속으로 만든 관악기의 한 가지

| 擺 | 열 파 | 부수 扌 재방변 | 총획 18획 |

擺撥(파발) 조선 후기에, 공문을 급히 보내기 위하여 마련한 역참. 또는 파발꾼
擺線(파선) 한 원이 일직선 위를 굴러갈 때 이 원의 원둘레 위의 한 점이 그리는 자취

| 捌 | 깨뜨릴 팔 | 부수 扌 재방변 | 총획 10획 |

| 杷 | 비파나무 파 | 부수 木 나무 목 | 총획 8획 |

枇杷(비파) 비파나무의 열매
枇杷葉湯(비파엽탕) 비파나무의 잎을 달인 탕약. 강장제로 쓰임

| 沛 | 비 쏟아질 패
늪 패 | 부수 氵 삼수변 | 총획 7획 |

顚沛(전패) 엎어지고 자빠짐
沛然(패연) 비나 폭포 따위가 쏟아지는 모양이 매우 세참

| 爬 | 긁을 파 | 부수 爪 손톱 조 | 총획 8획 |

爬癢(파양) 가려운 데를 긁음
爬羅(파라) 손톱으로 긁거나 후비어 파 죄다 모음
爬蟲類(파충류) 도마뱀과 장지뱀과의 동물

| 狼 | 이리 패
낭패할 패 | 부수 犭 개사슴록변 | 총획 10획 |

狼狽(낭패) 계획하거나 기대한 일이 실패하거나 기대에 어긋나 딱하게 됨

| 跛 | 절름발이 파
비스듬히 설 피 | 부수 足 발 족 | 총획 12획 |

跛行(파행) 절뚝거리며 걸음. 또는 일, 계획 등이 순조롭지 않게 진행됨
跛行的(파행적) 일, 계획 등이 순조롭지 못하고 이상하게 진행되어 가는 것

| 澎 | 물소리 팽 | 부수 氵 삼수변 | 총획 15획 |

澎湃(팽배) 큰 물결이 맞부딪쳐 솟구침. 어떤 기세・사조 따위가 매우 거세게 일어남
유 彭湃(팽배)

烹
삶을 팽 | 부수: 灬 연화발 | 총획: 11획
烹卵(팽란) 삶은 달걀

愎
강퍅할 퍅 | 부수: 忄 심방변 | 총획: 12획
乖愎(괴퍅) 성미가 까다롭고 별나서 붙임성이 없음
愎性(퍅성) 괴퍅한 성질
剛愎(강퍅) 성미가 깐깐하고 고집이 셈

翩
나부낄 편 | 부수: 羽 깃 우 | 총획: 15획
翩翩(편편) 나는 모양이 가볍고 날쌤. 또는 풍채가 멋스럽고 좋음

騙
속일 편, 말 탈 편 | 부수: 馬 말 마 | 총획: 19획
騙取(편취) 남을 속여 재물이나 이익 등을 빼앗음
騙馬(편마) 조선 시대에, 무예 이십사반 가운데 마군(馬軍)이 달리는 말 위에서 부리던 여러 가지 무예

枰
바둑판 평 | 부수: 木 나무 목 | 총획: 9획
棋枰(기평) 바둑판 유 碁枰(기평)

萍
부평초 평 | 부수: ⺾ 초두머리 | 총획: 12획
萍草(평초) 개구리밥
萍水(평수) 물 위에 뜬 개구리밥이라는 뜻으로, 이리저리 정처 없이 떠돌아다니는 신세를 비유적으로 이르는 말

泙
물소리 평 | 부수: 氵 삼수변 | 총획: 8획

吠
짖을 폐 | 부수: 口 입 구 | 총획: 7획
犬吠(견폐) 개가 소리 내어 짖음 유 狗吠(구폐)

嬖
사랑할 폐 | 부수: 女 여자 녀 | 총획: 16획
嬖人(폐인) 남의 비위를 잘 맞추어 귀염을 받는 사람
嬖妾(폐첩) 아양을 떨어 귀염을 받는 첩

斃
죽을 폐 | 부수: 攵 등글월문 | 총획: 18획
斃死(폐사) 주로 짐승이나 어패류가 갑자기 죽음

陛
대궐 섬돌 폐 | 부수: 阝 좌부변 | 총획: 10획
殿陛(전폐) 궁전의 섬돌
陛下(폐하) 황제나 황후에 대한 높임말
陛見(폐현) 폐하를 만나 뵙는 일
※ 섬돌 : 돌층계

佈
펼 포 | 부수: 亻 사람인변 | 총획: 7획
佈告(포고) 명령·법령·지시 등을 공포하여 널리 알림
佈明(포명) 어떤 사실을 널리 밝힘

匍	길 포	부수: 勹 쌀포몸 / 총획: 9획
	匍匐(포복) 배를 땅에 대고 김 匍匐枝(포복지) 땅 위로 기어서 뻗는 줄기	

匏	박 포	부수: 勹 쌀포몸 / 총획: 11획
	匏樽(포준) 박으로 만든 술 그릇 匏心菜(포심채) 덜 여문 박을 쪼개 삶아 살만 긁어서 무친 나물. 박속나물	

咆	고함지를 포	부수: 口 입 구 / 총획: 8획
	咆哮(포효) 사납게 울부짖음	

俵	나누어 줄 표	부수: 亻 사람인변 / 총획: 10획
	俵災(표재) 흉년이 든 때에 조세를 감함	

剽	겁박할 표	부수: 刂 선칼도방 / 총획: 13획
	剽悍(표한) 성질이 급하고 사나움 剽掠(표략) 남을 협박하여 빼앗음 剽狡(표교) 사납고 교활함	

彪	범 표	부수: 彡 터럭 삼 / 총획: 11획
	炳彪(병표) 호랑이를 달리 이르는 말	

慓	급할 표	부수: 忄 심방변 / 총획: 14획
	慓悍(표한) 성질이 급하고 사나움 慓毒(표독) 사납고 독살스러움	

飇	폭풍 표	부수: 風 바람 풍 / 총획: 21획

飄	나부낄 표	부수: 風 바람 풍 / 총획: 20획
	飄颺(표양) 바람에 날림 飄然(표연) 바람에 가볍게 나부끼는 모양. 또는 훌쩍 나타나거나 떠나는 모양이 거침없음	

驃	황부루 표	부수: 馬 말 마 / 총획: 21획
	驃馬(표마) 몸이 누런색 바탕에 흰 털이 섞이고 갈기와 꼬리가 흰 말 驃金(표금) 예전에, 중국 상하이에서 통화의 대용으로 쓰던 직사각형의 금괴	

陂	방죽 피 / 비탈 파	부수: 阝 좌부변 / 총획: 8획
	陂池(피지) 물이 괸 땅	

珌	칼집 장식 필	부수: 王 구슬옥변 / 총획: 9획

DAY 12

疋
- 짝 필 / 발 소
- 부수: 疋 짝 필
- 총획: 5획
- 疋木(필목) 필로 된 무명·광목·당목 등을 통틀어 일컬음
- 疋緞(필단) 필로 된 비단
- 疋練(필련) 한 필의 바랜 비단

是
- 여름 하 / 이 시
- 부수: 日 날 일
- 총획: 9획
- ※ 是(이 시)의 本字(본자)

苾
- 향기로울 필
- 부수: ++ 초두머리
- 총획: 9획
- 苾芻(필추) 출가하여 구족계를 받은 남자 승려

遐
- 멀 하
- 부수: 辶 책받침
- 총획: 13획
- 昇遐(승하) 임금이나 존귀한 사람이 세상을 떠남을 높여 이르던 말
- 遐年(하년) 오래 삶
- 遐鄕(하향) 중앙에서 멀리 떨어진 지방

馝
- 좋은향내가날 필
- 부수: 香 향기 향
- 총획: 14획

鰕
- 새우 하
- 부수: 魚 물고기 어
- 총획: 20획
- 糠鰕(강하) 보리새우
- 魚鰕(어하) 물고기와 새우

佖
- 점잖을 필
- 부수: 亻 사람인변
- 총획: 7획

呀
- 입 딱 벌릴 하
- 부수: 口 입 구
- 총획: 7획
- 呀呷(하합) 입을 벌림. 또는 입을 벌려 꾸짖음

鉍
- 창자루 필
- 부수: 金 쇠 금
- 총획: 13획

嘏
- 클 하 / 클 가
- 부수: 口 입 구
- 총획: 14획
- 嘏命(하명) 임금의 명령

厦
- 문간방 하 / 큰집 하
- 부수: 厂 민엄호
- 총획: 12획
- ※ 廈(문간방 하)의 俗字(속자)

碬
- 숫돌 하
- 부수: 石 돌 석
- 총획: 14획

壑

골 학 | 부수: 土 흙 토 | 총획: 17획

溪壑(계학) 시냇물이 흐르는 산골짜기
巖壑(암학) 바위와 골짜기
深壑(심학) 깊은 골짜기 유 深谷(심곡)

澖

넓을 한 | 부수: 氵 삼수변 | 총획: 15획

嗃

엄할 학 | 부수: 口 입 구 | 총획: 13획

巀

산 높을 한 | 부수: 山 뫼 산 | 총획: 17획

悍

사나울 한 | 부수: 忄 심방변 | 총획: 10획

悍勇(한용) 사납고 용맹함
悍毒(한독) 성질이 사납고 표독스러움
悍惡(한악) 성질이 사납고 악함
強悍(강한) 성질이 굳세고 사나움

啣

재갈 머금을 함 | 부수: 口 입 구 | 총획: 11획

※ 銜(재갈 함)의 俗字(속자)

澣

빨래할 한
열흘 한 | 부수: 氵 삼수변 | 총획: 16획

澣濯(한탁) 옷을 빪 유 洗濯(세탁), 澣滌(한척)
下澣(하한) 한 달 중 21일에서 말일까지 유 下旬(하순)

喊

소리칠 함 | 부수: 口 입 구 | 총획: 12획

高喊(고함) 크게 외치는 소리
喊聲(함성) 여러 사람이 함께 외치거나 지르는 소리

瀚

넓고 큰 모양 한 | 부수: 氵 삼수변 | 총획: 19획

浩瀚(호한) 넓고 커서 질펀함. 또는 책 등이 아주 많음

檻

난간 함
우리 함 | 부수: 木 나무 목 | 총획: 18획

圈檻(권함) 짐승을 가두어 기르는 곳
檻穽(함정) 짐승을 잡기 위해 파놓은 구덩이. 또는 빠져나올 수 없는 곤경이나 남을 해치기 위한 계략

罕

드물 한 | 부수: 罒 그물 망 | 총획: 7획

稀罕(희한) 매우 드물거나 신기함
罕例(한례) 드문 예
罕有(한유) 드물게 있는 일
罕見(한견) 드물게 봄

緘

봉할 함 | 부수: 糸 실 사 | 총획: 15획

緘口(함구) 입을 다묾
緘札(함찰) 봉한 문서
封緘(봉함) 편지를 봉투에 넣고 봉함

闔

문짝 **합** | 부수: 門 문 문 | 총획: 18획

- 闔闢(합벽) 닫고 열고 함
- 闔家(합가) 집안 전체
- 闔國(합국) 전국
- 闔眼(합안) 남의 잘못을 보고도 모른 척함

伉

짝 **항** | 부수: 亻 사람인변 | 총획: 6획

- 伉配(항배) 부부
- 伉儷(항려) 남편과 아내

姮

항아 **항** | 부수: 女 여자 녀 | 총획: 9획

- 姮娥(항아) 달 속에 있다는 전설상의 선녀 유 嫦娥(상아)

嫦

항아 **항** / 항아 **상** | 부수: 女 여자 녀 | 총획: 14획

- 嫦娥(상아) 달 속에 있다는 전설상의 선녀 유 姮娥(항아)

桁

차꼬 **항** / 도리 **형** | 부수: 木 나무 목 | 총획: 10획

- 桁楊(항양) 죄인의 목에 씌우던 칼과 그 발에 채우던 차꼬
- 桁橋(형교) 교체(橋體)가 들보로 된 다리
- ※ 차꼬: 죄수를 가두어 둘 때 쓰던 형구

缸

항아리 **항** | 부수: 缶 장군 부 | 총획: 9획

- 魚缸(어항) 물고기를 기르는 유리 항아리
- 醬缸(장항) 장을 담는 항아리
- 附缸(부항) 부항단지를 이용하여 피를 뽑거나 자극을 주어 병을 치료하는 방법

偕

함께 **해** | 부수: 亻 사람인변 | 총획: 11획

- 偕樂(해락) 여럿이 같이 즐김

垓

지경 **해** | 부수: 土 흙 토 | 총획: 9획

- 崇垓(숭해) 높은 낭떠러지
- 垓心(해심) 포위된 한가운데
- 掘垓(굴해) 무덤의 둘레를 돌아가면서 고랑을 깊게 팜

孩

어린아이 **해** | 부수: 子 아들 자 | 총획: 9획

- 孩童(해동) 어린아이 유 孩兒(해아)
- 孩嬰(해영) 젖먹이
- 孺孩(유해) 젖먹이

懈

게으를 **해** | 부수: 忄 심방변 | 총획: 16획

- 懈慢(해만) 게으르고 거만함
- 懈怠(해태) 게으름
- 懈惰(해타) 게으름

瀣

이슬 기운 **해** | 부수: 氵 삼수변 | 총획: 19획

- 沆瀣(항해) 밤의 맑은 이슬

邂

만날 **해** | 부수: 辶 책받침 | 총획: 17획

- 邂逅(해후) 오랫동안 헤어졌다가 뜻밖에 다시 만남

駭 놀랄 해
- 부수: 馬 말 마
- 총획: 16획
- 駭怪(해괴) 매우 괴이함
- 震駭(진해) 몸을 떨며 놀람 유 振駭(진해)
- 駭俗(해속) 세상 사람이 놀랄 만큼 풍속이 어그러짐

哈 비웃을 해
- 부수: 口 입 구
- 총획: 8획

倖 요행 행
- 부수: 亻 사람인변
- 총획: 10획
- 僥倖(요행) 행복을 바람. 또는 뜻밖에 얻은 행운 유 徼幸(요행)
- 射倖(사행) 우연한 행운을 바람 유 倖望(행망)

荇 노랑어리연꽃 행
- 부수: ⺿ 초두머리
- 총획: 10획
- ※ 노랑어리연꽃 : 조름나물과의 여러해살이 수초

嚮 향할 향
- 부수: 口 입 구
- 총획: 19획
- 嚮往(향왕) 마음이 어떤 사람 또는 지역으로 쏠림 유 向往(향왕)
- 嚮導(향도) 길을 인도함

噓 불 허
- 부수: 口 입 구
- 총획: 15획
- 吹噓(취허) 남이 잘한 것을 과장하여 칭찬하며 추천함

櫶 나무 이름 헌
- 부수: 木 나무 목
- 총획: 20획

軒 초헌 헌 / 멍에 혼
- 부수: 車 수레 거
- 총획: 16획
- ※ 초헌 : 벼슬아치가 타던 수레
- ※ 멍에 : 수레나 쟁기를 끌기 위하여 마소의 목에 얹는 막대

奕 클 혁
- 부수: 大 큰 대
- 총획: 9획
- 奕奕(혁혁) 매우 크고 아름다워 성(盛)함
- 奕葉(혁엽) 거듭된 여러 대
- 博奕(박혁) 장기와 바둑

焱 불꽃 혁 / 불꽃 염
- 부수: 火 불 화
- 총획: 12획

侐 고요할 혁
- 부수: 亻 사람인변
- 총획: 8획

晛 햇살 현
- 부수: 日 날 일
- 총획: 11획

泫 이슬 빛날 **현** — 부수: 氵 삼수변, 총획: 8획 泫泫(현현) 눈물을 줄줄 흘림 涕泫(체현) 눈물이 줄줄 흐름 泫沄(현운) 물이 솟아서 흘러나오는 모양	**儇** 영리할 **현** — 부수: 亻 사람인변, 총획: 15획
睍 불거진 눈 **현** — 부수: 目 눈목, 총획: 12획	**譞** 영리할 **현** — 부수: 言 말씀 언, 총획: 20획
絢 무늬 **현** — 부수: 糸 실 사, 총획: 12획 絢爛(현란) 눈이 부시게 찬란함	**怰** 팔 **현** — 부수: 忄 심방변, 총획: 8획
衒 자랑할 **현** — 부수: 行 다닐 행, 총획: 11획 衒言(현언) 자만하는 말. 또는 뽐내는 말 衒耀(현요) 명예를 얻기 위해 거짓으로 자랑함 衒學(현학) 학식이 있음을 자랑하여 뽐냄	**孑** 외로울 **혈** — 부수: 子 아들 자, 총획: 3획 孤孑(고혈) 가족이 없어 외로움 孑遺(혈유) 약간의 나머지. 또는 단 하나 남아 있는 것
眩 햇빛 **현** / 당혹할 **현** — 부수: 日 날 일, 총획: 9획	**浹** 두루 미칠 **협** / 물 넘칠 **협** — 부수: 氵 삼수변, 총획: 10획 浹洽(협흡) 물이 물건을 적시듯이 널리 전해짐. 또는 화목하게 사귐 浹旬(협순) 열흘 동안 ⊕ 浹日(협일)
呟 소리 **현** — 부수: 口 입 구, 총획: 8획	**鋏** 집게 **협** — 부수: 金 쇠 금, 총획: 15획 鋏蟲(협충) 집게벌레 鋏刀(협도) 가위 鋏脚(협각) 가위의 손잡이. 또는 동물의 집게발

頰 뺨 협	部首: 頁 머리 혈	總劃: 16획

頰骨(협골) 광대뼈
口頰(구협) 입 언저리
豊頰(풍협) 살찐 뺨

迥 멀 형	部首: 辶 책받침	總劃: 10획

迥別(형별) 아주 다름

洞 멀 형	部首: 氵 삼수변	總劃: 8획

邢 성씨 형 / 나라 이름 형	部首: 阝 우부방	總劃: 7획

滎 실개천 형	部首: 水 물 수	總劃: 14획

鎣 줄 형 / 그릇 영	部首: 金 쇠 금	總劃: 18획

瀅 물 맑을 형	部首: 氵 삼수변	總劃: 18획

暳 별 반짝일 혜	部首: 日 날 일	總劃: 15획

熒 등불 형	部首: 火 불 화	總劃: 14획

熒燭(형촉) 반짝거리는 촛불
熒行(형행) 태양계의 넷째로 가까운 행성. 화성

蕙 풀 이름 혜	部首: ⺿ 초두머리	總劃: 16획

蕙蘭(혜란) 난초의 하나
蕙帶(혜대) 혜초로 만든 띠

珩 노리개 형	部首: 王 구슬옥변	總劃: 10획

蔥珩(총형) 녹색의 패옥

蹊 좁은길 혜	部首: 足 발 족	總劃: 17획

霜蹊(상혜) 서리가 내린 산길
鼠蹊(서혜) 샅(두 다리의 사이)
成蹊(성혜) 덕이 높은 사람은 자연스럽게 그를 흠모하는 사람들이 모임

皓	흴 호	부수: 白 흰 백	총획: 12획

皓齒(호치) 희고 깨끗한 이
皓月(호월) 아주 맑고 밝은 달
皓白(호백) 매우 흼
皓雪(호설) 흰 눈
皓皓(호호) 깨끗하고 흼. 빛나고 맑음

蝴	나비 호	부수: 虫 벌레 훼	총획: 15획

蝴蝶(호접) 호랑나비
白蝴蝶(백호접) 흰나비

祜	복 호	부수: 示 보일 시	총획: 10획

護	구할 호	부수: 音 소리 음	총획: 23획

縞	명주 호	부수: 糸 실 사	총획: 16획

縞素(호소) 흰 빛깔의 비단
縞衣(호의) 흰 비단 저고리. 또는 두루미의 흰 깃을 비유적으로 이르는 말

顥	클 호	부수: 頁 머리 혈	총획: 21획

顥天(호천) 구천(九天)의 하나. 서쪽 하늘을 이름

芦	지황 호 / 지황 하	부수: 艹 초두머리	총획: 8획

皞	밝을 호	부수: 白 흰 백	총획: 15획

熙皞(희호) 백성의 생활이 즐겁고 화평함

葫	마늘 호 / 호리병박 호	부수: 艹 초두머리	총획: 13획

葫蒜(호산) 마늘
葫蘆(호로) 박과에 속한 한해살이 덩굴풀
葫蘆甁(호로병) '호리병'의 원말

惚	황홀할 홀	부수: 忄 심방변	총획: 11획

恍惚(황홀) 눈이 부셔 어릿어릿할 정도로 찬란하거나 화려함. 또는 어떤 사물이나 분위기에 혹하여 마음이 달뜸
自惚(자홀) 스스로 황홀해함. 자기도취에 빠짐

蒿	쑥 호	부수: 艹 초두머리	총획: 14획

蓬蒿(봉호) 쑥
白蒿(백호) 산흰쑥
草蒿(초호) 제비쑥

哄	떠들썩할 홍	부수: 口 입 구	총획: 9획

哄動(홍동) 여러 사람이 지껄이며 떠듦
哄然(홍연) 큰 웃음을 터뜨리는 모양
哄笑(홍소) 매우 크게 웃거나 떠들썩하게 웃음

| 紈 | 흰 비단 환 | 부수: 糸 실 사 | 총획: 9획 |

紈袴(환고) 곱고 흰 비단 바지

| 驩 | 기뻐할 환 | 부수: 馬 말 마 | 총획: 28획 |

驩然(환연) 즐겁고 기뻐하는 모양
交驩(교환) 즐거운 마음을 나누며 사귐
※ 歡(기쁠 환)과 通字(통자)

| 鰥 | 홀아버지 환 | 부수: 魚 물고기 어 | 총획: 21획 |

鰥夫(환부) 홀아비
免鰥(면환) (아내를 얻어) 홀아비 신세를 면함
鰥居(환거) 홀아비로 삶

| 鐶 | 고리 환 | 부수: 金 쇠 금 | 총획: 21획 |

扉鐶(비환) 문고리

| 猾 | 교활할 활 | 부수: 犭 개사슴록변 | 총획: 13획 |

狡猾(교활) 간사하고 꾀가 많음
奸猾(간활) 간사하고 교활함
猾吏(활리) 교활한 관리

| 豁 | 뚫린 골 활 | 부수: 谷 골 곡 | 총획: 17획 |

豁達(활달) 활발하고 도량이 너그럽고 큼
空豁(공활) 텅 비어 몹시 넓음

| 幌 | 휘장 황 | 부수: 巾 수건 건 | 총획: 13획 |

幌馬車(황마차) 포장마차

| 徨 | 헤맬 황 | 부수: 彳 두인변 | 총획: 12획 |

彷徨(방황) 방향이나 위치를 잘 몰라 이리저리 헤매는 것

| 恍 | 황홀할 황 | 부수: 忄 심방변 | 총획: 9획 |

恍惚(황홀) 눈이 부셔 어릿어릿할 정도로 찬란하거나 화려함. 또는 어떤 사물이나 분위기에 혹하여 마음이 달뜸

| 惶 | 두려울 황 | 부수: 忄 심방변 | 총획: 12획 |

驚惶(경황) 놀라고 두려워 허둥지둥함
惶悚(황송) 분에 넘쳐 고맙고도 송구함
恐惶(공황) 두려워서 어찌할 바를 모름

| 愰 | 마음 밝을 황 | 부수: 忄 심방변 | 총획: 13획 |

| 晄 | 밝을 황 | 부수: 日 날 일 | 총획: 10획 |

※ 晃(밝을 황)과 同字(동자)

| 榥 | 책상 황 / 부수: 木 나무 목 / 총획: 14획 |

| 蝗 | 메뚜기 황 / 부수: 虫 벌레 훼 / 총획: 15획
蝗蟲(황충) 풀무치
小蝗蟲(소황충) 벼메뚜기
蝗災(황재) 풀무치 떼가 날아와 농작물을 먹어 버려서 발생하는 재해 |

| 湟 | 성지 황 / 부수: 氵 삼수변 / 총획: 12획
※ 성지 : 성과 그 주위에 파놓은 못 |

| 遑 | 급할 황 / 부수: 辶 책받침 / 총획: 13획
遑急(황급) 몹시 어수선하고 급박함
遑遑(황황) 갈팡질팡 어쩔 줄 모르게 급함 |

| 潢 | 웅덩이 황 / 장황할 황 / 부수: 氵 삼수변 / 총획: 15획
潢池(황지) 물이 괴어 있는 못
天潢(천황) 은하수
裝潢(장황) 서책, 서화첩 등을 종이나 비단으로 발라서 꾸미어 만듦 |

| 媓 | 어머니 황 / 부수: 女 여자 녀 / 총획: 12획 |

| 璜 | 패옥 황 / 부수: 王 구슬옥변 / 총획: 16획 |

| 堭 | 당집 황 / 부수: 土 흙 토 / 총획: 12획 |

| 篁 | 대숲 황 / 부수: 竹 대 죽 / 총획: 15획
篁竹(황죽) 대나무 숲
翠篁(취황) 푸르게 우거진 대나무 숲
笙篁(생황) 아악에 쓰는 관악기의 하나 |

| 匯 | 물 돌아 나갈 회 / 부수: 匚 튼입구몸 / 총획: 13획
總匯(총회) 한 그릇에 모두 담음 |

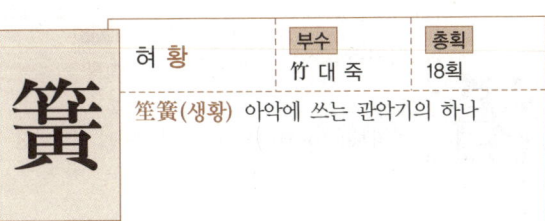

簧 혀 황 / 부수: 竹 대 죽 / 총획: 18획
笙簧(생황) 아악에 쓰는 관악기의 하나

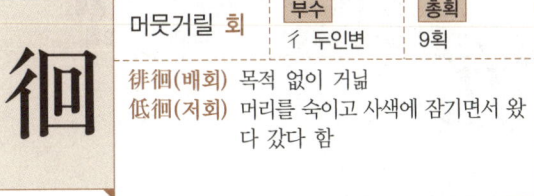

徊 머뭇거릴 회 / 부수: 彳 두인변 / 총획: 9획
徘徊(배회) 목적 없이 거닒
低徊(저회) 머리를 숙이고 사색에 잠기면서 왔다 갔다 함

| 恢 | 넓을 회 | 부수: 忄 심방변 | 총획: 9획 |

恢弘(회홍) 마음이 너그럽고 도량이 큼
恢廣(회광) 사방으로 크게 넓힘

| 獪 | 교활할 회 / 교활할 쾌 | 부수: 犭 개사슴록변 | 총획: 16획 |

獪猾(회활) 간악하고 교활함
老獪(노회) 경험이 많고 교활함
狡獪(교쾌) 간사하고 꾀가 많음

| 茴 | 회향풀 회 | 부수: 艹 초두머리 | 총획: 10획 |

大茴香(대회향) '회향'의 열매

| 蛔 | 회충 회 | 부수: 虫 벌레 훼 | 총획: 12획 |

蛔蟲(회충) 회충과의 기생충
蛔厥(회궐) 회충이 많아서 속이 메스껍고, 급성 복통이 있으며, 팔다리가 싸늘해지는 병

| 賄 | 재물 회 / 뇌물 회 | 부수: 貝 조개 패 | 총획: 13획 |

賄賂(회뢰) 뇌물을 주고받음
收賄(수회) 뇌물을 받음
贈賄(증회) 뇌물을 줌

| 宖 | 집 울릴 횡 / 클 홍 | 부수: 宀 갓머리 | 총획: 8획 |

| 鑅 | 종 횡 | 부수: 金 쇠 금 | 총획: 20획 |

| 哮 | 성낼 효 | 부수: 口 입 구 | 총획: 10획 |

咆哮(포효) 사납게 울부짖음
嘲哮(조효) 사나운 짐승이 울부짖음
哮吼(효후) 사나운 짐승 따위가 으르렁거림

| 嚆 | 울릴 효 | 부수: 口 입 구 | 총획: 17획 |

嚆矢(효시) 예전에, 전쟁 때에 쓰던 화살의 하나. 또는 어떤 사물이나 현상이 시작되어 나온 맨 처음을 비유적으로 이르는 말

| 斅 | 가르칠 효 | 부수: 攴 칠 복 | 총획: 20획 |

斅學半(효학반) 학업의 반은 남을 가르치는 동안에 이루어짐을 이르는 말

| 涍 | 성씨 효 | 부수: 氵 삼수변 | 총획: 10획 |

| 淆 | 뒤섞일 효 | 부수: 氵 삼수변 | 총획: 11획 |

混淆(혼효) 여러 가지 것을 뒤섞음
混淆林(혼효림) 여러 종류의 나무로 이루어진 숲

肴 안주 효
- 부수: 月 육달월
- 총획: 8획
- 佳肴(가효) 맛이 좋은 안주나 요리
- 美肴(미효) 훌륭한 안주

煦 따뜻하게 할 후
- 부수: 灬 연화발
- 총획: 13획
- 春煦(춘후) 봄볕이 따뜻함
- 和煦(화후) 봄날이 아늑하고 따뜻함

驍 날랠 효
- 부수: 馬 말 마
- 총획: 22획
- 驍將(효장) 사납고 날랜 장수
- 驍騎(효기) 용감하고 날랜 기병

珝 옥 이름 후
- 부수: 玉 구슬옥변
- 총획: 10획

皛 나타날 효
칠 박
- 부수: 白 흰 백
- 총획: 15획

逅 만날 후
- 부수: 辶 책받침
- 총획: 10획
- 邂逅(해후) 오랫동안 헤어졌다가 뜻밖에 다시 만남 유 邂逅相逢(해후상봉)

歊 오를 효
- 부수: 欠 하품 흠
- 총획: 14획

垕 두터울 후
- 부수: 土 흙 토
- 총획: 9획
- ※ 厚(두터울 후)의 古字(고자)

吼 울부짖을 후
- 부수: 口 입 구
- 총획: 7획
- 哮吼(효후) 사나운 짐승 따위가 으르렁거림
- 叫吼(규후) 짐승이 울부짖음
- 悲吼(비후) 크고 사나운 짐승이 슬피 욺
- 一吼(일후) 크게 한 번 소리를 내어 울부짖음

塤 질나발 훈
- 부수: 土 흙 토
- 총획: 13획
- ※ 壎(질나발 훈)과 同字(동자)
- 塤(훈) 질로 구워서 만든 고대 중국 악기 유 壎(훈)

帿 제후 후
과녁 후
- 부수: 巾 수건 건
- 총획: 12획
- ※ 侯(제후 후)와 同字(동자)

壎 질나발 훈
- 부수: 土 흙 토
- 총획: 17획
- 壎(훈) 질로 구워서 만든 고대 중국 악기 유 塤(훈)
- ※ 질나발 : 진흙을 구워 만든 나팔

燻	김 쐴 훈	부수: 灬 연화발	총획: 11획

燻蒿悽愴(훈호처창) 향기가 올라가 귀신의 분위기가 서림을 형상적으로 이르는 말

鏞	금빛 투색할 훈	부수: 金 쇠 금	총획: 22획

薨	훙서 훙 / 죽음 훙	부수: ++ 초두머리	총획: 17획

薨逝(훙서) 임금, 왕족, 귀족 등의 죽음을 높여 이르는 말
유 薨去(훙거), 薨御(훙어)

喧	지껄일 훤	부수: 口 입 구	총획: 12획

喧爭(훤쟁) 떠들어대면서 다툼
喧騷(훤소) 떠들어서 소란함
喧呼(훤호) 떠들썩하게 부름

暄	온난할 훤	부수: 日 날 일	총획: 13획

暄天(훤천) 따뜻한 천기
暄風(훤풍) 따뜻한 바람
晴暄(청훤) 하늘이 개고 날씨가 따뜻함

煊	마를 훤	부수: 火 불 화	총획: 13획

煊赫(훤혁) 업적이나 공로 따위가 빛나고 밝음

喙	부리 훼	부수: 口 입 구	총획: 12획

容喙(용훼) 옆에서 말참견을 함
開喙(개훼) 입을 놀림. 또는 말참견을 함

煇	빛날 휘	부수: 火 불 화	총획: 13획

星煇(성휘) 별의 반짝거림

麾	기 휘	부수: 麻 삼 마	총획: 15획

麾下(휘하) 장군의 지휘 아래
指麾(지휘) 목적 달성을 위해 단체의 행동을 통솔함. 또는 무대에서 노래·연주를 이끄는 일

烋	아름다울 휴 / 거들먹거릴 효	부수: 灬 연화발	총획: 10획

畦	밭두둑 휴	부수: 田 밭 전	총획: 11획

野畦(야휴) 들에 있는 밭둑길
廢畦(폐휴) 황폐한 밭

虧	이지러질 휴	부수: 虍 범호엄	총획: 17획

虧損(휴손) 부족. 또는 손실
喫虧(끽휴) 손해를 입음
虧月(휴월) 이지러진 달
虧欠(휴흠) 일정한 수효에서 부족이 생김

譎

속일 휼
- 부수: 言 말씀 언
- 총획: 19획

陰譎(음휼) 마음속이 음흉하고 간사함
詭譎(궤휼) 교묘한 속임수
譎計(휼계) 간사하고 능청스러운 꾀
奇譎(기휼) 기묘하고 묘하게 남을 속임

鷸

도요새 휼
- 부수: 鳥 새 조
- 총획: 23획

鷸鳥(휼조) 도요새
田鷸(전휼) 도욧과의 나그네새. 메추라기도요

兇

흉악할 흉
- 부수: 儿 어진사람인발
- 총획: 6획

元兇(원흉) 못된 짓을 한 사람의 우두머리
兇物(흉물) 성질이 음흉한 사람. 또는 흉측스럽게 생긴 사람이나 동물
兇惡(흉악) 악하고 모진 성질이나 무서운 생김새

洶

용솟음칠 흉
- 부수: 氵 삼수변
- 총획: 9획

洶洶(흉흉) 분위기가 술렁술렁하여 매우 어수선함
洶湧(흉용) 물결이 매우 세차게 일어남
洶急(흉급) 물의 흐름이 급하고 거셈

昕

새벽 흔
- 부수: 日 날 일
- 총획: 8획

昕夕(흔석) 아침과 저녁

炘

화끈거릴 흔
- 부수: 火 불 화
- 총획: 8획

忻

기쁠 흔
- 부수: 忄 심방변
- 총획: 7획

※ 欣(기쁠 흔)과 同字(동자)

吃

말 더듬을 흘
- 부수: 口 입 구
- 총획: 6획

口吃(구흘) 말을 더듬음
吃音(흘음) 더듬는 소리
吃水(흘수) 배가 물 위에 떠 있을 때, 물에 잠겨 있는 부분의 깊이

紇

묶을 흘
- 부수: 糸 실 사
- 총획: 9획

訖

이를 흘
이를 글
- 부수: 言 말씀 언
- 총획: 10획

言訖(언흘) 하던 말을 끝냄

歆

흠향할 흠
- 부수: 欠 하품 흠
- 총획: 13획

歆饗(흠향) 신명이 제물을 받음
歆感(흠감) 신이 제물을 받고 감응함

恰

흡사할 흡
- 부수: 忄 심방변
- 총획: 9획

恰似(흡사) 거의 같음. 또는 비슷함

| 빛날 희
온화할 희 | 부수
灬 이수변 | 총획
16획 |

※ 熙(빛날 희)의 本字(본자)

쉬어가기

마부작침(磨斧作針 : 갈 마, 도끼 부, 지을 작, 바늘 침)

도끼를 갈아 바늘을 만든다는 뜻으로, 아무리 어려운 일이라도 끈기 있게 노력하면 이룰 수 있음을 비유하는 말이다.

이백(李白)은 시선(詩仙)이라고까지 추앙받는 당나라 때의 대표적 시인이다. 그는 5살 때 아버지를 따라 촉 땅에 가서 어린 시절을 보냈는데, 10살에 시와 글씨에서 어른을 능가할 정도의 특출한 재능을 보였지만, 정작 공부는 재능에 어울릴 정도의 열성이 없었다. 아버지는 그에게 훌륭한 스승을 붙여 주어 상의산(象宜山)에 들어가 학문에 정진하게 했지만, 그는 따분한 산 생활과 끝도 없는 글 읽기가 진력이 나서 견딜 수 없었다.

'이미 다 아는 글을 더 이상 읽어서 뭘 해.'

이렇게 생각한 이백은 스승 몰래 산을 내려가기로 결심했다. 아버지한테 야단을 맞고 말고는 다음의 문제였다. 그래서 집을 향해 한참 가는데 어느 냇가에 이르러 보니 한 노파가 물가에 앉아 바윗돌에다 도끼를 갈고 있었다. 이백은 호기심이 생겨 물어 보았다.

"할머니, 지금 뭘 하고 계세요?"
"바늘을 만들고 있단다."
"아니, 그 도끼로 바늘을 만들어요?"
"그래, 돌에다 갈고 또 갈아 가늘게 만들면 바늘이 되지 않겠니."

그 말을 듣고 이백은 깔깔 웃었다.

"참 할머니도, 그 도끼를 도대체 언제까지 갈아야 바늘처럼 가늘게 만들 수 있다는 거예요?"
"웃긴 왜 웃느냐. 열심히 갈다 보면 도낀들 바늘로 만들지 못할 리가 어디 있어. 도중에 그만두지만 않는다면 말이다."

순간, 이백은 뒤통수를 세게 얻어맞은 느낌이 들었다.

'그렇다. 노력해서 안 될 일이 어디 있는가. 처음부터 시도하지 않는 것이 문제라면, 더욱 나쁜 것은 하다가 끝장을 보지도 않고 그만두는 짓이다.'

깨달음을 얻은 이백은 집으로 가려던 마음을 돌이켜 산으로 도로 올라갔다. 그리고 그 후 마음이 해이해질 때마다 노파를 떠올리며 분발하곤 했다고 한다. 그가 고금을 통하여 대시인으로 불리게 된 것은 이러한 경험이 계기가 되었기 때문일 것이다. 우공이산(愚公移山)이나 수적석천(水滴石穿)도 같은 의미로, 아무리 어려운 일이라도 끈기를 가지고 계속 노력하면 마침내 이룰 수 있다는 뜻이다.

합격의 공식 시대에듀

知者不惑, 仁者不憂, 勇者不懼.
"지혜로운 사람은 흔들리지 않고,
어진 사람은 근심하지 않고,
용감한 사람은 두려워하지 않는다."

- 《논어》,〈자한(子罕)〉

DAY 13~14

출제 유형별 한자

합격 Tip!

반드시 출제되는 유형별 한자 모음!
특히 출제 비중이 큰 사자성어는 꼼꼼히 익히자!

- 유의자
- 동음이의어
- 동자이음자
- 반의자·상대자
- 반의어·상대어
- 혼동하기 쉬운 한자
- 사자성어

成事不說, 遂事不諫, 既往不咎.
"이미 이루어진 일이니 말하지 않으며,
이미 끝난 일이니 충고하지 않으며,
이미 지나간 일이니 책망하지 않는 것이다."

- ≪논어≫, 〈팔일(八佾)〉

DAY 13 유의자

DAY 13

歌	謠	揀	擇	健	康	經	過
노래 가	노래 요	가릴 간	가릴 택	건강할 건	편안 강	지날 경	지날 과

家	屋	監	視	乾	燥	經	歷
집 가	집 옥	볼 감	볼 시	마를 건	마를 조	지날 경	지날 력

家	宅	疆	界	揭	揚	警	戒
집 가	집 택	지경 강	지경 계	높이 들 게	날릴 양	경계할 경	경계할 계

價	値	襁	褓	堅	固	傾	斜
값 가	값 치	포대기 강	포대기 보	굳을 견	굳을 고	기울 경	비낄 사

覺	悟	巨	大	牽	引	競	爭
깨달을 각	깨달을 오	클 거	큰 대	끌 견	끌 인	다툴 경	다툴 쟁

艱	難	拒	逆	謙	遜	計	算
어려울 간	어려울 난	막을 거	거스를 역	겸손할 겸	겸손할 손	셀 계	셈 산

間	隔	居	住	境	界	繼	續
사이 간	사이 뜰 격	살 거	살 주	지경 경	지경 계	이을 계	이을 속

契 約	貢 獻	巧 妙	屈 曲
맺을 계 / 맺을 약	바칠 공 / 드릴 헌	공교할 교 / 묘할 묘	굽힐 굴 / 굽을 곡
孤 獨	過 去	敎 訓	屈 伏
외로울 고 / 홀로 독	지날 과 / 갈 거	가르칠 교 / 가르칠 훈	굽힐 굴 / 엎드릴 복
考 慮	過 失	狡 猾	窮 極
생각할 고 / 생각할 려	허물 과 / 그르칠 실	교활할 교 / 교활할 활	다할 궁 / 다할 극
雇 傭	灌 漑	購 買	權 勢
품 팔 고 / 품 팔 용	물 댈 관 / 물 댈 개	살 구 / 살 매	권세 권 / 권세 세
高 尙	果 實	區 分	鬼 神
높을 고 / 높을 상	열매 과 / 열매 실	구분할 구 / 나눌 분	귀신 귀 / 귀신 신
攻 擊	貫 徹	具 備	歸 還
칠 공 / 칠 격	꿰뚫을 관 / 뚫을 철	갖출 구 / 갖출 비	돌아갈 귀 / 돌아올 환
恭 敬	貫 通	救 濟	規 律
공경할 공 / 공경할 경	꿰뚫을 관 / 통할 통	구원할 구 / 구제할 제	법 규 / 법칙 율
恐 怖	觀 覽	救 援	規 範
두려워할 공 / 두려워할 포	볼 관 / 볼 람	구원할 구 / 도울 원	법 규 / 법 범
空 虛	橋 脚	群 衆	規 則
빌 공 / 빌 허	다리 교 / 다리 각	무리 군 / 무리 중	법 규 / 법칙 칙

極 端	技 藝	鍛 鍊	徒 黨
다할 극 / 끝 단	재주 기 / 재주 예	불릴 단 / 단련할 련	무리 도 / 무리 당

極 盡	祈 禱	斷 絕	道 路
다할 극 / 다할 진	빌 기 / 빌 도	끊을 단 / 끊을 절	길 도 / 길 로

根 本	起 興	但 只	逃 亡
뿌리 근 / 근본 본	일어날 기 / 일 흥	다만 단 / 다만 지	도망할 도 / 도망할 망

謹 愼	懶 怠	談 話	跳 躍
삼갈 근 / 삼갈 신	게으를 나 / 게으를 태	말씀 담 / 말씀 화	뛸 도 / 뛸 약

機 械	捺 押	對 答	盜 賊
틀 기 / 기계 계	누를 날 / 누를 압	대답할 대 / 대답 답	도둑 도 / 도둑 적

欺 瞞	努 力	貸 借	逃 避
속일 기 / 속일 만	힘쓸 노 / 힘 력	빌릴 대 / 빌릴 차	달아날 도 / 피할 피

飢 餓	擄 掠	到 達	圖 畫
주릴 기 / 주릴 아	노략질할 노 / 노략질할 략	이를 도 / 이를 달	그림 도 / 그림 화

記 錄	段 階	到 着	敦 篤
기록할 기 / 기록할 록	층계 단 / 층계 계	이를 도 / 이를 착	도타울 돈 / 도타울 독

技 術	單 獨	屠 戮	憧 憬
재주 기 / 재주 술	홀 단 / 홀로 독	죽일 도 / 죽일 륙	동경할 동 / 동경할 경

疼痛	模範	醱酵	法律
아플 동 / 아플 통	본뜰 모 / 본보기 범	술 괼 발 / 삭힐 효	법 법 / 법칙 률

摩擦	侮蔑	配偶	法典
문지를 마 / 문지를 찰	업신여길 모 / 업신여길 멸	짝 배 / 짝 우	법 법 / 법 전

痲痺	模樣	配匹	變化
저릴 마 / 저릴 비	모양 모 / 모양 양	짝 배 / 짝 필	변할 변 / 될 화

彎曲	沐浴	排斥	兵卒
굽을 만 / 굽을 곡	머리 감을 목 / 목욕할 욕	물리칠 배 / 물리칠 척	병사 병 / 군사 졸

末端	朦朧	蕃殖	報告
끝 말 / 끝 단	흐릴 몽 / 흐릿할 롱	우거질 번 / 불릴 식	알릴 보 / 알릴 고

勉勵	茂盛	飜譯	保守
힘쓸 면 / 힘쓸 려	무성할 무 / 성할 성	번역할 번 / 번역할 역	지킬 보 / 지킬 수

滅亡	伴侶	泛浮	補佐
멸망할 멸 / 망할 망	짝 반 / 짝 려	뜰 범 / 뜰 부	도울 보 / 도울 좌

明哲	返還	法規	負擔
밝을 명 / 밝을 철	돌이킬 반 / 돌아올 환	법 법 / 법 규	질 부 / 멜 담

毛髮	紡績	法式	附屬
터럭 모 / 터럭 발	길쌈 방 / 길쌈할 적	법 법 / 법 식	붙을 부 / 붙을 속

扶	助		比	較		辭	說		逝	去
도울 부	도울 조		견줄 비	견줄 교		말씀 사	말씀 설		갈 서	갈 거

副	次		誹	謗		舍	屋		釋	放
버금 부	버금 차		헐뜯을 비	헐뜯을 방		집 사	집 옥		풀 석	놓을 방

附	着		費	用		師	傅		選	擇
붙을 부	붙을 착		쓸 비	쓸 용		스승 사	스승 부		가릴 선	가릴 택

憤	怒		祕	藏		奢	侈		說	話
분할 분	성낼 노		숨길 비	감출 장		사치할 사	사치할 치		말씀 설	말씀 화

墳	墓		賓	客		社	會		省	察
무덤 분	무덤 묘		손 빈	손 객		모일 사	모일 회		살필 성	살필 찰

憤	慨		貧	窮		想	念		洗	濯
분할 분	분개할 개		가난할 빈	다할 궁		생각 상	생각 념		씻을 세	씻을 탁

朋	友		詐	欺		喪	失		消	耗
벗 붕	벗 우		속일 사	속일 기		잃을 상	잃을 실		사라질 소	소모할 모

崩	壞		思	考		相	互		素	朴
무너질 붕	무너질 괴		생각 사	생각할 고		서로 상	서로 호		소박할 소	순박할 박

崩	潰		思	想		生	産		束	縛
무너질 붕	무너질 궤		생각 사	생각 상		낳을 생	낳을 산		묶을 속	얽을 박

壽	命	承	繼	兒	童	硏	究
목숨 수	목숨 명	이을 승	이을 계	아이 아	아이 동	연구할 연	연구할 구
樹	木	施	設	安	寧	連	絡
나무 수	나무 목	베풀 시	베풀 설	편안 안	편안할 녕	잇닿을 연	이을 락
搜	索	始	初	顔	面	連	續
찾을 수	찾을 색	처음 시	처음 초	낯 안	낯 면	잇닿을 연	이을 속
輸	送	試	驗	眼	目	硏	磨
보낼 수	보낼 송	시험 시	시험 험	눈 안	눈 목	갈 연	갈 마
授	與	申	告	哀	悼	戀	慕
줄 수	줄 여	알릴 신	알릴 고	슬플 애	슬퍼할 도	그릴 연	그릴 모
蒐	集	身	體	養	育	練	習
모을 수	모을 집	몸 신	몸 체	기를 양	기를 육	익힐 연	익힐 습
收	穫	尋	訪	抑	壓	念	慮
거둘 수	거둘 확	찾을 심	찾을 방	누를 억	누를 압	생각 염	생각할 려
純	潔	心	情	言	語	閱	覽
순수할 순	깨끗할 결	마음 심	뜻 정	말씀 언	말씀 어	볼 열	볼 람
崇	高	甚	酷	連	繫	永	久
높을 숭	높을 고	심할 심	심할 혹	잇닿을 연	맬 계	길 영	오랠 구

永遠	愚鈍	蹂躙	意志
길 영 / 멀 원	어리석을 우 / 둔할 둔	밟을 유 / 짓밟을 린	뜻 의 / 뜻 지

英特	憂愁	幼稚	咽喉
뛰어날 영 / 뛰어날 특	근심 우 / 근심 수	어릴 유 / 어릴 치	목구멍 인 / 목구멍 후

娛樂	宇宙	隆盛	認識
즐길 오 / 즐길 락	집 우 / 집 주	성할 융 / 성할 성	알 인 / 알 식

傲慢	憂患	隆昌	諮問
거만할 오 / 거만할 만	근심 우 / 근심 환	성할 융 / 창성할 창	물을 자 / 물을 문

訛謬	運動	恩惠	咨訊
그릇될 와 / 그르칠 류	옮길 운 / 움직일 동	은혜 은 / 은혜 혜	물을 자 / 물을 신

完全	運搬	音聲	慈愛
완전할 완 / 온전할 전	옮길 운 / 옮길 반	소리 음 / 소리 성	사랑 자 / 사랑 애

要求	願望	音響	姿態
요긴할 요 / 구할 구	원할 원 / 바랄 망	소리 음 / 울릴 향	모습 자 / 모습 태

姚娥	偉大	議論	殘餘
예쁠 요 / 예쁠 아	클 위 / 큰 대	의논할 의 / 논의할 논	남을 잔 / 남을 여

遙遠	委任	意思	將帥
멀 요 / 멀 원	맡길 위 / 맡길 임	뜻 의 / 생각 사	장수 장 / 장수 수

裝	飾	停	留	提	携	住	居
꾸밀 장	꾸밀 식	머무를 정	머무를 류	끌 제	이끌 휴	살 주	살 거

障	碍	精	誠	組	織	綢	繆
막을 장	막을 애	정할 정	정성 성	짤 조	짤 직	얽을 주	얽을 무

災	禍	靜	寂	調	和	珠	玉
재앙 재	재앙 화	고요할 정	고요할 적	고를 조	화할 화	구슬 주	구슬 옥

財	貨	整	齊	存	在	躊	躇
재물 재	재물 화	가지런할 정	가지런할 제	있을 존	있을 재	머뭇거릴 주	머뭇거릴 저

貯	蓄	停	止	拙	劣	朱	紅
쌓을 저	쌓을 축	머무를 정	그칠 지	옹졸할 졸	못할 렬	붉을 주	붉을 홍

戰	爭	切	斷	終	了	俊	傑
싸움 전	다툴 쟁	끊을 절	끊을 단	마칠 종	마칠 료	뛰어날 준	뛰어날 걸

戰	鬪	祭	祀	終	末	俊	秀
싸움 전	싸움 투	제사 제	제사 사	마칠 종	끝 말	뛰어날 준	빼어날 수

竊	盜	製	作	座	席	中	央
훔칠 절	도둑 도	지을 제	지을 작	자리 좌	자리 석	가운데 중	가운데 앙

淨	潔	製	造	挫	折	增	加
깨끗할 정	깨끗할 결	지을 제	지을 조	꺾을 좌	꺾을 절	더할 증	더할 가

贈	與	集	會	穿	鑿	總	統
줄 증	줄 여	모을 집	모일 회	뚫을 천	뚫을 착	거느릴 총	거느릴 통
憎	惡	慙	愧	添	加	蓄	積
미울 증	미워할 오	부끄러울 참	부끄러울 괴	더할 첨	더할 가	모을 축	쌓을 적
至	極	懺	悔	淸	潔	衝	突
지극할 지	지극할 극	뉘우칠 참	뉘우칠 회	맑을 청	깨끗할 결	부딪칠 충	부딪칠 돌
知	識	參	與	淸	淨	趣	意
알 지	알 식	참여할 참	더불 여	맑을 청	깨끗할 정	뜻 취	뜻 의
珍	寶	倉	庫	聽	聞	層	階
보배 진	보배 보	곳집 창	곳집 고	들을 청	들을 문	층 층	층계 계
塵	埃	猖	獗	逮	捕	侵	犯
티끌 진	티끌 애	미쳐 날뛸 창	날뛸 궐	잡을 체	잡을 포	침노할 침	범할 범
進	就	菜	蔬	招	聘	稱	號
나아갈 진	나아갈 취	나물 채	나물 소	부를 초	부를 빙	일컬을 칭	일컬을 호
秩	序	處	所	憔	悴	打	擊
차례 질	차례 서	곳 처	곳 소	파리할 초	파리할 췌	칠 타	칠 격
疾	病	尺	度	寵	愛	墮	落
병 질	병 병	자 척	자 도	사랑할 총	사랑 애	떨어질 타	떨어질 락

探 索	弊 害	許 諾	混 雜
찾을 탐 / 찾을 색	해질 폐 / 해할 해	허락할 허 / 허락할 락	섞을 혼 / 섞일 잡

怠 慢	捕 捉	憲 法	和 睦
게으를 태 / 게으를 만	잡을 포 / 잡을 착	법 헌 / 법 법	화할 화 / 화목할 목

討 伐	疲 困	顯 著	和 協
칠 토 / 칠 벌	피곤할 피 / 곤할 곤	나타날 현 / 나타날 저	화할 화 / 화합할 협

統 率	畢 竟	形 態	確 固
거느릴 통 / 거느릴 솔	마칠 필 / 마침내 경	모양 형 / 모양 태	굳을 확 / 굳을 고

鬪 爭	瑕 疵	刑 罰	誨 諭
싸움 투 / 다툴 쟁	허물 하 / 허물 자	형벌 형 / 벌할 벌	가르칠 회 / 타이를 유

透 徹	寒 冷	峽 谷	休 息
통할 투 / 통할 철	찰 한 / 찰 랭	골짜기 협 / 골 곡	쉴 휴 / 쉴 식

波 瀾	恒 常	蝴 蝶	輝 煌
물결 파 / 물결 란	항상 항 / 항상 상	나비 호 / 나비 접	빛날 휘 / 빛날 황

把 握	解 釋	魂 魄	痕 迹
잡을 파 / 쥘 악	풀 해 / 풀 석	넋 혼 / 넋 백	흔적 흔 / 자취 적

廢 棄	邂 逅	婚 姻	戲 弄
폐할 폐 / 버릴 기	만날 해 / 만날 후	혼인할 혼 / 혼인 인	희롱할 희 / 희롱할 롱

실력점검하기 01 | 유의자

[1~50] 다음 한자(漢字)와 뜻이 비슷한 한자는 어느 것입니까?

01 塵
① 彫 ② 腋 ③ 瘦
④ 世 ⑤ 埃

02 蕃
① 係 ② 殖 ③ 揷
④ 辭 ⑤ 潘

03 姚
① 娥 ② 妄 ③ 邪
④ 折 ⑤ 怪

04 愼
① 謨 ② 謹 ③ 謁
④ 訥 ⑤ 謬

05 咨
① 韶 ② 諭 ③ 傲
④ 泄 ⑤ 訊

06 收
① 技 ② 幻 ③ 改
④ 徽 ⑤ 斂

07 憙
① 熹 ② 轄 ③ 姬
④ 僖 ⑤ 詰

08 輝
① 煌 ② 揮 ③ 皇
④ 運 ⑤ 烟

09 乾
① 濕 ② 鞔 ③ 燥
④ 喝 ⑤ 操

10 巧
① 妄 ② 姓 ③ 媤
④ 妙 ⑤ 娑

11 傅
① 轉 ② 師 ③ 獅
④ 博 ⑤ 傳

12 謬
① 頑 ② 訛 ③ 療
④ 薯 ⑤ 諡

정답 01 ⑤ 02 ② 03 ① 04 ② 05 ⑤ 06 ⑤ 07 ① 08 ① 09 ③ 10 ④ 11 ② 12 ②

27 艱
① 易   ② 囊   ③ 難
④ 奸   ⑤ 歎

28 疆
① 薑   ② 誠   ③ 系
④ 康   ⑤ 界

29 屠
① 憙   ② 戮   ③ 憨
④ 誕   ⑤ 悼

30 痲
① 痺   ② 卑   ③ 脾
④ 魔   ⑤ 擦

31 彎
① 蕪   ② 鞫   ③ 痢
④ 曲   ⑤ 昆

32 沐
① 浴   ② 谷   ③ 穴
④ 休   ⑤ 液

33 崩
① 嵩   ② 崗   ③ 潰
④ 躬   ⑤ 遜

34 奢
① 稚   ② 恥   ③ 侈
④ 値   ⑤ 置

35 詰
① 儺   ② 尼   ③ 綸
④ 責   ⑤ 譜

36 蒐
① 集   ② 要   ③ 遂
④ 娠   ⑤ 拷

37 綢
① 弛   ② 藉   ③ 脹
④ 帖   ⑤ 繆

38 踩
① 揷   ② 捧   ③ 跳
④ 躍   ⑤ 躪

39 蝴
① 虹   ② 蝶   ③ 蛇
④ 蝦   ⑤ 蛙

40 朦
① 描   ② 焚   ③ 紳
④ 朧   ⑤ 訊

정답 27 ③ 28 ⑤ 29 ② 30 ① 31 ④ 32 ① 33 ③ 34 ③ 35 ④ 36 ① 37 ⑤ 38 ⑤ 39 ② 40 ④

41 憔
① 焦 ② 雀 ③ 憬
④ 悴 ⑤ 怖

42 躊
① 跳 ② 躇 ③ 躍
④ 趺 ⑤ 距

43 誹
① 俳 ② 噴 ③ 詔
④ 咽 ⑤ 謗

44 擄
① 搬 ② 碩 ③ 掠
④ 榜 ⑤ 遡

45 瞞
① 蔓 ② 欺 ③ 泄
④ 袖 ⑤ 婉

46 狡
① 狗 ② 巢 ③ 猿
④ 猾 ⑤ 鼠

47 襁
① 康 ② 劫 ③ 褓
④ 棍 ⑤ 被

48 邂
① 逅 ② 眩 ③ 后
④ 拋 ⑤ 擢

49 揀
① 撑 ② 擇 ③ 披
④ 掖 ⑤ 抒

50 猖
① 控 ② 闕 ③ 瞳
④ 猫 ⑤ 獗

정답 41 ④ 42 ② 43 ⑤ 44 ③ 45 ② 46 ④ 47 ③ 48 ① 49 ② 50 ⑤

DAY 13 동음이의어

가구	家具 살림에 쓰이는 세간 家口 집안 식구
가사	家事 집안일 歌詞 노랫말
가장	家長 집안의 어른 假裝 거짓 태도로 꾸밈
가정	家庭 집안 假定 임시로 정함
감상	感想 마음에 일어나는 생각 鑑賞 작품을 이해하고 즐김
감수	甘受 군말 없이 달게 받음 監修 책의 저술·편찬을 지도 감독함
감축	感祝 경사를 축하함 減縮 덜고 줄여서 적게 함
개명	改名 이름을 고침 開明 사람의 지혜가 열리고 문화가 발달됨
건조	建造 배 등을 설계해 만듦 乾燥 습기가 없음
경계	境界 지역이 갈라지는 한계 警戒 조심하게 함

경로	經路 지나가는 길 敬老 노인을 공경함
경비	經費 일을 하는 데 드는 비용 警備 경계하고 지킴
고성	古城 오래된 성 高聲 높은 소리
고소	告訴 피해자가 수사기관에 신고함 苦笑 쓴웃음
고지	告知 고하여 알림 高地 높은 땅. 이루어야 할 목표
공모	公募 공개 모집함 共謀 두 사람 이상이 일을 꾀함
공방	工房 공예품을 만드는 곳 攻防 공격과 방어
공약	公約 공중에 대한 약속 空約 헛된 약속
과실	果實 나무의 열매 過失 잘못이나 실수
과정	過程 일이 되어가는 경로 課程 학습해야 할 과목의 내용·분량

교감	校監 교무를 감독하는 직책 交感 접촉하여 감응함		도박	賭博 노름 到泊 배로 와 닿음
교단	校壇 강의 때 올라서는 단 教團 종교 단체		독도	獨島 울릉군에 있는 섬 讀圖 지도나 도면을 보고 해독함
구명	救命 사람의 목숨을 구함 究明 사물의 본질을 연구하여 밝힘		동정	動靜 상황이 전개되는 상태 同情 남의 불행을 위로함
구조	救助 사람을 도와서 구원함 構造 전체를 이루고 있는 관계		동지	冬至 24절기의 하나 同志 목적, 뜻이 같은 사람
구호	口號 집회에서 주장 등을 간결하게 표현한 문구 救護 어려운 사람을 보호함		맹아	萌芽 새로 돋아 나오는 싹. 또는 사물의 시초 盲啞 앞을 보지 못하는 사람과 말을 하지 못하는 사람
극단	劇團 연극을 전문으로 공연하는 단체. 연극단 極端 맨 끝		면직	免職 직무에서 물러나게 함 綿織 무명실로 짠 직물
급수	給水 물을 공급함 級數 우열의 등급		모사	模寫 사물을 똑같이 본뜸 謀士 계책을 잘 세우는 사람
기구	器具 도구, 기계 등의 총칭 機構 어떤 목적을 위해 구성한 조직		발전	發展 세력 따위가 뻗음 發電 전기를 일으킴
농담	弄談 실없는 말 濃淡 짙고 옅은 정도		방문	訪問 사람이나 장소를 찾아가서 만나거나 봄 房門 방으로 드나드는 문
단정	端正 얌전하고 깔끔함 斷定 분명히 결정함		보고	報告 결과나 내용을 알림 寶庫 귀중한 것을 보관하는 곳
단지	但只 다만 團地 주택, 공장 등이 있는 일정 구역		봉화	烽火 옛날에 신호용으로 사용했던 횃불 逢禍 화를 당함
답사	踏査 현장에 가서 보고 조사함 答辭 축사, 송사 등에 대답하는 말		부양	扶養 생활 능력이 없는 사람을 돌봄 浮揚 가라앉은 것이 떠오름

부인	婦人	아내	소탕	疏宕	성질이 수더분하고 걸쩍걸쩍함
	否認	옳다고 인정하지 않음		掃蕩	휩쓸어 모조리 없애 버림
비명	悲鳴	다급할 때 지르는 소리	속성	速成	빨리 이룸
	碑銘	비석에 새긴 글		屬性	사물이 가지고 있는 특징
비보	飛報	급한 통지	수습	修習	학업·실무 등을 배워 익힘
	悲報	슬픈 소식		收拾	어수선한 사태를 바로잡음
비행	非行	도리에 어긋나는 행위	수신	受信	통신을 받음
	飛行	하늘을 날아다님		修身	마음과 행실을 닦음
사면	赦免	형벌을 면죄함	순종	純種	딴 계통과 섞이지 않은 순수한 종
	斜面	경사진 면		順從	고분고분 따름
사수	死守	목숨을 걸고 지킴	시상	施賞	상을 주는 일
	射手	총, 활 등을 쏘는 사람		詩想	시인(詩人)의 착상이나 구상
사찰	寺刹	절	시인	是認	그러하다고 인정함
	査察	조사하여 살핌		詩人	시를 짓는 사람
상가	商街	상점이 늘어선 거리	식수	食水	먹는 물
	喪家	초상집		植樹	나무를 심음
선약	先約	먼저 한 약속	신부	新婦	새색시
	仙藥	효력이 좋은 약		神父	성직자
선창	先唱	맨 먼저 주창함	신축	伸縮	늘이고 줄임
	船窓	배의 창문		新築	새로 건축함
성대	盛大	아주 성하고 큼	실례	失禮	예의에 어긋남
	聲帶	소리를 내는 신체 기관		實例	구체적인 실제 예
소재	所在	있는 곳	실명	實名	실제 이름
	素材	예술 작품의 바탕이 되는 재료		失明	시력을 잃음

실수	失手 잘못을 저지름 實數 유리수와 무리수		재고	再考 다시 한 번 생각함 在庫 창고에 있음
실정	失政 정치를 잘못함 實情 실제의 사정		재단	財團 재단 법인 裁斷 옷감을 본에 맞춰 마름
역설	力說 힘주어 말함 逆說 어떤 주의나 주장에 반대되는 이론이나 말		재화	災禍 재앙과 화난(禍難) 財貨 재물
염려	艷麗 (태도가) 아리땁고 고움 念慮 여러 가지로 헤아려 걱정하는 것		전경	全景 전체의 경치 戰警 전투경찰
운수	運輸 화물, 여객 등을 나름 運數 이미 정해진 천운		전시	展示 물품을 늘어놓음 戰時 전쟁을 하고 있는 때
유서	遺書 유언하는 글 由緖 예로부터 전해 내려오는 내력		절감	切感 절실히 느낌 節減 아껴서 줄임
응시	凝視 눈길을 주어 한동안 바라봄 應試 시험에 응함		정당	政黨 정치적인 단체 正當 바르고 마땅함
의거	依據 어떤 사실에 근거함 義擧 정의를 위해 거사함		정원	定員 정해진 인원 庭園 뜰
이성	異性 성별이 다름 理性 논리적인 마음의 작용		정전	停電 전력이 끊김 停戰 전투를 중지함
이해	利害 이익과 손해 理解 사리를 분별하여 앎		제약	制約 어떤 조건을 붙여 제한함 製藥 약을 제조함
인상	引上 값을 올림 印象 대상이 주는 느낌		조리	條理 앞뒤가 들어맞음 調理 음식을 만듦
자극	刺戟 일정한 현상이 촉진되도록 충동함 磁極 자기력이 가장 센 자석의 양쪽 끝 부분		조선	造船 배를 지어 만듦 朝鮮 우리나라의 옛 이름

조화	調和 서로 잘 어울림 造花 만든 꽃
지급	支給 돈을 내어줌 至急 매우 급함
지도	指導 가르쳐 이끎 地圖 지구 표면을 일정 비율로 줄여 기호로 그린 그림
지원	支援 편들어서 도움 志願 뜻하여 바람
지성	知性 생각·판단하는 능력 至誠 지극한 정성
직선	直線 곧은 선 直選 직접 선거
직장	直腸 곧은창자 職場 일하는 곳
처형	妻兄 아내의 언니 處刑 형벌에 처함
청결	淸潔 맑고 깨끗함 聽決 송사를 듣고 판결을 내림
청탁	淸濁 맑음과 흐림 請託 청하여 부탁함
초대	初代 어떤 계통의 최초의 사람. 또는 그 사람의 시대 招待 남을 불러 대접함
최고	最高 가장 높음 最古 가장 오래됨

축전	祝典 축하하는 의식 祝電 축하 전보
탄성	彈性 물체가 다시 본래 상태로 되돌아가는 성질 歎聲 탄식하는 소리
탈취	奪取 남의 것을 억지로 빼앗음 脫臭 냄새를 없앰
통화	通貨 화폐 通話 전화로 말을 주고받음
파문	波紋 수면에 이는 물결 破門 사제의 의리를 끊고 문하에서 내쫓음
표지	表紙 책의 겉장 標識 표시나 특징
필적	匹敵 능력·세력이 서로 맞섬 筆跡 글씨의 모양이나 솜씨
향수	鄕愁 고향을 그리워하는 마음 香水 향기 나는 물
환부	患部 병이나 상처가 난 자리 還付 돈, 물건 등을 도로 돌려줌
해독	解讀 풀이하여 읽음 解毒 독을 풀어 없앰
회유	回遊 돌아다니며 유람함 懷柔 어루만져 달램
회의	會議 여럿이 모여 의논하는 모임 懷疑 마음속에 품은 의심

가공	加工	원자재나 반제품에 손을 대 새로운 제품을 만듦	기원	紀元	연대를 계산하는 데에 기준이 되는 해
	可恐	두려워할 만함		起源	사물이 생긴 근원
	架空	사실이 아니고 거짓이나 상상으로 꾸며 냄		祈願	바라는 일이 이루어지기를 빎
감사	感謝	고맙게 여김	대기	大氣	지구를 둘러싼 기체
	監査	감독하고 검사함		待機	기회가 오기를 기다림. 명령을 기다림
	監司	관찰사		大器	큰 그릇
경기	景氣	매매·거래에 따른 경제 활동 상태	동상	銅賞	3등상
	競技	일정한 규칙에서 기량이나 기술을 겨룸		銅像	구리로 만든 사람의 형상
	驚起	깜짝 놀라 일어남		凍傷	추위로 살이 얼어서 상하는 일
경사	慶事	축하할 기쁜 일	보도	步道	사람이 다니는 길
	傾斜	비스듬히 기울어짐		報道	새 소식을 널리 알림
	京師	서울		補導	잘 도와서 좋은 데로 인도함
고수	固守	굳게 지킴	부상	負傷	상처를 입음
	高手	수가 높은 사람		副賞	덧붙여서 주는 상
	苦愁	시름하며 고생함		浮上	물 위로 떠오르는 것 어떤 현상이 관심 대상이 됨
공포	公布	널리 알림	사고	思考	생각함
	空砲	실탄을 넣지 않고 소리만 나게 하는 총질		事故	뜻밖에 일어난 사건
	恐怖	무서움과 두려움		四顧	사방을 둘러봄. 부근
교정	矯正	버릇·결점을 바로잡음	사유	私有	개인의 소유
	校庭	학교 운동장		思惟	생각함
	校正	교정지와 원고를 대조하여 오탈자를 바르게 고침		事由	일의 까닭
근간	近刊	최근에 출판된 간행물	사정	事情	일의 형편이나 까닭
	近間	요사이		私情	개인적인 정
	根幹	뿌리와 줄기. 사물의 중심		査定	조사하거나 심사하여 결정함
기사	記事	사실을 적음	상설	常設	언제든지 이용할 수 있는 시설을 갖춤
	技師	전문 지식이 필요한 기술 업무를 맡아보는 사람		霜雪	서리와 눈
	技士	기술자격 등급의 하나		詳說	자세하게 설명함

수도	首都 한 나라의 정부가 있는 도시 水道 뱃길 또는 물길 修道 도를 닦음		인정	人情 남을 동정하는 마음 仁政 어진 정치 認定 옳다고 믿고 정(定)하는 일
수면	睡眠 잠 獸面 짐승의 얼굴 水面 물의 겉을 이루는 면		장수	長壽 오래 삶 將帥 군사를 거느린 우두머리 藏守 물건을 간직하여 지킴
시선	視線 눈이 가는 방향 施善 좋은 일을 베풂 詩選 시를 모은 책		전례	前例 이미 있었던 사례 典例 전거(典據)가 되는 선례 典禮 일정한 의식
연기	延期 정한 때를 뒤로 미룸 煙氣 물건이 탈 때 일어나는 기체 演技 배우의 연극, 노래, 춤 등의 재주		전원	全員 전체 인원 田園 시골 電源 전력을 공급하는 근원
우수	憂愁 근심 優秀 특별히 빼어남 雨水 24절기의 하나		정수	淨水 깨끗한 물 整數 자연수 精髓 사물의 중심이 되는 알짜
유치	誘致 행사나 사업 따위를 이끌어 들임 留置 남의 물건을 맡아 둠 幼稚 수준이 낮음		제재	制裁 일정한 규칙의 위반에 대해 제한함 題材 예술, 학술 등의 주제가 되는 재료 製材 베어 낸 나무로 재목을 만듦
의사	義士 의리·지조를 굳게 지키는 사람 醫師 병을 진찰·치료하는 사람 意思 마음먹은 생각		조정	朝廷 나라의 정치를 의논·집행하던 곳 調整 고르지 못한 것을 알맞게 조절하여 정돈함 調停 분쟁을 화해시킴. 중재
의식	衣食 옷과 음식 意識 자신이나 사물에 대한 인식 儀式 행사를 치르는 일정한 법식		지각	遲刻 정해진 시각에 늦음 知覺 느끼어 앎 地殼 지구의 바깥쪽 부분
이상	理想 생각할 수 있는 가장 완전한 상태 以上 위치, 수 등이 어느 기준보다 위 異常 정상이 아닌 상태		현상	現象 눈앞에 보이는 사물의 형상 現狀 현재의 상태. 지금의 형편 懸賞 상금을 걸고 찾거나 모집함

고사	故事 유래가 있는 옛날의 일 古史 옛 역사 固辭 굳이 사양함 考査 시험	인도	人道 사람이 다니는 길 引導 이끌어 가르침 引渡 물건, 권리 등을 넘겨줌 印度 인도(India)
사기	史記 역사를 기록한 책 詐欺 남을 속임 沙器 사기 그릇 士氣 군사의 기세	전기	傳記 사람의 일대를 기록한 것 轉機 사물이 바뀌는 기회 電氣 물체의 마찰에서 일어나는 현상 前期 앞의 시기
상고	尙古 옛날의 문물, 제도 등을 귀하게 여김 詳考 상세하게 참고함 喪故 사람이 죽은 사고 上告 판결의 재심사를 상급법원에 신청하는 일	제도	制度 제정된 법규 製圖 도면을 그림 諸島 모든 섬 帝都 황제가 있는 도성
수상	手相 손금 受賞 상을 받음 水上 물 위 首相 내각의 우두머리	진정	眞情 진실한 마음 眞正 참으로 鎭靜 시끄러운 상태를 조용하게 가라앉힘 陳情 사정을 진술함
양식	洋式 서양의 양식 樣式 일정한 서식 糧食 먹을거리, 식량 養殖 해산물을 기르는 일	호기	豪氣 씩씩한 기상 好機 좋은 기회 好期 좋은 시기 好奇 새롭고 기이한 것을 좋아함

실력점검하기 02 | 동음이의어

[1~50] 다음 한자(漢字)와 음(音)이 같은 한자는 어느 것입니까?

01 萌芽
① 猛毒　② 稚兒　③ 盲啞
④ 推移　⑤ 明暗

02 刺戟
① 輔弼　② 纂修　③ 傾仄
④ 瓷器　⑤ 磁極

03 赦免
① 斜面　② 徙居　③ 油衫
④ 私土　⑤ 仕滿

04 寺刹
① 視察　② 弑殺　③ 査察
④ 宣告　⑤ 折價

05 養殖
① 糧食　② 硬直　③ 洋織
④ 森嚴　⑤ 迅速

06 幼稚
① 換置　② 彌勒　③ 錫箔
④ 涅槃　⑤ 誘致

07 艶麗
① 食祿　② 念慮　③ 惜愍
④ 鄒魯　⑤ 激勵

08 精髓
① 粉碎　② 辰宿　③ 撮爾
④ 死活　⑤ 整數

09 條理
① 刹那　② 小利　③ 調理
④ 鹵掠　⑤ 堆肥

10 遲刻
① 蒼鷺　② 弑害　③ 委囑
④ 地殼　⑤ 畎溝

11 到泊
① 徒輩　② 賭博　③ 幾百
④ 船舶　⑤ 屠戮

12 請託
① 淸濁　② 淸雪　③ 聽訴
④ 鄭琢　⑤ 請招

정답 01 ③　02 ⑤　03 ①　04 ③　05 ①　06 ⑤　07 ②　08 ⑤　09 ③　10 ④　11 ②　12 ①

13 波紋
① 繭蠶 ② 失色 ③ 破門
④ 派閥 ⑤ 筆跡

14 煮沸
① 淑妃 ② 刺股 ③ 便祕
④ 慈悲 ⑤ 櫃匿

15 恐怖
① 公布 ② 空欄 ③ 闕席
④ 窺視 ⑤ 禿頭

16 負袋
① 貴賤 ② 貧富 ③ 敬待
④ 銳利 ⑤ 部隊

17 轉機
① 戰車 ② 次期 ③ 傳記
④ 磁氣 ⑤ 淑妃

18 繭紙
① 堅持 ② 攝氏 ③ 秉權
④ 各市 ⑤ 鈿瓔

19 藝人
① 囚人 ② 曳引 ③ 京仁
④ 確認 ⑤ 輿人

20 鈿瓔
① 前營 ② 道具 ③ 洗練
④ 壽筵 ⑤ 研究

21 騷擾
① 肥饒 ② 小欄 ③ 所要
④ 馬夫 ⑤ 莞爾

22 羈寓
① 腕章 ② 藩籬 ③ 嬌態
④ 役牛 ⑤ 杞憂

23 稻芒
① 羨望 ② 敗亡 ③ 麥芒
④ 漁網 ⑤ 悼亡

24 姪壻
① 疾病 ② 秩序 ③ 宣誓
④ 窒素 ⑤ 戍役

25 嘉事
① 無視 ② 戲曲 ③ 稼事
④ 測桿 ⑤ 喜捨

26 勘查
① 勤仕 ② 監董 ③ 恐喝
④ 監司 ⑤ 柑子

정답 13 ③ 14 ③ 15 ① 16 ⑤ 17 ① 18 ① 19 ② 20 ① 21 ⑤ 22 ⑤ 23 ⑤ 24 ② 25 ② 26 ④

27 灸薑
① 救命　② 丘岡　③ 句芒
④ 邊疆　⑤ 構造

28 磬聲
① 傾性　② 鯨吞　③ 石聖
④ 論攷　⑤ 鉤鎌

29 軟膏
① 奪取　② 思考　③ 車庫
④ 緣故　⑤ 軟弱

30 絞首
① 欠缺　② 敎授　③ 凶測
④ 橋頭　⑤ 死守

31 眷顧
① 圈域　② 藥櫃　③ 垂頭
④ 電子　⑤ 勸告

32 嗜眠
① 勸勉　② 黍穀　③ 圖免
④ 旗面　⑤ 筋腫

33 羈愁
① 耆蒙　② 晩秋　③ 易水
④ 機樞　⑤ 奇數

34 濃淡
① 濃艶　② 弄談　③ 珍談
④ 氣焰　⑤ 水厭

35 絢爛
① 眩亂　② 枸橘　③ 狂瀾
④ 恍惚　⑤ 團欒

36 翕然
① 蔓延　② 壽宴　③ 襲沿
④ 吸煙　⑤ 塡塋

37 糟糠
① 措置　② 粗鋼　③ 慫慂
④ 瑕疵　⑤ 詛呪

38 炊事
① 取捨　② 傾斜　③ 踏査
④ 詭辭　⑤ 螺絲

39 陷穽
① 涵養　② 澣滌　③ 喊聲
④ 亢龍　⑤ 艦艇

40 綻露
① 火爐　② 偕老　③ 坦路
④ 捕虜　⑤ 沙鹵

> 정답　27 ②　28 ①　29 ④　30 ②　31 ⑤　32 ⑤　33 ⑤　34 ②　35 ①　36 ④　37 ②　38 ①　39 ⑤　40 ③

41 粃糠
① 鼻腔 ② 誹謗 ③ 枇杷
④ 碑石 ⑤ 批判

42 奇戀
① 起寢 ② 欺瞞 ③ 氣稟
④ 旗幟 ⑤ 祈禱

43 硅砂
① 卦辭 ② 叫騷 ③ 描寫
④ 窺伺 ⑤ 淸爽

44 擅斷
① 鷄蛋 ② 尖端 ③ 淺短
④ 講壇 ⑤ 瓢簞

45 枇杷
① 匪賊 ② 鄙劣 ③ 支撐
④ 琵琶 ⑤ 沸騰

46 渣滓
① 寫眞 ② 赦罪 ③ 麝香
④ 私財 ⑤ 詐稱

47 蓑笠
① 後裔 ② 歪曲 ③ 斜立
④ 細粒 ⑤ 刷掃

48 靡費
① 媚諂 ② 神秘 ③ 彌縫
④ 未遂 ⑤ 未備

49 疏宕
① 蔬菜 ② 巢窟 ③ 猜忌
④ 昭析 ⑤ 掃蕩

50 烽火
① 蓬萊 ② 長靴 ③ 焚香
④ 捧納 ⑤ 逢禍

정답 41 ① 42 ② 43 ④ 44 ④ 45 ④ 46 ④ 47 ③ 48 ⑤ 49 ⑤ 50 ⑤

DAY 13 동자이음자

한자	음/뜻	예
降	강 내리다 항 항복하다	昇降(승강) 降伏(항복)
車	거 수레 차 수레	車馬(거마) 車庫(차고)
乾	건 하늘, 마르다 간 마르다	乾坤(건곤) 乾木水生(간목수생)
見	견 보다 현 뵙다	見聞(견문) 謁見(알현)
更	경 고치다, 시각 갱 다시	更張(경장) 更新(갱신)
串	곶 땅이름 관 꿰다	長山串(장산곶) 串之島(관지도)
廓	곽 둘레 확 크다	輪廓(윤곽) 廓大(확대)
金	김 성씨, 땅이름 금 쇠, 금	金浦(김포) 金庫(금고)
茶	다 차 차 차	茶亭(다정) 紅茶(홍차)
丹	단 붉다 란 꽃이름	一片丹心(일편단심) 牡丹(모란)
糖	당 엿 탕 사탕	糖分(당분) 雪糖(설탕)
宅	댁 댁 택 집	宅內(댁내) 住宅(주택)
度	도 법도 탁 헤아리다	程度(정도) 度地(탁지)
讀	독 읽다 두 구절	讀書(독서) 吏讀(이두)
洞	동 동네, 구멍 통 꿰뚫다, 밝다	洞里(동리) 洞察(통찰)
復	복 회복하다 부 다시	復歸(복귀) 復活(부활)
北	북 북녘 배 달아나다	南北(남북) 敗北(패배)
殺	살 죽이다, 감하다 쇄 빠르다	殺害(살해) 殺到(쇄도)
塞	새 변방 색 막다, 막히다	塞翁之馬(새옹지마) 語塞(어색)
索	색 찾다 삭 삭막하다	索引(색인) 索莫(삭막)

誓	서 맹세하다 세 맹세하다	예 誓約(서약) 예 盟誓(맹세)
省	성 살피다 생 덜다	예 省墓(성묘) 예 省略(생략)
率	솔 거느리다 률 비율	예 引率(인솔) 예 效率(효율)
衰	쇠 쇠하다 최 상복	예 衰退(쇠퇴) 예 衰服(최복)
帥	수 장수 솔 거느리다	예 元帥(원수) 예 帥先(솔선)
數	수 수, 셈하다 삭 자주	예 數學(수학) 예 頻數(빈삭)
宿	수 별 숙 자다	예 星宿(성수) 예 露宿(노숙)
拾	습 줍다 십 열	예 拾得(습득) 예 參拾(삼십)
食	식 먹다 사 밥	예 飮食(음식) 예 簞食(단사)
識	식 알다 지 기록하다	예 認識(인식) 예 標識(표지)
什	십 열 사람 집 세간	예 什長(십장) 예 什器(집기)
惡	악 악하다 오 미워하다	예 善惡(선악) 예 憎惡(증오)

於	어 어조사 오 감탄사	예 於焉間(어언간) 예 於乎(오호)
葉	엽 잎사귀 섭 성씨	예 葉書(엽서) 예 葉氏(섭씨)
易	이 쉽다 역 바꾸다	예 難易度(난이도) 예 貿易(무역)
咽	열 목메다 인 목구멍	예 嗚咽(오열) 예 咽喉(인후)
炙	자 굽다 적 굽다	예 膾炙(회자) 예 散炙(산적)
狀	장 문서 상 모양	예 賞狀(상장) 예 狀況(상황)
著	저 나타나다, 짓다 착 붙다	예 著述(저술) 예 附著(부착)
籍	적 문서 자 온화하다	예 符籍(부적) 예 蘊籍(온자)
切	절 끊다, 간절하다 체 온통	예 親切(친절) 예 一切(일체)
則	즉 곧 칙 법칙	예 然則(연즉) 예 規則(규칙)
辰	진 별, 용 신 때	예 甲辰(갑진) 예 生辰(생신)
徵	징 부르다 치 음률 이름	예 徵兵(징병) 예 徵音(치음)

參	참 참여하다 삼 석	예 參與(참여) 예 參拾(삼십)

拓	척 넓히다 탁 박다	예 開拓(개척) 예 拓本(탁본)

衰	최 상복 쇠 쇠하다	예 衰麻(최마) 예 衰軀(쇠구)

推	추 밀다 퇴 밀다	예 推仰(추앙) 예 推敲(퇴고)

沈	침 잠기다 심 성씨	예 沈沒(침몰) 예 沈氏(심씨)

龜	구 거북, 땅이름 귀 거북, 본받다 균 터지다	예 龜尾(구미) 예 龜鑑(귀감) 예 龜裂(균열)

樂	악 음악 락 즐겁다 요 좋아하다	예 音樂(음악) 예 娛樂(오락) 예 樂山(요산)

便	편 편하다 변 똥오줌	예 便利(편리) 예 小便(소변)

暴	포 사납다 폭 사납다, 드러내다	예 暴惡(포악) 예 暴露(폭로)

行	행 다니다 항 항렬	예 行人(행인) 예 行列(항렬)

畫	화 그림 획 긋다	예 畫家(화가) 예 企畫(기획)

滑	활 미끄러지다 골 익살스럽다	예 滑走路(활주로) 예 滑稽(골계)

說	설 말씀 열 기쁘다 세 달래다	예 說明(설명) 예 說喜(열희) 예 遊說(유세)

刺	자 찌르다 척 찌르다 라 수라	예 刺客(자객) 예 刺殺(척살) 예 水刺(수라)

실력점검하기 03 | 동자이음자

[1~50] 다음 괄호 속 한자(漢字)의 음(音)이 다르게 발음되는 것은?

01　① 住(宅)　② (宅)配
　　　③ (宅)內　④ (宅)地
　　　⑤ (宅)舍

02　① (復)活　② (復)歸
　　　③ 光(復)　④ (復)元
　　　⑤ (復)舊

03　① (省)察　② (省)墓
　　　③ 反(省)　④ (省)略
　　　⑤ 自(省)

04　① (見)聞　② (見)品
　　　③ (見)地　④ 謁(見)
　　　⑤ (見)利

05　① (塞)翁之馬　② 語(塞)
　　　③ 要(塞)　　　④ 固(塞)
　　　⑤ 出(塞)

06　① 露(宿)　② (宿)命
　　　③ (宿)主　④ (宿)所
　　　⑤ 星(宿)

07　① (度)量　② 態(度)
　　　③ 程(度)　④ 料(度)
　　　⑤ (度)數

08　① (帥)先　② 元(帥)
　　　③ 將(帥)　④ 總(帥)
　　　⑤ 統(帥)權

09　① 飮(食)　② 簞(食)
　　　③ (食)量　④ (食)事
　　　⑤ (食)卓

10　① (茶)菓　② 紅(茶)
　　　③ (茶)禮　④ 綠(茶)
　　　⑤ (茶)盤

11　① (推)進　② (推)戴
　　　③ (推)敲　④ (推)定
　　　⑤ (推)算

12　① 開(拓)　② 干(拓)地
　　　③ (拓)土　④ (拓)本
　　　⑤ (拓)地

13　① 下(降)　② 霜(降)
　　　③ 乘(降)場　④ (降)水量
　　　⑤ (降)伏

14　① 親(切)　② 一(切)
　　　③ (切)斷　④ (切)望
　　　⑤ (切)迫

정답　01 ③　02 ①　03 ④　04 ④　05 ②　06 ⑤　07 ④　08 ①　09 ②　10 ①　11 ②　12 ④　13 ⑤　14 ②

15
① 寸(晷)　② (晷)刻
③ (晷)漏　④ 春(晷)
⑤ 度(晷)

16
① 賞(狀)　② 令(狀)
③ 年賀(狀)　④ (狀)況
⑤ 送(狀)

17
① 難(易)度　② 貿(易)
③ 容(易)　④ 簡(易)
⑤ 平(易)

18
① 然(則)　② 法(則)
③ 規(則)　④ 不規(則)
⑤ 原(則)

19
① (索)引　② (索)出
③ (索)莫　④ 檢(索)
⑤ 摸(索)

20
① (暴)力　② (暴)惡
③ (暴)露　④ (暴)風
⑤ (暴)行

21
① (糖)分　② (糖)尿
③ (糖)菓　④ 雪(糖)
⑤ (糖)料

22
① (便)乘　② 小(便)
③ (便)利　④ (便)安
⑤ (便)法

23
① (識)別　② 常(識)
③ 學(識)　④ 鑑(識)
⑤ 標(識)

24
① 頻(數)　② (數)値
③ 額(數)　④ (數)量
⑤ 多(數)

25
① (說)明　② 遊(說)
③ (說)得　④ 傳(說)
⑤ 學(說)

26
① (殺)傷　② 暗(殺)
③ 射(殺)　④ (殺)到
⑤ (殺)伐

27
① (衰)顔　② 盛(衰)
③ 齊(衰)　④ (衰)微
⑤ (衰)殘

28
① 引(率)　② 比(率)
③ 換(率)　④ 倍(率)
⑤ 效(率)

29
① (惡)臭　② (惡)夢
③ 憎(惡)　④ (惡)鬼
⑤ 醜(惡)

30
① (更)新　② (更)生
③ (更)改　④ (更)張
⑤ (更)起

정답　15 ③　16 ④　17 ②　18 ①　19 ③　20 ②　21 ④　22 ②　23 ⑤　24 ①　25 ②　26 ④　27 ③　28 ①　29 ③　30 ④

31
① (洞)里　② (洞)長
③ (洞)口　④ (洞)布
⑤ (洞)察

32
① (北)極　② 對(北)
③ 敗(北)　④ 南(北)
⑤ (北)韓

33
① (便)祕　② (便)覽
③ 簡(便)　④ (便)宜
⑤ (便)益

34
① (誓)約　② 盟(誓)
③ (誓)命　④ 宣(誓)
⑤ (誓)文

35
① 施(行)　② 慣(行)
③ (行)列　④ (行)動
⑤ (行)爲

36
① (辰)星　② (辰)時
③ (辰)方　④ (辰)宿
⑤ 生(辰)

37
① (車)輛　② (車)線
③ (車)路　④ (車)間
⑤ (車)馬

38
① (讀)書　② (讀)音
③ 精(讀)　④ 句(讀)
⑤ 朗(讀)

39
① (金)融　② (金)額
③ (金)浦空港　④ (金)屬
⑤ (金)蘭之交

40
① (龜)鑑　② (龜)鏡
③ 神(龜)　④ (龜)裂
⑤ (龜)背

41
① (刺)客　② 亂(刺)
③ (刺)殺　④ 擊(刺)
⑤ (刺)傷

42
① 密(契)　② 破(契)
③ (契)約　④ (契)活
⑤ (契)機

43
① (暴)君　② (暴)騰
③ (暴)露　④ (暴)亡
⑤ 橫(暴)

44
① (契)員　② 交(契)
③ (契)券　④ (契)丹
⑤ (契)會

45
① 企(畫)　② 錄(畫)
③ 映(畫)　④ (畫)像
⑤ (畫)伯

46
① (樂)團　② (樂)山
③ (樂)譜　④ (樂)曲
⑤ 聲(樂)

정답　31 ⑤　32 ③　33 ①　34 ②　35 ③　36 ⑤　37 ④　38 ③　39 ④　40 ④　41 ③　42 ④　43 ⑤　44 ④　45 ①　46 ②

47 ① (降)雨　② (降)臨　③ (降)等　④ 投(降)　⑤ 昇(降)

48 ① (狀)態　② 令(狀)　③ 症(狀)　④ 實(狀)　⑤ 現(狀)

49 ① (暴)虐　② (暴)惡　③ (暴)炎　④ (暴)逆　⑤ (暴)棄

50 ① (塞)外　② 邊(塞)　③ 險(塞)　④ 堅(塞)　⑤ (塞)責

정답　47 ④　48 ②　49 ③　50 ⑤

DAY 13 반의자 · 상대자

加 더할 가	減 덜 감	乾 마를 건	濕 젖을 습	曲 굽을 곡	直 곧을 직	近 가까울 근	遠 멀 원
可 옳을 가	否 아닐 부	輕 가벼울 경	重 무거울 중	功 공 공	過 허물 과	勤 부지런할 근	怠 게으를 태
甘 달 감	苦 쓸 고	慶 경사 경	弔 조상할 조	公 공평할 공	私 사사로울 사	及 미칠 급	落 떨어질 락
江 강 강	山 뫼 산	經 날 경	緯 씨줄 위	攻 칠 공	守 지킬 수	起 일어날 기	伏 엎드릴 복
强 강할 강	弱 약할 약	京 서울 경	鄕 시골 향	攻 칠 공	防 막을 방	起 일어날 기	寢 잠잘 침
開 열 개	閉 닫을 폐	苦 괴로울 고	樂 즐거울 락	官 벼슬 관	民 백성 민	吉 길할 길	凶 흉할 흉
去 갈 거	來 올 래	高 높을 고	低 낮을 저	君 임금 군	臣 신하 신	難 어려울 난	易 쉬울 이
乾 하늘 건	坤 땅 곤	姑 시어미 고	婦 며느리 부	倦 게으를 권	勤 부지런할 근	南 남녘 남	北 북녘 북

內	外	曇	晴	冷	熱	美	醜
안 내	바깥 외	흐릴 담	갤 청	찰 랭	더울 열	아름다울 미	추할 추
來	往	當	落	冷	溫	夫	妻
올 내	갈 왕	마땅 당	떨어질 락	찰 랭	따뜻할 온	지아비 부	아내 처
勞	使	大	小	斂	散	班	常
일할 노	부릴 사	큰 대	작을 소	거둘 렴	흩을 산	나눌 반	항상 상
老	少	東	西	輓	推	發	着
늙을 노	젊을 소	동녘 동	서녘 서	끌 만	밀 추	필 발	붙을 착
濃	淡	冬	夏	賣	買	方	圓
짙을 농	맑을 담	겨울 동	여름 하	팔 매	살 매	모 방	둥글 원
多	少	同	異	明	暗	本	末
많을 다	적을 소	같을 동	다를 이	밝을 명	어두울 암	근본 본	끝 말
斷	續	動	靜	問	答	俯	仰
끊을 단	이을 속	움직일 동	고요할 정	물을 문	답할 답	구부릴 부	우러를 앙
單	複	得	失	文	武	浮	沈
홑 단	겹칠 복	얻을 득	잃을 실	글월 문	굳셀 무	뜰 부	잠길 침
旦	夕	登	落	物	心	逢	別
아침 단	저녁 석	오를 등	떨어질 락	물건 물	마음 심	만날 봉	이별할 별

貧	富	先	後	需	給	始	末
가난할 빈	넉넉할 부	먼저 선	뒤 후	쓸 수	줄 급	처음 시	끝 말
氷	炭	善	惡	手	足	始	終
얼음 빙	숯 탄	착할 선	악할 악	손 수	발 족	처음 시	마칠 종
死	生	盛	衰	收	支	新	舊
죽을 사	살 생	성할 성	쇠할 쇠	거둘 수	지탱할 지	새 신	옛 구
師	弟	成	敗	授	受	伸	縮
스승 사	제자 제	이룰 성	패할 패	줄 수	받을 수	펼 신	줄일 축
山	海	宵	晝	順	逆	心	身
뫼 산	바다 해	밤 소	낮 주	순할 순	거스를 역	마음 심	몸 신
山	川	損	益	昇	降	深	淺
뫼 산	내 천	덜 손	더할 익	오를 승	내릴 강	깊을 심	얕을 천
山	河	送	迎	勝	負	安	危
뫼 산	물 하	보낼 송	맞을 영	이길 승	질 부	편안 안	위태로울 위
上	下	首	尾	勝	敗	愛	惡
위 상	아래 하	머리 수	꼬리 미	이길 승	패할 패	사랑 애	미워할 오
賞	罰	水	火	是	非	愛	憎
상줄 상	벌줄 벌	물 수	불 화	옳을 시	아닐 비	사랑 애	미워할 증

哀	歡	往	復	利	害	將	卒
슬플 애	기뻐할 환	갈 왕	돌아올 복	이로울 이	해할 해	장수 장	군사 졸

抑	揚	優	劣	因	果	將	兵
누를 억	떨칠 양	뛰어날 우	못할 열	인할 인	결과 과	장수 장	군사 병

言	行	遠	近	自	他	前	後
말씀 언	다닐 행	멀 원	가까울 근	스스로 자	다를 타	앞 전	뒤 후

與	野	有	無	任	免	田	畓
여당 여	야당 야	있을 유	없을 무	맡길 임	면할 면	밭 전	논 답

捐	取	恩	怨	姉	妹	正	誤
버릴 연	가질 취	은혜 은	원망할 원	누이 자	누이 매	바를 정	그르칠 오

榮	辱	隱	現	雌	雄	朝	夕
영화 영	욕될 욕	숨을 은	나타날 현	암컷 자	수컷 웅	아침 조	저녁 석

玉	石	陰	陽	昨	今	朝	野
구슬 옥	돌 석	그늘 음	볕 양	어제 작	이제 금	조정 조	민간 야

凹	凸	離	合	長	幼	早	晚
오목할 요	볼록할 철	떠날 이	합할 합	어른 장	어릴 유	이를 조	늦을 만

緩	急	異	同	長	短	存	亡
느릴 완	급할 급	다를 이	한가지 동	길 장	짧을 단	있을 존	망할 망

存	廢	眞	假	初	終	表	裏
있을 존	폐할 폐	참 진	거짓 가	처음 초	마칠 종	겉 표	속 리
尊	卑	眞	僞	出	入	彼	此
높을 존	낮을 비	참 진	거짓 위	날 출	들 입	저 피	이 차
縱	橫	進	退	出	納	寒	暖
세로 종	가로 횡	나아갈 진	물러날 퇴	날 출	들일 납	찰 한	따뜻할 난
左	右	集	配	出	缺	寒	暑
왼 좌	오른 우	모을 집	나눌 배	날 출	이지러질 결	찰 한	더울 서
晝	夜	集	散	出	沒	閑	忙
낮 주	밤 야	모을 집	흩을 산	날 출	빠질 몰	한가할 한	바쁠 망
主	客	天	地	取	捨	玄	素
주인 주	손님 객	하늘 천	땅 지	취할 취	버릴 사	검을 현	흴 소
主	從	添	削	呑	吐	海	陸
주인 주	따를 종	더할 첨	깎을 삭	삼킬 탄	토할 토	바다 해	뭍 륙
衆	寡	晴	雨	貶	褒	好	惡
무리 중	적을 과	갤 청	비 우	낮출 폄	기릴 포	좋아할 호	미워할 오
增	減	淸	濁	豐	凶	呼	應
더할 증	덜 감	맑을 청	흐릴 탁	풍년 풍	흉할 흉	부를 호	응할 응

呼	吸
부를 호	마실 흡

昏	明
어두울 혼	밝을 명

虛	實
빌 허	열매 실

兄	弟
형 형	아우 제

膾	炙
회 회	구울 자

禍	福
재앙 화	복 복

狹	廣
좁을 협	넓을 광

厚	薄
두터울 후	엷을 박

실력점검하기 04 | 반의자·상대자

[1~50] 다음 한자(漢字)와 뜻이 반대(反對)이거나 상대(相對)되는 한자는 어느 것입니까?

01 輕
① 重 ② 閉 ③ 缺
④ 豊 ⑤ 暴

02 寢
① 過 ② 減 ③ 滑
④ 慶 ⑤ 起

03 貧
① 替 ② 當 ③ 富
④ 黨 ⑤ 響

04 厚
① 疲 ② 薄 ③ 廢
④ 辱 ⑤ 壓

05 盛
① 縱 ② 堤 ③ 賞
④ 衰 ⑤ 製

06 昇
① 降 ② 陸 ③ 陰
④ 部 ⑤ 附

07 醜
① 米 ② 美 ③ 醉
④ 配 ⑤ 愧

08 損
① 溫 ② 盛 ③ 盟
④ 濫 ⑤ 益

09 浮
① 滿 ② 油 ③ 湖
④ 沈 ⑤ 渴

10 始
① 終 ② 練 ③ 綠
④ 續 ⑤ 純

11 喜
① 感 ② 應 ③ 恩
④ 窓 ⑤ 怒

12 現
① 隔 ② 陶 ③ 隱
④ 隣 ⑤ 郵

정답 01 ① 02 ⑤ 03 ③ 04 ② 05 ④ 06 ① 07 ② 08 ⑤ 09 ④ 10 ① 11 ⑤ 12 ③

13 單
① 救　② 複　③ 移
④ 初　⑤ 補

14 斷
① 續　② 絹　③ 級
④ 紛　⑤ 緖

15 劣
① 僚　② 償　③ 僧
④ 儒　⑤ 優

16 集
① 激　② 散　③ 啓
④ 微　⑤ 敏

17 順
① 遇　② 遊　③ 逢
④ 逆　⑤ 適

18 存
① 窮　② 厥　③ 廢
④ 廊　⑤ 鹿

19 削
① 添　② 洪　③ 漂
④ 澤　⑤ 況

20 動
① 靜　② 靑　③ 情
④ 淸　⑤ 晴

21 勞
① 降　② 復　③ 初
④ 使　⑤ 暑

22 深
① 慶　② 過　③ 活
④ 異　⑤ 淺

23 逢
① 別　② 師　③ 缺
④ 僞　⑤ 寡

24 陸
① 晚　② 海　③ 遠
④ 答　⑤ 醜

25 將
① 炭　② 舊　③ 長
④ 沒　⑤ 兵

26 乾
① 空　② 坤　③ 伸
④ 韓　⑤ 獸

정답　13 ②　14 ①　15 ⑤　16 ②　17 ④　18 ③　19 ①　20 ①　21 ④　22 ⑤　23 ①　24 ②　25 ⑤　26 ②

27 姑
① 婦 ② 奴 ③ 如
④ 好 ⑤ 妄

28 怠
① 治 ② 亂 ③ 勤
④ 康 ⑤ 待

29 登
① 班 ② 崇 ③ 罰
④ 貧 ⑤ 落

30 賣
① 財 ② 貢 ③ 買
④ 責 ⑤ 貨

31 罰
① 賞 ② 刑 ③ 罪
④ 償 ⑤ 愁

32 需
① 紀 ② 級 ③ 約
④ 給 ⑤ 急

33 勝
① 籍 ② 勤 ③ 脚
④ 施 ⑤ 敗

34 緩
① 慢 ② 漫 ③ 急
④ 强 ⑤ 斷

35 陰
① 防 ② 陽 ③ 陣
④ 階 ⑤ 附

36 尊
① 鼻 ② 碑 ③ 婢
④ 卑 ⑤ 貴

37 縱
① 排 ② 嫌 ③ 橫
④ 糾 ⑤ 仰

38 散
① 集 ② 置 ③ 偶
④ 返 ⑤ 部

39 僞
① 假 ② 直 ③ 虛
④ 勢 ⑤ 眞

40 濁
① 烈 ② 汗 ③ 淸
④ 染 ⑤ 熱

정답 27 ① 28 ③ 29 ⑤ 30 ③ 31 ⑤ 32 ⑤ 33 ⑤ 34 ③ 35 ② 36 ④ 37 ③ 38 ① 39 ⑤ 40 ③

41 彼
① 此　② 骨　③ 脫
④ 抱　⑤ 被

42 納
① 入　② 稅　③ 品
④ 頭　⑤ 出

43 禍
① 祈　② 福　③ 神
④ 祖　⑤ 祝

44 迎
① 入　② 接　③ 送
④ 合　⑤ 歡

45 收
① 拾　② 容　③ 集
④ 給　⑤ 穫

46 增
① 晚　② 愛　③ 感
④ 添　⑤ 減

47 晝
① 話　② 文　③ 好
④ 夜　⑤ 衆

48 誤
① 正　② 哀　③ 樂
④ 勇　⑤ 勤

49 剛
① 樹　② 綱　③ 柔
④ 健　⑤ 沙

50 抑
① 打　② 技　③ 扶
④ 揚　⑤ 批

정답　41 ①　42 ⑤　43 ②　44 ③　45 ④　46 ⑤　47 ④　48 ①　49 ③　50 ④

DAY 13 반의어 · 상대어

可決 가결	否決 부결		減少 감소	增加 증가		客體 객체	主體 주체
架空 가공	實在 실재		感情 감정	理性 이성		巨大 거대	微少 미소
假象 가상	實在 실재		剛健 강건	柔弱 유약		巨富 거부	極貧 극빈
加熱 가열	冷却 냉각		强硬 강경	柔和 유화		拒絕 거절	承諾 승낙
却下 각하	受理 수리		開放 개방	閉鎖 폐쇄		建設 건설	破壞 파괴
干涉 간섭	放任 방임		個別 개별	全體 전체		乾燥 건조	濕潤 습윤
間歇 간헐	持續 지속		客觀 객관	主觀 주관		傑作 걸작	拙作 졸작

儉約	浪費	高潔	低俗	空虛	充實
검약	낭비	고결	저속	공허	충실

缺乏	豐富	高雅	卑俗	過去	未來
결핍	풍부	고아	비속	과거	미래

謙遜	傲慢	固定	流動	過激	穩健
겸손	오만	고정	유동	과격	온건

輕減	加重	高調	低調	寡默	弄舌
경감	가중	고조	저조	과묵	농설

經度	緯度	困難	容易	官尊	民卑
경도	위도	곤란	용이	관존	민비

輕蔑	尊敬	供給	需要	灌木	喬木
경멸	존경	공급	수요	관목	교목

輕薄	愼重	共鳴	反駁	光明	暗黑
경박	신중	공명	반박	광명	암흑

輕率	鎭重	空想	現實	廣義	狹義
경솔	진중	공상	현실	광의	협의

輕視	重視	公的	私的	驕慢	謙遜
경시	중시	공적	사적	교만	겸손

拘束	釋放	歸納	演繹	飢餓	飽食
구속	석방	귀납	연역	기아	포식

求心	遠心	勤勉	懶怠	緊密	疏遠
구심	원심	근면	나태	긴밀	소원

具體	抽象	勤勉	怠慢	緊張	弛緩
구체	추상	근면	태만	긴장	이완

舊派	新派	僅少	過多	吉兆	凶兆
구파	신파	근소	과다	길조	흉조

國內	國外	急性	慢性	懦弱	强靭
국내	국외	급성	만성	나약	강인

君子	小人	急行	緩行	樂觀	悲觀
군자	소인	급행	완행	낙관	비관

屈服	抵抗	肯定	否定	落第	及第
굴복	저항	긍정	부정	낙제	급제

屈辱	雪辱	旣決	未決	樂天	厭世
굴욕	설욕	기결	미결	낙천	염세

權利	義務	奇拔	平凡	暖流	寒流
권리	의무	기발	평범	난류	한류

濫讀	精讀	凌蔑	推仰	對話	獨白
남독	정독	능멸	추앙	대화	독백

濫用	節約	短點	長點	都心	郊外
남용	절약	단점	장점	도심	교외

朗讀	默讀	單式	複式	獨創	模倣
낭독	묵독	단식	복식	독창	모방

來生	今生	多元	一元	動機	結果
내생	금생	다원	일원	동기	결과

內容	形式	單一	複合	冬眠	夏眠
내용	형식	단일	복합	동면	하면

內包	外延	短縮	延長	登場	退場
내포	외연	단축	연장	등장	퇴장

老鍊	未熟	唐慌	沈着	漠然	確然
노련	미숙	당황	침착	막연	확연

訥辯	能辯	貸邊	借邊	滿足	不滿
눌변	능변	대변	차변	만족	불만

能動	被動	大乘	小乘	忘却	記憶
능동	피동	대승	소승	망각	기억

埋沒	發掘	文明	未開	反目	和睦
매몰	발굴	문명	미개	반목	화목
滅亡	隆盛	物質	精神	反抗	服從
멸망	융성	물질	정신	반항	복종
名譽	恥辱	未備	完備	發達	退步
명예	치욕	미비	완비	발달	퇴보
明轉	暗轉	敏感	鈍感	發生	消滅
명전	암전	민감	둔감	발생	소멸
母音	子音	敏速	遲鈍	跋文	序文
모음	자음	민속	지둔	발문	서문
模糊	分明	緊密	疏遠	放心	操心
모호	분명	긴밀	소원	방심	조심
無能	有能	密集	散在	背恩	報恩
무능	유능	밀집	산재	배은	보은
無形	有形	薄學	博學	白髮	紅顏
무형	유형	박학	박학	백발	홍안
文語	口語	反駁	共鳴	繁榮	衰退
문어	구어	반박	공명	번영	쇠퇴

凡人	超人	不實	充實	卑怯	勇敢
범인	초인	부실	충실	비겁	용감

別居	同居	敷衍	省略	悲劇	喜劇
별거	동거	부연	생략	비극	희극

別館	本館	否認	是認	卑近	高遠
별관	본관	부인	시인	비근	고원

保守	革新	否定	肯定	非番	當番
보수	혁신	부정	긍정	비번	당번

普遍	特殊	分擔	全擔	非凡	平凡
보편	특수	분담	전담	비범	평범

複雜	單純	分離	統合	悲哀	歡喜
복잡	단순	분리	통합	비애	환희

本業	副業	分析	綜合	卑語	敬語
본업	부업	분석	종합	비어	경어

富貴	貧賤	紛爭	和解	悲運	幸運
부귀	빈천	분쟁	화해	비운	행운

富裕	貧窮	不運	幸運	卑稱	尊稱
부유	빈궁	불운	행운	비칭	존칭

奢侈	儉素	生家	養家	所得	損失
사치	검소	생가	양가	소득	손실

社會	個人	生食	火食	騷亂	靜肅
사회	개인	생식	화식	소란	정숙

死後	生前	生花	造花	消費	生産
사후	생전	생화	조화	소비	생산

削減	添加	抒情	敍事	滅亡	隆興
삭감	첨가	서정	서사	멸망	융흥

散文	韻文	先輩	後輩	守勢	攻勢
산문	운문	선배	후배	수세	공세

相剋	相生	善意	惡意	需要	供給
상극	상생	선의	악의	수요	공급

常例	特例	先天	後天	淑女	紳士
상례	특례	선천	후천	숙녀	신사

喪失	獲得	成功	失敗	熟達	未熟
상실	획득	성공	실패	숙달	미숙

詳述	略述	成熟	未熟	純粹	不純
상술	약술	성숙	미숙	순수	불순

順坦 순탄	險難 험난	語幹 어간	語尾 어미	偶然 우연	必然 필연
順行 순행	逆行 역행	逆境 역경	順境 순경	優秀 우수	劣等 열등
勝利 승리	敗北 패배	連敗 연패	連勝 연승	憂鬱 우울	明朗 명랑
失意 실의	得意 득의	永劫 영겁	刹那 찰나	原告 원고	被告 피고
實質 실질	形式 형식	榮轉 영전	左遷 좌천	原因 원인	結果 결과
安全 안전	危險 위험	靈魂 영혼	肉身 육신	原型 원형	模型 모형
野蠻 야만	文明 문명	銳敏 예민	愚鈍 우둔	遊星 유성	恒星 항성
暗示 암시	明示 명시	沃土 옥토	薄土 박토	柔軟 유연	硬直 경직
優待 우대	虐待 학대	優勢 우세	劣勢 열세	恩惠 은혜	怨恨 원한

陰氣	陽氣	自動	手動	敵對	友好
음기	양기	자동	수동	적대	우호
依他	自立	諮問	決議	前半	後半
의타	자립	자문	결의	전반	후반
異端	正統	自律	他律	前進	後進
이단	정통	자율	타율	전진	후진
裏面	表面	自意	他意	秩序	混亂
이면	표면	자의	타의	질서	혼란
理想	現實	子正	正午	絶對	相對
이상	현실	자정	정오	절대	상대
利益	損失	長篇	短篇	絶望	希望
이익	손실	장편	단편	절망	희망
人爲	自然	低俗	高尙	正當	不當
인위	자연	저속	고상	정당	부당
立體	平面	嫡子	庶子	集合	解散
입체	평면	적자	서자	집합	해산
入港	出港	積極	消極	漸進	急進
입항	출항	적극	소극	점진	급진

正常	異常	直系	傍系	添加	削減
정상	이상	직계	방계	첨가	삭감
整頓	亂雜	直接	間接	初聲	終聲
정돈	난잡	직접	간접	초성	종성
精密	粗雜	直線	曲線	體言	用言
정밀	조잡	직선	곡선	체언	용언
正直	詐欺	眞實	虛僞	遞增	遞減
정직	사기	진실	허위	체증	체감
定着	漂流	質疑	應答	縮小	擴大
정착	표류	질의	응답	축소	확대
弔客	賀客	進步	退步	聰明	愚鈍
조객	하객	진보	퇴보	총명	우둔
縱景	橫景	斬新	陳腐	稚拙	洗練
종경	횡경	참신	진부	치졸	세련
知的	情的	淺學	碩學	恥辱	名譽
지적	정적	천학	석학	치욕	명예
增進	減退	創造	模倣	親熟	疏遠
증진	감퇴	창조	모방	친숙	소원

快樂	苦痛	敗北	勝利	現役	退役
쾌락	고통	패배	승리	현역	퇴역

妥當	不當	暴露	隱蔽	兄弟	姉妹
타당	부당	폭로	은폐	형제	자매

快勝	慘敗	豐饒	貧困	好轉	逆轉
쾌승	참패	풍요	빈곤	호전	역전

卓越	劣等	彼岸	此岸	好評	惡評
탁월	열등	피안	차안	호평	악평

誕生	死亡	虐待	優待	好況	不況
탄생	사망	학대	우대	호황	불황

濁音	淸音	合法	違法	厚待	薄待
탁음	청음	합법	위법	후대	박대

退化	進化	諧調	亂調
퇴화	진화	해조	난조

膨脹	收縮	幸福	不幸
팽창	수축	행복	불행

敗戰	勝戰	許多	稀少
패전	승전	허다	희소

실력점검하기 05 | 반의어·상대어

[1~50] 다음 한자(漢字)와 뜻이 반대(反對)이거나 상대(相對)되는 한자어는 어느 것입니까?

01 缺乏
① 豊富 ② 上昇 ③ 柴炭
④ 敷衍 ⑤ 厭症

02 間歇
① 胃癌 ② 掌握 ③ 持續
④ 耽溺 ⑤ 遮陽

03 傲慢
① 喝取 ② 庇護 ③ 隔阻
④ 羞恥 ⑤ 謙遜

04 輕蔑
① 噴霧 ② 憧憬 ③ 尊敬
④ 排泄 ⑤ 汽笛

05 反駁
① 共鳴 ② 懸隔 ③ 描寫
④ 幻影 ⑤ 喘息

06 過激
① 銃彈 ② 穩健 ③ 抽出
④ 備蓄 ⑤ 靜寂

07 灌木
① 點綴 ② 膽汁 ③ 關木
④ 喬木 ⑤ 駐屯

08 狹義
① 企圖 ② 廣義 ③ 思義
④ 咀呪 ⑤ 正義

09 演繹
① 末端 ② 錯簡 ③ 收穫
④ 遜色 ⑤ 歸納

10 退步
① 寡黙 ② 障碍 ③ 殺到
④ 進步 ⑤ 誇大

11 緊張
① 來生 ② 惰性 ③ 欽慕
④ 弛緩 ⑤ 凶兆

12 懦弱
① 强靭 ② 稚拙 ③ 輕蔑
④ 腐蝕 ⑤ 强弱

정답 01 ① 02 ③ 03 ⑤ 04 ③ 05 ① 06 ② 07 ④ 08 ② 09 ⑤ 10 ④ 11 ④ 12 ①

13 厭世
① 怠慢 ② 自由 ③ 樂天
④ 諮問 ⑤ 凹凸

14 矮小
① 誨諭 ② 巨大 ③ 鍼灸
④ 束縛 ⑤ 昌大

15 訥辯
① 凌駕 ② 首魁 ③ 出他
④ 老鍊 ⑤ 能辯

16 凌蔑
① 推仰 ② 朗讀 ③ 義務
④ 脂肪 ⑤ 基趾

17 唐慌
① 密接 ② 着帽 ③ 冷氣
④ 沈着 ⑤ 貧窮

18 切斷
① 花柳 ② 連結 ③ 醜態
④ 分擔 ⑤ 散在

19 發掘
① 黜黨 ② 入社 ③ 迂闊
④ 堆肥 ⑤ 埋沒

20 模糊
① 鍛冶 ② 殖産 ③ 分明
④ 行悖 ⑤ 模襲

21 跋文
① 序文 ② 至文 ③ 水文
④ 節文 ⑤ 箋文

22 敷衍
① 蘊蓄 ② 贐託 ③ 省略
④ 官衙 ⑤ 駱駝

23 卑怯
① 跋扈 ② 彗星 ③ 悲觀
④ 窓戶 ⑤ 勇敢

24 奢侈
① 腕力 ② 儉素 ③ 棧板
④ 宮娥 ⑤ 稟申

25 抒情
① 敍事 ② 書史 ③ 誓詞
④ 書士 ⑤ 序詞

26 薄學
① 洋學 ② 小學 ③ 醫學
④ 博學 ⑤ 淺學

정답 13 ③ 14 ② 15 ⑤ 16 ① 17 ④ 18 ② 19 ⑤ 20 ③ 21 ① 22 ③ 23 ⑤ 24 ② 25 ① 26 ④

27 紳士
① 淳厚 ② 信士 ③ 鮮肥
④ 箴戒 ⑤ 淑女

28 不純
① 循首 ② 順行 ③ 純粹
④ 圭璋 ⑤ 薔薇

29 順坦
① 險難 ② 岑寂 ③ 順理
④ 逼迫 ⑤ 堆肥

30 虐待
① 賢明 ② 敷衍 ③ 驅迫
④ 說明 ⑤ 優待

31 永劫
① 平生 ② 刹那 ③ 榮轉
④ 連勝 ⑤ 輕躁

32 賢明
① 暗黑 ② 愚昧 ③ 爪痕
④ 肇域 ⑤ 仙人

33 憂鬱
① 秋收 ② 優秀 ③ 明朗
④ 憂愁 ⑤ 雪人

34 模型
① 紙型 ② 原型 ③ 造型
④ 星型 ⑤ 船型

35 嫡子
① 孝子 ② 梨子 ③ 孫子
④ 骨子 ⑤ 庶子

36 亂雜
① 整頓 ② 解散 ③ 傑作
④ 羞恥 ⑤ 祝福

37 粗雜
① 漸進 ② 造成 ③ 毀損
④ 精密 ⑤ 大幅

38 斬新
① 靜肅 ② 解弛 ③ 陳腐
④ 新品 ⑤ 讒訴

39 稚拙
① 推移 ② 洗練 ③ 備蓄
④ 紬緞 ⑤ 範疇

40 豐饒
① 鍾愛 ② 廚房 ③ 砥平
④ 膣炎 ⑤ 貧困

정답 27 ⑤ 28 ③ 29 ① 30 ④ 31 ② 32 ② 33 ③ 34 ② 35 ⑤ 36 ① 37 ④ 38 ③ 39 ② 40 ⑤

41 姉妹
① 老妄　② 妖婦　③ 呼兄
④ 次男　⑤ 兄弟

42 沃土
① 薄土　② 退役　③ 懸隔
④ 浸水　⑤ 壽石

43 權利
① 歸納　② 義務　③ 僅少
④ 緩行　⑤ 弛緩

44 緊密
① 繁榮　② 同居　③ 疏遠
④ 跋文　⑤ 操心

45 快樂
① 苦痛　② 杜絶　③ 疏遠
④ 反抗　⑤ 貧窮

46 恥辱
① 窄袖　② 圭瓚　③ 羞恥
④ 瑕貶　⑤ 名譽

47 膨脹
① 逼切　② 收縮　③ 巨大
④ 蝦炙　⑤ 包涵

48 野蠻
① 文明　② 問名　③ 文名
④ 文命　⑤ 問明

49 解弛
① 銃丸　② 爆彈　③ 虐殺
④ 諧謔　⑤ 緊張

50 懶怠
① 飢餓　② 乏材　③ 勤勉
④ 排出　⑤ 態度

정답　41 ⑤　42 ①　43 ②　44 ③　45 ①　46 ⑤　47 ②　48 ①　49 ⑤　50 ③

DAY 14 혼동하기 쉬운 한자

DAY 14 쪽지시험

DAY 14

| 干 | 방패 간 | 예 干城(간성) |
| 于 | 어조사 우 | 예 于先(우선) |

| 刊 | 새길 간 | 예 刊行(간행) |
| 肝 | 간 간 | 예 肝炎(간염) |

| 減 | 덜 감 | 예 減少(감소) |
| 滅 | 멸망할 멸 | 예 滅亡(멸망) |

| 腔 | 속 빌 강 | 예 腹腔(복강) |
| 控 | 당길 공 | 예 控除(공제) |

| 慨 | 슬퍼할 개 | 예 慨嘆(개탄) |
| 概 | 대개 개 | 예 概念(개념) |

| 坑 | 구덩이 갱 | 예 坑道(갱도) |
| 抗 | 겨룰 항 | 예 抵抗(저항) |

| 件 | 물건 건 | 예 要件(요건) |
| 伴 | 짝 반 | 예 同伴(동반) |

| 建 | 세울 건 | 예 建築(건축) |
| 健 | 건강할 건 | 예 健康(건강) |

| 堅 | 굳을 견 | 예 堅實(견실) |
| 竪 | 세울 수 | 예 竪立(수립) |

| 決 | 결단할 결 | 예 決定(결정) |
| 快 | 쾌할 쾌 | 예 豪快(호쾌) |

| 境 | 경계 경 | 예 境地(경지) |
| 鏡 | 거울 경 | 예 鏡戒(경계) |

| 更 | 고칠 경 | 예 變更(변경) |
| 吏 | 벼슬 리 | 예 吏房(이방) |

| 競 | 다툴 경 | 예 競爭(경쟁) |
| 兢 | 삼갈 긍 | 예 兢戒(긍계) |

| 季 | 계절 계 | 예 季節(계절) |
| 秀 | 빼어날 수 | 예 優秀(우수) |

| 階 | 섬돌/층계 계 | 예 階段(계단) |
| 陸 | 뭍 륙 | 예 陸地(육지) |

| 枯 | 마를 고 | 예 枯木(고목) |
| 姑 | 시어머니 고 | 예 姑婦(고부) |

| 苦 | 쓸 고 | 예 苦難(고난) |
| 若 | 만약 약 | 예 萬若(만약) |

| 孤 | 외로울 고 | 예 孤獨(고독) |
| 狐 | 여우 호 | 예 白狐(백호) |

한자	훈음	예
困	곤할 곤	疲困(피곤)
因	인할 인	因緣(인연)

한자	훈음	예
肯	즐길 긍	肯定(긍정)
背	등/배반할 배	背信(배신)

한자	훈음	예
攻	칠 공	攻擊(공격)
巧	공교할 교	技巧(기교)

한자	훈음	예
奇	기이할 기	奇人(기인)
寄	부칠 기	寄附(기부)

한자	훈음	예
科	과정 과	科目(과목)
料	헤아릴 료	料量(요량)

한자	훈음	예
棄	버릴 기	棄兒(기아)
葉	잎 엽	落葉(낙엽)

한자	훈음	예
瓜	오이 과	木瓜(목과)
爪	손톱 조	爪牙(조아)

한자	훈음	예
難	어려울 난	困難(곤란)
離	떠날 리	離別(이별)

한자	훈음	예
壞	무너질 괴	破壞(파괴)
壤	흙덩이 양	土壤(토양)

한자	훈음	예
納	들일 납	納入(납입)
紛	어지러울 분	紛爭(분쟁)

한자	훈음	예
拘	잡을 구	拘束(구속)
抱	안을 포	抱擁(포옹)

한자	훈음	예
奴	종 노	奴隸(노예)
如	같을 여	如一(여일)

한자	훈음	예
勸	권할 권	勸善(권선)
權	권세 권	權利(권리)

한자	훈음	예
怒	성낼 노	怒氣(노기)
努	힘쓸 노	努力(노력)

한자	훈음	예
鬼	귀신 귀	鬼神(귀신)
蒐	모을 수	蒐集(수집)

한자	훈음	예
端	단정할 단	端正(단정)
瑞	상서로울 서	瑞光(서광)

한자	훈음	예
貴	귀할 귀	富貴(부귀)
責	꾸짖을 책	責望(책망)

한자	훈음	예
貸	빌릴 대	轉貸(전대)
賃	품삯 임	賃金(임금)

한자	훈음	예
斤	근 근	斤量(근량)
斥	물리칠 척	排斥(배척)

한자	훈음	예
代	대신할 대	代用(대용)
伐	칠 벌	討伐(토벌)

한자	훈음	예
僅	겨우 근	僅少(근소)
謹	삼갈 근	謹愼(근신)

한자	훈음	예
待	기다릴 대	期待(기대)
侍	모실 시	侍女(시녀)

한자	훈음	예
戴	일 대	負戴(부대)
載	실을 재	積載(적재)
徒	걸어다닐 도	徒步(도보)
徙	옮길 사	移徙(이사)
都	도읍 도	首都(수도)
部	나눌 부	部分(부분)
蹈	밟을 도	舞蹈(무도)
踏	밟을 답	踏襲(답습)
憧	동경할 동	憧憬(동경)
潼	물 이름 동	碧潼(벽동)
卵	알 란	鷄卵(계란)
卯	토끼 묘	卯時(묘시)
剌	발랄할 랄	潑剌(발랄)
刺	찌를 자	刺戟(자극)
憐	불쌍히 여길 련	憐憫(연민)
隣	이웃 린	隣近(인근)
輪	바퀴 륜	輪廻(윤회)
輸	실어낼 수	輸出(수출)
栗	밤 률	栗木(율목)
粟	조 속	粟豆(속두)
理	다스릴 리	倫理(윤리)
埋	묻을 매	埋葬(매장)

한자	훈음	예
裏	속 리	表裏(표리)
囊	주머니 낭	行囊(행낭)
慢	거만할 만	傲慢(오만)
漫	흩어질 만	散漫(산만)
眠	잘 면	睡眠(수면)
眼	눈 안	眼目(안목)
免	면할 면	免除(면제)
兎	토끼 토	兎皮(토피)
鳴	울 명	悲鳴(비명)
嗚	슬플 오	嗚咽(오열)
侮	업신여길 모	侮辱(모욕)
悔	뉘우칠 회	後悔(후회)
母	어미 모	母情(모정)
毋	말 무	毋論(무론)
沐	머리 감을 목	沐浴(목욕)
休	쉴 휴	休息(휴식)
微	작을 미	微笑(미소)
徵	부를 징	徵集(징집)
拍	칠 박	拍手(박수)
栢	잣나무 백	冬栢(동백)
薄	엷을 박	薄明(박명)
簿	장부 부	帳簿(장부)

迫追	핍박할 박 쫓을 추	예 逼迫(핍박) 예 追憶(추억)	氷永	얼음 빙 길 영	예 解氷(해빙) 예 永久(영구)
飯飮	밥 반 마실 음	예 白飯(백반) 예 飮料(음료)	士土	선비 사 흙 토	예 紳士(신사) 예 土地(토지)
倣做	본뜰 방 지을 주	예 模倣(모방) 예 看做(간주)	使便	부릴 사 편할 편	예 使用(사용) 예 簡便(간편)
番審	차례 번 살필 심	예 番號(번호) 예 審査(심사)	仕任	벼슬 사 맡길 임	예 奉仕(봉사) 예 任務(임무)
罰罪	벌할 벌 죄 죄	예 罰金(벌금) 예 犯罪(범죄)	捨拾	버릴 사 주울 습	예 取捨(취사) 예 拾得(습득)
壁璧	벽 벽 구슬 벽	예 土壁(토벽) 예 完璧(완벽)	師帥	스승 사 장수 수	예 恩師(은사) 예 將帥(장수)
變戀	변할 변 그릴 련	예 變化(변화) 예 戀愛(연애)	思惠	생각 사 은혜 혜	예 思想(사상) 예 恩惠(은혜)
奉奏	받들 봉 아뢸 주	예 奉養(봉양) 예 演奏(연주)	社祀	모일 사 제사 사	예 會社(회사) 예 祭祀(제사)
否歪	아닐 부 기울 왜	예 否便(부편) 예 歪力(왜력)	撒徹	뿌릴 살 통할 철	예 撒布(살포) 예 貫徹(관철)
奮奪	떨칠 분 빼앗을 탈	예 興奮(흥분) 예 奪取(탈취)	狀壯	형상 상 장할 장	예 狀態(상태) 예 健壯(건장)
貧貪	가난할 빈 탐할 탐	예 貧弱(빈약) 예 貪慾(탐욕)	象衆	코끼리 상 무리 중	예 象牙(상아) 예 衆生(중생)

璽	옥새 새	예 玉璽(옥새)		涉	건널 섭	예 干涉(간섭)
爾	너 이	예 爾來(이래)		陟	오를 척	예 進陟(진척)

塞	변방 새	예 要塞(요새)		俗	속될 속	예 俗世(속세)
寒	찰 한	예 寒食(한식)		裕	넉넉할 유	예 餘裕(여유)

牲	희생 생	예 犧牲(희생)		損	덜 손	예 缺損(결손)
姓	성씨 성	예 姓氏(성씨)		捐	버릴 연	예 捐命(연명)

棲	깃들일 서	예 棲息(서식)		誦	외울 송	예 誦唱(송창)
捷	이길 첩	예 大捷(대첩)		桶	통 통	예 桶兒(통아)

恕	용서할 서	예 容恕(용서)		粹	순수할 수	예 精粹(정수)
怒	성낼 노	예 怒氣(노기)		碎	부술 쇄	예 粉碎(분쇄)

析	쪼갤 석	예 分析(분석)		遂	드디어 수	예 完遂(완수)
折	꺾을 절	예 折枝(절지)		逐	쫓을 축	예 驅逐(구축)

晳	밝을 석	예 明晳(명석)		授	줄 수	예 授受(수수)
哲	밝을 철	예 哲學(철학)		援	구원할 원	예 救援(구원)

惜	아낄 석	예 惜別(석별)		須	반드시 수	예 必須(필수)
借	빌릴 차	예 借用(차용)		順	순할 순	예 順從(순종)

宣	베풀 선	예 宣傳(선전)		淑	맑을 숙	예 淑女(숙녀)
宜	마땅 의	예 便宜(편의)		涉	건널 섭	예 干涉(간섭)

旋	돌 선	예 旋律(선율)		術	재주 술	예 技術(기술)
施	베풀 시	예 實施(실시)		述	펼 술	예 敍述(서술)

雪	눈 설	예 殘雪(잔설)		乘	탈 승	예 乘船(승선)
雲	구름 운	예 雲霧(운무)		承	이을 승	예 繼承(계승)

伸	펼 신	伸張(신장)
仲	버금 중	仲秋節(중추절)
深	깊을 심	夜深(야심)
探	찾을 탐	探究(탐구)
雅	우아할 아	優雅(우아)
稚	어릴 치	幼稚(유치)
謁	뵐 알	謁見(알현)
揭	높이 들 게	揭示(게시)
仰	우러를 앙	信仰(신앙)
抑	누를 억	抑制(억제)
厄	재앙 액	厄運(액운)
危	위태할 위	危險(위험)
億	억 억	億丈(억장)
憶	생각할 억	記憶(기억)
與	줄 여	授與(수여)
興	일 흥	興亡(흥망)
延	끌 연	延期(연기)
廷	조정 정	朝廷(조정)
沿	좇을 연	沿革(연혁)
治	다스릴 치	政治(정치)
鹽	소금 염	鹽田(염전)
監	볼 감	監督(감독)
營	경영할 영	經營(경영)
螢	반딧불 형	螢光(형광)
譽	명예 예	名譽(명예)
擧	들 거	擧事(거사)
汚	더러울 오	汚染(오염)
汗	땀 한	汗蒸(한증)
瓦	기와 와	瓦解(와해)
互	서로 호	相互(상호)
浴	목욕할 욕	浴室(욕실)
沿	좇을 연	沿海(연해)
郵	우편 우	郵便(우편)
睡	졸음 수	睡眠(수면)
宇	집 우	宇宙(우주)
字	글자 자	文字(문자)
熊	곰 웅	熊膽(웅담)
態	모습 태	世態(세태)
園	동산 원	庭園(정원)
圍	에워쌀 위	周圍(주위)
威	위엄 위	威力(위력)
咸	다 함	咸集(함집)
幼	어릴 유	幼年(유년)
幻	헛보일 환	幻想(환상)

遺	남길 유	예 遺物(유물)
遣	보낼 견	예 派遣(파견)

凝	엉길 응	예 凝結(응결)
疑	의심할 의	예 疑心(의심)

剩	남을 잉	예 剩餘(잉여)
乘	탈 승	예 乘車(승차)

姿	모양 자	예 姿態(자태)
恣	방자할 자	예 放恣(방자)

丈	어른 장	예 方丈(방장)
太	클 태	예 太極(태극)

杖	지팡이 장	예 短杖(단장)
枚	낱 매	예 枚數(매수)

齋	재계할 재	예 齋戒(재계)
齊	같을 제	예 一齊(일제)

籍	서적 적	예 戶籍(호적)
藉	깔 자	예 憑藉(빙자)

齊	가지런할 제	예 齊一(제일)
濟	건널/도울 제	예 經濟(경제)

帝	임금 제	예 帝王(제왕)
常	항상 상	예 常識(상식)

早	일찍 조	예 早起(조기)
旱	가물 한	예 旱害(한해)

照	비출 조	예 照明(조명)
熙	빛날 희	예 熙笑(희소)

兆	조짐 조	예 前兆(전조)
北	북녘 북	예 北極(북극)

潮	조수 조	예 潮流(조류)
湖	호수 호	예 湖水(호수)

措	둘 조	예 措置(조치)
借	빌릴 차	예 借款(차관)

佐	도울 좌	예 補佐(보좌)
佑	도울 우	예 天佑(천우)

株	그루/주식 주	예 株價(주가)
殊	다를 수	예 特殊(특수)

住	살 주	예 住宅(주택)
往	갈 왕	예 往來(왕래)

汁	즙 즙	예 果汁(과즙)
什	열사람 십	예 什長(십장)

陳	베풀 진	예 陳列(진열)
陣	진칠 진	예 陣營(진영)

捉	잡을 착	예 捕捉(포착)
促	재촉할 촉	예 督促(독촉)

責	꾸짖을 책	예 責望(책망)
靑	푸를 청	예 靑史(청사)

한자	훈음	예
締	맺을 체	締交(체교)
諦	살필 체	諦念(체념)
觸	닿을 촉	接觸(접촉)
燭	촛불 촉	華燭(화촉)
總	다 총	總選(총선)
聰	귀 밝을 총	聰明(총명)
追	따를 추	追究(추구)
退	물러날 퇴	進退(진퇴)
蓄	모을 축	貯蓄(저축)
畜	기를 축	家畜(가축)
充	가득할 충	充滿(충만)
允	허락할 윤	允許(윤허)
衝	부딪칠 충	衝突(충돌)
衡	저울 형	均衡(균형)
側	곁 측	側近(측근)
測	헤아릴 측	測量(측량)
舵	키 타	舵器(타기)
駝	낙타 타	駱駝(낙타)
坦	평탄할 탄	平坦(평탄)
但	다만 단	但只(단지)
湯	끓일 탕	湯藥(탕약)
渴	목마를 갈	渴症(갈증)
澤	못 택	潤澤(윤택)
擇	가릴 택	採擇(채택)
牌	패 패	牌子(패자)
稗	피 패	稗史(패사)
爆	터질 폭	爆發(폭발)
瀑	폭포/소나기 폭	瀑布(폭포)
恨	한 한	怨恨(원한)
限	한정할 한	限界(한계)
肛	항문 항	肛門(항문)
肝	간 간	肝腸(간장)
核	씨 핵	核心(핵심)
該	갖출/마땅 해	該當(해당)
還	돌아올 환	還甲(환갑)
環	고리 환	環境(환경)
侯	제후 후	諸侯(제후)
候	기후 후	徵候(징후)
悔	뉘우칠 회	悔改(회개)
梅	매화나무 매	梅花(매화)
欠	하품 흠	欠乏(흠핍)
欽	공경할 흠	欽仰(흠앙)
羲	복희씨 희	羲和(희화)
義	옳을 의	義人(의인)

鋼	강철 강	예 鋼鐵(강철)
綱	벼리 강	예 綱領(강령)
網	그물 망	예 魚網(어망)

書	글 서	예 書房(서방)
晝	낮 주	예 晝夜(주야)
畫	그림 화	예 畫家(화가)

卷	책 권	예 卷數(권수)
券	문서 권	예 券面(권면)
拳	주먹 권	예 拳銃(권총)

衰	쇠할 쇠	예 衰退(쇠퇴)
衷	속마음 충	예 衷心(충심)
哀	슬플 애	예 哀惜(애석)

鬼	귀신 귀	예 鬼神(귀신)
塊	덩어리 괴	예 塊土(괴토)
愧	부끄러울 괴	예 慙愧(참괴)

膝	무릎 슬	예 膝下(슬하)
勝	이길 승	예 勝利(승리)
騰	오를 등	예 騰落(등락)

領	거느릴 령	예 首領(수령)
頒	나눌 반	예 頒布(반포)
頌	칭송할 송	예 頌歌(송가)

識	알 식	예 識見(식견)
織	짤 직	예 織物(직물)
職	직분 직	예 職位(직위)

戊	천간 무	예 戊午(무오)
茂	무성할 무	예 茂林(무림)
戌	개 술	예 甲戌年(갑술년)

失	잃을 실	예 失敗(실패)
矢	화살 시	예 嚆矢(효시)
夭	일찍 죽을 요	예 夭折(요절)

博	넓을 박	예 博士(박사)
傅	스승 부	예 師傅(사부)
傳	전할 전	예 傳受(전수)

緣	인연 연	예 因緣(인연)
綠	푸를 록	예 草綠(초록)
錄	기록할 록	예 記錄(기록)

辨	분별할 변	예 辨別(변별)
辯	말씀 변	예 辯論(변론)
辦	힘쓸 판	예 辦公費(판공비)

玉	구슬 옥	예 珠玉(주옥)
王	임금 왕	예 帝王(제왕)
壬	북방 임	예 壬辰(임진)

查	조사할 사	예 調查(조사)
香	향기 향	예 香味(향미)
杳	아득할 묘	예 杳然(묘연)

遙	멀 요	예 遙遠(요원)
謠	노래 요	예 歌謠(가요)
搖	흔들 요	예 搖動(요동)

한자	훈음	예
姙	아이 밸 임	姙娠(임신)
誕	낳을 탄	誕妄(탄망)
任	맡길 임	任事(임사)

한자	훈음	예
巴	꼬리 파	巴人(파인)
肥	살찔 비	肥厚(비후)
把	잡을 파	把守(파수)

한자	훈음	예
暫	잠시 잠	暫時(잠시)
漸	점점 점	漸次(점차)
斬	벨 참	斬首(참수)

한자	훈음	예
編	엮을 편	改編(개편)
遍	두루 편	普遍(보편)
偏	치우칠 편	偏食(편식)

한자	훈음	예
栽	심을 재	栽培(재배)
裁	마를 재	裁斷(재단)
載	실을 재	載籍(재적)

한자	훈음	예
弊	폐단 폐	弊端(폐단)
幣	화폐 폐	幣物(폐물)
蔽	가릴 폐	隱蔽(은폐)

한자	훈음	예
亭	정자 정	亭子(정자)
享	누릴 향	享樂(향락)
亨	형통할 형	亨通(형통)

한자	훈음	예
眩	어지러울 현	眩亂(현란)
炫	밝을 현	炫煌(현황)
弦	시위 현	弦樂(현악)

한자	훈음	예
摘	딸 적	摘出(적출)
滴	물방울 적	滴下(적하)
適	맞을 적	適任(적임)

한자	훈음	예
夾	낄 협	夾刀(협도)
峽	골짜기 협	峽村(협촌)
來	올 래	來年(내년)

한자	훈음	예
推	밀 추	推薦(추천)
堆	흙무더기 퇴	堆肥(퇴비)
椎	쇠몽치/등골 추	脊椎(척추)

한자	훈음	예
護	보호할 호	保護(보호)
穫	거둘 확	收穫(수확)
獲	얻을 획	獲得(획득)

한자	훈음	예
浸	잠길/적실 침	浸透(침투)
沈	잠길 침	沈默(침묵)
沒	빠질 몰	沒入(몰입)

한자	훈음	예
渾	흐릴 혼	渾儀(혼의)
軍	군사 군	軍丁(군정)
揮	휘두를 휘	揮劍(휘검)

한자	훈음	예
胎	아이 밸 태	胎中(태중)
始	비로소 시	始作(시작)
治	다스릴 치	治下(치하)

한자	훈음	예
晃	밝을 황	晃然(황연)
滉	깊을 황	李滉(이황)
煌	빛날 황	輝煌(휘황)

薰	향풀 훈	예) 薰氣(훈기)
熏	불길 훈	예) 熏香(훈향)
勳	공 훈	예) 勳章(훈장)

吸	마실 흡	예) 呼吸(호흡)
吹	불 취	예) 鼓吹(고취)
次	버금 차	예) 次席(차석)

儉	검소할 검	예) 儉素(검소)
險	험할 험	예) 險難(험난)
檢	검사할 검	예) 點檢(점검)
劍	칼 검	예) 劍客(검객)

末	끝 말	예) 末路(말로)
未	아닐 미	예) 未來(미래)
昧	어두울 매	예) 三昧(삼매)
味	맛 미	예) 味覺(미각)

漠	사막 막	예) 沙漠(사막)
模	법 모	예) 模範(모범)
幕	장막 막	예) 天幕(천막)
墓	무덤 묘	예) 墓地(묘지)
募	모을 모	예) 募集(모집)
慕	사모할 모	예) 思慕(사모)
暮	저물 모	예) 日暮(일모)

惟	생각할 유	예) 思惟(사유)
維	벼리/맬 유	예) 維持(유지)
推	밀 추	예) 推進(추진)
唯	오직 유	예) 唯一(유일)
誰	누구 수	예) 誰何(수하)
稚	어릴 치	예) 稚拙(치졸)
堆	쌓을 퇴	예) 堆積(퇴적)

실력점검하기 06 | 혼동하기 쉬운 한자

[1~20] 다음 한자(漢字)의 뜻은 무엇입니까?

01　控
① 속이 비다　② 당기다　③ 배부르다
④ 정성　⑤ 어리석다

02　競
① 삼가다　② 같다　③ 떨리다
④ 다투다　⑤ 굳다

03　抗
① 구덩이　② 겨루다　③ 묻다
④ 비다　⑤ 뒷간

04　璽
① 비　② 너　③ 옥새
④ 고리　⑤ 주석

05　孤
① 손톱　② 오이　③ 여우
④ 의심하다　⑤ 외롭다

06　囊
① 주머니　② 속　③ 적다
④ 돌보다　⑤ 치마

07　汲
① 마시다　② 모이다　③ 잠기다
④ 긷다　⑤ 빠지다

08　瓜
① 손톱　② 오이　③ 기와
④ 상처　⑤ 자르다

09　頌
① 거느리다　② 소유하다　③ 칭송하다
④ 용서하다　⑤ 나누다

10　昧
① 끝　② 아니다　③ 어둡다
④ 맛　⑤ 누이

11　兎
① 토끼　② 면하다　③ 내치다
④ 노력하다　⑤ 늦다

12　栢
① 치다　② 맏이　③ 측백
④ 핍박하다　⑤ 힘쓰다

정답　01 ②　02 ④　03 ②　04 ③　05 ⑤　06 ①　07 ④　08 ②　09 ③　10 ③　11 ①　12 ③

13 傅
① 넓다 ② 전하다 ③ 엷다
④ 스승 ⑤ 문서

14 辨
① 말씀 ② 힘들이다 ③ 분별하다
④ 다투다 ⑤ 명석하다

15 衷
① 쇠하다 ② 슬프다 ③ 겉
④ 모범 ⑤ 속마음

16 姙
① 맡기다 ② 임신하다 ③ 위임하다
④ 양육하다 ⑤ 품삯

17 歪
① 기울다 ② 아니다 ③ 부르다
④ 바르다 ⑤ 막히다

18 撒
① 통하다 ② 버리다 ③ 즐기다
④ 거느리다 ⑤ 뿌리다

19 膝
① 무성하다 ② 이기다 ③ 무릎
④ 오르다 ⑤ 어깨

20 斬
① 잠시 ② 베다 ③ 점점
④ 젖다 ⑤ 졸지에

[21~50] 다음 단어들의 '□'에 공통으로 들어갈 알맞은 한자(漢字)는 어느 것입니까?

21 □鍊, □工, □冶
① 短 ② 緞 ③ 鍛
④ 湍 ⑤ 袒

22 繁□, 養□, 增□
① 榮 ② 殖 ③ 蝕
④ 浧 ⑤ 悝

23 □羅, □膜, 漁□
① 網 ② 葬 ③ 沫
④ 鼓 ⑤ 船

24 嚴□, □酷, □虐
① 塾 ② 苛 ③ 自
④ 稼 ⑤ 賈

25 □言, □臣, □戒
① 忠 ② 甄 ③ 衍
④ 艮 ⑤ 諫

정답 13 ④ 14 ② 15 ⑤ 16 ② 17 ① 18 ⑤ 19 ③ 20 ② 21 ③ 22 ② 23 ① 24 ② 25 ⑤

26 □揚, 上□, □載
① 揭 ② 偈 ③ 浮
④ 剖 ⑤ 攷

27 氷□, 油□, 製□
① 瓜 ② 價 ③ 控
④ 菓 ⑤ 橘

28 祕□, □別, □宴
① 密 ② 送 ③ 壽
④ 鼠 ⑤ 訣

29 □滅, □亂, 崩□
① 櫃 ② 傀 ③ 潰
④ 噴 ⑤ 煉

30 □倫, □德, □子
① 痲 ② 悖 ③ 戮
④ 悼 ⑤ 浿

31 貯□, □積, 含□
① 吐 ② 蓄 ③ 扱
④ 足 ⑤ 毆

32 □生, □舞, 妙□
① 歌 ② 躬 ③ 漱
④ 妓 ⑤ 態

33 □煙, 滿□, □怯
① 喫 ② 哨 ③ 羨
④ 溟 ⑤ 窒

34 缺□, 窮□, □人
① 然 ② 逼 ③ 乏
④ 嫡 ⑤ 睿

35 □夢, □教, □氣
① 煙 ② 錫 ③ 栢
④ 撈 ⑤ 胎

36 □報, □者, 間□
① 蝶 ② 諜 ③ 葉
④ 牒 ⑤ 葉

37 晩□, 午□, 聖□
① 函 ② 勵 ③ 馳
④ 餐 ⑤ 倡

38 自□, □笑, □弄
① 嘲 ② 肅 ③ 楨
④ 戲 ⑤ 談

39 □問, □詢, □議
① 玩 ② 踊 ③ 穗
④ 諮 ⑤ 皐

정답 26 ① 27 ④ 28 ⑤ 29 ③ 30 ② 31 ② 32 ④ 33 ① 34 ③ 35 ⑤ 36 ② 37 ④ 38 ① 39 ④

40 □器, 靑□, □印
① 瓷　② 炙　③ 咨
④ 滋　⑤ 藉

41 □全, 不□, □當
① 鑿　② 佃　③ 掘
④ 遁　⑤ 穩

42 氣□, 火□, □硝
① 瀑　② 焰　③ 謬
④ 玵　⑤ 壙

43 血□, 唾□, □體
① 昱　② 笙　③ 液
④ 壺　⑤ 腔

44 把□, 掌□, □手
① 捉　② 匣　③ 嶽
④ 扱　⑤ 握

45 浸□, 侵□, 腐□
① 羹　② 透　③ 湜
④ 蝕　⑤ 套

46 □戈, □鼻, 矛□
① 盾　② 戟　③ 皐
④ 荀　⑤ 伎

47 報□, 應□, □酌
① 漱　② 狩　③ 戍
④ 酬　⑤ 嫂

48 人□, 水□, 紅□
① 蒐　② 遜　③ 蔘
④ 茶　⑤ 原

49 恐□, □悚, 驚□
① 惶　② 璜　③ 潢
④ 湟　⑤ 幌

50 沃□, □農, 反□
① 逕　② 査　③ 杳
④ 沓　⑤ 畓

정답 40 ① 41 ⑤ 42 ② 43 ③ 44 ⑤ 45 ④ 46 ① 47 ④ 48 ③ 49 ① 50 ⑤

DAY 14 사자성어

★은 빈출 사자성어입니다.
★ 개수가 많을수록 중요도가 높으니, 시험 전 최종 점검에 활용해 보세요!

呵呵大笑 가가대소	소리를 크게 내어 웃음 유 홍연대소(哄然大笑)	**刻骨難忘** 각골난망	뼛속에 새겨 두고 잊지 않는다는 뜻으로, 남에게 입은 은혜가 마음속 깊이 새겨져 잊히지 아니함 유 백골난망(白骨難忘)
家家戶戶 가가호호	각 집과 각 호(戶). 즉, 집집마다	**刻骨銘心** 각골명심	뼛속에 새기고 마음속에 새긴다는 뜻으로, 마음속 깊이 새겨서 잊지 않음
街談巷說 가담항설	길거리에 떠도는 소문. 세상의 풍문 유 가담항어(街談巷語)	**刻骨痛恨** 각골통한	뼈에 사무쳐 마음속 깊이 맺힌 원한 유 각골지통(刻骨之痛)
★ **苛斂誅求** 가렴주구	세금 같은 것을 가혹하게 거두어들이고 물건을 강제로 청구하여 국민을 못 살게 구는 일	★★ **角者無齒** 각자무치	뿔이 있는 놈은 이가 없다는 뜻으로, 한 사람이 모든 복을 겸하지는 못함
佳人薄命 가인박명	아름다운 여자는 기박(奇薄)한 운명을 타고남 유 미인박명(美人薄命)	**刻舟求劍** 각주구검	강물에 칼을 떨어뜨리게 되자 배에 칼이 떨어진 곳을 새겨 놓고 나중에 칼을 찾았다는 고사에서 유래. 어리석고 융통성이 없는 것을 비유
刻苦勉勵 각고면려	몹시 애쓰고 힘씀 유 각고정려(刻苦精勵)	**艱難辛苦** 간난신고	몹시 힘이 들고 쓰라린 고통이나 갖은 고초(苦楚)를 다 겪음

사자성어	뜻	사자성어	뜻
肝腦塗地 (간뇌도지)	참살(慘殺)을 당하여 간(肝)과 뇌(腦)가 땅바닥에 으깨어진다는 뜻으로, 국사(國事)에 목숨을 돌보지 않고 힘을 다함	★ **甘吞苦吐** (감탄고토)	달면 삼키고 쓰면 뱉는다는 뜻으로, 사리(事理)의 옳고 그름을 따지지 않고 자기 비위에 맞으면 좋아하고, 맞지 않으면 싫어한다는 말
★ **肝膽相照** (간담상조)	서로 속마음을 털어놓고 친하게 사귐. 간담(肝膽)은 간과 쓸개로 마음을 말함	**甲男乙女** (갑남을녀)	갑(甲)이란 남자와 을(乙)이란 여자라는 뜻으로, 평범한 사람을 말함 유 선남선녀(善男善女), 장삼이사(張三李四), 필부필부(匹夫匹婦)
竿頭之勢 (간두지세)	매우 위태한 상황에 놓임 유 누란지위(累卵之危)	**剛木水生** (강목수생)	마른 나무에서 물을 내게 한다는 뜻으로, 아무것도 없는 사람에게 없는 것을 내놓으라고 강요함 유 乾木水生(건목수생)
渴而穿井 (갈이천정)	목이 말라야 우물을 판다는 뜻으로, 이미 때가 늦은 것을 일컬음 유 임갈굴정(臨渴掘井)	**康衢煙月** (강구연월)	번화한 거리의 안개 낀 흐릿한 달이란 뜻으로, 태평한 시대의 평화로운 풍경을 말함
感慨無量 (감개무량)	마음에서 느끼는 감동이나 느낌이 끝이 없음	**剛柔兼全** (강유겸전)	굳셈과 부드러움을 모두 갖춤. 즉, 성품이 굳세면서도 부드러움
甘言利說 (감언이설)	남의 비위에 맞도록 꾸민 달콤한 말과 이로운 조건을 붙여 꾀는 말	**剛毅木訥** (강의목눌)	의지(意志)가 굳고 용기(勇氣)가 있으며 꾸밈이 없고 말수가 적은 사람을 비유함 반 교언영색(巧言令色)
感之德之 (감지덕지)	감사하게 여기고 덕으로 여긴다는 뜻으로, 대단히 고맙게 여기는 것을 말함	**江湖煙波** (강호연파)	강이나 호수 위에 안개처럼 보얗게 이는 잔물결. 곧, 대자연(大自然)의 풍경

改過遷善 개과천선	허물을 고치고 착하게 변함 (유) 회과천선(悔過遷善)	**車水馬龍** 거수마룡	거마(車馬)의 왕래가 흐르는 물이나 길게 늘어진 용처럼 끊임없이 많음
蓋棺事定 개관사정	관(棺)의 뚜껑을 덮고서야 일이 정해짐. 사람이 죽은 뒤에야 비로소 그 사람이 살아 있었을 때의 가치를 알 수 있음	**居安思危** 거안사위	편안할 때 위태로움을 생각함 (유) 유비무환(有備無患) (반) 망양보뢰(亡羊補牢)
開門揖盜 개문읍도	일부러 문을 열어 놓고 도둑을 청한다는 뜻으로, 스스로 화를 불러들인다는 말 (유) 개문납적(開門納賊)	**擧案齊眉** 거안제미	밥상을 들어 눈썹과 나란히 하여 놓았다는 고사에서 유래한 말로, 아내가 남편을 깍듯이 공경함
改善匡正 개선광정	좋도록 고치고 바로잡음	**去者日疎** 거자일소	서로 멀리 떨어져 있으면 사이가 멀어짐
蓋世之才 개세지재	세상을 뒤덮을 만한 재주. 또는 그러한 재주를 가진 사람 (유) 발산개세(拔山蓋世)	**去者必返** 거자필반	떠난 자는 반드시 돌아옴 (반) 회자정리(會者定離)
客反爲主 객반위주	손이 도리어 주인이 됨 (유) 주객전도(主客顚倒)	★ **乾坤一擲** 건곤일척	흥망성패(興亡成敗)를 걸고 단판싸움을 함
★★ **去頭截尾** 거두절미	머리와 꼬리를 잘라버린다는 뜻으로, 앞뒤의 잔사설을 빼놓고 요점(要點)만을 말함	★ **格物致知** 격물치지	사물의 이치를 연구하여 자기의 지식을 확고하게 함

隔世之感 (격세지감)	세대(世代)를 거른 듯한 느낌. 즉, 다른 세대가 된 듯 몹시 달라진 느낌
擊壤之歌 (격양지가)	땅을 두드리며 부르는 노래. 매우 살기 좋은 시절
★ **牽强附會** (견강부회)	이치에 맞지 않는 것을 억지로 끌어다 붙임
★ **見利忘義** (견리망의)	이익을 보면 의리(義理)를 잊음 반 견리사의(見利思義)
★★★ **見利思義** (견리사의)	눈앞에 이익(利益)을 보거든 먼저 그것을 취함이 의리(義理)에 합당(合當)한지를 생각하라는 말
犬馬之勞 (견마지로)	개나 말의 하찮은 수고라는 뜻으로, 임금이나 나라에 충성을 다하려는 노력을 낮추어 이르는 말
犬馬之誠 (견마지성)	임금이나 나라에 바치는 정성. 자기의 정성을 낮추어 일컫는 말
見蚊拔劍 (견문발검)	모기를 보고 칼을 뺀다는 뜻으로, 조그만 일에 허둥지둥 덤비는 것을 말함 유 노승발검(怒蠅拔劍)
見物生心 (견물생심)	물건을 보면 갖고 싶은 욕심이 생김을 이르는 말
堅如金石 (견여금석)	굳기가 쇠나 돌과 같다는 말
犬猿之間 (견원지간)	개와 원숭이의 사이처럼 대단히 사이가 나쁜 관계
見危授命 (견위수명)	나라가 위태로울 때는 자신의 목숨까지도 바침 유 견위치명(見危致命)
堅忍不拔 (견인불발)	굳게 참고 버티어 마음을 빼앗기지 아니함
犬兎之爭 (견토지쟁)	빠른 개가 날쌘 토끼를 잡다가 둘 다 죽자 나무꾼이 개와 토끼를 모두 얻음. 제삼자가 이익을 보는 것을 말함 유 어부지리(漁夫之利)

結跏趺坐 결가부좌	승려나 수행인이 앉는 한 자세 유 전가부좌(全跏趺坐)
★ 結者解之 결자해지	맺은 사람이 풀어야 한다는 뜻으로, 자기가 저지른 일은 스스로 해결해야 한다는 말
★★★ 結草報恩 결초보은	죽어서라도 은혜를 갚음 유 각골난망(刻骨難忘)
謙讓之德 겸양지덕	겸손하고 사양하는 미덕
兼人之勇 겸인지용	몇 사람을 당해낼 만한 용기
輕擧妄動 경거망동	경솔하고 망령(妄靈)된 행동
傾國之色 경국지색	한 나라의 형세를 기울어지게 할 만한 뛰어나게 아름다운 미인

耕當問奴 경당문노	농사는 마땅히 머슴에게 물어야 한다는 뜻으로, 모르는 일은 잘 아는 사람에게 물어야 한다는 말
經世濟民 경세제민	세상을 다스리고 백성을 구제함
敬而遠之 경이원지	존경하면서도 가까이하지는 않음 ※ 경원(敬遠) : 겉으로는 존경하는 체하면서 실제로는 가까이하지 않는다는 뜻도 있음)
鏡中美人 경중미인	거울 속의 미인이란 뜻으로, 실속이 없는 일을 가리킴
敬天勤民 경천근민	하늘을 공경하고 백성을 다스리기에 부지런함
驚天動地 경천동지	하늘을 놀라게 하고 땅을 뒤흔든다는 뜻으로, 세상을 몹시 놀라게 함
敬天愛人 경천애인	하늘을 공경하고 사람을 사랑함

經天緯地 (경천위지)	하늘을 날로 하고 땅을 씨로 한다는 뜻으로, 온 천하를 경륜(經綸)하여 다스림
繼繼承承 (계계승승)	자자손손이 대를 이어 감
鷄口牛後 (계구우후)	닭의 주둥이와 소의 꼬리라는 뜻으로, 큰 단체의 꼴찌보다는 작은 단체의 우두머리가 되는 것이 오히려 나음
鷄卵有骨 ★★ (계란유골)	달걀에도 뼈가 있다는 뜻으로, 복이 없는 사람은 아무리 좋은 기회를 만나도 덕을 보지 못함
鷄鳴狗盜 (계명구도)	비굴하게 남을 속이는 하찮은 재주. 또는 그런 재주를 가진 사람을 이르는 말
股肱之臣 (고굉지신)	임금이 가장 믿고 중히 여기는 신하 ※ 고굉(股肱 : 다리와 팔)
孤軍奮鬪 ★ (고군분투)	외로운 군력(軍力)으로 분발하여 싸운다는 뜻으로, 홀로 여럿을 상대로 하여 싸움
高談峻論 ★★ (고담준론)	고상(高尚)하고 준엄(峻嚴)한 담론(談論)
高臺廣室 (고대광실)	높은 대(臺)와 넓은 집이란 뜻으로, 굉장히 크고 좋은 집을 말함
苦肉之策 (고육지책)	자기 몸을 상해가면서까지 꾸며 내는 계책. 어려운 상태에서 벗어나기 위해 어쩔 수 없이 꾸며 내는 계책 유 고육지계(苦肉之計)
孤立無援 ★★★ (고립무원)	고립(孤立)되어 구원(救援)받을 데가 없음
膏粱珍味 (고량진미)	기름진 고기와 좋은 곡식으로 만든 음식이란 뜻으로 아주 맛있는 음식
孤立無依 (고립무의)	고립되어 의지할 데가 없음 유 고성낙일(孤城落日)
鼓腹擊壤 (고복격양)	한 노인이 배를 두드리고 땅을 치면서 요임금의 덕을 찬양하고 태평을 즐긴 고사에서 유래한 말. 태평세월(太平歲月)을 의미함

孤城落日 고성낙일	외딴 성에서 해마저 지려 한다는 뜻으로, 도움이 없는 고립된 상태를 말함	**骨肉相爭** 골육상쟁	뼈와 살이 서로 싸운다는 말로, 동족이나 친족끼리 서로 싸우는 것을 비유함 유 골육상잔(骨肉相殘), 골육상전(骨肉相戰)
姑息之計 고식지계	제 아내와 자식만을 위한 계책이란 뜻으로, 당장의 편안함만을 꾀하는 일시적인 방편	**公卿大夫** 공경대부	공경(公卿 : 三公과 九卿)이나 대부(大夫)의 지위에 있는 사람들. 벼슬이 높은 사람들
高屋建瓴 고옥건령	높은 지붕 위에서 물을 담은 독을 기울여 쏟으면 그 내리쏟는 물살은 무엇으로도 막기 힘들다는 뜻으로, 기세가 왕성함을 이르는 말	**共倒同亡** 공도동망	같이 넘어지고 함께 망함. 운명을 같이함
孤掌難鳴 고장난명	외손뼉은 울리지 않는다는 뜻으로, 혼자만의 힘으로는 어떤 일을 하기가 어렵다는 것을 비유함	**空理空論** 공리공론	헛된 이치와 논의란 뜻으로, 사실에 맞지 않은 이론과 실제와 동떨어진 논의
苦盡甘來 고진감래	괴로움이 다하면 즐거움이 온다는 말	**公明正大** 공명정대	공명하고 정대함. 떳떳함
曲學阿世 곡학아세	학문을 왜곡하여 세속에 아부함	**空前絶後** 공전절후	비교할 만한 것이 이전에도 없고 이후에도 없음 유 전무후무(前無後無)
汨沒無暇 골몰무가	한 가지 일에 빠져 조금도 틈이 없음 유 골골무가(汨汨無暇)	**空中樓閣** 공중누각	공중의 누각이라는 뜻으로, 근거없는 가공의 사물

過恭非禮 (과공비례)	지나치게 공손한 것은 예가 아니라는 뜻으로, 지나친 공손은 도리어 실례가 된다는 말
誇大妄想 (과대망상)	턱없이 과장하여 그것을 믿는 망령된 생각
★★ **過猶不及** (과유불급)	정도를 지나침은 미치지 못한 것과 같음 유 과여불급(過如不及)
瓜田李下 (과전이하)	오이밭에서는 신을 고쳐 신지 않고, 오얏나무 밑에서는 갓을 고쳐 쓰지 않음. 의심받을 일은 하지 말라는 뜻
管鮑之交 (관포지교)	춘추시대 제(齊)나라의 관중(管仲)과 포숙(鮑叔)이 매우 사이좋게 교제하였다는 고사에서, 친구 사이의 매우 다정하고 허물없는 교제를 말함
刮目相對 (괄목상대)	눈을 비비고 서로 대한다는 말로, 남의 학식이나 재주가 갑자기 크는 것을 보고 그에 대한 인식을 새롭게 함
光明正大 (광명정대)	언행이 떳떳하고 정당함
光陰如流 (광음여류)	세월의 흐름이 흐르는 물과 같이 빠름 유 광음유수(光陰流水)
曠日持久 (광일지구)	헛되이 날을 보내며 오래 버팀
矯角殺牛 (교각살우)	소의 뿔을 바로잡으려다 소를 죽임. 작은 일로 인해 큰일을 그르침. 결점이나 흠을 고치려다가 수단이 지나쳐서 일을 그르치는 것을 비유함
巧言令色 (교언영색)	남의 환심을 사려고 아첨하는 교묘한 말과 보기 좋게 꾸미는 얼굴빛
敎外別傳 (교외별전)	선종(禪宗)에서 경전(經典) 등의 문자나 말에 의하지 않고 석존(釋尊)의 오도(悟道)를 마음에서 마음으로 전하는 것
★ **膠柱鼓瑟** (교주고슬)	비파나 거문고의 기러기발을 아교로 붙여 놓으면 음조를 바꾸지 못하여 한 가지 소리밖에 내지 못하듯이, 고지식하여 융통성이 전혀 없음
敎學相長 (교학상장)	남을 가르치는 일과 스승에게서 배우는 일이 서로 자기의 학문을 길러 줌

救世濟民 구세제민	세상을 구하고 민생을 구제함

★ 口尙乳臭 구상유취	입에서 아직 젖내가 난다는 뜻으로, 언행이 매우 유치함

九曲肝腸 구곡간장	굽이굽이 사무친 마음속

★★ 口耳之學 구이지학	남에게 들은 것을 그대로 남에게 전할 정도(程度)밖에 되지 않는 천박(淺薄)한 학문(學問)

救國干城 구국간성	나라를 구원하는 방패와 성이란 뜻으로, 나라를 구하여 지키는 믿음직한 군인이나 인물을 비유함

九回之腸 구회지장	장이 뒤틀릴 정도로 괴롭고 고통스러움. 뒤틀려 꼬부라진 모양

狗尾續貂 구미속초	담비의 꼬리가 모자라 개의 꼬리로 잇는다는 뜻으로, 훌륭한 것 위에 보잘것없는 것이 잇따름

★★★★ 九牛一毛 구우일모	여러 마리의 소의 털 가운데서 한 가닥의 털. 곧, 아주 큰 물건 속에 있는 아주 작은 물건

口腹之計 구복지계	먹고 살아가는 방법

九折羊腸 구절양장	아홉 번 꺾인 양의 창자란 뜻에서, 꼬불꼬불하고 험한 산길을 말함

口蜜腹劍 구밀복검	입으로는 달콤한 소리를 하면서 마음속에 칼을 품음. 겉으로는 친절한 듯하나 속으로는 해칠 생각을 품는 것을 말함

國泰民安 국태민안	나라는 태평하고 백성은 평안함

★ 九死一生 구사일생	거의 죽을 뻔하다가 겨우 살아남. 대단히 위태로움

群鷄一鶴 군계일학	많은 닭 가운데의 한 마리의 학. 많은 평범한 사람들 중의 뛰어난 인물 유 계군일학(鷄群一鶴), 계군고학(鷄群孤鶴)

軍令泰山 (군령태산)	군대의 명령은 태산같이 무거움
君臣有義 (군신유의)	오륜(五倫)의 하나로, 임금과 신하에게는 의(義)가 있어야 한다는 말
群雄割據 (군웅할거)	많은 영웅들이 각지에 자리 잡고 서로 세력을 다툼
君爲臣綱 (군위신강)	삼강(三綱)의 하나로, 임금은 신하의 모범이 되어야 한다는 말
★★ 君子三樂 (군자삼락)	맹자가 말한 군자의 세 가지 즐거움. 부모가 살아 계시고 형제가 무고한 것, 하늘에 부끄러울 것이 없는 것, 천하의 뛰어난 인재를 얻어 교육하는 것
屈而不伸 (굴이불신)	굽히고는 펴지 아니함
窮餘之策 (궁여지책)	매우 궁(窮)한 나머지 짜낸 계책 유 궁여일책(窮餘一策)
權謀術數 (권모술수)	사람을 속이는 임기응변(臨機應變)의 모략과 수단
權不十年 (권불십년)	아무리 높은 권세도 십 년을 가지 못한다는 말
勸善懲惡 (권선징악)	착한 일을 권장하고 악한 일을 징계함
★ 捲土重來 (권토중래)	흙먼지를 날리며 다시 온다는 뜻으로, 한 번 패한 자가 힘을 돌이켜 전력을 다하여 다시 쳐들어옴
貴鵠賤鷄 (귀곡천계)	따오기를 귀하게 여기고 닭을 천하게 여김. 즉 먼 데 있는 것을 귀하게 여기고 가까운 데 있는 것을 천하게 여김
橘化爲枳 (귤화위지)	회남(淮南)의 귤이 회북(淮北)으로 가면 변하여 탱자가 된다는 뜻으로, 사람도 경우·처지에 따라 그 기질이 변함
貴耳賤目 (귀이천목)	귀를 귀하게 여기고 눈을 천하게 여김. 먼 곳에 있는 것을 귀하게 여기고, 가까운 것을 천하게 여김

極惡無道 (극악무도)	아주 악하고 도리에 완전히 어긋나있음
克己復禮 (극기복례)	자기의 사욕을 극복하고 예(禮)를 회복함
★ **近墨者黑** (근묵자흑)	먹을 가까이하는 사람은 검어진다는 뜻으로, 나쁜 사람을 가까이하면 그 버릇에 물들기 쉽다는 말 유 근주자적(近朱者赤)
近朱者赤 (근주자적)	붉은색을 가까이하는 사람은 붉어지게 됨 유 근묵자흑(近墨者黑)
★★ **金科玉條** (금과옥조)	금옥(金玉)과 같이 몹시 귀중한 법칙이나 규정
金蘭之契 (금란지계)	친구 사이의 매우 두터운 정을 이르는 말 유 금석지계(金石之契)
錦上添花 (금상첨화)	비단 위에다 꽃을 얹는다는 뜻으로, 좋은 일이 겹침 반 설상가상(雪上加霜)
金石盟約 (금석맹약)	쇠나 돌 같은 굳은 약속(約束)
今昔之感 (금석지감)	지금과 옛적을 비교하여 생각할 때 그 차이가 심함을 보고 느끼는 감정 유 격세지감(隔世之感)
金石之交 (금석지교)	쇠나 돌처럼 굳고 변함없는 교제 유 금석지계(金石之契)
金城鐵壁 (금성철벽)	쇠로 된 성과 철로 만든 벽이라는 뜻으로, 방어시설이 아주 견고한 성 유 금성탕지(金城湯池)
金城湯池 (금성탕지)	쇠로 만든 성과 그 둘레에 파 놓은 뜨거운 물로 가득 찬 못. 방어시설이 잘되어 있는 성을 말함 유 금성철벽(金城鐵壁)
錦繡江山 (금수강산)	비단 위에 수(繡)를 놓은 듯 아름다운 산천(山川). 우리나라 강산의 아름다움을 일컫는 말
琴瑟之樂 (금슬지락)	부부 사이가 좋은 것. 금슬(琴瑟)은 거문고와 비파로, 부부 또는 부부사이를 말함

今始初聞 (금시초문)	바로 지금 처음으로 들음
錦衣夜行 (금의야행)	비단옷을 입고 밤에 다닌다는 뜻으로, 아무 보람이 없는 행동을 비유함
錦衣玉食 (금의옥식)	비단옷, 옥과 같이 흰 쌀밥이란 뜻으로, 사치스런 의식(衣食)을 가리킴 유 호의호식(好衣好食) 반 악의악식(惡衣惡食)
錦衣還鄉 (금의환향)	비단옷을 입고 고향으로 돌아온다는 뜻으로, 출세를 하여 고향에 돌아옴
金枝玉葉 (금지옥엽)	금으로 된 가지와 옥으로 된 잎사귀라는 뜻으로, 임금의 자손이나 집안, 혹은 귀여운 자손을 비유함
氣高萬丈 (기고만장)	기격(氣格)의 높이가 만 발이나 된다는 뜻으로, 기운이 펄펄 나는 모양을 말함
起死回生 (기사회생)	사경(死境)에서 일어나 되살아남. 곧, 중병(重病)으로 죽을 뻔하다가 도로 회복되어 살아남
奇想天外 (기상천외)	보통으로는 생각할 수 없는 기발한 생각이나 그런 모양
起承轉結 (기승전결)	한시에서 시구를 구성하는 방법. 글을 짜임새 있게 짓는 형식
奇巖怪石 (기암괴석)	기이한 바위와 괴이한 돌
杞人之憂 (기인지우)	기(杞)나라 사람이 하늘이 무너져 내리지 않을까 걱정했다는 고사에서 유래한 말로, 장래의 일에 대한 쓸데없는 걱정을 말함
幾至死境 (기지사경)	거의 죽을 지경에 이름
氣盡脈盡 (기진맥진)	힘을 모두 써서 지쳐 쓰러질 것 같은 상태가 됨
其臭如蘭 (기취여란)	매우 가까운 친구 사이

騎虎之勢 기호지세	범을 타고 달리는 듯한 기세라는 뜻으로, 중도에서 그만둘 수 없는 형세를 나타내는 말	★★★★ 難兄難弟 난형난제	누가 형인지 누가 아우인지 분간하기 어렵다는 뜻으로, 두 사물의 낫고 못함을 분간하기 어려울 때를 비유하는 말
吉凶禍福 길흉화복	길흉(吉凶)과 화복(禍福)	南柯一夢 남가일몽	남쪽 가지에서의 꿈이란 뜻으로, 덧없는 꿈이나 한때의 헛된 부귀영화를 이르는 말
落落長松 낙락장송	가지가 축축 길게 늘어지고 키가 큰 소나무	★ 南橘北枳 남귤북지	남쪽 땅의 귤나무를 북쪽에 옮겨 심으면 탱자 나무로 변한다는 뜻으로, 사람도 그 처해 있는 곳에 따라 선하게도 되고 악하게도 됨을 이르는 말
落木寒天 낙목한천	낙엽 진 나무와 차가운 하늘. 곧, 추운 겨울철을 말함	★ 南男北女 남남북녀	예전부터 우리나라에서 남쪽 지방(地方)은 남자(男子)가 잘나고, 북쪽 지방(地方)은 여자(女子)가 곱다는 뜻으로 일러 내려오는 말
落花流水 낙화유수	떨어지는 꽃과 흐르는 물. 가는 봄의 경치, 또는 영락(零落)한 상황을 말함. 남녀 사이에 서로 그리는 정이 있다는 비유로도 쓰임	男負女戴 남부여대	남자는 등에 지고 여자는 머리에 인다는 뜻. 가난한 사람들이 떠돌아다니면서 사는 것
難攻不落 난공불락	공격하기가 어려워 함락(陷落)되지 않음	★ 囊中之錐 낭중지추	주머니 속에 든 송곳은 끝이 뾰족하여 밖으로 나옴. 뛰어난 재주를 가진 사람은 숨기려 해도 저절로 드러난다는 뜻
亂臣賊子 난신적자	나라를 어지럽히는 신하와 어버이를 해치는 자식을 일컫는 말	囊中取物 낭중취물	주머니 속에 지닌 물건을 꺼낸다는 뜻으로, 아주 쉬운 일이나 손쉽게 얻을 수 있는 일을 비유하는 말

內憂外患 (내우외환)	나라 안팎의 근심 걱정
內柔外剛 (내유외강)	사실은 마음이 약한데도 외부에는 강하게 나타남 반 내강외유(內剛外柔)
怒氣衝天 (노기충천)	성난 기색(氣色)이 하늘을 찌를 정도라는 뜻으로, 잔뜩 성이 나 있음을 말함
路柳墻花 (노류장화)	누구나 꺾을 수 있는 길가의 버들과 담 밑의 꽃으로, 창부(娼婦)를 가리키는 말
勞心焦思 (노심초사)	마음으로 애를 쓰며 속을 태움 유 초심고려(焦心苦慮)
綠楊芳草 (녹양방초)	푸른 버들과 아름다운 풀
綠衣紅裳 (녹의홍상)	연두 저고리에 다홍 치마. 젊은 여자의 곱게 치장한 복색(服色)
論功行賞 (논공행상)	세운 공을 논정(論定)하여 상을 줌
弄瓦之慶 (농와지경)	딸을 낳은 즐거움
雷聲霹靂 (뇌성벽력)	천둥소리와 벼락을 아울러 이르는 말 유 뇌정벽력(雷霆霹靂)
★ 累卵之勢 (누란지세)	달걀을 포개어 놓은 것과 같은 몹시 위태로운 형세를 말함 유 누란지위(累卵之危), 위여누란(危如累卵)
能小能大 (능소능대)	작은 일에도 능하고 큰일에도 능하다는 뜻으로, 모든 일에 두루 능함
多岐亡羊 (다기망양)	달아난 양(羊)을 찾으려 할 때에 길이 여러 갈래여서 끝내 양을 잃었다는 것에서 유래한 말. 방침(方針)이 많아서 도리어 갈 바를 모름
★★★★★ 多多益善 (다다익선)	많을수록 더욱 좋음

多才多能 (다재다능) ★★	재능이 많다는 말	**大驚失色** (대경실색)	크게 놀라서 얼굴빛을 잃음 유 대경실성(大驚失性)
斷機之敎 (단기지교)	학문을 중도에서 그만두는 것은 짜던 베의 날을 끊는 것과 같다는 가르침 유 단기지계(斷機之戒), 맹모단기(孟母斷機)	**大器晩成** (대기만성)	큰 솥이나 큰 종 같은 것을 주조(鑄造)하는 데는 시간이 오래 걸리듯이 크게 될 사람은 늦게 이루어진다는 말
單刀直入 (단도직입) ★	한칼로 바로 적진에 쳐들어간다는 뜻으로, 문장 등에서 요점을 바로 말하여 들어감 유 일침견혈(一針見血)	**大同小異** (대동소이)	다른 점보다는 같은 점이 많음 유 오십보백보(五十步百步)
簞食瓢飮 (단사표음)	대바구니의 밥과 표주박의 물이란 뜻으로, 변변치 못한 음식, 소박한 생활을 비유하는 말 유 단표누항(簞瓢陋巷)	**大聲痛哭** (대성통곡)	큰 목소리로 슬피 욺 유 방성대곡(放聲大哭)
堂狗風月 (당구풍월)	당구삼년(堂狗三年)에 폐풍월(吠風月). 즉, 서당 개 삼 년에 풍월을 짓는다는 속담	**大義滅親** (대의멸친)	대의를 위해서는 부모와 형제도 돌아보지 않음
螳螂拒轍 (당랑거철)	사마귀가 팔을 벌리고 수레바퀴를 막는다는 뜻으로, 제 분수도 모르고 강적에게 반항함	**大義名分** (대의명분)	정당한 명분
當然之事 (당연지사)	당연한 일	**大慈大悲** (대자대비)	불교 용어로, 넓고 커서 끝이 없는 자비를 말함

徒勞無益 (도로무익)	한갓 애만 쓰고 이로움이 없음 유 도로무공(徒勞無功)
道聽塗說 (도청도설)	길에서 듣고 길에서 말한다는 뜻으로, 길거리에 떠돌아다니는 뜬소문
塗炭之苦 (도탄지고)	진흙탕에 빠지고 숯불에 타는 듯한 고생
獨不將軍 (독불장군)	혼자서는 장군이 못 된다는 뜻으로, 남과 협조해야 한다는 말. 제 생각대로 혼자서 처리하는 사람, 혹은 따돌림을 받는 사람을 말함
讀書三到 (독서삼도)	책을 읽는 데에는 눈으로 보고, 입으로 읽고, 마음으로 깨우쳐야 한다는 말
讀書三昧 (독서삼매)	오직 책 읽기에만 골몰하는 일
獨也靑靑 (독야청청)	홀로 푸름. 혼탁한 세상에서 홀로 높은 절개를 드러내고 있음을 말함
同價紅裳 (동가홍상)	같은 값이면 다홍치마. 같은 조건이면 좀 더 나은 것을 선택함
同苦同樂 (동고동락)	같이 고생하고 같이 즐김. 괴로움과 즐거움을 함께 함
同工異曲 (동공이곡)	재주는 같으나 취미가 다름. 곧 모두 기교는 훌륭하나 그 내용이 다르다는 말 유 동공이체(同工異體)
東頭西尾 (동두서미)	제사를 지내면서 제수(祭需)를 진설(陳設)할 때, 생선의 경우는 머리를 동쪽으로 놓고 꼬리를 서쪽으로 놓는 것을 말함
棟梁之材 (동량지재)	마룻대와 들보가 될 만한 재목이라는 뜻에서, 한 집이나 한 나라를 맡아 다스릴 만한 훌륭한 인재를 말함
★★★★★ **東問西答** (동문서답)	동쪽에서 묻는데 서쪽에서 대답한다는 뜻으로, 묻는 말에 대하여 아주 딴판의 소리로 대답함
同病相憐 (동병상련)	같은 병을 앓는 사람끼리 서로 가엾게 여긴다는 뜻으로, 처지가 비슷한 사람끼리 서로 동정함 반 동상이몽(同床異夢)

東奔西走 ★★ 동분서주	사방으로 이리저리 바삐 돌아다님
同床異夢 동상이몽	같은 잠자리에서 다른 꿈을 꾼다는 뜻으로, 같은 처지에 있으면서도 목표가 저마다 다름 반 동병상련(同病相憐)
凍足放尿 ★ 동족방뇨	언 발에 오줌 눈다는 뜻. 잠시의 효력이 있을 뿐, 마침내는 더 나쁘게 될 일을 함. 고식지계(姑息之計)를 비웃는 말
杜門不出 두문불출	문을 닫고 나오지 않는다는 뜻으로, 세상과의 인연을 끊고 은거함
得失相半 득실상반	얻고 잃는 것이 서로 반이라는 뜻으로, 이로움과 해로움이 서로 마찬가지임
登高自卑 등고자비	높은 곳에 올라가려면 낮은 곳에서부터 오름. 일을 하는 데는 반드시 순서를 밟아야 함. 지위가 높아질수록 스스로를 낮춘다는 뜻도 있음
燈下不明 등하불명	등잔 밑이 어둡다는 뜻으로, 가까이 있는 것을 모름
燈火可親 ★★★★★ 등화가친	가을밤은 서늘하여 등불을 가까이 하여 글 읽기에 좋다는 말
馬脚露出 마각노출	말의 다리가 드러남. 숨기려던 정체가 드러남
馬耳東風 ★ 마이동풍	봄바람이 말의 귀에 스쳐도 아무 감각이 없듯이, 남의 말을 귀담아듣지 아니하고 지나쳐 흘려버림 유 우이독경(牛耳讀經)
莫上莫下 막상막하	위도 없고 아래도 없다는 뜻으로, 우열의 차가 없다는 말 유 난형난제(難兄難弟)
莫逆之友 막역지우	서로의 뜻을 거스르지 않는 친한 벗
萬頃蒼波 만경창파	한없이 넓고 푸른 바다. 만경(萬頃)은 '만 이랑', 창파(蒼波)는 '푸른 파도'라는 뜻
萬古不滅 만고불멸	오랜 세월을 두고 사라지지 않음

萬古不變 (만고불변)	오랜 세월을 두고 변하지 않음
晚時之歎 (만시지탄)	때늦은 한탄이라는 뜻으로, 기회를 놓친 것이 원통하여 탄식하는 것을 말함
萬古常靑 (만고상청)	오랜 세월 동안 언제나 푸름
★ 滿身瘡痍 (만신창이)	온몸이 성한 데 없는 상처(傷處)투성이라는 뜻으로, 아주 형편(形便)없이 엉망임을 형용(形容)해 이르는 말
萬古風霜 (만고풍상)	오랫동안 겪어 온 갖가지 고생 ※ 풍상(風霜) : 바람과 서리로서 세상의 어려움)
滿場一致 (만장일치)	모든 사람의 의견이 같음
萬事休矣 (만사휴의)	모든 일이 끝났다는 뜻으로, 모든 일이 전혀 가망이 없음 유 노이무공(勞而無功)
晚秋佳景 (만추가경)	늦가을의 아름다운 경치
萬壽無疆 (만수무강)	아무런 탈 없이 아주 오래 삶
亡命圖生 (망명도생)	망명(亡命)하여 삶을 꾀함
萬里長天 (만리장천)	아득히 높고 먼 하늘
罔極之恩 (망극지은)	다함이 없는 임금이나 부모의 큰 은혜
萬事太平 (만사태평)	어리석어서 모든 일에 아무 걱정이 없이 지냄을 비웃는 말
★ 忘年之交 (망년지교)	나이 차이를 잊고 허물없이 서로 사귐 유 망년교(忘年交), 망년지우(忘年之友), 망년우(忘年友)

亡羊補牢 (망양보뢰)	양을 잃고 우리를 고친다는 말로, 속담 중 '소 잃고 외양간 고친다'와 같은 뜻
★★ **亡羊之歎** (망양지탄)	갈림길에서 양을 잃고 탄식한다는 뜻으로 학문의 길이 여러 갈래로 나눠져 있어 진리를 찾기 어려움 ㈜ 다기망양(多岐亡羊)
茫然自失 (망연자실)	정신을 잃고 어리둥절한 모양
望雲之情 (망운지정)	구름을 바라보며 그리워한다는 뜻으로, 타향에서 고향에 계신 부모를 그리워함
妄自尊大 (망자존대)	아주 건방지게 자기만 잘났다고 뽐내며 남을 업신여김
麥秀之嘆 (맥수지탄)	무성하게 자라는 보리를 보고 탄식한다는 뜻으로, 고국의 멸망에 대한 탄식을 말함 ㈜ 망국지탄(亡國之歎)
★★ **孟母三遷** (맹모삼천)	맹자의 어머니가 맹자를 제대로 교육하기 위하여 집을 세 번이나 옮겼다는 뜻으로, 교육에는 주위 환경이 중요하다는 가르침
★ **面從腹背** (면종복배)	앞에서는 복종하고 마음속으로는 배반한다는 뜻으로, 겉으로는 복종하면서 속으로는 배반하는 것을 말함 ㈜ 양봉음위(陽奉陰違)
滅私奉公 (멸사봉공)	사적(私的)인 것을 버리고 공적(公的)인 것을 위하여 힘써 일함
★★ **明鏡止水** (명경지수)	맑은 거울과 조용한 물이란 뜻으로, 고요하고 잔잔한 마음을 비유함
名實相符 (명실상부)	명목(名目)과 실상(實相)이 서로 부합함
★★ **明若觀火** (명약관화)	밝기가 불을 보는 것과 같다는 뜻으로, 어떤 사실이 불을 보듯이 환함 ㈜ 불문가지(不問可知)
命在頃刻 (명재경각)	목숨이 경각(頃刻 : 아주 짧은 시간)에 있다는 뜻으로, 거의 죽게 되거나 거의 숨이 넘어갈 지경에 이름
目不識丁 (목불식정)	속담 '낫 놓고 기역 자도 모른다.'는 말과 같음 ㈜ 일자무식(一字無識)

目不忍見 (목불인견)	차마 눈으로 볼 수 없을 정도로 참혹하거나 딱한 상황
無不通知 (무불통지)	환히 통하여 알지 못하는 것이 없음
武陵桃源 (무릉도원)	속세를 떠난 별천지(別天地). 도연명(陶淵明)의 도화원기(桃花源記)에서 유래한 말
無所不知 (무소부지)	모르는 것이 없음 유 박람강기(博覽强記)
無所不爲 (무소불위)	못하는 것이 없음. 흔히 권세를 마음대로 부리는 사람, 또는 그러한 경우에 쓰는 말
無爲徒食 (무위도식)	아무 하는 일이 없이 먹기만 함. 게으르거나 능력이 없는 사람을 이르는 말
無障無碍 (무장무애)	아무런 장애가 없음
★ **無知蒙昧** (무지몽매)	아는 것이 없이 어리석음
刎頸之交 (문경지교)	목이 달아나는 한이 있어도 마음이 변치 않을 만큼 친한 교제. 생사를 함께 하는 친한 사이 유 금란지계(金蘭之契)
文房四友 (문방사우)	종이·붓·먹·벼루의 네 문방구(文房具)
★★★ **聞一知十** (문일지십)	하나를 들으면 열을 안다는 뜻으로, 아주 총명함
門前乞食 (문전걸식)	문 앞에서 음식을 구걸한다는 뜻으로, 이집 저집 돌아다니며 빌어먹는 것을 말함
★★★ **門前成市** (문전성시)	권세를 드날리거나 부자가 되어 집의 문 앞이 방문객으로 저자(市)를 이루다시피 한다는 말 유 문정약시(門庭若市)
★ **勿失好機** (물실호기)	좋은 기회를 놓치지 않음 유 시불가실(時不可失)

物我一體 ★★ (물아일체)	바깥 사물과 나, 객관(客觀)과 주관(主觀), 또는 물질계(物質界)와 정신계(精神界)가 어울려 한 몸으로 이루어진 그것
物外閑人 (물외한인)	세상 물정의 번잡함을 벗어나 한가하게 지내는 사람
美辭麗句 (미사여구)	좋은 말과 화려한 글귀
美風良俗 (미풍양속)	아름답고 좋은 풍속
博覽強記 ★ (박람강기)	동서(東西) 고금(古今)의 서적(書籍)을 널리 읽고, 그 내용(內容)을 잘 기억(記憶)하고 있음
博而不精 ★★★ (박이부정)	널리 알지만 정밀하지는 못함
博學多識 (박학다식)	배워서 얻은 지식이 넓고 아는 것이 많음
拍掌大笑 (박장대소)	손뼉을 치면서 크게 웃음
班門弄斧 (반문농부)	노반(춘추시대 노나라의 이름난 장인)의 문 앞에서 도끼를 자랑한다는 뜻으로, 실력도 없으면서 잘난 척함
伴食宰相 (반식재상)	자리만 차지하고 있는 무능한 재상(대신)을 비꼬아 이르는 말
斑衣之戲 ★ (반의지희)	때때옷을 입고 하는 놀이라는 뜻으로, 늙어서도 부모를 효양(孝養)함을 이르는 말. 부모를 위로하려고 색동 저고리를 입고 기어가 보임
反哺之孝 ★ (반포지효)	까마귀 새끼가 자란 뒤에 늙은 어미에게 먹이를 물어다 주는 효성(孝誠)이라는 뜻으로, 자식이 자라서 부모를 봉양(奉養)함
拔本塞源 (발본색원)	근본을 뽑고 근원을 막아 버린다는 뜻으로, 근본적인 차원에서 그 폐단을 없애 버림
發憤忘食 ★★ (발분망식)	무엇을 이루려고 끼니조차 잊고 분발하여 노력함

傍若無人 (방약무인)	곁에 사람이 없는 것 같이 여긴다는 뜻으로, 주위의 다른 사람을 전혀 의식하지 않고 제멋대로 마구 행동함 유 오안불손(傲岸不遜)
百年河清 ★★★ (백년하청)	중국의 황하(黃河)가 항상 흐려 맑을 때가 없다는 말로, 아무리 세월이 가도 일이 해결될 희망이 없음을 비유
方底圓蓋 (방저원개)	네모난 바닥에 둥근 뚜껑이란 뜻으로, 사물이 서로 맞지 않음
白頭如新 (백두여신)	머리가 파뿌리처럼 되기까지 교제하더라도 서로 마음이 안 통하면 새로 사귀기 시작한 사람과 같다는 말
方寸已亂 (방촌이란)	마음이 이미 혼란스러워졌다는 말로, 마음이 흔들린 상태에서는 어떠한 일도 계속할 수 없음
伯樂一顧 (백락일고)	백락이 한 번 돌아본다는 말로, 현명한 사람 또한 그 사람을 알아주는 자를 만나야 출세할 수 있음을 비유
杯盤狼藉 (배반낭자)	술잔과 접시가 마치 이리에게 깔렸던 풀처럼 어지럽게 흩어져 있음. 술을 마시고 한창 노는 모양이나 술자리가 파할 때의 모습
白龍魚服 (백룡어복)	흰 용이 물고기의 옷을 입는다는 말로, 신분이 높은 사람이 서민의 차림으로 다니다 위태로운 지경에 빠지게 됨을 비유
背水之陣 (배수지진)	(물러설 수 없도록) 물을 등지고 적을 치는 전법의 하나. 목숨을 걸고 싸우는 경우를 비유
百里負米 (백리부미)	백 리나 떨어진 먼 곳으로 쌀을 진다는 말로, 가난하게 살면서도 효성이 지극하여 갖은 고생을 하며 부모의 봉양을 잘하는 것을 비유
杯中蛇影 (배중사영)	술잔 속에 비친 뱀의 그림자란 뜻으로, 쓸데없는 의심을 품고 스스로 고민함을 비유
栢舟之操 (백주지조)	백주(栢舟)라는 시에서 유래된 것으로, 남편을 일찍 잃은 아내가 굳은 절개를 지키는 것을 비유한 말
白駒過隙 (백구과극)	흰 망아지가 빨리 달리는 것을 문틈으로 본다는 뜻으로, 인생이나 세월이 덧없이 짧음을 이르는 말
白面書生 ★★★★★ (백면서생)	오로지 글만 읽고 세상일에 경험이 없는 젊은이를 이르는 말

白手乾達	아무것도 없이 난봉을 부리고 돌아다니는 사람
백수건달	

兵死之也	전쟁에서 사람은 죽는다는 말로, 전쟁은 목숨을 던질 각오를 하고 해야 된다는 뜻
병사지야	

伯牙絕鉉	백아(伯牙)가 친구의 죽음을 슬퍼하여 거문고 줄을 끊었다는 고사에서 유래한 말로, 참다운 벗의 죽음을 슬퍼함을 이르는 말
백아절현	

報怨以德	원수에게 덕으로 보답하라는 말
보원이덕	

白雲孤飛	타향(他鄉)에서 고향(故鄉)에 계신 부모(父母)를 생각함. 유 망운지정(望雲之情)
백운고비	

福輕乎羽	복(福)은 새의 깃털보다 가벼움. 자기 마음가짐을 어떻게 가지느냐에 따라 행복하게 된다는 말
복경호우	

百戰百勝	백 번 싸워 백 번 이긴다는 뜻으로, 싸울 때마다 반드시 이긴다는 말
백전백승	

覆車之戒	앞의 수레가 넘어져 엎어지는 것을 보고 뒷 수레는 미리 경계하여 엎어지지 않도록 함. 앞사람을 거울삼아 실패하지 말라는 뜻
복차지계	

伯仲之勢	우열의 차이가 없이 엇비슷함 유 춘란추국(春蘭秋菊)
백중지세	

★★ 富貴在天	부귀(富貴)는 하늘이 부여(附與)하는 것이라 사람의 힘으로는 어찌할 수 없음을 이르는 말
부귀재천	

百八煩惱	불교에서 나온 말로 인간의 과거, 현재, 미래에 걸친 108가지 번뇌를 뜻함
백팔번뇌	

婦言是用	여자의 말을 무조건 옳게 쓴다는 뜻으로, 줏대 없이 여자의 말을 잘 듣는 것을 비유
부언시용	

兵家常事	전쟁에서 이기고 지는 일은 흔히 있는 일이므로 실패해도 낙심하지 말라는 뜻
병가상사	

夫唱婦隨	남편이 주장하고 아내가 이에 따름. 가정에서의 부부 화합의 도리를 이르는 말
부창부수	

附和雷同 (부화뇌동)	우렛소리에 맞춰 함께 한다는 뜻으로, 자신의 뚜렷한 소신 없이 남이 하는 대로 따라감
北山之感 (북산지감)	북산의 감개함이라는 말로, 나랏일로 인해 부모님을 제대로 봉양하지 못하는 것을 비유 유 보우지차(鴇羽之嗟)
焚書坑儒 (분서갱유)	중국 진시황이 민간의 서적을 불사르고 유생을 구덩이에 묻어 죽인 일
釜中之魚 (부중지어)	솥 안의 물고기. 눈앞에 닥칠 위험도 모른 채 쾌락에 빠져 있는 사람을 이르는 말
不俱戴天 (불구대천)	하늘을 같이 이지 못한다는 뜻으로, 이 세상에서 같이 살 수 없을 만큼 큰 원한을 비유하여 이르는 말
不老長生 (불로장생)	늙지 않고 오래 삶
★ 不問曲直 (불문곡직)	굽음과 곧음을 묻지 않는다는 뜻으로, 옳고 그름을 가리지 않고 함부로 일을 처리(處理)함
不飛不鳴 (불비불명)	날지도 않고 울지도 않는다는 말로, 큰 일을 하기 위해 오랫동안 조용히 때를 기다린다는 뜻
★ 不遠千里 (불원천리)	천 리 길도 멀다 하지 않는다는 뜻으로, 먼 길인데도 개의치 않고 열심히 달려감을 이르는 말
鵬程萬里 (붕정만리)	붕새가 날아갈 길이 만 리라는 뜻으로, 머나먼 노정, 또는 사람의 매우 양양한 장래를 비유적으로 이르는 말
誹謗之木 (비방지목)	헐뜯고 나무란다는 뜻으로, 백성들이 임금에게 고통을 호소하고 소원을 고하는 나무 기둥. 즉 백성의 마음을 파악해서 올바른 정치를 하는 것
非一非再 (비일비재)	같은 일이 한두 번이 아니고 많음
比肩繼踵 (비견계종)	어깨가 맞닿고 다리가 부딪칠 정도로 많은 사람으로 북적거리고 있는 모양을 이름. 또는 뒤이어 연달아 끊어진 곳이 없음
悲憤慷慨 (비분강개)	슬프고 분한 마음이 가득함

牡鷄之晨 빈계지신	암탉이 새벽을 알린다. 즉, 여자가 남편을 업신여겨 집안일을 자기 마음대로 처리함을 비유	**死灰復燃** 사회부연	다 탄 재에 다시 불이 붙었다는 뜻으로, 세력을 잃었던 사람이 다시 세력을 잡음
貧者一燈 빈자일등	가난하더라도 정성을 다해 부처님에게 바친 등불 하나가 만 개의 등불보다 공덕이 크다는 뜻으로, 참다운 마음과 정성이 소중함	**事不如意** 사불여의	일이 뜻대로 되지 않음
氷炭不容 빙탄불용	서로 용납할 수 없는 얼음과 숯. 두 사물이 서로 화합할 수 없음	**沙上樓閣** 사상누각	모래 위의 누각이라는 뜻으로, 오래 유지되지 못할 일이나 실현 불가능한 일
四顧無親 사고무친	사방을 둘러보아도 친한 사람이 없음. 의지할 사람이 없음 유 무원고립(無援孤立)	**四書三經** 사서삼경	유교의 경전인 사서(논어, 맹자, 중용, 대학)와 삼경(시경, 서경, 주역)을 말함
★ **四面楚歌** 사면초가	사방이 다 적에게 둘러싸인 경우와 도움이 없이 고립된 상태를 이르는 말	★ **四通五達** 사통오달	길이나 교통망·통신망 등이 사방으로 막힘없이 통함 유 사통팔달(四通八達)
事半功倍 사반공배	일은 반(半)만 하고도 공은 배(倍)나 된다는 뜻으로, 들인 힘은 적고 성과는 많음	**事必歸正** 사필귀정	모든 일은 결국에 가서는 반드시 정리(正理)로 돌아감
四分五裂 사분오열	이리저리 아무렇게나 나뉘어지고 찢어짐. 천하가 매우 어지러움	**山窮水盡** 산궁수진	산이 막히고 물줄기가 끊어짐. 막다른 경우 유 산진수궁(山盡水窮)

山紫水明 (산자수명)	산은 자줏빛이고 물은 맑다는 뜻으로, 산수(山水)의 경치가 매우 아름다움 유 산명수려(山明水麗)
★★★★ **山戰水戰** (산전수전)	산에서 싸우고 물에서 싸웠다는 뜻으로, 세상일에 경험이 많음
山海珍味 (산해진미)	산과 바다에서 나는 재료로 만든 맛 좋은 음식
★★★★★ **殺身成仁** (살신성인)	목숨을 바쳐 인(仁)을 이룸
三綱五倫 (삼강오륜)	유교의 도덕에서 기본이 되는 세 가지의 강령과 다섯 가지의 도리(군위신강, 부위부강, 부위자강, 군신유의, 부자유친, 부부유별, 장유유서, 붕우유신)
★ **三顧草廬** (삼고초려)	인재를 맞기 위해 참을성 있게 힘쓰는 것을 말함
★ **森羅萬象** (삼라만상)	우주(宇宙) 안에 있는 온갖 사물(事物)과 현상(現象)
★★ **三旬九食** (삼순구식)	한 달에 아홉 끼를 먹을 정도로 매우 가난한 생활을 말함. 삼순(三旬)은 30일로 한 달, 구식(九食)은 아홉 끼를 뜻함
★★★ **三人成虎** (삼인성호)	세 사람이면 없던 호랑이도 만든다는 뜻으로, 거짓말이라도 여러 사람이 말하면 사실로 믿기 쉽다는 말
三日遊街 (삼일유가)	과거(科擧)에 급제(及第)한 사람이 사흘 동안 온 거리를 돌아다니는 것을 말함
★★ **三日天下** (삼일천하)	사흘 간의 천하라는 뜻으로, 권세(權勢)의 허무(虛無)를 일컫는 말
三從之道 (삼종지도)	여자는 어렸을 때는 아버지를 따르고, 시집을 가서는 남편을 따르고, 남편이 죽으면 아들을 따라야 한다는 유교의 규범
三尺童子 (삼척동자)	키가 석 자에 불과한 자그만 어린아이. 무식한 사람을 비유하는 말로도 쓰임
三遷之敎 (삼천지교)	맹자의 어머니가 아들의 교육을 위해 거처를 세 번 옮겼다는 말로, 생활 환경이 교육에 중요함을 말함

★★ 喪家之狗 (상가지구)
초상집의 개라는 뜻으로, 별 대접(待接)을 받지 못하는 사람을 이르는 말. 여위고 지친 수척한 사람

生者必滅 (생자필멸)
생명이 있는 것은 반드시 죽음. 세상만사의 덧없음

傷弓之鳥 (상궁지조)
한 번 놀란 사람이 조그만 일에도 겁을 내어 위축됨을 비유하는 말

★ 席藁待罪 (석고대죄)
거적을 깔고 엎드려 벌(罰)주기를 기다린다는 뜻으로, 죄과(罪過)에 대한 처분(處分)을 기다림

上漏下濕 (상루하습)
위에서는 비가 새고 아래에서는 습기가 차오름. 가난한 집을 비유하는 말

先見之明 (선견지명)
앞일을 미리 내다보는 밝은 지혜

★★ 桑田碧海 (상전벽해)
뽕나무 밭이 변하여 푸른 바다가 되었다는 뜻으로, 세상일의 변천이 심하여 사물이 바뀜

★★ 先公後私 (선공후사)
공사(公事)를 먼저 하고 사사(私事)를 뒤로 미룸

上通下達 (상통하달)
아랫사람이 윗사람에게 의사를 통함

善男善女 (선남선녀)
선량한 남녀. 즉, 보통 사람
(유) 갑남을녀(甲男乙女), 장삼이사(張三李四), 초동급부(樵童汲婦), 필부필부(匹夫匹婦)

塞翁得失 (새옹득실)
한때의 이로움이 장래의 해가 되기도 하고, 이와 반대의 경우도 있다는 말로, 새옹지마(塞翁之馬)에서 유래
(유) 새옹화복(塞翁禍福)

仙風道骨 (선풍도골)
신선(神仙)의 풍채와 도인(道人)의 골격이란 뜻으로, 남달리 뛰어나게 고아(高雅)한 풍모(風貌)를 말함

★ 塞翁之馬 (새옹지마)
인생의 길흉화복(吉凶禍福)이란 항상 바뀌어 예측할 수 없다는 말

舌芒於劍 (설망어검)
혀가 칼보다 날카롭다는 뜻으로, 매서운 변설(辯舌)을 이르는 말
(유) 설망우검(舌芒于劍)

雪膚花容 (설부화용)	눈같은 살결과 꽃같은 얼굴. 미인을 말함
雪上加霜 ★★ (설상가상)	눈 위에 서리가 덮인다는 뜻으로, 불행한 일이 거듭하여 겹침을 비유함. 엎친 데 덮친 격
說往說來 (설왕설래)	말만 오고 간다는 뜻으로, 서로 자신의 주장을 내세우며 옥신각신하는 것을 말함
誠心誠意 (성심성의)	참되고 성실한 마음과 뜻
盛者必衰 (성자필쇠)	불교 용어로, 세상 일은 무상하여 한 번 성한 것은 반드시 쇠하기 마련이라는 말
世俗五戒 (세속오계)	화랑의 다섯 가지 계율. 사군이충, 사친이효, 교우이신, 임전무퇴, 살생유택
歲寒三友 (세한삼우)	추운 겨울의 세 벗. 소나무, 대나무, 매화나무
小貪大失 (소탐대실)	작은 것을 탐하다가 큰 것을 잃음
束手無策 (속수무책)	손을 묶어 놓아 방책이 없다는 뜻으로, 손을 묶은 듯이 꼼짝할 수 없음
送舊迎新 (송구영신)	묵은 해를 보내고 새해를 맞음 유 송영(送迎)
松茂栢悅 ★★ (송무백열)	소나무가 무성하면 잣나무가 기뻐한다는 뜻으로 벗이 잘되는 것을 기뻐함을 비유하여 이르는 말
首丘初心 (수구초심)	여우가 죽을 때 머리를 자기 살던 굴로 향한다는 뜻으로, 고향을 그리워하는 마음 유 首邱(수구)
首尾一貫 (수미일관)	처음부터 끝까지 변함없이 일을 해나감 유 시종일관(始終一貫)
壽福康寧 (수복강녕)	장수하고 행복하며 건강하고 평안함

手不釋卷 수불석권 ★★★★	손에서 책을 놓지 않는다는 뜻으로, 늘 책을 가까이하여 학문(學問)을 열심히 함	**壽則多辱** 수즉다욕	오래 살면 욕되는 일이 많다는 말
首鼠兩端 수서양단	수서(首鼠)는 구멍에서 머리만 내밀고 엿보는 쥐를 말함. 머뭇거리며 진퇴(進退)·거취(去就)를 결정짓지 못하고 관망하는 상태	**宿虎衝鼻** 숙호충비	잠자는 범의 코를 찌른다는 뜻으로, 불리함을 자초한다는 말 ⊕ 타초경사(打草驚蛇)
袖手傍觀 수수방관	팔짱을 끼고 곁에서 보고만 있다는 뜻으로, 직접 간여하지 않고 그대로 버려둠	**夙興夜寐** 숙흥야매	아침 일찍 일어나고 밤늦게 잠자리에 든다는 뜻으로, 책임을 다하기 위해 애쓰고 노력하는 모습
修身齊家 수신제가	자신의 몸을 닦고 집안을 바로 잡음	**脣亡齒寒** 순망치한	입술이 없으면 이가 시리다는 뜻으로, 가까운 사람 가운데 한 사람이 없으면 다른 사람도 위험하게 됨
水魚之交 수어지교 ★★★★★	물과 고기의 사이처럼 떨어질 수 없는 특별한 친분 ⊕ 수어지친(水魚之親)	**脣齒之勢** 순치지세	입술과 이처럼 서로 의지하고 돕는 형세
水滴穿石 수적천석	물방울이 돌을 뚫는다는 말. 아무리 하찮은 것일지라도 이를 계속하면 결국 어떤 성과를 얻게 됨	**乘勝長驅** 승승장구	싸움에서 이긴 기세를 타고 계속 적을 몰아침
守株待兎 수주대토	농부가 토끼가 그루터기에 부딪쳐 죽은 것을 잡은 후, 그곳만 지키고 있었다는 데서 유래. 한 가지 일에 매달려 변화와 발전을 모르는 사람	**是是非非** 시시비비	옳은 것을 옳다고 하고, 그른 것을 그르다고 함. 즉, 옳고 그름을 가리어 밝힘. 잘잘못이란 뜻도 있음

★ **尸位素餐** (시위소찬)	재덕(才德)이나 공적(功績)도 없이 높은 자리에 앉아 녹만 받는다는 뜻으로, 자기(自己) 직책(職責)을 다하지 않음을 이르는 말
始終如一 (시종여일)	처음부터 끝까지 한결같아서 변함이 없음 🔄 종시여일(終始如一)
始終一貫 (시종일관)	처음부터 끝까지 한결같이 관철함 🔄 종시일관(終始一貫)
食少事煩 (식소사번)	먹을 것은 적고 할 일은 많음
★★ **識字憂患** (식자우환)	글자를 아는 것이 도리어 근심이 됨
信賞必罰 (신상필벌)	상을 줄 만한 사람에게는 반드시 상을 주고, 벌을 줄 만한 사람에게는 반드시 벌을 줌. 상벌(賞罰)을 공정하고 엄중히 하는 일
身言書判 (신언서판)	인물을 선택하는 네 가지 조건으로, 신수·말씨·글씨·판단력을 말함
信之無疑 (신지무의)	믿어 의심함이 없음
神人共怒 (신인공노)	신과 사람이 함께 노한다는 뜻으로, 누구나 분노할 만큼 도저히 용납될 수 없음 🔄 천인공노(天人共怒)
神出鬼沒 (신출귀몰)	귀신과 같이 홀연히 나타났다가 홀연히 사라짐. 자유자재로 출몰하여 그 변화를 쉽게 헤아릴 수 없음
身土不二 (신토불이)	몸과 땅은 둘이 아니라는 뜻으로, 사람은 자신이 사는 땅에서 자란 농산물을 먹어야 체질에 맞음
實事求是 (실사구시)	실제의 일에서 진리를 추구한다는 뜻으로, 사실에 의거하여 진리를 탐구하는 것을 말함
深思熟考 (심사숙고)	깊이 생각하고 곰곰이 생각함
深山幽谷 (심산유곡)	깊은 산의 으슥한 골짜기

심심상인 (心心相印)	마음이 서로 도장을 찍은 듯 말이 없어도 마음과 마음이 서로 통하는 것을 말함 ㈌ 이심전심(以心傳心), 불립문자(不立文字)
십벌지목 (十伐之木)	열 번 찍어서 안 넘어가는 나무가 없음
십시일반 (十匙一飯)	열 사람이 한 술씩 보태면 한 사람 먹을 분량이 된다는 뜻으로, 여러 사람이 힘을 합하면 한 사람을 구제하기는 쉽다는 말
★★ 십중팔구 (十中八九)	열이면 그 가운데 여덟이나 아홉은 그러함 ㈌ 십상팔구(十常八九)
★ 아비규환 (阿鼻叫喚)	불교에서 말하는 아비지옥. 뜻하지 않은 사고가 발생하여 많은 사람이 괴로움을 당하여 울부짖는 참상
★★★★ 아전인수 (我田引水)	자기 논에 물 대기. 자신에게만 이롭게 되도록 생각하거나 행동함
아수라장 (阿修羅場)	불교에서 아수라왕이 제석천과 싸운 마당을 뜻하는데, 싸움 등으로 큰 혼란에 빠진 곳을 비유함

악목불음 (惡木不陰)	나쁜 나무에는 그늘이 생기지 않는다는 말로, 덕망이 없는 사람에게는 바랄 것이 없다는 말
★★★ 안고수비 (眼高手卑)	눈은 높으나 손은 낮다는 뜻으로, 눈은 높으나 실력(實力)은 따라서 미치지 못함. 이상(理想)만 높고 실천(實踐)이 따르지 못함
안분지족 (安分知足)	자기 분수에 만족함
★★★★★ 안빈낙도 (安貧樂道)	가난한 생활을 하면서도 편안한 마음으로 도를 즐겁게 지킴
안중지정 (眼中之釘)	눈에 박힌 못이라는 뜻으로, 나에게 해를 끼치는 사람. 또는 몹시 싫거나 미워서 항상 눈에 거슬리는 사람(눈엣가시)을 비유
★★★★ 안하무인 (眼下無人)	눈 아래에 사람이 없다는 뜻으로, 사람됨이 교만(驕慢)하여 남을 업신여김을 이르는 말
암중모색 (暗中摸索)	어둠 속에서 손으로 더듬어 찾는다는 뜻으로, 어림짐작으로 찾는다(혹은 추측한다)는 말

殃及池魚 (앙급지어)	재앙이 연못 속 고기에 미친다는 뜻으로, 이유 없이 재앙을 당하는 것을 비유하는 말
★★ **藥房甘草** (약방감초)	무슨 일이나 빠짐없이 끼임. 반드시 끼어야 할 사물(事物)
良禽擇木 (양금택목)	현명한 새는 좋은 나무를 가려서 둥지를 친다는 뜻으로, 현명한 사람은 자기 재능을 키워 줄 훌륭한 사람을 가려서 섬김
羊頭狗肉 (양두구육)	양 머리를 걸어놓고 개고기를 판다는 뜻으로, 겉과 속이 일치하지 않음
梁上君子 (양상군자)	대들보 위의 군자라는 뜻으로, 집 안에 들어온 도둑을 비유함
★★ **良藥苦口** (양약고구)	좋은 약은 입에 쓰다는 뜻으로, 충언은 귀에는 거슬리나 자신에게 이롭다는 말
養虎遺患 (양호유환)	호랑이를 길러서 근심을 가진다는 뜻으로, 스스로 화를 자초한다는 말
魚魯不辨 (어로불변)	'魚'자와 '魯'자를 식별하지 못한다는 뜻으로, 매우 무식함을 이르는 말 유 어로막변(魚魯莫辨)
★★ **漁父之利** (어부지리)	두 사람이 이해관계로 다투는 사이에 엉뚱한 딴 사람이 이득을 보는 경우를 일컬음 유 어부지리(漁夫之利)
★★★★★ **言中有骨** (언중유골)	말 속에 뼈가 있다는 뜻으로, 예사(例事)로운 표현(表現) 속에 만만치 않은 뜻이 들어 있음
★ **言行一致** (언행일치)	말과 행동(行動)이 같음. 말한 대로 행동(行動)함
掩耳盜鐘 (엄이도종)	자기만 듣지 않으면 남도 듣지 못한다고 생각하는 어리석은 행동. 또는 얕은 수로 남을 속이려 함
餘桃之罪 (여도지죄)	같은 행동이라도 사랑을 받을 때와 미움을 받을 때 상대방에게 각각 다르게 받아들여질 수 있음
緣木求魚 (연목구어)	나무에 올라가서 물고기를 구함. 목적이나 수단이 일치하지 않아 성공이 불가능함. 또는 허술한 계책으로 큰일을 도모함

烏飛梨落 (오비이락)	까마귀 날자 배 떨어진다. 아무 관계도 없는 일이 공교롭게도 때가 같아 억울하게 의심을 받게 됨
五里霧中 (오리무중)	오 리나 되는 짙은 안개 속에 있다는 뜻으로, 무슨 일에 대해 알 길이 없음
吾鼻三尺 (오비삼척)	내 코가 석자. 내 사정이 급하기 때문에 남의 사정을 돌볼 겨를이 없음
吳越同舟 (오월동주)	오나라 사람과 월나라 사람이 한 배에 타고 있다는 뜻으로, 어려운 상황에서는 원수라도 협력하게 됨
烏有先生 (오유선생)	상식적으로는 도저히 있을 수 없는 사람. 있는 것처럼 꾸며 만든 인물
烏合之卒 (오합지졸)	질서 없이 어중이떠중이가 모인 군중을 뜻함. 또는 제각기 보잘것없는 수많은 사람
屋上架屋 (옥상가옥)	지붕 위에 집을 세운다는 뜻으로, 쓸데없이 중복하여 볼품없게 만듦
玉石俱焚 (옥석구분)	옥과 돌이 함께 불탄다는 뜻으로, 선악의 구분 없이 함께 멸망함
玉石混淆 (옥석혼효)	옥과 돌이 함께 뒤섞여 있다는 뜻으로, 선과 악, 좋은 것과 나쁜 것이 함께 섞여 있음
屋下架屋 (옥하가옥)	지붕 밑에 또 지붕을 만든다는 뜻으로, 독창성 없이 전 시대인의 것을 모방만 함을 경계하여 이르는 말
溫故知新 ★★★★ (온고지신)	옛것을 익히고 그것으로 미루어 새것을 안다는 뜻
蝸角之爭 ★ (와각지쟁)	달팽이의 더듬이 위에서 싸운다는 뜻으로, 매우 하찮은 일로 다투는 것. 또는 좁은 범위 안에서 싸우는 일
臥薪嘗膽 ★★ (와신상담)	섶에 눕고 쓸개를 맛본다는 뜻으로, 원수를 갚기 위해 괴로움과 어려움을 참고 견딤
玩物喪志 (완물상지)	쓸데없는 물건을 가지고 노는 데 정신이 팔려 소중한 뜻을 잃는 것을 말함

外柔內剛 (외유내강) ★★	겉으로 보기에는 부드러우나 속은 꿋꿋하고 강(强)함
遼東之豕 (요동지시)	요동의 돼지라는 뜻으로, 견문이 좁고 오만한 탓에 하찮은 공을 득의양양하여 자랑함을 비유
要領不得 (요령부득)	사물의 중요한 부분을 잡을 수 없다는 뜻으로, 말이나 글의 요령을 잡을 수 없음
燎原之火 (요원지화)	들판의 불길 같은 엄청난 기세 유 세여파죽(勢如破竹)
欲速不達 (욕속부달)	빨리하고자 하면 도달하지 못한다는 뜻으로, 어떤 일을 급하게 하면 도리어 이루지 못함
龍頭蛇尾 (용두사미)	용의 머리에 뱀의 꼬리라는 말로, 시작은 거창했지만 결국엔 보잘것없음
愚公移山 (우공이산)	남들이 어리석게 여겨도 한 가지 일을 소신 있게 하면 언젠가는 목적을 달성할 수 있음
牛刀割鷄 (우도할계) ★★	소 잡는 칼로 닭을 잡는다는 뜻으로, 작은 일을 하면서 동작이 지나치게 큼을 비유
遇事生風 (우사생풍)	원래는 젊은이들이 기개 있게 일을 처리함을 뜻하였으나, 지금은 무슨 일마다 시비를 일으키기 좋아한다는 뜻으로도 쓰임
右往左往 (우왕좌왕) ★★★	오른쪽으로 갔다 왼쪽으로 갔다 하며 종잡지 못함. 사방(四方)으로 왔다 갔다 함
羽翼已成 (우익이성)	깃과 날개가 이미 자랐다는 말로 성숙해졌다는 뜻
羽化登仙 (우화등선)	땅에 발을 붙이고 살게 되어 있는 사람이 날개가 돋친 듯 날아올라 신선이 된다는 뜻. 일종의 이상, 동경이라 할 수 있음
旭日昇天 (욱일승천)	아침 해가 떠오른다는 뜻으로, 떠오르는 아침 해처럼 세력(勢力)이 성대(盛大)해짐을 이르는 말
運用之妙 (운용지묘)	송(宋)나라의 용장 악비(岳飛)가 말한 '그때그때 변하는 상황에 따라 활용하고 대처하는 것은 사람의 마음에 달린 것이다'에서 유래한 말

遠交近攻 (원교근공)	먼 나라와 친교를 맺고 가까운 나라를 공략하는 정책
怨入骨髓 (원입골수)	원한이 뼈에 사무친다는 뜻으로, 원한이 마음속 깊이 맺혀 잊을 수 없다는 말
★ 遠禍召福 (원화소복)	화를 멀리하고 복을 불러들임 유 거안사위(居安思危)
月下氷人 (월하빙인)	월하노인(月下老人)과 빙상인(氷上人)이 합쳐진 말로, 결혼 중매인을 뜻함
★★ 韋編三絕 (위편삼절)	독서를 열심히 함. 한 책을 되풀이하여 숙독함
有敎無類 (유교무류)	가르침에는 차별이 없다는 말로, 배우고자 하는 사람에게는 누구에게나 배움의 문이 개방되어 있다는 뜻
柔能制剛 (유능제강)	어떤 상황에 대처할 때 강한 힘으로 억누르는 것이 이기는 것 같지만 부드러움으로 대응하는 것에 당할 수는 없다는 뜻
有備無患 (유비무환)	준비가 있으면 근심할 것이 없음
孺子可敎 (유자가교)	젊은이는 가르칠 만하다는 뜻으로, 열심히 공부하려는 아이를 칭찬하는 말
有口無言 (유구무언)	입은 있으나 말이 없다는 뜻으로, 변명할 말이 없음
★★ 類類相從 (유유상종)	사물(事物)은 같은 무리끼리 따르고, 같은 사람은 서로 찾아 모인다는 뜻
有志竟成 (유지경성)	굳건한 뜻이 있으면 반드시 이루어낸다는 말
有名無實 (유명무실)	이름만 그럴듯하고 실속은 없음
遺臭萬年 (유취만년)	냄새가 만 년을 간다는 뜻으로, 더러운 이름을 후세에 오래도록 남김 반 유방백세(流芳百世)

陰德陽報 (음덕양보)	사람이 보지 않는 곳에서 좋은 일을 베풀 경우에 나중에라도 반드시 그 일이 드러나서 보답을 받게 됨
★ **泣斬馬謖** (읍참마속)	눈물을 머금고 마속의 목을 벤다는 뜻으로, 사랑하는 신하를 법(法)대로 처단하여 질서를 바로잡음을 이르는 말
應對如流 (응대여류)	물 흐르듯 응대한다는 뜻으로, 언변이 능수능란하다는 의미
應接不暇 (응접불가)	아름다운 경치가 계속 나타나 인사할 틈도 없다는 뜻으로, 여유가 없을 만큼 매우 바쁜 상황을 비유
疑心暗鬼 (의심암귀)	마음속에 의심이 생기면 갖가지 무서운 망상이 잇달아 일어나 불안해짐. 선입관은 판단을 빗나가게 함
以管窺天 (이관규천)	대롱 구멍으로 하늘을 엿봄. 좁은 소견으로 사물을 살펴 보았자 그 전체의 모습을 파악할 수 없음
移木之信 (이목지신)	위정자가 나무 옮기기로 백성들을 믿게 한다는 뜻으로, 남을 속이지 아니한 것을 밝힘. 또는 약속을 실행함을 의미
以心傳心 (이심전심)	말이나 글로 전하지 않고 마음에서 마음으로 전한다는 말로, 마음과 마음이 서로 통한다는 뜻
泥田鬪狗 (이전투구)	진흙탕에서 싸우는 개. 이익을 차지하기 위하여 몰골사납게 싸우는 경우
理判事判 (이판사판)	뾰족한 방법이 없어 막다른 상황에 이름
以暴易暴 (이포역포)	횡포한 사람으로 횡포한 사람을 바꾼다는 말로, 바꾸기 전의 사람과 바꾼 뒤의 사람이 꼭 같이 횡포하다는 뜻
益者三友 (익자삼우)	사귀어 자기에게 유익한 세 부류의 벗이라는 뜻으로, 정직한 사람, 친구의 도리를 지키는 사람, 지식이 있는 사람을 이르는 말
人生朝露 (인생조로)	인생은 아침 이슬과 같이 덧없음 ㊠ 생자필멸(生者必滅)
因循姑息 (인순고식)	① 구습(舊習)을 고치지 않고 눈앞의 편안함만을 취함. ② 일을 행함에 있어 결단력 없이 우물쭈물함 ㊠ 고식지계(姑息之計)

一家之言	일가지언	학자들 가운데 누가 보아도 깜짝 놀랄 정도로 독자적인 학문체계를 이룬 사람
一觸卽發	일촉즉발	한 번 건드리기만 해도 폭발할 것 같이 몹시 아슬아슬하고 위급한 상태
一刻千金	일각천금	매우 짧은 시간도 천금과 같은 큰 가치가 있음
一以貫之	일이관지	하나의 이치로써 모든 일을 꿰뚫음
★★★★★ 一擧兩得	일거양득	한 가지 일을 하여 두 가지 이익을 얻음
一瀉千里	일사천리	강물이 빨리 흘러가 단번에 천 리를 간다는 뜻으로, 일이 거침없이 신속하게 진행됨
一網打盡	일망타진	한꺼번에 모조리 잡음
★★ 一日三省	일일삼성	하루의 일 세 가지를 살핀다는 뜻으로, 하루에 세 번씩 자신(自身)의 행동(行動)을 반성(反省)함
★★ 一面之交	일면지교	한 번 서로 인사를 한 정도(程度)로 아는 친분(親分)
一字千金	일자천금	글자 하나의 값이 천금의 가치가 있다는 말. 심금을 울릴 정도로 아주 훌륭한 글씨나 문장
一鳴驚人	일명경인	평소에 묵묵히 있던 사람이 갑자기 사람을 놀라게 할 만한 일을 해냄
一場春夢	일장춘몽	한바탕의 봄꿈처럼 헛된 영화(榮華)나 덧없는 일 유 남가일몽(南柯之夢), 한단지몽(邯鄲之夢)
日暮途遠	일모도원	날은 저물고 갈 길은 멀다는 뜻으로, 늙어서도 할 일이 많음
一針見血	일침견혈	한 번에 침을 놓아 피를 봄. 일의 본질을 파악하여 한 번에 정곡을 찌름

日就月將 (일취월장)	날마다 달마다 성장(成長)하고 발전(發展)한다는 뜻으로, 학업(學業)이 날이 가고 달이 갈수록 진보(進步)함을 이름	**低首下心** (저수하심)	머리를 낮게 하고 마음을 아래로 향하게 한다는 뜻으로, 남에게 머리 숙여 복종하는 것을 말함
一敗塗地 (일패도지)	단 한 번 싸움에 패하여 전사자의 으깨진 간과 뇌가 흙과 범벅이 되어 땅을 도배한다는 뜻으로, 여지없이 패하여 재기불능이 된 상태	**前車可鑑** (전거가감)	앞 수레가 엎어진 것을 보고 뒷 수레가 엎어지지 않도록 경계한다는 말로, 과거의 실패를 거울삼아 이를 경계해야 함
★ **一攫千金** (일확천금)	단번에 천금을 움켜쥔다는 뜻으로, 힘들이지 아니하고 단번에 많은 재물을 얻음	**積小成大** (적소성대)	작은 것도 쌓이면 크게 됨
自暴自棄 (자포자기)	절망 상태에 빠져서 자신을 버리고 돌보지 않음	★★ **赤手空拳** (적수공권)	맨손과 맨주먹이란 뜻으로, 아무것도 가진 것이 없음
自畫自讚 (자화자찬)	자기가 그린 그림을 스스로 칭찬한다는 뜻으로, 자기가 한 일을 스스로 자랑함	★★★★ **電光石火** (전광석화)	번갯불이나 부싯돌의 불이 번쩍이는 것처럼, 극히 짧은 시간, 아주 신속한 동작, 일이 매우 빠른 것을 가리킴
★★★ **作心三日** (작심삼일)	마음먹은 게 삼일(三日)을 못 간다는 뜻으로, 결심(決心)이 얼마 되지 않아 흐지부지된다는 말	★ **戰戰兢兢** (전전긍긍)	벌벌 떨며 매우 두려워함
★★ **張三李四** (장삼이사)	장 씨의 셋째 아들과 이 씨의 넷째 아들이란 뜻으로, 성명(姓名)이나 신분(身分)이 뚜렷하지 않은 평범(平凡)한 사람들	★ **輾轉反側** (전전반측)	누워서 이리저리 뒤척거리며 잠을 못 이룸

前車覆轍 (전차복철)	앞 수레의 엎어진 바퀴 자국이란 뜻으로, 앞사람의 실패나 실패의 전례를 거울삼아 주의하라는 교훈
前虎後狼 (전호후랑)	앞문의 호랑이를 막으니 뒷문의 이리가 나온다는 말로, 하나의 재난을 피하자 또 다른 재난이 나타나는 것을 비유
★★★★ 轉禍爲福 (전화위복)	화(禍)가 바뀌어 오히려 복이 됨 유 새옹위복(塞翁爲福)
★★★ 切磋琢磨 (절차탁마)	옥, 돌, 상아 따위를 자르고 쪼아 갈고 닦아서 빛낸다는 뜻으로, 학문·덕행을 갈고 닦음
★ 切齒腐心 (절치부심)	이를 갈고 마음을 썩인다는 뜻으로, 대단히 분(憤)하게 여기고 마음을 썩임
點鐵成金 (점철성금)	나쁜 것을 고쳐서 좋은 것으로 만듦
漸入佳境 (점입가경)	경치나 문장·사건이 갈수록 재미있게 전개됨
井中之蛙 (정중지와)	우물 안 개구리. 견문이 좁아서 넓은 세상의 사정을 모름 유 정저지와(井底之蛙)
糟糠之妻 (조강지처)	술지게미나 쌀겨와 같은 험한 음식을 함께 먹은 아내. 가난할 때부터 함께 고생해 온 아내를 의미
★★★ 朝令暮改 (조령모개)	아침에 영을 내리고 저녁에 고친다는 말로, 일관성 없는 정책을 빗대어 쓰는 말
朝名市利 (조명시리)	명성은 조정에서 다투고 이익은 시장에서 다투라는 뜻으로, 무슨 일이든 적당한 장소에서 행하라는 말
★ 朝變夕改 (조변석개)	아침저녁으로 뜯어고친다는 뜻으로, 계획(計劃)이나 결정(決定) 따위를 자주 바꾸는 것을 이름
★ 朝三暮四 (조삼모사)	간사한 꾀로 남을 속여 희롱함을 이르는 말. 눈앞에 당장 나타나는 차별만을 알고 그 결과가 같음을 모름
朝雲暮雨 (조운모우)	아침에는 구름, 저녁에는 비라는 뜻으로, 남녀의 언약(言約)이 굳은 것. 또는 남녀의 정교(情交)

鳥足之血 (조족지혈)	새발의 피. 매우 적은 분량 유 구우일모(九牛一毛)
終南捷徑 (종남첩경)	종남산(終南山)이 지름길이라는 뜻으로, 쉽게 출세하거나 목적을 달성할 수 있는 지름길을 이르는 말
坐不安席 ★★ (좌불안석)	자리에 편안히 앉지 못한다는 뜻으로, 마음에 불안(不安)이나 근심 등이 있어 한자리에 오래 앉아 있지 못함
左之右之 ★★ (좌지우지)	왼쪽으로 돌렸다 오른쪽으로 돌렸다 한다는 뜻으로, 사람이 어떤 일이나 대상(對象)을 제 마음대로 처리(處理)하거나 다루는 것
晝耕夜讀 (주경야독)	낮에는 농사짓고, 밤에는 글을 읽는다는 뜻으로, 어려운 상황 속에서도 꿋꿋이 공부함
走馬加鞭 (주마가편)	달리는 말에 채찍질한다는 속담의 한역. 형편이나 힘이 한창 좋을 때에 더욱 힘을 더한다는 말. 힘껏 하는데도 자꾸 더 하라고 격려함
酒池肉林 (주지육림)	술로 연못을 이루고 고기로 숲을 이룬다는 뜻으로, 지극히 호사스럽고 방탕한 술잔치를 이르는 말
竹馬故友 ★★ (죽마고우)	어릴 때 대나무 말을 타고 함께 놀던 친구라는 뜻으로, 어렸을 때 친하게 사귄 사이를 의미
晝夜不息 (주야불식)	낮이나 밤이나 쉬지 않음. 매우 열심히 함
衆寡不敵 (중과부적)	적은 수가 많은 수를 대적하지 못함
衆口難防 ★★ (중구난방)	많은 사람이 마구 떠들어대는 소리는 막기가 어려움. 여러 사람이 마구 지껄이는 것을 이르는 말
走馬看山 ★★ (주마간산)	말을 타고 달리며 산천을 구경한다는 뜻으로, 자세히 살피지 아니하고 대충 보고 지나감
中原逐鹿 (중원축록)	넓은 들판에서 사슴을 쫓는다는 뜻으로, 제위(帝位)를 다툼. 정권을 다툼. 어떤 지위를 얻기 위해 서로 경쟁함
衆醉獨醒 (중취독성)	세상의 모든 사람이 불의와 부정을 저지르고 있지만 혼자 깨끗한 삶을 산다는 뜻

曾參殺人 (증삼살인)	터무니없는 말이라도 여러 사람이 되풀이하면 믿지 않을 수 없음
指鹿爲馬 (지록위마)	사슴을 가리켜 말이라고 함. 사실이 아닌 것을 끝까지 우겨서 사실로 만들어 강압적으로 인정하게 함
紙上談兵 (지상담병)	종이 위에서 병법을 말한다는 뜻으로, 이론에만 밝을 뿐 실제적인 지식은 없는 경우에 사용
池魚之殃 (지어지앙)	화(禍)가 엉뚱한 곳에 미침. 상관없는 일의 재난에 휩쓸림 ㊞ 횡래지액(橫來之厄)
至楚北行 (지초북행)	초나라에 이르려고 하면서 북쪽으로 간다는 말로, 생각과 행동이 상반되는 것. 혹은 방향이 틀린 것을 뜻하는 말
此日彼日 (차일피일)	이날 저 날 하고 자꾸 미루기만 함 ㊞ 차월피월(此月彼月)
車載斗量 (차재두량)	수레에 싣고 말로 잰다는 뜻으로, 아주 흔하거나 쓸모없는 평범한 것이 많이 있음 ㊞ 거재두량(車載斗量)
忠言逆耳 (충언역이)	충고하는 말은 귀에 거슬린다는 뜻으로, 정성스럽고 바른 말은 듣기 싫어함
創業守成 (창업수성)	일을 시작하기는 쉬우나 이룬 것을 지키기는 어렵다는 말
滄海一粟 (창해일속)	푸른 바닷속에 있는 좁쌀 한 톨이라는 뜻. 크고 넓은 것 가운데에 있는 아주 작고 보잘것없는 것을 의미
★ **天高馬肥** (천고마비)	하늘이 높고 말이 살찐다는 뜻으로, 하늘이 맑고 곡식이 무르익는 가을을 이르는 말
天道是非 (천도시비)	세상의 불공정을 한탄하고 하늘의 정당성을 의심하는 말
★ **千慮一失** (천려일실)	슬기로운 사람이라도 여러 가지 생각 가운데에는 잘못되는 것이 있을 수 있음
千慮一得 (천려일득)	어리석은 사람이라도 많은 생각을 하면 한 가지쯤은 좋은 것이 나올 수 있음

★ 天佑神助 (천우신조)	하늘이 돕고 신이 도움
★★ 千載一遇 (천재일우)	천 년 동안 단 한 번 만난다는 뜻으로, 좀처럼 만나기 어려운 좋은 기회를 이르는 말
★ 天眞爛漫 (천진난만)	말이나 행동에 아무런 꾸밈이 없이 그대로 나타낼 만큼 순진하고 천진함
靑雲之志 (청운지지)	푸른 구름의 뜻을 품음. 높은 지위에 오르려는 욕망을 비유 유 능운지지(陵雲之志)
天衣無縫 (천의무봉)	천사의 옷은 꿰맨 흔적이 없다는 뜻으로, 시나 문장 등이 매우 자연스러워 일부러 꾸민 데가 없음. 또는 완전무결함
靑天白日 (청천백일)	맑게 갠 대낮. 원죄가 판명되어 무죄가 되는 일을 뜻함
靑天霹靂 (청천벽력)	맑은 하늘에서 치는 날벼락이라는 뜻으로, 뜻밖에 갑자기 일어난 큰 사고를 이르는 말
靑出於藍 (청출어람)	쪽에서 나온 푸른 물감이 쪽보다 푸르다는 뜻으로, 제자가 스승보다 나음
焦眉之急 (초미지급)	눈썹에 불이 붙었다는 뜻으로, 매우 급함을 이르는 말
★★★★★ 寸鐵殺人 (촌철살인)	한 치의 쇠붙이로도 사람을 죽일 수 있다는 뜻으로, 간단한 말로도 남을 감동하게 하거나 남의 약점을 찌를 수 있음
秋高馬肥 (추고마비)	가을 하늘이 높으니 말은 살찐다는 뜻으로, 당나라의 초기 시인 두심언의 시에 나옴
★★ 推己及人 (추기급인)	자신의 처지를 미루어 다른 사람의 형편을 헤아린다는 뜻
★★★ 追遠報本 (추원보본)	조상의 덕을 추모(追慕)하여 제사를 지내고, 자기의 태어난 근본을 잊지 않고 은혜를 갚음
春秋筆法 (춘추필법)	공정한 태도로 준엄하게 비판하는 기술 방식

草綠同色 (초록동색)	풀빛과 녹색은 같은 색이라는 뜻으로, 모양과 처지가 비슷하거나 인연이 있는 것끼리는 같은 편임을 비유 ㈜ 유유상종(類類相從)
天壤之差 (천양지차)	하늘과 땅 차이. 매우 큰 차이
癡人說夢 (치인설몽)	어리석은 사람이 꿈 이야기를 한다는 뜻으로, 허황된 말을 지껄임. 또는 어리석은 일
七步之才 (칠보지재)	일곱 걸음을 옮기는 사이에 시를 지을 수 있는 재주라는 뜻으로, 뛰어난 글재주를 이름
七縱七擒 (칠종칠금)	일곱 번 놓아주고 일곱 번 사로잡음. 곧 마음대로 잡고 놓아 주는 자유자재한 전술의 비상한 재주를 일컫는 말
沈魚落雁 (침어낙안)	여인이 너무 아름다워 물고기가 잠기고 기러기가 떨어진다는 뜻으로, 아름다운 미인을 형용하는 말
快刀亂麻 (쾌도난마)	어지럽게 뒤얽힌 삼의 가닥을 잘드는 칼로 베어 버린다는 뜻으로, 무질서한 상황을 통쾌하게 풀어 놓는 것을 말함
★★ 他山之石 (타산지석)	다른 산에서 난 나쁜 돌도 자기의 구슬을 가는 데에 소용이 된다는 뜻으로, 남의 하찮은 언행일지라도 배울 것이 있다는 뜻
卓上空論 (탁상공론)	탁자 위에서만 펼치는 헛된 논리. 실천성이 없는 허황된 이론 ㈜ 궤상공론(机上空論)
貪官汚吏 (탐관오리)	탐관(탐욕스런 관리)과 오리(더러운 관리). 탐욕이 많고 청렴하지 못한 관리
泰山北斗 (태산북두)	태산과 북두성이란 뜻에서, 남에게 존경을 받는 뛰어난 인물을 말함. 태두(泰斗), 산두(山斗)
兎死狗烹 (토사구팽)	토끼를 잡고 나면 사냥개는 삶아먹는다는 뜻으로, 필요할 때는 이용하고 이용 가치가 떨어졌을 때는 홀대하거나 제거하는 것을 말함
★ 兎死狐悲 (토사호비)	토끼가 죽자 여우가 슬퍼한다는 뜻으로, 같은 무리의 불행을 슬퍼함의 비유 ㈜ 호사토읍(狐死兎泣)
吐哺握髮 (토포악발)	위정자가 민심을 수렴하고 정무에 힘쓰느라 잠시도 편안함이 없음. 또는 훌륭한 인재를 잃지 않으려고 애쓰는 것을 비유

破顔大笑 (파안대소)	매우 즐거운 표정으로 활짝 웃음
破釜沈船 (파부침선)	밥 짓는 가마솥을 부수고 돌아갈 배도 가라앉힌다는 뜻으로, 결사의 각오로 싸움터에 나서거나 최후의 결단을 내림을 비유하는 말
★ 破竹之勢 (파죽지세)	적을 거침없이 물리치고 쳐들어가는 당당한 기세
平地風波 (평지풍파)	고요한 땅에 바람과 물결을 일으킨다는 뜻으로, 공연한 일을 만들어서 뜻밖의 분쟁이나 시끄러운 사건을 일으킴
抱腹絶倒 (포복절도)	배를 안고 넘어질 정도로 몹시 웃음
飽食暖衣 (포식난의)	배불리 먹고 따뜻하게 입음 유 금의옥식(錦衣玉食)
暴虎馮河 (포호빙하)	맨손으로 범에게 덤비고 걸어서 황하를 건넌다는 뜻으로, 죽음을 두려워하지 않는 무모한 용기를 비유함
表裏不同 (표리부동)	겉과 속이 다름
豹死留皮 (표사유피)	표범은 죽어서 가죽을 남긴다는 뜻으로, 사람은 죽어서 이름을 남겨야 함
★★ 風前燈火 (풍전등화)	바람 앞에 등불이란 뜻으로, 매우 위급한 상황
風樹之嘆 (풍수지탄)	바람과 나무의 탄식이란 뜻으로, 효도를 다 하지 못한 자식의 슬픔을 의미
皮骨相接 (피골상접)	살가죽과 뼈가 맞붙을 정도로 몹시 마름 유 훼척골립(毁瘠骨立)
匹夫之勇 (필부지용)	하찮은 남자의 용기라는 뜻으로, 소인이 깊은 생각 없이 혈기만 믿고 용기를 함부로 부리는 것을 말함
★ 夏爐冬扇 (하로동선)	여름의 화로와 겨울의 부채. 격이나 철에 맞지 않거나 쓸데없는 사물을 비유하는 말

下石上臺 (하석상대)	아랫돌을 빼서 윗돌 괴고 윗돌 빼서 아랫돌 괸다. 임시변통으로 이리저리 둘러맞춤
★★ 鶴首苦待 (학수고대)	학의 목처럼 목을 길게 빼고 간절히 기다림
漢江投石 (한강투석)	한강에 돌 던지기. 지나치게 미미하여 전혀 효과가 없음
邯鄲之夢 (한단지몽)	인생과 영화의 덧없음(노생이 한단이란 곳에서 잠을 잤는데, 부귀영화를 누리는 꿈을 꾸었지만 깨어 보니 밥을 짓는 동안이었다는 데에서 유래)
★ 邯鄲之步 (한단지보)	한단(邯鄲)에서 걸음걸이를 배운다는 뜻으로, 제 분수를 잊고 무턱대고 남을 흉내내다가 이것저것 다 잃음을 비유하여 이르는 말
★ 汗牛充棟 (한우충동)	수레에 실으면 소가 땀을 흘릴 정도이고 방 안에 쌓으면 들보에 닿을 정도란 뜻으로, 책이 매우 많음을 이르는 말 ㉾ 오거지서(五車之書)
咸興差使 (함흥차사)	함흥은 지명으로, 함흥에 갔던 어긋난 사신이란 뜻임. 한 번 간 사람이 돌아오지 않거나 소식이 없음을 일컫는 말
★ 合縱連橫 (합종연횡)	공수(攻守) 동맹의 뜻
亢龍有悔 (항룡유회)	절정에 이른 용은 자칫 후회하기 쉬움. 영달을 다한 자는 더 이상 오를 수 있는 길도 없으며, 쇠퇴할 염려가 있으므로 삼가라는 말
恒産恒心 (항산항심)	재산이 있어야 마음의 여유가 생김
偕老同穴 (해로동혈)	살아서는 함께 늙고 죽어서는 같은 무덤에 묻힘. 생사를 같이 하는 부부의 사랑의 맹세
解語花 (해어화)	'말을 아는 꽃'이라는 뜻으로, '미녀(美女)'를 일컫는 말. 또는 '기생(妓生)'을 달리 이르는 말
海翁好鷗 (해옹호구)	바닷가 갈매기를 좋아하는 바닷가 노인. 친하게 지내던 새도 잡으려고 하면 그것을 알고 가까이하지 않음
行雲流水 (행운유수)	떠가는 구름과 흐르는 물이란 뜻으로, 어떤 것에도 구애됨이 없이 사물에 따라 순응함. 또는 일정한 형체 없이 늘 변함

行不由徑 (행불유경)	지름길이나 뒤안길을 가지 않고 큰길을 걷는다는 뜻으로, 정정당당히 일함
★ 懸頭刺股 (현두자고)	상투를 천장에 달아매고, 송곳으로 허벅다리를 찔러서 잠을 깨운다는 뜻으로, 학업(學業)에 매우 힘씀을 이르는 말
螢雪之功 (형설지공)	갖은 고생을 하며 부지런히 학문을 닦아서 이룬 공
★★ 螢窓雪案 (형창설안)	반딧불이 비치는 창과 눈에 비치는 책상(冊床)이라는 뜻으로, 어려운 가운데서도 학문(學問)에 힘씀을 비유한 말
虛張聲勢 (허장성세)	헛되이 목소리의 기세만 높인다는 뜻으로, 실력이 없으면서도 허세로만 떠벌림
狐假虎威 (호가호위)	여우가 호랑이의 위엄을 빌린다는 뜻으로, 남의 권세를 빌려 위세를 부림
呼兄呼弟 (호형호제)	서로를 형, 아우라 부른다는 뜻으로, 가까운 친구 사이를 일컬음
虎視眈眈 (호시탐탐)	날카로운 눈빛으로 형세를 살피며 기회를 노린다는 뜻으로, 어떤 일에 대비하여 방심하지 않는 모습을 말함
浩然之氣 (호연지기)	하늘과 땅 사이의 가득 찬 원기. 자유롭고 유쾌한 마음. 공명정대하여 조금도 부끄러움이 없는 용기
胡蝶之夢 (호접지몽)	장자가 나비가 되어 날아다닌 꿈으로, 물아(物我)의 구별을 잊음. 또는 인생의 덧없음을 비유 유 물심일여(物心一如)
★ 魂飛魄散 (혼비백산)	넋이 날아가고 넋이 흩어진다는 뜻으로, 몹시 놀라 어찌할 바를 모름
和光同塵 (화광동진)	빛을 감추고 속세의 티끌과 같이한다는 뜻으로, 자기의 재능을 감추고 속세의 사람들과 어울려 동화함을 이르는 말
畫龍點睛 (화룡점정)	용을 그려 넣고 마지막으로 눈을 그려 넣음. 가장 긴요한 부분을 끝내어 완성시킴
畫蛇添足 (화사첨족)	뱀에 발을 덧붙여 그림. 쓸데없는 군일을 하다가 도리어 실패함

花朝月夕 (화조월석)
'꽃이 핀 아침과 달 밝은 저녁'이란 뜻으로, '경치가 가장 좋은 때'를 이르는 말. 또는 음력 2월 보름과 8월 보름 밤. 봄과 가을

昏定晨省 (혼정신성)
자식이 부모님께 아침, 저녁으로 잠자리를 보살펴드림
㊒ 반포지효(反哺之孝)

和氏之璧 (화씨지벽)
화씨가 발견한 구슬이라는 뜻으로, 천하의 귀중한 보배를 일컬음. 뛰어난 인재를 비유하는 말

畫虎類狗 (화호유구)
서툰 솜씨로 어려운 일을 하려다 도리어 잘못되는 것을 이르는 말. 결과가 목적과 어긋남

換骨奪胎 (환골탈태)
타인의 글의 형식을 모방하면서 변화시켜 원래 것보다 더 뛰어나게 함. 또는 사람이 좋게 변하여 딴 사람처럼 됨

紅爐點雪 (홍로점설)
화로 위에 눈을 조금 뿌렸다는 뜻으로, 큰 일을 함에 있어 작은 힘으로는 아무런 도움이 되지 않음
㊒ 이란투석(以卵投石)

朽木糞牆 (후목분장)
썩은 나무는 조각할 수 없고, 썩은 벽은 칠할 수 없다는 말로, 의지와 기개가 없는 사람은 가르칠 수 없음

後生可畏 (후생가외)
젊은 후배들은 선배들의 가르침을 배워 어떤 훌륭한 인물이 될지 모르기 때문에 가히 두렵다는 말

胸有成竹 (흉유성죽)
대나무를 그리기 전에 마음속에 이미 완성된 대나무 그림이 있음. 일을 시작하기 전에 어떻게 처리할지 이미 계산되어 있음

換腐作新 (환부작신)
낡은 것을 바꾸어 새것으로 만듦

會者定離 (회자정리)
만남이 있으면 반드시 헤어짐이 있음
㊒ 무상전변(無常轉變)
㊂ 거자필반(去者必返)

실력점검하기 07 | 사자성어

[1~18] 다음 성어(成語)에서 '□'에 들어갈 알맞은 한자(漢字)는 어느 것입니까?

01 桑□之鄕
① 核 ② 棺 ③ 梓
④ 椿 ⑤ 槨

02 臥□嘗膽
① 僕 ② 芋 ③ 楮
④ 俎 ⑤ 薪

03 囊中之□
① 瑕 ② 駁 ③ 撑
④ 錐 ⑤ 揖

04 夏爐冬□
① 越 ② 堀 ③ 幇
④ 隅 ⑤ 扇

05 □柱鼓瑟
① 膠 ② 轎 ③ 昆
④ 咳 ⑤ 楷

06 陵遲處□
① 轄 ② 斬 ③ 坪
④ 兌 ⑤ 懺

07 乾坤一□
① 轉 ② 戰 ③ 陟
④ 擲 ⑤ 離

08 去頭□尾
① 竊 ② 截 ③ 節
④ 至 ⑤ 絶

09 切磋□磨
① 濯 ② 啄 ③ 琢
④ 圻 ⑤ 濁

10 走馬加□
① 策 ② 篇 ③ 片
④ 鞭 ⑤ 偏

11 □越同舟
① 訛 ② 奧 ③ 吳
④ 鈺 ⑤ 碁

12 玉石俱□
① 焚 ② 糞 ③ 忿
④ 扉 ⑤ 芬

정답 01 ③ 02 ⑤ 03 ④ 04 ⑤ 05 ① 06 ② 07 ④ 08 ② 09 ③ 10 ④ 11 ③ 12 ①

13 高談□論

① 咀　② 汪　③ 穃
④ 泛　⑤ 峻

14 □物喪志

① 婉　② 頑　③ 玩
④ 腕　⑤ 阮

15 怨入骨□

① 粹　② 燧　③ 瘦
④ 髓　⑤ 蒐

16 一□打盡

① 靴　② 網　③ 靺
④ 棉　⑤ 麵

17 井中之□

① 魏　② 媛　③ 瘟
④ 渦　⑤ 蛙

18 □海一粟

① 滄　② 娼　③ 脊
④ 硝　⑤ 撤

[19~29] 다음 성어(成語)의 뜻풀이로 적절한 것은 어느 것입니까?

19 曲突徙薪

① 헛된 일
② 도시에서 고학함
③ 좀도둑을 엄벌함
④ 화를 미연에 방지함
⑤ 어떤 일이 생길 조짐이 보임

20 戰戰兢兢

① 상한 음식을 먹고 토함
② 강에서 가벼운 배를 타고 감
③ 몹시 두려워 벌벌 떨며 조심함
④ 언행이 신중하지 못하고 가벼움
⑤ 죽기를 각오하고 힘을 다해 반대함

21 波瀾萬丈

① 무너지기 쉬운 헛된 것
② 일의 진행이 변화가 심함
③ 어떤 상황을 간절히 기다림
④ 어려운 여건에도 열심히 공부함
⑤ 우열을 가리기 어려울 정도로 비슷함

22 啞然失色

① 하지 못하는 일이 없음
② 백성들이 태평세월을 누림
③ 남의 행동을 덩달아 따라함
④ 뜻밖의 일에 얼굴빛이 변할 정도로 놀람
⑤ 아랫사람에게 묻기를 부끄러워하지 않음

정답　13 ⑤　14 ③　15 ④　16 ②　17 ⑤　18 ①　19 ④　20 ③　21 ②　22 ④

23 汗牛充棟
① 길거리에 떠도는 소문
② 하나를 들어서 열을 앎
③ 이름과 실상이 잘 맞음
④ 가지고 있는 책이 매우 많음
⑤ 물음과 전혀 상관없는 엉뚱한 대답

24 袖手傍觀
① 혼자서는 일하기 어려움
② 많이 알지만 정밀하지 못함
③ 곰곰이 따져 사려 깊이 처신함
④ 간섭하거나 거들지 않고 그대로 버려둠
⑤ 학식이 있는 것이 오히려 근심을 사게 됨

25 尸位素餐
① 도를 편안함으로 여겨 탐냄
② 높은 자리에 앉아서 하는 일 없이 놀고먹음
③ 제사에 관심이 없고 젯밥에만 관심이 있음
④ 무슨 일을 빙자하여 거기서 이득을 얻음
⑤ 노력은 하지 않고 죽은 조상에게 제사만 올림

26 天佑神助
① 하늘이 돕고 신이 도움
② 길을 가다가 우연히 만남
③ 하늘은 스스로 돕는 자를 도움
④ 착한 일을 많이 하면 복을 받음
⑤ 하늘을 우러러 한 점 부끄러움이 없음

27 三顧草廬
① 소 잃고 외양간 고침
② 전원에서 편안하게 즐김
③ 집 근처에 편의 시설이 있음
④ 인재를 맞기 위해 참을성 있게 노력함
⑤ 화를 세 번 참으면 어떤 재앙도 막을 수 있음

28 解語花
① 과거에 장원 급제한 사람
② 꽃의 말을 이해하는 재주꾼
③ 말로 설명할 수 없는 아름다운 꽃
④ 사람의 말을 알아듣는 꽃, 즉 미인
⑤ 널리 여러 책을 읽고 박학한 사람

29 纖纖玉手
① 가냘프고 고운 손
② 사소한 하나하나의 동작
③ 아무것도 가진 것이 없음
④ 어떤 일을 당하여 옆에서 보고만 있음
⑤ 난봉을 부리고 돌아다니는 사람

[30~50] 다음의 뜻을 가장 잘 나타낸 성어(成語)는 어느 것입니까?

30 의지와 기개가 없는 사람은 가르칠 수 없음
① 轉禍爲福　② 面從腹背
③ 臥薪嘗膽　④ 鶴首苦待
⑤ 朽木糞牆

 정답 23 ④   24 ④   25 ②   26 ①   27 ④   28 ④   29 ①   30 ⑤

31 학문이나 덕행을 갈고닦음

① 朝變夕改　② 切磋琢磨
③ 魂飛魄散　④ 邯鄲之步
⑤ 孤軍奮鬪

32 굽이굽이 사무친 마음속

① 安貧樂道　② 結者解之
③ 懸頭刺股　④ 九曲肝腸
⑤ 藥房甘草

33 한 권의 책을 몇십 번이나 되풀이해서 읽음

① 格物致知　② 苛斂誅求
③ 韋編三絕　④ 甘呑苦吐
⑤ 博而不精

34 좋은 일에는 흔히 방해되는 일이 많음

① 一筆揮之　② 好事多魔
③ 指呼之間　④ 鷄鳴狗盜
⑤ 如履薄氷

35 어떤 일이 한때 많이 생겨남

① 束手無策　② 緣木求魚
③ 茫然自失　④ 雨後竹筍
⑤ 千差萬別

36 정성으로 노력함

① 換骨奪胎　② 咸興差使
③ 朝令暮改　④ 狐假虎威
⑤ 粉骨碎身

37 마음에 아무 거리낌이 없고 솔직함

① 虛心坦懷　② 泥田鬪狗
③ 水到渠成　④ 捲土重來
⑤ 破廉恥漢

38 제 마음대로 휘두르다

① 右往左往　② 左之右之
③ 寸鐵殺人　④ 三人成虎
⑤ 螢窓雪案

39 이상은 높으나 행동은 그것을 따르지 못한다

① 高談峻論　② 眼高手卑
③ 高屋建瓴　④ 孤立無援
⑤ 藥房甘草

40 가혹하게 세금을 거두거나 백성의 재물을 억지로 빼앗음

① 格物致知　② 苛斂誅求
③ 韋編三絕　④ 甘呑苦吐
⑤ 螢窓雪案

41 고상하고 준엄한 담론

① 高談峻論　② 眼高手卑
③ 高屋建瓴　④ 玩物喪志
⑤ 孤軍奮鬪

42 사람이 좋게 변하여 딴 사람처럼 됨

① 博而不精　② 溫故知新
③ 衆口難防　④ 換骨奪胎
⑤ 識字憂患

정답　31 ②　32 ④　33 ③　34 ②　35 ④　36 ⑤　37 ①　38 ②　39 ②　40 ②　41 ①　42 ④

43 남의 권세를 빌려 위세를 부림
① 狐假虎威　② 合縱連橫
③ 松茂栢悅　④ 夏爐冬扇
⑤ 兎死狐悲

44 부모님을 모시고자 하나 이미 돌아가심을 한탄함
① 破竹之勢　② 風樹之嘆
③ 天眞爛漫　④ 天佑神助
⑤ 明鏡止水

45 매우 급함
① 明若觀火　② 孤掌難鳴
③ 焦眉之急　④ 席藁待罪
⑤ 物我一體

46 제자가 스승보다 나은 것을 비유
① 牛刀割鷄　② 千載一遇
③ 寸鐵殺人　④ 輾轉反側
⑤ 靑出於藍

47 조금도 거침없이 빨리 진행됨
① 遠禍召福　② 尸位素餐
③ 一攫千金　④ 一瀉千里
⑤ 切齒腐心

48 형세를 살피며 기회를 노림
① 虎視眈眈　② 森羅萬象
③ 三顧草廬　④ 四通五達
⑤ 風前燈火

49 원수를 갚으려고 온갖 괴로움을 참고 견딤
① 高談峻論　② 反哺之孝
③ 苛斂誅求　④ 凍足放尿
⑤ 臥薪嘗膽

50 아주 쉬운 일 또는 손쉽게 얻을 수 있음
① 破廉恥漢　② 膠柱鼓瑟
③ 空理空論　④ 良藥苦口
⑤ 囊中取物

정답　43 ①　44 ②　45 ③　46 ⑤　47 ④　48 ①　49 ⑤　50 ⑤

不患人之不己知, 患其無能也.
"남이 나를 알아주지 않음을 걱정하지 말고,
내가 능력이 없음을 걱정하라."

– ≪논어≫, 〈학이(學而)〉

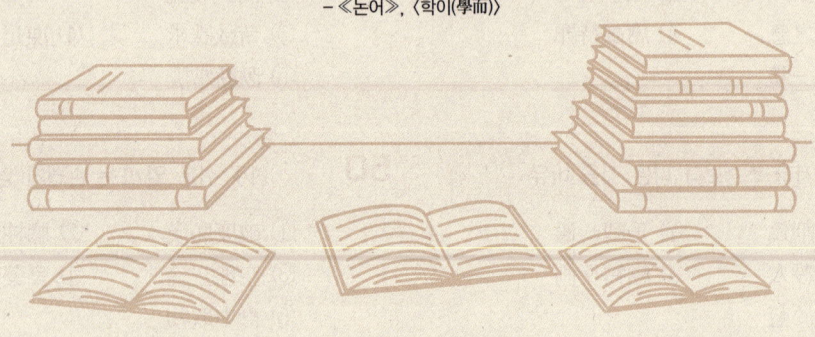

상공회의소 한자 1급

실전모의고사

- 제1회 실전모의고사
- 제2회 실전모의고사
- 제3회 실전모의고사
- 정답 및 해설

質勝文則野, 文勝質則史, 文質彬彬, 然後君子.

"바탕이 형식을 이기면 투박하고,
형식이 바탕을 이기면 겉치레에 흐른다.
바탕과 형식이 잘 어우러져야 비로소 군자다."

– 《논어》, 〈옹야(雍也)〉

국가공인 자격검정
제1회 상공회의소 한자 시험 [1급] 문제지

형별	A형	제한시간	80분	수험번호	성 명

정답 및 해설 p.385

※ 다음 중 가장 알맞은 것을 고르시오.

〈제1영역〉 한자(漢字)

[1~11] 다음 한자(漢字)의 음(音)은 무엇입니까?

01 罹
① 미 ② 리 ③ 비 ④ 사 ⑤ 라

02 胄
① 주 ② 우 ③ 위 ④ 추 ⑤ 구

03 卨
① 괘 ② 왈 ③ 설 ④ 걸 ⑤ 얼

04 咽
① 인 ② 읍 ③ 명 ④ 원 ⑤ 흡

05 娑
① 소 ② 파 ③ 수 ④ 삭 ⑤ 사

06 蠱
① 문 ② 고 ③ 충 ④ 혈 ⑤ 골

07 獗
① 널 ② 굉 ③ 격 ④ 궐 ⑤ 출

08 饋
① 귀 ② 아 ③ 식 ④ 사 ⑤ 궤

09 俓
① 첩 ② 투 ③ 경 ④ 인 ⑤ 동

10 堵
① 도 ② 윤 ③ 저 ④ 벽 ⑤ 역

11 伺
① 선 ② 사 ③ 수 ④ 서 ⑤ 소

[12~18] 다음 음(音)을 가진 한자는 무엇입니까?

12 선
① 煙 ② 燃 ③ 珊 ④ 煽 ⑤ 迅

13 악
① 孼 ② 醒 ③ 暈 ④ 閼 ⑤ 弛

14 저
① 諺 ② 彫 ③ 詛 ④ 詔 ⑤ 籌

15 초
① 剿 ② 秤 ③ 燥 ④ 粥 ⑤ 箚

16 판
① 隊 ② 返 ③ 刹 ④ 阪 ⑤ 勃

17 교
① 驕 ② 檀 ③ 驛 ④ 驗 ⑤ 撥

18 요
① 坰 ② 遙 ③ 撓 ④ 胤 ⑤ 稜

[19~25] 다음 한자(漢字)와 음(音)이 같은 한자는 어느 것입니까?

19 爗
① 蝶 ② 葉 ③ 燭 ④ 甄 ⑤ 躍

20 曳
① 函 ② 屑 ③ 閃 ④ 裔 ⑤ 醋

21 腺
① 抽 ② 喘 ③ 殮 ④ 陝 ⑤ 羨

22 濬
① 勘 ② 督 ③ 准 ④ 叡 ⑤ 曆

23 鋤
① 俎 ② 揩 ③ 裸 ④ 鼠 ⑤ 嘲

24 毬
① 坵 ② 髮 ③ 瑗 ④ 尾 ⑤ 毫

25 坑
① 亢 ② 荳 ③ 兎 ④ 羹 ⑤ 寵

[26~36] 다음 한자(漢字)의 뜻은 무엇입니까?

26 諱 : ① 메우다 ② 꺼리다
③ 흘리다 ④ 끼우다
⑤ 말하다

27 頸 : ① 목 ② 혀
③ 발 ④ 피부
⑤ 장기

28 桶 : ① 표 ② 끈
③ 통 ④ 솥
⑤ 널빤지

29 霞 : ① 안개 ② 노을
③ 연기 ④ 구름
⑤ 서리

30 暈 : ① 무지개 ② 환하다
③ 비치다 ④ 별자리
⑤ 그림자

31 葡 : ① 보리 ② 딸기
③ 오이 ④ 포도
⑤ 자두

32 塚 : ① 마당 ② 무덤
③ 그늘 ④ 비석
⑤ 안방

33 獐 : ① 참새   ② 여우
         ③ 노루   ④ 사자
         ⑤ 자라

34 肪 : ① 살찌다   ② 나누다
         ③ 세우다   ④ 버리다
         ⑤ 기르다

35 剩 : ① 쓰다   ② 적다
         ③ 남다   ④ 베다
         ⑤ 타다

36 款 : ① 무리   ② 위로
         ③ 용서   ④ 정성
         ⑤ 사례

[37~43] 다음의 뜻을 가진 한자(漢字)는 무엇입니까?

37 치다
    ① 踊 ② 撞 ③ 勵 ④ 升 ⑤ 伎

38 밝다
    ① 披 ② 斡 ③ 早 ④ 催 ⑤ 彰

39 쏟다
    ① 汰 ② 洗 ③ 溟 ④ 瀉 ⑤ 波

40 가마
    ① 脘 ② 膝 ③ 屑 ④ 宏 ⑤ 興

41 꾀꼬리
    ① 鵲 ② 鶯 ③ 蘆 ④ 鴨 ⑤ 鳩

42 모으다
    ① 蒐 ② 紹 ③ 耗 ④ 餘 ⑤ 脊

43 기쁘다
    ① 繪 ② 擦 ③ 怡 ④ 劫 ⑤ 玩

[44~50] 다음 한자(漢字)와 뜻이 비슷한 한자는 어느 것입니까?

44 渾
    ① 汽 ② 濁 ③ 澹 ④ 瀝 ⑤ 彌

45 寵
    ① 愛 ② 撮 ③ 纂 ④ 毅 ⑤ 倡

46 捺
    ① 桓 ② 簒 ③ 繡 ④ 渦 ⑤ 押

47 隕
    ① 墮 ② 勝 ③ 喝 ④ 瘤 ⑤ 嬪

48 斌
    ① 虔 ② 陪 ③ 彬 ④ 昆 ⑤ 紊

49 燦
    ① 嶼 ② 煥 ③ 燃 ④ 燥 ⑤ 燒

50 稱
    ① 稠 ② 穫 ③ 觀 ④ 號 ⑤ 棲

〈제2영역〉 어휘(語彙)

[51~53] 다음 한자어(漢字語)와 그 새김의 방식이 같은 한자어는 어느 것입니까?

〈보기〉 年少 : ① 高山　② 下車
　　　　　③ 往來　④ 日出
　　　　　⑤ 讀書

'年少'처럼 그 새김의 방식이 '주어와 서술어의 관계'로 짜여진 한자어는 '日出(해가 뜨다)'이다. 따라서 정답 ④를 골라 답란에 표기하면 된다.

51 瘦瘠 : ① 朦朧　② 堪耐
　　　　　③ 渦紋　④ 贖罪
　　　　　⑤ 亂髮

52 擡頭 : ① 美人　② 曲肱
　　　　　③ 撻罰　④ 遝至
　　　　　⑤ 嵌寶

53 喫煙 : ① 酷暑　② 琢磨
　　　　　③ 祈禱　④ 鞅鞴
　　　　　⑤ 叩頭

[54~56] 다음 한자어(漢字語)의 음은 무엇입니까?

54 讒誣 : ① 참무　② 참람
　　　　　③ 재무　④ 첨모
　　　　　⑤ 난무

55 彬蔚 : ① 우울　② 빈우
　　　　　③ 삼울　④ 빈연
　　　　　⑤ 빈울

56 竄匿 : ① 찬약　② 잠착
　　　　　③ 은닉　④ 찬닉
　　　　　⑤ 차익

[57~59] 다음 음(音)을 가진 한자어(漢字語)는 무엇입니까?

57 만수 : ① 漫劉　② 鉛搜
　　　　　③ 輓輸　④ 延獸
　　　　　⑤ 晩椿

58 배척 : ① 拜錐　② 排斥
　　　　　③ 兢懼　④ 胚胎
　　　　　⑤ 悽絶

59 구로 : ① 耉老　② 舊領
　　　　　③ 胡虜　④ 構梁
　　　　　⑤ 駒隙

[60~64] 다음 한자(漢字)와 음(音)이 같은 한자는 어느 것입니까?

60 撤床 : ① 涌溢　② 鐵像
　　　　　③ 鎔鑑　④ 弛縱
　　　　　⑤ 恰豫

61 塵世 : ① 陣勢　② 陣株
　　　　　③ 滿洲　④ 塵遊
　　　　　⑤ 晩秋

62 捕鯨 : ① 憧憬 ② 鵠俟
　　　　 ③ 包裝 ④ 諧俳
　　　　 ⑤ 包莖

63 凹鏡 : ① 凹凸 ② 妖魅
　　　　 ③ 曜魄 ④ 腰硬
　　　　 ⑤ 堯舜

64 間諜 : ① 肝腎 ② 剖訴
　　　　 ③ 簡帖 ④ 敷設
　　　　 ⑤ 縛蝶

[65~66] 다음 괄호 속 한자(漢字)의 음(音)이 다르게 발음되는 것은?

65　① (推)戴　② (推)尋
　　③ 類(推)　④ (推)薦
　　⑤ (推)敲

66　① 充(塡)　② 裝(塡)
　　③ (塡)塞　④ (塡)然
　　⑤ (塡)撫

[67~69] 다음 한자어(漢字語)의 뜻풀이로 가장 적절한 것은 어느 것입니까?

67　削黜
① 몰래 침범함
② 이웃 나라와 싸움
③ 임금이 멀리 도망감
④ 벼슬을 빼앗고 내쫓음
⑤ 더 높은 벼슬을 내려줌

68　雁帛
① 기러기의 행렬
② 멀리서 온 편지
③ 날아가는 기러기
④ 멀리 떨어져 있는 거리
⑤ 먼 곳으로 날아가는 기러기

69　闖入
① 기회를 엿봄
② 문으로 밀어 넣음
③ 느닷없이 함부로 들어옴
④ 어떤 일에 온 정신이 빠짐
⑤ 이쪽과 저쪽 사이에 들어감

[70~72] 다음의 뜻에 맞는 한자어(漢字語)는 어느 것입니까?

70　바둑판
① 楸板　② 蓋板
③ 古陵　④ 秤板
⑤ 棋局

71　옛날까지 걸침
① 亘古　② 訃古
③ 緣故　④ 萬古
⑤ 棉亘

72　일의 시초나 근원
① 汎濫　② 僭濫
③ 猥濫　④ 濫觴
⑤ 濫罰

[73~80] 다음 단어들의 '□'에 공통으로 들어갈 알맞은 한자(漢字)는 어느 것입니까?

73 □蟲, 公□, 被□
    ① 殺 ② 氣 ③ 害 ④ 質 ⑤ 任

74 □牀, 就□, □臺
    ① 職 ② 枕 ③ 沈 ④ 舞 ⑤ 寢

75 金□, □數, □面
    ① 牌 ② 額 ③ 賞 ④ 側 ⑤ 傳

76 □縮, □張, 追□
    ① 伸 ② 身 ③ 服 ④ 萎 ⑤ 甲

77 □査, □問, □議
    ① 調 ② 意 ③ 因 ④ 審 ⑤ 疑

78 □啄, □奪, □製
    ① 手 ② 蠱 ③ 剝 ④ 譎 ⑤ 翕

79 沃□, 墓□, □券
    ① 杳 ② 査 ③ 遝 ④ 畓 ⑤ 番

80 □悚, 驚□, 唐□
    ① 幌 ② 璜 ③ 潢 ④ 慌 ⑤ 惶

[81~85] 다음 한자어(漢字語)와 뜻이 반대(反對)이거나 상대(相對)되는 한자어는 어느 것입니까?

81 偶數 : ① 函數 ② 點數
           ③ 奇數 ④ 倍數
           ⑤ 頻數

82 左遷 : ① 右翼 ② 喬遷
           ③ 右邊 ④ 遷移
           ⑤ 遷居

83 却下 : ① 受理 ② 受諾
           ③ 引受 ④ 受領
           ⑤ 受惠

84 未洽 : ① 缺如 ② 康寧
           ③ 合黨 ④ 雄渾
           ⑤ 滿足

85 削黜 : ① 輔弼 ② 絶讚
           ③ 除授 ④ 削除
           ⑤ 添削

[86~90] 다음 성어(成語)에서 '□'에 들어갈 알맞은 한자(漢字)는 어느 것입니까?

86 上下□石
① 掌 ② 撑 ③ 據 ④ 之 ⑤ 屑

87 宋□之仁
① 壤 ② 孃 ③ 釀 ④ 襄 ⑤ 攘

88 班門弄□
① 斧 ② 父 ③ 釜 ④ 夫 ⑤ 附

89 □名市利
① 各 ② 曹 ③ 早 ④ 祖 ⑤ 朝

90 黔驢□技
① 呼 ② 也 ③ 之 ④ 吾 ⑤ 阿

[91~95] 다음 성어(成語)의 뜻풀이로 적절한 것은 어느 것입니까?

91 黜陟幽明
① 어리석은 자만 내쫓음
② 국가와 사회를 위해 일함
③ 유능한 인재만 선별하여 뽑음
④ 시험 성적이 좋은 사람을 뽑음
⑤ 어리석은 자를 내쫓고 유능한 인재를 뽑아 씀

92 春秋筆法
① 봄과 가을의 첫 달
② 경쟁하는 대상이 많음
③ 춘추 시대와 전국 시대
④ 대의명분을 밝혀 세우는 큰 의리
⑤ 대의명분을 밝혀 세우는 사필의 준엄한 논법

93 捐金沈珠
① 사회에 기부를 함
② 부귀를 탐하지 않음
③ 남을 도와주기 위해 내는 돈
④ 목숨을 걸고 어떤 일을 대처함
⑤ 작은 일을 게을리하면 재앙이 닥침

94 欲巧反拙
① 욕심을 부리다가 망함
② 안 좋은 일은 모두 남을 탓함
③ 집안 살림이 점점 나아지고 있음
④ 모든 일을 잘하려고 부단히 노력함
⑤ 잘하려는 마음이 지나치면 오히려 못할 수 있음

95 席不暇暖
① 매우 바쁨
② 매우 빠름
③ 매우 따뜻함
④ 날마다 자리 정돈을 함
⑤ 자리를 옮기지 않고 한 곳에 있음

[96~100] 다음의 뜻을 가장 잘 나타낸 성어(成語)는 어느 것입니까?

96 두 일을 함께 겸하기는 어려움
① 冬扇夏爐 ② 牽强附會
③ 戴盆望天 ④ 敎外別傳
⑤ 班門弄斧

97 재물이 넉넉한 사람은 일을 하거나 성공하기 쉬움
① 長袖善舞 ② 長幼有序
③ 助長拔苗 ④ 苛斂誅求
⑤ 喙長三尺

98 고지식하여 조금도 융통성이 없음
① 暴虎馮河 ② 磨斧爲針
③ 九曲肝腸 ④ 凍足放尿
⑤ 膠柱鼓瑟

99 몹시 위태로운 형세
① 龜背刮毛 ② 魚遊釜中
③ 首鼠兩端 ④ 累卵之勢
⑤ 鯨戰蝦死

100 공상으로 마음의 위안을 얻음
① 波瀾萬丈 ② 望梅解渴
③ 亡羊補牢 ④ 尸位素餐
⑤ 揭斧入淵

〈제3영역〉 독해(讀解)

[101~110] 다음 문장에서 밑줄 친 한자어(漢字語)의 음(音)은 무엇입니까?

101 군중은 부정한 입시에 憤慨했다.
① 분개 ② 분노
③ 분발 ④ 분열
⑤ 반발

102 소금물의 濃度를 조절해야 한다.
① 염도 ② 농도
③ 온도 ④ 습도
⑤ 용도

103 그는 비밀을 漏泄하여 징계를 받았다.
① 파다 ② 선포
③ 광고 ④ 누설
⑤ 소문

104 서류에 도장 捺印하여 제출했다.
① 날인 ② 직인
③ 확인 ④ 낙인
⑤ 봉인

105 우리나라의 된장은 醱酵 식품이다.
① 효소 ② 효모
③ 발효 ④ 효과
⑤ 수효

106 그 작가는 자신의 인생관에 대해 담담히 披瀝했다.
① 자랑 ② 발표
③ 회고 ④ 추억
⑤ 피력

107 이 지역은 지켜야 할 최후의 堡壘다.
① 보루 ② 보호
③ 보전 ④ 보류
⑤ 본부

108 야외로 나가 가을의 정취를 滿喫했다.
① 만발 ② 만취
③ 만연 ④ 만끽
⑤ 만족

109 그 노예의 얼굴이 화재 사고로 畸形이 되었다.
① 상형 ② 기형
③ 성형 ④ 조형
⑤ 변형

110 이제는 일본의 殘滓를 청산해야 한다.
① 잔상 ② 잔류
③ 잔재 ④ 잔여
⑤ 잔해

[111~115] 다음 문장에서 밑줄 친 한자어(漢字語)의 뜻풀이로 가장 적절한 것은 어느 것입니까?

111 속이 훤히 보이는 酬酌에 넘어갔다.
① 남의 말·행동·계획을 낮잡아 이르는 말
② 사실이 아닌 말
③ 일부러 부풀려 말함
④ 한 사람만 일방적으로 말함
⑤ 말이나 기교를 마음대로 부림

112 그들은 권력의 庇護를 받았다.
① 서로 감싸줌
② 감싸 보호함
③ 원래대로 유지함
④ 마음이 조여 무서움
⑤ 힘들어서 도움을 받음

113 세계 곳곳에는 아직도 飢餓에 허덕이는 어린이들이 많다.
① 못 먹어서 배가 아픔
② 굶주림을 이겨냄
③ 약을 주고받음
④ 먹을 것이 없어 배를 곯는 것
⑤ 정상과는 다른 모습으로 태어난 아이

114 재해를 입은 罹災民에게 구호품을 전달하였다.
① 죄를 지은 사람
② 병에 걸린 사람
③ 자포자기한 사람
④ 재해를 입은 사람
⑤ 온갖 불행한 일을 겪은 사람

115 경기 패배로 그 팀은 사기가 沮喪되었다.
① 기운을 잃음
② 막아서 못하게 함
③ 기분이 좋지 않음
④ 더 노력하지 않음
⑤ 점점 마음이 꺼려짐

[116~120] 다음 문장에서 빈칸에 들어갈 가장 적절한 한자어(漢字語)는 어느 것입니까?

116 훈련 시에는 □□상자를 준비해야 한다.
① 購急   ② 構急
③ 球急   ④ 求急
⑤ 救急

117 방문해주신 □□께서는 단상에 오르시기 바랍니다.
① 來賓   ② 客賓
③ 內賓   ④ 愛人
⑤ 內房

118 그는 늘 독립운동가의 후손이라는 □□에 차 있었다.
① 肯定   ② 矜知
③ 矜持   ④ 肯志
⑤ 兢知

119 □□□이 전국으로 확산되지 않도록 방역을 철저히 해야 한다.
① 轉染病   ② 傳染病
③ 專染病   ④ 傳炎病
⑤ 傳厭病

120 □□가 주전자 뚜껑을 들썩거리게 했다.
① 增氣   ② 贈寄
③ 蒸汽   ④ 蒸氣
⑤ 蒸熱

[121~125] 다음 문장에서 밑줄 친 한자어(漢字語)의 한자표기(漢字表記)가 바르지 않은 것은 어느 것입니까?

121 ① 患亂을 ② 克服하기 위해 ③ 創造主에게 ④ 企圖하고 있는 우리들을 ⑤ 凌蔑하지 마시오.

122 지난 ① 聖誕節에 ② 峽谷에서 ③ 遭難된 사람이 어제 ④ 鄰近에서 ⑤ 救助되었다.

123 사회생물학적 ① 慣點으로 보면 인간은 다른 ② 社會 ③ 體制的 ④ 動物과 생물학적으로 ⑤ 同等하다.

124 근대의 모든 ① 帝國主義的 ② 膨脹은 새로운 에너지원을 ③ 確保하려는 ④ 榮域의 ⑤ 生産이었다.

125 ① 便宜와 ② 效率을 위해 ③ 人權을 ④ 犧牲하는 교각살우의 ⑤ 遇를 범해선 안 된다.

[126~135] 다음 문장에서 밑줄 친 단어(單語)를 한자(漢字)로 바르게 쓴 것은 어느 것입니까?

126 태평양은 <u>망망대해</u>로 아득하다.
① 茫茫大海　② 望茫大海
③ 望望大海　④ 茫茫台海
⑤ 茫茫太海

127 호텔에서는 숙박하는 신혼부부에게 원앙 <u>금침</u>을 제공했다.
① 衾寢　② 禽枕
③ 錦枕　④ 金枕
⑤ 衾枕

128 고대 이집트는 <u>찬란</u>한 역사를 가지고 있다.
① 輝煌　② 燦爛
③ 燦煌　④ 讚爛
⑤ 贊爛

129 식사를 거부하는 것은 <u>거식증</u>의 초기 증세다.
① 拒蝕症　② 距食症
③ 拒識症　④ 拒食症
⑤ 据飾症

130 예전에 <u>여염</u>의 처자들은 일 년에 한 번 바깥 구경하기도 힘들었다고 한다.
① 麗簾　② 餘炎
③ 閭閻　④ 麗艷
⑤ 如剡

131 비행기는 대량 <u>수송</u>에 유리한 운송 수단이다.
① 手送　② 輸送
③ 隨送　④ 配送
⑤ 輸誦

132 <u>엽록체</u>는 식물이 광합성을 할 수 있게 한다.
① 葉綠體　② 葉錄替
③ 葉彔體　④ 曄綠體
⑤ 燁綠滯

133 그들을 이 일의 원인 제공자로 <u>매도</u>하는 것은 잘못이다.
① 罵到　② 罵導
③ 埋到　④ 罵倒
⑤ 煤倒

134 강대국이 인접 나라 영토를 서서히 <u>잠식</u>해 나갔다.
① 潛食　② 蠶食
③ 蠶殖　④ 蠶蝕
⑤ 潛飾

135 여행을 떠날 때 날씨 걱정을 했는데 괜한 <u>기우</u>였다.
① 氣宇　② 祈優
③ 氣憂　④ 杞雨
⑤ 杞憂

[136~140] 다음 문장에서 밑줄 친 단어(單語)나 어구(語句)의 뜻을 가장 잘 나타낸 한자(漢字) 또는 한자어(漢字語)는 어느 것입니까?

136 <u>어린아이</u>가 하는 짓이 기특하다.
① 男兒　② 嬰兒
③ 女兒　④ 迎阿
⑤ 影兒

137 그는 <u>사실과 다른 말</u>에 크게 분노했다.
① 遺設　② 類說
③ 遊說　④ 謬說
⑤ 諭說

138 가만히 살펴보니 그는 <u>까다롭고 고집이 셌다</u>.
① 剛愎　② 强愎
③ 疆愎　④ 崗復
⑤ 剛復

139 <u>떠들썩한 웃음소리</u>는 좀처럼 그치지를 않았다.
① 洪笑　② 爆笑
③ 哄笑　④ 大笑
⑤ 泓笑

140 형은 그 집으로 <u>느닷없이 함부로 들어갔다</u>.
① 闖人　② 閇入
③ 突進　④ 闖發
⑤ 闖入

[141~145] 다음 글을 읽고 물음에 답하시오.

> 인공 ㉠<u>降雨</u>란 구름층은 형성되어 있으나 대기 중에 ㉡<u>응결핵</u> 또는 ㉢<u>빙정핵</u>이 적어 구름 방울이 빗방울로 성장하지 못할 때 인위적으로 인공의 '비씨'를 ㉣<u>뿌려</u> 특정 지역에 강수를 유도하는 것이다. 그러나 ㉤<u>구름 한 점 없는 하늘</u>에서 비를 내리게 할 수는 없으므로 인공 증우란 말이 이론적으로 더 ㉥<u>타당</u>하다.

141 ㉠의 '降'자와 독음이 다른 것은?
① 霜降　② 下降
③ 降伏　④ 昇降
⑤ 降臨

142 ㉡과 ㉢의 한자표기가 바르게 짝지어진 것은?
① ㉡ 凝結核　㉢ 氷晶核
② ㉡ 疑結核　㉢ 永晶核
③ ㉡ 應缺核　㉢ 水晶核
④ ㉡ 凝約核　㉢ 氷品核
⑤ ㉡ 凝集核　㉢ 氷唱核

143 문맥상 ㉣에 가장 알맞은 말은?
① 收去　② 播種
③ 採集　④ 指揮
⑤ 散髮

144 ㉤과 관련이 없는 한자는?
① 淸　② 濁
③ 淑　④ 澹
⑤ 澄

145 ㉥의 한자표기가 바른 것은?
① 茶堂　　② 他黨
③ 應當　　④ 妥當
⑤ 宜當

[146~150] 다음 글을 읽고 물음에 답하시오.

㉠정이 생기는 과정을 조건화 과정에 따라 분석하면 다음과 같다. 사람은 누구나 자기 자신에 대하여 각별한 ㉡정서 반응을 보이게 된다. 따라서 자기 자신이라는 ㉢자극과 이에 대한 각별한 정서 반응은 ㉣必然적이고 자연스러운 ㉤關係를 가지고 있다고 하겠다. 물론 사람은 본능적으로 남을 향해서는 이와 같은 각별한 정서 ㉥反應을 보이지 않는다. 그러나 반복적인 ㉦接觸과 공동 경험을 통해 상대방과 존재라는 자극과 자신의 삶이라는 자극은 하나로 합치되며, ㉧結局 자신에 대해 보여 주었던 정서 반응을 상대방의 존재에 대하여도 보이는 것이다. 즉 '정이 생긴다.'라는 것은 ㉨자신과 상대방을 합치시켜 자신에게만 보여 주던 정서 반응을 상대방에게도 보여 주는 ㉩현상을 말한다.

146 ㉠이 뜻하는 한자표기가 바른 것은?
① 精　　② 晴
③ 情　　④ 請
⑤ 靜

147 ㉡과 ㉢의 한자표기가 바르게 짝지어진 것은?
① ㉡ 精書　㉢ 磁極
② ㉡ 情序　㉢ 刺克
③ ㉡ 靜緖　㉢ 刺極
④ ㉡ 情緖　㉢ 刺戟
⑤ ㉡ 情誓　㉢ 刺剋

148 ㉣~㉧의 독음이 바르지 않은 것은?
① ㉣ 필연
② ㉤ 관계
③ ㉥ 반응
④ ㉦ 접촉
⑤ ㉧ 결판

149 ㉨과 가장 관계 깊은 사자성어는?
① 口蜜腹劍
② 拈華微笑
③ 頂門一鍼
④ 轉禍爲福
⑤ 西施捧心

150 ㉩의 한자표기가 바른 것은?
① 懸賞　　② 現象
③ 現狀　　④ 現像
⑤ 現想

국가공인 자격검정
제2회 상공회의소 한자 시험 [1급] 문제지

형별	A형	제한시간	80분	수험번호	성 명

정답 및 해설 p.398

※ 다음 중 가장 알맞은 것을 고르시오.

〈제1영역〉 한자(漢字)

[1~11] 다음 한자(漢字)의 음(音)은 무엇입니까?

01 驢
① 마 ② 말 ③ 혁 ④ 패 ⑤ 려

02 帽
① 모 ② 무 ③ 송 ④ 건 ⑤ 파

03 繡
① 선 ② 수 ③ 루 ④ 종 ⑤ 주

04 眷
① 구 ② 견 ③ 강 ④ 권 ⑤ 설

05 拉
① 리 ② 라 ③ 노 ④ 립 ⑤ 랍

06 奢
① 선 ② 사 ③ 루 ④ 권 ⑤ 랍

07 汁
① 종 ② 장 ③ 수 ④ 한 ⑤ 즙

08 叱
① 진 ② 지 ③ 질 ④ 찰 ⑤ 타

09 披
① 편 ② 파 ③ 피 ④ 타 ⑤ 풍

10 衝
① 함 ② 한 ③ 수 ④ 가 ⑤ 형

11 辜
① 고 ② 구 ③ 기 ④ 소 ⑤ 선

[12~18] 다음 음(音)을 가진 한자는 무엇입니까?

12 교
① 董 ② 餃 ③ 鍋 ④ 勃 ⑤ 喀

13 병
① 瞥 ② 昺 ③ 繃 ④ 檳 ⑤ 謗

14 순
① 熄 ② 鍔 ③ 淞 ④ 珣 ⑤ 嚥

15 전
① 闡 ② 舵 ③ 痘 ④ 礪 ⑤ 鑴

16 랑
① 嫏 ② 傭 ③ 詮 ④ 狼 ⑤ 聚

17 황
① 錐 ② 堆 ③ 滉 ④ 婆 ⑤ 犧

18 접
① 蝶 ② 輅 ③ 錨 ④ 魃 ⑤ 拭

[19~25] 다음 한자(漢字)와 음(音)이 같은 한자는 어느 것입니까?

19 軋
① 椀 ② 斡 ③ 璵 ④ 腥 ⑤ 峠

20 湃
① 帛 ② 裸 ③ 賠 ④ 遼 ⑤ 潭

21 汐
① 晳 ② 磯 ③ 燉 ④ 乭 ⑤ 憺

22 燎
① 蔞 ② 蓼 ③ 蚊 ④ 卑 ⑤ 霹

23 渣
① 樣 ② 逃 ③ 纏 ④ 篩 ⑤ 雕

24 坑
① 亢 ② 穹 ③ 兎 ④ 羹 ⑤ 炯

25 綏
① 惰 ② 奄 ③ 孩 ④ 阻 ⑤ 竪

[26~36] 다음 한자(漢字)의 뜻은 무엇입니까?

26 腋 : ① 겨드랑이 ② 팔뚝
③ 어깨 ④ 가슴
⑤ 허리

27 鷗 : ① 말 ② 오리
③ 갈매기 ④ 개미
⑤ 독수리

28 雹 : ① 노을 ② 구름
③ 연기 ④ 우박
⑤ 서리

29 豕 : ① 꿀벌 ② 돼지
③ 원숭이 ④ 염소
⑤ 나방

30 訣 : ① 게으르다 ② 쓰다
③ 세우다 ④ 기르다
⑤ 헤어지다

31 蝗 : ① 나비 ② 벼룩
③ 메뚜기 ④ 지네
⑤ 지렁이

32 薑 : ① 생강 ② 배추
③ 감자 ④ 사과
⑤ 딸기

33 粥 : ① 국　② 죽
　　　　③ 쌀　④ 떡
　　　　⑤ 밥

34 柿 : ① 감나무　② 대나무
　　　　③ 산초나무　④ 소나무
　　　　⑤ 배나무

35 匙 : ① 숟가락　② 젓가락
　　　　③ 사기그릇　④ 그릇
　　　　⑤ 칼

36 獐 : ① 참새　② 여우
　　　　③ 노루　④ 사자
　　　　⑤ 자라

[37~43] 다음의 뜻을 가진 한자(漢字)는 무엇입니까?

37　무덤
　　① 坪　② 締　③ 棧　④ 塚　⑤ 佾

38　포도
　　① 鈞　② 麴　③ 葡　④ 櫃　⑤ 溺

39　고양이
　　① 描　② 狗　③ 狐　④ 猫　⑤ 雀

40　제비
　　① 雁　② 鳩　③ 鵲　④ 鷗　⑤ 燕

41　원숭이
　　① 狙　② 犀　③ 毓　④ 脂　⑤ 駐

42　돕다
　　① 弼　② 奠　③ 詔　④ 稷　⑤ 疹

43　힘줄
　　① 腿　② 腸　③ 腎　④ 膜　⑤ 腱

[44~50] 다음 한자(漢字)와 뜻이 비슷한 한자는 어느 것입니까?

44　胚
　　① 絨　② 腔　③ 姙　④ 膨　⑤ 媛

45　捺
　　① 押　② 篡　③ 渦　④ 作　⑤ 繡

46　幡
　　① 淪　② 岷　③ 犢　④ 旒　⑤ 燎

47　崩
　　① 煦　② 壞　③ 賄　④ 嚆　⑤ 飈

48　朽
　　① 崑　② 腐　③ 訥　④ 樊　⑤ 秘

49　携
　　① 提　② 摘　③ 際　④ 揚　⑤ 振

50　懶
　　① 賊　② 揀　③ 訌　④ 怠　⑤ 孩

〈제2영역〉 어휘(語彙)

[51~53] 다음 한자어(漢字語)와 그 새김의 방식이 같은 한자어는 어느 것입니까?

〈보기〉 年少 : ① 高山 ② 下車
　　　　　　③ 往來 ④ 日出
　　　　　　⑤ 讀書
'年少'처럼 그 새김의 방식이 '주어와 서술어의 관계'로 짜여진 한자어는 '日出(해가 뜨다)'이다. 따라서 정답 ④를 골라 답란에 표기하면 된다.

51 戇窩 : ① 瘦瘠 ② 囹圄
　　　　　③ 諂諛 ④ 遒勁
　　　　　⑤ 茨牆

52 握力 : ① 腕章 ② 還却
　　　　　③ 摩擦 ④ 剝奪
　　　　　⑤ 脫帽

53 噴沫 : ① 感情 ② 逮捕
　　　　　③ 採薇 ④ 角逐
　　　　　⑤ 葡萄

[54~56] 다음 한자어(漢字語)의 음은 무엇입니까?

54 闡明 : ① 천명 ② 천궁
　　　　　③ 천직 ④ 천박
　　　　　⑤ 천추

55 絢爛 : ① 현상 ② 현란
　　　　　③ 찬란 ④ 현직
　　　　　⑤ 대란

56 關鍵 : ① 관계 ② 관광
　　　　　③ 관건 ④ 관습
　　　　　⑤ 건전

[57~59] 다음 음(音)을 가진 한자어(漢字語)는 무엇입니까?

57 고혈 : ① 浹洽 ② 齷齪
　　　　　③ 殄破 ④ 炸裂
　　　　　⑤ 孤孑

58 발우 : ① 嬰孩 ② 臆測
　　　　　③ 鉢釪 ④ 拂拭
　　　　　⑤ 柴峴

59 포복 : ① 枇杷 ② 硼素
　　　　　③ 病牀 ④ 匍匐
　　　　　⑤ 惹端

[60~64] 다음 한자(漢字)와 음(音)이 같은 한자는 어느 것입니까?

60 濃醬 : ① 農幣 ② 憑依
　　　　　③ 籠檻 ④ 珪璋
　　　　　⑤ 聾昧

61 咳唾 : ① 咳嗽 ② 解剖
　　　　　③ 解排 ④ 劫捕
　　　　　⑤ 海駝

62 岡巒 : ① 講洙　② 搜涎
　　　　　③ 延獸　④ 晩軸
　　　　　⑤ 江灣

63 倍尺 : ① 拜錐　② 悽切
　　　　　③ 背信　④ 胚胎
　　　　　⑤ 排斥

64 簿牒 : ① 剖尖　② 浮貼
　　　　　③ 俯聽　④ 敷高
　　　　　⑤ 縛茅

[65~66] 다음 괄호 속 한자(漢字)의 음(音)이 다르게 발음되는 것은?

65 ① (龜)鼈　② (龜)裂
　　③ (龜)鑑　④ (龜)甲
　　⑤ (龜)船

66 ① (槌)骨　② (槌)打
　　③ (槌)擊　④ 紙(槌)
　　⑤ (槌)子

[67~69] 다음 한자어(漢字語)의 뜻풀이로 가장 적절한 것은 어느 것입니까?

67 坼封
　　① 봉해져 있는 편지를 뜯음
　　② 음식을 많이 먹음
　　③ 고치는 것을 꺼림
　　④ 음식을 쪼아 먹음
　　⑤ 속을 터놓고 이야기함

68 狼狽
　　① 살이 찐 배
　　② 쓰러져 죽음
　　③ 개가 소리 내어 짖음
　　④ 성미가 깐깐하고 고집이 셈
　　⑤ 계획하거나 기대한 일이 실패해 딱하게 됨

69 詢問
　　① 썩어 문드러짐
　　② 자주 성질을 부림
　　③ 진하게 화장을 함
　　④ 행동거지에 조심성이 없어 미움을 받음
　　⑤ 임금이 신하나 백성에게 무엇을 물어봄

[70~72] 다음의 뜻에 맞는 한자어(漢字語)는 어느 것입니까?

70 임금의 죽음
　　① 晏駕　② 晏寧
　　③ 晏息　④ 晏眠
　　⑤ 晏然

71 사람으로서 떳떳하게 지켜야 할 도리
　　① 倫擬　② 彝倫
　　③ 徒輩　④ 悖倫
　　⑤ 比倫

72 관직에 있지 않은 일반 백성
　　① 黔炭　② 黔中
　　③ 寡默　④ 黔黎
　　⑤ 默認

[73~80] 다음 단어들의 '□'에 공통으로 들어갈 알맞은 한자(漢字)는 어느 것입니까?

73 洶□, □湧, □急
① 洵 ② 鳩 ③ 素 ④ 竊 ⑤ 俗

74 □給, 年□, 薄□
① 坏 ② 妊 ③ 雌 ④ 俸 ⑤ 狽

75 □告, □音, □聞
① 父 ② 剖 ③ 噴 ④ 敷 ⑤ 訃

76 報□, 應□, □酌
① 淳 ② 旬 ③ 酬 ④ 盾 ⑤ 綏

77 □致, □北, 被□
① 極 ② 南 ③ 害 ④ 拉 ⑤ 服

78 □擢, 選□, 簡□
① 渤 ② 跋 ③ 易 ④ 拔 ⑤ 坊

79 □害, □止, □喪
① 迹 ② 沮 ③ 笛 ④ 剪 ⑤ 鐘

80 隱□, □世, □甲
① 遁 ② 乙 ③ 現 ④ 豫 ⑤ 凱

[81~85] 다음 한자어(漢字語)와 뜻이 반대(反對)이거나 상대(相對)되는 한자어는 어느 것입니까?

81 飢餓 : ① 緊張 ② 厭世
③ 灌木 ④ 飽食
⑤ 經度

82 普遍 : ① 卑怯 ② 尊稱
③ 特殊 ④ 未熟
⑤ 騷亂

83 眞實 : ① 疏遠 ② 勝利
③ 模倣 ④ 縮小
⑤ 虛僞

84 初聲 : ① 前進 ② 希望
③ 終聲 ④ 知的
⑤ 直系

85 減退 : ① 供給 ② 實質
③ 增進 ④ 決議
⑤ 低俗

[86~90] 다음 성어(成語)에서 '□'에 들어갈 알맞은 한자(漢字)는 어느 것입니까?

86 角者無□
① 供 ② 齒 ③ 利 ④ 的 ⑤ 治

87 去頭□尾
① 決 ② 絶 ③ 籍 ④ 迎 ⑤ 截

88 結□報恩
① 早 ② 宗 ③ 指 ④ 草 ⑤ 惠

89 口□腹劍
① 印 ② 蜜 ③ 因 ④ 泳 ⑤ 逸

90 手不□卷
① 釋 ② 汐 ③ 析 ④ 省 ⑤ 奭

[91~95] 다음 성어(成語)의 뜻풀이로 적절한 것은 어느 것입니까?

91 如履薄氷
① 얇게 언 얼음
② 언 신발을 신음
③ 추운 겨울날 먼 길을 떠남
④ 살얼음을 밟은 것처럼 위험함
⑤ 내년 여름에 먹을 얼음을 보관함

92 春樹暮雲
① 어진 임금과 충성스런 신하
② 멀리 있는 친구를 그리워 함
③ 멀리 있는 친구가 가까이 있음
④ 오랫동안 헤어졌다가 다시 만남
⑤ 겉보기만 그럴 듯하고 속은 변변치 않음

93 猫項懸鈴
① 그림의 떡
② 우물 안의 개구리
③ 매우 위급한 상태
④ 마음으로 애쓰며 속을 태움
⑤ 실행하지 못할 것을 헛되이 논의함

94 尸位素餐
① 일을 잘하는 기술자
② 작은 일에 큰 도구를 씀
③ 일의 진행이 변화가 심함
④ 실력도 없으면서 잘난 척함
⑤ 높은 자리에 앉아 하는 일 없이 놀고먹음

95 密雲不雨
① 일의 조짐만 보이고 그 일은 닥치지 아니함
② 오로지 글만 읽고 세상일에 경험이 없는 이
③ 조건이 갖춰지면 자연스럽게 일이 이루어짐
④ 대의명분을 밝혀 세우는 사필의 준엄한 논법
⑤ 잘하려는 마음이 지나치면 오히려 못할 수 있음

[96~100] 다음의 뜻을 가장 잘 나타낸 성어(成語)는 어느 것입니까?

96 고요하고 잔잔한 마음
① 望雲之情　② 亡羊之歎
③ 螳螂拒轍　④ 斷機之敎
⑤ 明鏡止水

97 몹시 귀중한 법칙이나 규정
① 極惡無道　② 君子三樂
③ 金科玉條　④ 囊中之錐
⑤ 亂臣賊子

98 혼자의 힘만으로 어떤 일을 이루기 어려움
① 曲學阿世　② 池魚之殃
③ 轉禍爲福　④ 孤掌難鳴
⑤ 藥房甘草

99 벗이 잘되는 것을 기뻐함
① 松茂栢悅　② 歲寒三友
③ 孟母三遷　④ 南橘北枳
⑤ 管鮑之交

100 일관성 없는 정책
① 漸入佳境　② 袖手傍觀
③ 朝令暮改　④ 焚書坑儒
⑤ 茫然自失

〈제3영역〉 독해(讀解)

[101~110] 다음 문장에서 밑줄 친 한자어(漢字語)의 음(音)은 무엇입니까?

101 그는 여러 가지 복잡한 문제로 苦悶하다 보니 머리가 아팠다.
① 번민　② 고민
③ 설파　④ 주장
⑤ 갈등

102 야생동물이 사는 棲息지는 개발에 신중해야 한다.
① 접시　② 서식
③ 수렵　④ 개척
⑤ 습식

103 그녀의 모습은 초라하고 懦弱해 보였다.
① 나약　② 연약
③ 당당　④ 취약
⑤ 쇠약

104 컴퓨터 오류로 시스템 운영에 障碍가 발생했다.
① 내포　② 전기
③ 신고　④ 고장
⑤ 장애

105 우리 중 누가 부모님을 扶養할지 의견이 분분했다.
① 부목　② 부양
③ 부인　④ 부의
⑤ 부정

106 붉은 앵두가 濃厚하게 익었다.
① 농후 ② 신랄
③ 진색 ④ 화려
⑤ 농염

107 법당에는 脇侍 보살이 모셔져 있다.
① 협당 ② 협의
③ 협곡 ④ 협정
⑤ 협시

108 그는 사고로 膈膜이 손상되어 병원에 입원했다.
① 격막 ② 조직
③ 장기 ④ 척추
⑤ 각막

109 모처럼 薔薇 한 다발을 샀다.
① 국화 ② 들꽃
③ 장미 ④ 수국
⑤ 백합

110 駱駝 고기는 특별한 맛이 있다.
① 타조 ② 돼지
③ 명마 ④ 낙타
⑤ 오리

[111~115] 다음 문장에서 밑줄 친 한자어(漢字語)의 뜻풀이로 가장 적절한 것은 어느 것입니까?

111 소설을 읽을 때 사건의 梗概(을/를) 파악하는 것이 중요하다.
① 결과
② 원인
③ 배후
④ 발단
⑤ 줄거리

112 올해로 할아버지의 연세는 白壽이시다.
① 99세
② 100세
③ 101세
④ 102세
⑤ 105세

113 오후가 되어서야 診療가 끝났다.
① 선생이 학생을 가르치는 일
② 선임이 후임을 가르치는 일
③ 부모가 자식을 심하게 다그치는 일
④ 의사가 환자를 진찰하고 치료하는 일
⑤ 친구끼리 크게 다투고 싸우는 일

114 부엉이 울음이 間歇的으로 들렸다.
① 매개물이 없이 바로 연결됨
② 매개체를 통하여 연결됨
③ 소리의 크기가 보통을 넘음
④ 같은 일을 되풀이함
⑤ 일정한 간격으로 되풀이함

115 그 계획서에 다섯 번째 款項에 문제가 있어 삭제했다.
① 조목
② 제목
③ 마무리
④ 줄거리
⑤ 명령을 적은 내용

[116~120] 다음 문장에서 빈칸에 들어갈 가장 적절한 한자어(漢字語)는 어느 것입니까?

116 피해자에게 손해를 □□하고 용서를 빌었다.
① 怨讐   ② 還收
③ 拜相   ④ 賠償
⑤ 背信

117 □□으로 전염되는 질병이 다수 있다.
① 唾腋   ② 疾患
③ 唾液   ④ 唾臭
⑤ 惰性

118 그의 □□스러운 행동은 친구들의 원성을 샀다.
① 僭藍   ② 僭濫
③ 譏濫   ④ 譏藍
⑤ 識濫

119 백성들 덕분에 □□를 격퇴할 수 있었다.
① 魏覆   ② 倭寇
③ 矮軀   ④ 飜寇
⑤ 飜覆

120 요즘엔 □□을 구입하는 사람이 거의 없다.
① 全姪   ② 佃姪
③ 廛帙   ④ 全帙
⑤ 佃帙

[121~125] 다음 문장에서 밑줄 친 한자어(漢字語)의 한자표기(漢字表記)가 바르지 않은 것은 어느 것입니까?

121 대기업이 ① 中小企業을 ② 倂合하는 방식에는 여러 가지가 있지만, 대기업의 ③ 杏本과 중소기업의 아이디어가 만날 때 ④ 同伴 상승 ⑤ 效果가 크다.

122 ① 呼吸은 ② 酸素가 폐 속에 있는 ③ 肺胞의 막을 통해 ④ 血液 안에 ⑤ 湧解되는 현상이다.

123 이전 ① 室內 ② 裝飾을 ③ 踏襲 말고 창의적 ④ 計劃을 ⑤ 竪粒하시오.

124 현대는 ① 精報化 시대로 들어서면서 다양한 ② 美術作品, ③ 文化製品 중에서 ④ 信賴 여부를 ⑤ 區分할 수 있는 일이 매우 중요해졌다.

125 빈번한 ① 駐宅 ② 擔保 ③ 貸出은 ④ 沈滯된 경제가 그 ⑤ 原因이다.

[126~135] 다음 문장에서 밑줄 친 단어(單語)를 한자(漢字)로 바르게 쓴 것은 어느 것입니까?

126 이 소설은 주인공 성격이 잘 묘사되어 있다.
① 廟祠　　② 妙思
③ 猫寫　　④ 描寫
⑤ 卯仕

127 기차가 기적소리를 내며 들어오고 있다.
① 奇籍　　② 汽笛
③ 紀蹟　　④ 汽赤
⑤ 妓籍

128 새로운 세상을 동경한 그는 날로 미쳐갔다.
① 動徑　　② 同庚
③ 東京　　④ 瞳憬
⑤ 憧憬

129 그는 죽은 사람의 환영을 보았다.
① 歡迎　　② 桓楹
③ 幻影　　④ 還影
⑤ 桓盈

130 빗줄기가 분무처럼 창 안쪽으로 들어왔다.
① 奮武　　② 噴霧
③ 氛霧　　④ 奮霧
⑤ 噴茂

131 그 환자는 천식 증세로 다시 병원에 입원했다.
① 天識　　② 賤息
③ 喘息　　④ 喘食
⑤ 擅息

132 임차인이 계약을 포기하면 위약금을 물어야 한다.
① 抱氣　　② 砲技
③ 抛期　　④ 抛棄
⑤ 捕棄

133 질산은 염산, 황산과 함께 인지도 높은 대표 3대 강산이다.
① 窒珊　　② 膣酸
③ 膣散　　④ 窒酸
⑤ 窒散

134 독약을 먹어서 위독하므로 가족에게 기별하시오.
① 棄別　　② 記別
③ 記莂　　④ 起別
⑤ 奇別

135 그의 초췌한 모습에서 궁곤한 생활을 엿볼 수 있었다.
① 梢贅　　② 蕉萃
③ 稍膵　　④ 憔悴
⑤ 醮締

[136~140] 다음 문장에서 밑줄 친 단어(單語)나 어구(語句)의 뜻을 가장 잘 나타낸 한자(漢字) 또는 한자어(漢字語)는 어느 것입니까?

136 회사 책임자는 그 문제를 <u>날쌔고 빠르게</u> 처리했다.
① 緻密 ② 耽溺
③ 迂廻 ④ 迅速
⑤ 臣屬

137 그녀는 <u>눈물 자국</u>만 보일 뿐 어떠한 원망도 하지 않았다.
① 缺漏 ② 痕沫
③ 汾海 ④ 澄汰
⑤ 淚痕

138 과일은 <u>즙을 짜는</u> 것이 영양가가 높다.
① 着眼 ② 掘鑿
③ 搾汁 ④ 媒質
⑤ 過食

139 마을에 <u>괴이하면서도 놀라운</u> 일이 벌어졌다.
① 怪異 ② 氣絶
③ 氣勢 ④ 恐怖
⑤ 現像

140 소수의 의견을 대다수 의견으로 <u>여기고</u> 있다.
① 間接 ② 間奏
③ 看做 ④ 詰朝
⑤ 建議

[141~145] 다음 글을 읽고 물음에 답하시오.

> 대한상공회의소에서 시행하는 워드 프로세서 시험에 대한 질문 중 ㉠<u>頻度</u>수가 높은 질문 몇 가지를 제시하면 다음과 같습니다.
> (1) 문서 작성 시 기본 글꼴을 ㉡<u>혼용</u>해서 사용하면 안 되나요?
> (2) 시험 문제에 (㉢)가(이) 있습니다. 이런 경우 원본대로 작성해야 하나요? 아니면 수정해서 작성해도 되나요?
> (3) 제목에 도형 추가는(은) 표를 이용해야 하나요?
> (4) 아래 ㉣<u>여백</u>이 너무 많아 줄 간격을 180으로 맞추어 작성하면 ㉤<u>감점</u>이 되나요?

141 ㉠의 독음이 바른 것은?
① 빈부 ② 빈도
③ 빈민 ④ 빈잔
⑤ 빈곤

142 ㉡의 한자표기가 바른 것은?
① 混亂 ② 混勇
③ 婚勇 ④ 混線
⑤ 混用

143 문맥상 ㉢에 가장 알맞은 말은?
① 誤打 ② 誤解
③ 錯誤 ④ 重複
⑤ 空欄

144 ㉢ '여백'의 한자표기가 바른 것은?
① 餘百　② 飮白
③ 餘白　④ 飯百
⑤ 飯佰

145 ㉤ '감점'의 '점'과 같은 한자가 사용된 것은?
① 漸次　② 焦點
③ 店鋪　④ 粘液
⑤ 獨占

[146~150] 다음 글을 읽고 물음에 답하시오.

> 발주자는 하도급 내용을 심사할 때에는 당해 하도급 용역의 성질 및 ㉠ <u>履行</u> ㉡ 난이, 용역량의 ㉢ 다과, 하도급 계약 ㉣ <u>締結</u> 방법 및 계약 상대자와 하도급자의 의견 등을 ㉤ 참작 심사하여야 한다. 특별한 사유가 없는 한 신청한 날로부터 5일 이내에 그 결과를 계약 상대자에게 알려야 한다.

146 ㉠의 독음이 바른 것은?
① 이행　② 하행
③ 동행　④ 방행
⑤ 파행

147 ㉡의 한자표기가 바른 것은?
① 歎易　② 難易
③ 難以　④ 難移
⑤ 亂易

148 문맥상 ㉢에 대한 뜻을 나타낸 것은?
① 차와 과자
② 손님을 대접함
③ 여러 가지 음식
④ 수효의 많음과 적음
⑤ 수효가 많을수록 좋음

149 ㉣의 독음이 바른 것은?
① 체념　② 결과
③ 체결　④ 결정
⑤ 성사

150 ㉤의 한자표기가 바른 것은?
① 參酌　② 慙怍
③ 慙勻　④ 慘酌
⑤ 參爵

국가공인 자격검정
제3회 상공회의소 한자 시험 [1급] 문제지

형별	A형	제한시간	80분	수험번호	성 명

정답 및 해설 p.410

※ 다음 중 가장 알맞은 것을 고르시오.

<제1영역> 한자(漢字)

[1~11] 다음 한자(漢字)의 음(音)은 무엇입니까?

01 羌
① 견 ② 성 ③ 미 ④ 강 ⑤ 우

02 瑤
① 차 ② 요 ③ 라 ④ 현 ⑤ 임

03 洙
① 수 ② 주 ③ 우 ④ 무 ⑤ 후

04 蓬
① 신 ② 정 ③ 안 ④ 설 ⑤ 봉

05 娥
① 여 ② 우 ③ 아 ④ 양 ⑤ 언

06 餠
① 보 ② 병 ③ 빈 ④ 번 ⑤ 파

07 匿
① 원 ② 소 ③ 려 ④ 닉 ⑤ 담

08 縛
① 박 ② 모 ③ 증 ④ 선 ⑤ 전

09 蹟
① 장 ② 진 ③ 족 ④ 쟁 ⑤ 적

10 姙
① 임 ② 색 ③ 예 ④ 숭 ⑤ 범

11 廻
① 황 ② 호 ③ 회 ④ 후 ⑤ 혜

[12~18] 다음 음(音)을 가진 한자는 무엇입니까?

12 파
① 邑 ② 巳 ③ 已 ④ 巴 ⑤ 己

13 작
① 雌 ② 雀 ③ 杖 ④ 蠶 ⑤ 張

14 규
① 潰 ② 筋 ③ 圭 ④ 躬 ⑤ 裙

15 린
① 鸞 ② 痲 ③ 璃 ④ 粒 ⑤ 燐

16 슬
① 柿 ② 娠 ③ 瑟 ④ 讐 ⑤ 宋

17 농
① 濃 ② 曇 ③ 祖 ④ 拈 ⑤ 塘

18 액
① 暎 ② 艶 ③ 彦 ④ 鶯 ⑤ 腋

[19~25] 다음 한자(漢字)와 음(音)이 같은 한자는 어느 것입니까?

19 襄
① 饗 ② 歇 ③ 型 ④ 瘍 ⑤ 闕

20 艾
① 孼 ② 厓 ③ 儼 ④ 厭 ⑤ 淵

21 柏
① 帛 ② 胚 ③ 輔 ④ 俸 ⑤ 帆

22 錐
① 塚 ② 鷲 ③ 雉 ④ 鍼 ⑤ 芻

23 彗
① 峴 ② 樺 ③ 鞋 ④ 爻 ⑤ 卉

24 嗅
① 喉 ② 犧 ③ 洽 ④ 灰 ⑤ 彙

25 肋
① 崙 ② 鼇 ③ 羅 ④ 勒 ⑤ 琳

[26~36] 다음 한자(漢字)의 뜻은 무엇입니까?

26 鈴 : ① 금 ② 쇠
    ③ 쟁반 ④ 그릇
    ⑤ 방울

27 低 : ① 좇다 ② 낮다
    ③ 붉다 ④ 다하다
    ⑤ 머무르다

28 瞳 : ① 코 ② 무릎
    ③ 눈동자 ④ 팔뚝
    ⑤ 손가락

29 芥 : ① 쑥 ② 겨자
    ③ 오이 ④ 줄기
    ⑤ 두레박

30 偵 : ① 염탐하다 ② 공손하다
    ③ 설명하다 ④ 소개하다
    ⑤ 빽빽하다

31 葡 : ① 배 ② 매화
　　　 ③ 대추 ④ 포도
　　　 ⑤ 복숭아

32 猫 : ① 꿩 ② 참새
　　　 ③ 호랑이 ④ 두꺼비
　　　 ⑤ 고양이

33 姚 : ① 예쁘다 ② 순하다
　　　 ③ 기울다 ④ 더럽다
　　　 ⑤ 시끄럽다

34 胚 : ① 속이다 ② 모시다
　　　 ③ 임신하다 ④ 아우르다
　　　 ⑤ 나란히 하다

35 妹 : ① 기생 ② 누이
　　　 ③ 외숙모 ④ 며느리
　　　 ⑤ 시어머니

36 怪 : ① 울다 ② 주리다
　　　 ③ 굽히다 ④ 미치다
　　　 ⑤ 괴이하다

[37~43] 다음의 뜻을 가진 한자(漢字)는 무엇입니까?

37 석류나무
　　　① 櫓 ② 儡 ③ 籠 ④ 榴 ⑤ 戮

38 까치
　　　① 櫼 ② 鵲 ③ 雀 ④ 邸 ⑤ 翟

39 토끼
　　　① 稚 ② 鷲 ③ 駝 ④ 免 ⑤ 兎

40 고름
　　　① 膿 ② 悼 ③ 痰 ④ 棋 ⑤ 膽

41 주머니
　　　① 鎌 ② 誥 ③ 囊 ④ 鵑 ⑤ 股

42 기린
　　　① 鱗 ② 麟 ③ 璘 ④ 燐 ⑤ 隣

43 씻다
　　　① 滄 ② 濬 ③ 渚 ④ 滌 ⑤ 湧

[44~50] 다음 한자(漢字)와 뜻이 비슷한 한자는 어느 것입니까?

44 濟
　　　① 載 ② 租 ③ 滴 ④ 救 ⑤ 畢

45 邂
　　　① 瀍 ② 姮 ③ 逅 ④ 垓 ⑤ 闓

46 蝴
　　　① 蝶 ② 蟾 ③ 蚓 ④ 蟲 ⑤ 蝎

47 添
　① 沌　② 酪　③ 爛　④ 賭　⑤ 加

48 憧
　① 悼　② 憬　③ 禱　④ 拿　⑤ 訥

49 盜
　① 袒　② 驥　③ 竊　④ 魔　⑤ 薇

50 愁
　① 憂　② 秉　③ 瓔　④ 穎　⑤ 諭

<제2영역> 어휘(語彙)

[51~53] 다음 한자어(漢字語)와 그 새김의 방식이 같은 한자어는 어느 것입니까?

<보기> 年少 : ① 高山　② 下車
　　　　　　③ 往來　④ 日出
　　　　　　⑤ 讀書

'年少'처럼 그 새김의 방식이 '주어와 서술어의 관계'로 짜여진 한자어는 '日出(해가 뜨다)'이다. 따라서 정답 ④를 골라 답란에 표기하면 된다.

51 笞刑 : ① 診脈　② 犯法
　　　　　③ 帆船　④ 疲困
　　　　　⑤ 咽喉

52 蝴蝶 : ① 滑降　② 援助
　　　　　③ 着帽　④ 天佑
　　　　　⑤ 擬人

53 奢侈 : ① 憧憬　② 佳人
　　　　　③ 狂奔　④ 舊殼
　　　　　⑤ 納品

[54~56] 다음 한자어(漢字語)의 음은 무엇입니까?

54 廚房 : ① 전과　② 정보
　　　　　③ 지단　④ 졸렬
　　　　　⑤ 주방

55 姙娠 : ① 자웅　② 암시
　　　　　③ 진도　④ 임신
　　　　　⑤ 자매

56 範疇 : ① 범법　② 범인
　　　　　③ 범상　④ 범죄
　　　　　⑤ 범주

[57~59] 다음 음(音)을 가진 한자어(漢字語)는 무엇입니까?

57 골계 : ① 脛骨　② 滑稽
　　　　　③ 捕鯨　④ 汽罐
　　　　　⑤ 括弧

58 투호 : ① 欠伸　② 洽足
　　　　　③ 投壺　④ 供犧
　　　　　⑤ 屹立

59 치유 : ① 魏闕 ② 楡皮
③ 瑜伽 ④ 治癒
⑤ 訓諭

[60~64] 다음 한자(漢字)와 음(音)이 같은 한자는 어느 것입니까?

60 絹篩 : ① 繭絲 ② 剛毅
③ 服膺 ④ 友誼
⑤ 懿行

61 叩門 : ① 昻揚 ② 憐憫
③ 艶聞 ④ 諮問
⑤ 拷問

62 補塡 : ① 補腎 ② 保全
③ 緩行 ④ 布陣
⑤ 迫眞

63 簿牒 : ① 府貼 ② 剖訴
③ 附葉 ④ 敷設
⑤ 縛茅

64 抱擁 : ① 瓢壺 ② 釀甕
③ 怖慄 ④ 褒寵
⑤ 圃翁

[65~66] 다음 괄호 속 한자(漢字)의 음(音)이 다르게 발음되는 것은?

65 ① 認(識) ② 意(識)
③ 常(識) ④ (識)別
⑤ 標(識)

66 ① (契)約 ② (契)機
③ (契)狀 ④ (契)闊
⑤ 書(契)

[67~69] 다음 한자어(漢字語)의 뜻풀이로 가장 적절한 것은 어느 것입니까?

67 片鱗
① 기린과의 포유류
② 뜯어고쳐 정리함
③ 사물의 극히 작은 한 부분
④ 옥으로 장식한 대궐의 문
⑤ 종이처럼 장으로 세는 물건의 수

68 摩擦
① 동백나무의 열매
② 남에게 입힌 손해를 갚아 줌
③ 두 물체가 서로 맞닿아 비벼짐
④ 신경이나 근육이 기능을 잃는 것
⑤ 동식물의 섬유를 가공해 실을 만듦

69 洗滌
① 깨끗이 물건을 씻음
② 속이 들여다보이도록 맑음
③ 사물의 중심 또는 중요한 부분
④ 산소에 심는 나무를 통틀어 이름
⑤ 상벌로 벼슬을 높이거나 낮추는 일

[70~72] 다음의 뜻에 맞는 한자어(漢字語)는 어느 것입니까?

70 우유
① 閒暇 ② 駝酪
③ 饗宴 ④ 廢墟
⑤ 狹小

71 업신여김
① 蔑視 ② 直徑
③ 麵類 ④ 涅槃
⑤ 滅亡

72 상관을 도와 일을 처리함
① 堡壘 ② 民洑
③ 謀甫 ④ 公僕
⑤ 輔佐

[73~80] 다음 단어들의 '□'에 공통으로 들어갈 알맞은 한자(漢字)는 어느 것입니까?

73 □路, 仕□, □厄
① 跋 ② 脾 ③ 彬 ④ 宦 ⑤ 喚

74 □降, 貶□, □仙
① 乘 ② 斥 ③ 詩 ④ 謫 ⑤ 霜

75 圓□, □降, □稽
① 桓 ② 樺 ③ 滑 ④ 靴 ⑤ 煥

76 迂□, 巡□, 上□
① 灰 ② 廻 ③ 繪 ④ 洽 ⑤ 欽

77 □問, □難, □責
① 詰 ② 蠶 ③ 怡 ④ 翊 ⑤ 餌

78 □取, □采, 恐□
① 鞐 ② 艱 ③ 喝 ④ 嵌 ⑤ 碣

79 謙□, □色, 不□
① 狩 ② 巽 ③ 贖 ④ 邵 ⑤ 遜

80 □身, □體, □軀
① 混 ② 菴 ③ 昻 ④ 屍 ⑤ 衍

[81~85] 다음 한자어(漢字語)와 뜻이 반대(反對)이거나 상대(相對)되는 한자어는 어느 것입니까?

81 醜雜 : ① 廉按 ② 嚴酷
③ 美厚 ④ 混壹
⑤ 純粹

82 銳利 : ① 靜淑 ② 鈍濁
③ 荒唐 ④ 敏捷
⑤ 罔極

83 纖弱 : ① 剛鏃 ② 强靭
③ 懿範 ④ 疆宇
⑤ 難澁

84 矮小 : ① 誇示 ② 浪漫
③ 綿延 ④ 健壯
⑤ 一蹴

85 柔軟 : ① 剛健 ② 間歇
③ 痕迹 ④ 潰瘍
⑤ 寡慾

[86~90] 다음 성어(成語)에서 '□'에 들어갈 알맞은 한자(漢字)는 어느 것입니까?

86 肝□相照
① 努 ② 拏 ③ 膽 ④ 屠 ⑤ 饑

87 □瓦之慶
① 膿 ② 聾 ③ 籠 ④ 狼 ⑤ 弄

88 同價紅□
① 裳 ② 床 ③ 雙 ④ 囊 ⑤ 嘗

89 反□之孝
① 盂 ② 哺 ③ 圃 ④ 襃 ⑤ 弼

90 萬壽無□
① 訣 ② 亢 ③ 讒 ④ 喉 ⑤ 疆

[91~95] 다음 성어(成語)의 뜻풀이로 적절한 것은 어느 것입니까?

91 快刀亂麻
① 매우 큰 차이
② 허황된 말을 지껄임
③ 하늘이 돕고 신이 도움
④ 높은 지위에 오르려는 욕망
⑤ 무질서한 상황을 명쾌하게 처리함

92 桑田碧海
① 믿어 의심치 않음
② 혀가 칼보다 날카로움
③ 세상일의 변천이 심함
④ 참되고 성실한 마음과 뜻
⑤ 선악 구분 없이 모두 멸망함

93 夏爐冬扇
① 간절히 기다림
② 멍하니 정신을 잃음
③ 사물이 서로 맞지 않음
④ 격이나 철에 맞지 않음
⑤ 일이 뜻대로 되지 않음

94 幾至死境
① 거의 죽을 지경에 이름
② 기이한 바위와 괴이한 돌
③ 친구 사이의 매우 두터운 정
④ 쇠나 돌처럼 굳고 변함없는 교제
⑤ 아무리 높은 권세도 십 년을 가지 못함

95 孤掌難鳴
① 운명을 함께함
② 언행이 매우 유치함
③ 몹시 귀중한 법칙이나 규정
④ 나라는 태평하고 백성은 편안함
⑤ 혼자의 힘만으로는 어떤 일을 이루기 어려움

[96~100] 다음의 뜻을 가장 잘 나타낸 성어(成語)는 어느 것입니까?

96 매우 즐거운 표정으로 활짝 웃음
① 表裏不同　② 破顏大笑
③ 風前燈火　④ 飽食暖衣
⑤ 鶴首苦待

97 책이 매우 많음
① 皮骨相接　② 暗中摸索
③ 汗牛充棟　④ 良藥苦口
⑤ 多情多感

98 널리 알지만 정밀하지는 못함
① 發憤忘食　② 博學多識
③ 白駒過隙　④ 百年河淸
⑤ 博而不精

99 몹시 위급한 상태
① 日暮途遠　② 一擧兩得
③ 一瀉千里　④ 一觸卽發
⑤ 一攫千金

100 좀처럼 만나기 어려운 좋은 기회
① 千載一遇　② 焦眉之急
③ 寸鐵殺人　④ 天眞爛漫
⑤ 千慮一失

〈제3영역〉 독해(讀解)

[101~110] 다음 문장에서 밑줄 친 한자어(漢字語)의 음(音)은 무엇입니까?

101 정부는 사회 전반에 퍼져 있는 부정부패를 剔抉하기로 했다.
① 척결   ② 무시
③ 변명   ④ 주장
⑤ 번영

102 형은 强勁한 태도로 끝까지 자신의 의견을 지켰다.
① 온순   ② 강경
③ 겸연   ④ 겸손
⑤ 완화

103 淘汰된 기업들은 결국 시장에서 사라졌다.
① 매각   ② 해체
③ 혁신   ④ 합병
⑤ 도태

104 들판에는 甘蔗가 자라고 있다.
① 보리   ② 배추
③ 감자   ④ 참깨
⑤ 참외

105 어머니의 얼굴에 嗔怒가 가득했다.
① 수치   ② 환희
③ 분노   ④ 진노
⑤ 공포

106 그는 부하에게 위험한 행동을 멈추라고 慫慂했다.
① 강요   ② 협박
③ 설득   ④ 지시
⑤ 종용

107 상황을 모면하기 위해 狡猾하게 행동했다.
① 비열   ② 교묘
③ 교활   ④ 사악
⑤ 음흉

108 나는 학창시절에 豪宕한 성격 덕분에 인기가 많았다.
① 호탕   ② 쾌활
③ 명랑   ④ 온화
⑤ 친절

109 적군의 喊聲이 가까워지고 있다.
① 고성   ② 폭음
③ 소음   ④ 함성
⑤ 잡음

110 아버지의 명예가 失墜되었다.
① 몰락   ② 실추
③ 붕괴   ④ 훼손
⑤ 회복

[111~115] 다음 문장에서 밑줄 친 한자어(漢字語)의 뜻풀이로 가장 적절한 것은 어느 것입니까?

111 여러 후보 중에서 적임자를 <u>揀擇</u>하였다.
① 분간하여 고름
② 깊이 삼가고 성실함
③ 높은 데서 내려다봄
④ 죄를 따져가며 물음
⑤ 잊지 않고 똑똑히 기억함

112 학생들이 운동장에 <u>堵列</u>하였다.
① 순찰하며 경계함
② 위로하고 권면함
③ 여럿이 함께 화목함
④ 많은 사람이 죽 늘어섬
⑤ 어떤 목적을 위해 동지를 모음

113 학생 때부터 문학 잡지를 꾸준히 <u>購讀</u>해 왔다.
① 서로 바꿈
② 상품을 사고팖
③ 물건 등을 사들임
④ 구하여 얻어 들임
⑤ 책, 신문 등을 사서 읽음

114 유적지에서의 <u>盜掘</u> 행위는 엄격히 금지되어 있다.
① 피로하여 싫증을 냄
② 나쁜 꾀로 남을 속임
③ 사물을 다루어 처리함
④ 고분 등을 파거나 광물을 캐냄
⑤ 감추었던 장소를 옮겨 다시 감춤

115 시위 현장의 분위기는 <u>暗澹</u>했다.
① 유쾌하고 활발함
② 희망이 없고 절망적임
③ 힘차고 생기 있게 움직임
④ 만족과 기쁨을 느껴 흐뭇함
⑤ 두려워하지 않고 용감한 기력

[116~120] 다음 문장에서 빈칸에 들어갈 가장 적절한 한자어(漢字語)는 어느 것입니까?

116 그는 프로 선수처럼 능숙하게 □□공을 만졌다.
① 堂球   ② 螳球
③ 撞球   ④ 撞求
⑤ 戇具

117 기자의 기사 내용은 사실보다 □□이 더 많았다.
① 億測   ② 臆測
③ 臆惻   ④ 抑測
⑤ 檍厠

118 친구의 성공을 시기하는 모습이 참으로 □□했다.
① 壅拙   ② 壅猝
③ 壅卒   ④ 翁拙
⑤ 瓮拙

119 어제 무슨 일이 있었는지 대강 □□할 수 있었다.
① 斟昨 ② 朕酌
③ 振作 ④ 斟勺
⑤ 斟酌

120 허위 사실로 사람들을 □□하는 것은 범죄다.
① 煽瞳 ② 仙童
③ 選動 ④ 煽動
⑤ 詵憧

[121~125] 다음 문장에서 밑줄 친 한자어(漢字語)의 한자표기(漢字表記)가 바르지 않은 것은 어느 것입니까?

121 ① 國運을 ② 興盛시키기 위해 ③ 政府는 새로운 ④ 政策을 ⑤ 推准하였다.

122 ① 經濟 위기로 ② 國家의 ③ 財政이 ④ 枯渴되어 ⑤ 破算 위기에 놓였다.

123 그의 연설은 ① 蠱惑적이었고, ② 楓剌로 가득했으며, 군중을 ③ 煽動하여 결국 ④ 騷擾가 일어났고, 도시는 ⑤ 混沌에 빠졌다.

124 전란 이후에도 백성들은 ① 饑饉으로 고통받았고, ② 流謫된 선비들은 ③ 困廢한 삶을 살았으며, ④ 暴戾한 무리들이 ⑤ 國法을 어지럽혔다.

125 ① 勤勉한 자세로 ② 盛實히 일했지만, ③ 怠慢에 빠져 결국 ④ 成就를 이루지 못하고, ⑤ 希望을 잃었다.

[126~135] 다음 문장에서 밑줄 친 단어(單語)를 한자(漢字)로 바르게 쓴 것은 어느 것입니까?

126 아이들이 간식으로 포도를 맛있게 먹었다.
① 葡萄 ② 萄葡
③ 咆萄 ④ 蒲挑
⑤ 葡陶

127 나는 가족의 안녕을 위해 밤마다 기도했다.
① 幾度 ② 企圖
③ 期禱 ④ 祈禱
⑤ 氣道

128 그는 감정을 여과 없이 드러냈다.
① 慮過 ② 濾誇
③ 勵果 ④ 濾過
⑤ 與果

129 수술에서 막 깨어나 의식이 몽롱했다.
① 夢朧 ② 夢籠
③ 朦朧 ④ 蒙瓏
⑤ 朦弄

130 그녀는 말이 빠르고 <u>영리</u>하여 모두의 주목을 받았다.
① 榮利   ② 營利
③ 瑛利   ④ 怜唎
⑤ 怜悧

131 회사 동료들은 함께 모은 돈으로 <u>부의</u>를 전달했다.
① 副擬   ② 附議
③ 附意   ④ 副儀
⑤ 賻儀

132 깨진 <u>유리</u> 조각에 손을 베이지 않도록 조심해야 한다.
① 琉璃   ② 琉離
③ 類璃   ④ 儒理
⑤ 樓罹

133 강한 빛을 오래 보면 <u>망막</u>이 손상될 수 있다.
① 茫幕   ② 網莫
③ 望膜   ④ 茫漠
⑤ 網膜

134 영화는 전쟁의 참혹함을 사실적으로 <u>묘사</u>했다.
① 猫辭   ② 描思
③ 墓祀   ④ 描寫
⑤ 猫寫

135 종업원이 큰 <u>쟁반</u>에 음식을 가득 담아 나왔다.
① 箏盤   ② 錚班
③ 錚盤   ④ 爭半
⑤ 諍盤

[136~140] 다음 문장에서 밑줄 친 단어(單語)나 어구(語句)의 뜻을 가장 잘 나타낸 한자(漢字) 또는 한자어(漢字語)는 어느 것입니까?

136 우리는 <u>기약 없는 이별</u>을 했다.
① 訣別   ② 膾炙
③ 梗塞   ④ 決定
⑤ 脛骨

137 그는 마치 생명을 다루듯, 조심스레 <u>사물을 다룬다</u>.
① 取給   ② 吹急
③ 取扱   ④ 心琴
⑤ 兢懼

138 의사는 환자의 <u>피가래</u>를 보고 폐 질환을 의심했다.
① 穴淡   ② 血痰
③ 血膽   ④ 頁談
⑤ 血糖

139 시인은 친구의 죽음을 슬퍼하는 마음을 시에 담았다.
① 愛道 ② 艾島
③ 哀導 ④ 禮度
⑤ 哀悼

140 산모는 긴 고통 끝에 무사히 아이를 낳았다.
① 紛娩 ② 妊娠
③ 分晚 ④ 分娩
⑤ 姉妹

[141~145] 다음 글을 읽고 물음에 답하시오.

물이 자연 속에서 어떻게 변하는지를 살펴보면, 먼저 강이나 바다의 물은 태양열을 받아 ㉠蒸發한다. 이렇게 생긴 수증기는 차가운 공기를 만나 ㉡凝結하고, 작은 물방울이 모여 구름을 형성한다. 구름이 무거워지면 비나 눈으로 떨어지는데, 이를 ㉢降水라 한다. 이와 같은 과정은 지구에서 끊임없이 이어지며 ㉣循環을 이루어 ㉤생태계를 유지한다. 따라서 물의 ㉥변화 과정을 이해하는 것은 과학 학습에서 매우 중요한 일이다.

141 ㉠의 독음이 바른 것은?
① 액화 ② 증산
③ 증발 ④ 기화
⑤ 해소

142 ㉡과 ㉢의 독음이 바르게 짝지어진 것은?
① ㉡ 응절 ㉢ 항수
② ㉡ 응결 ㉢ 강수
③ ㉡ 영결 ㉢ 강수
④ ㉡ 응결 ㉢ 항수
⑤ ㉡ 영결 ㉢ 항수

143 ㉣의 독음이 바른 것은?
① 순환 ② 유기
③ 연결 ④ 소환
⑤ 소원

144 ㉤의 한자표기가 바른 것은?
① 生太系 ② 牲態系
③ 牲泰界 ④ 生態系
⑤ 牲泰系

145 ㉥ '변화'의 '변'과 같은 한자가 사용된 것은?
① 辨理 ② 辯護
③ 編輯 ④ 邊界
⑤ 變身

[146~150] 다음 글을 읽고 물음에 답하시오.

> 법은 단순히 규칙의 집합이 아니라, 사회 질서를 유지하고 정의를 실현하기 위한 기본 틀이다. 모든 국민은 태어날 때부터 ㉠權利를 가지지만, 그에 상응하는 ㉡의무도 함께 부담한다. 만약 이러한 이를 다하지 않고 약속을 깨뜨린다면, 사회는 ㉢혼란에 빠질 수밖에 없다.
> 따라서 법은 위반 행위에 대해 적절한 제재를 가한다. 특히 중대한 범죄의 경우 ㉣형벌이 부과되며, 이는 개인의 자유를 제한함으로써 공동체 전체의 안전을 지키기 위함이다. 그러나 범죄 여부와 책임의 경중은 단순한 주장만으로 판단되지 않는다. 억울한 사람이 있거나 사실관계가 불분명할 경우, 문제는 ㉤소송으로 이어져 ㉥法庭에서 다투게 된다.

146 ㉠의 독음이 바른 것은?
① 자유 ② 의리
③ 사조 ④ 권리
⑤ 빈부

147 ㉡ '의무'를 한자로 쓸 때 '무'자의 부수로 바른 것은?
① 一 ② 攵
③ 力 ④ 羊
⑤ 日

148 ㉢과 ㉣의 한자표기가 바르게 짝지어진 것은?
① ㉢ 婚卵 ㉣ 形罰
② ㉢ 混亂 ㉣ 刑罰
③ ㉢ 渾樂 ㉣ 亨伐
④ ㉢ 弘亂 ㉣ 刑閥
⑤ ㉢ 惑卵 ㉣ 革伐

149 ㉤ '소송'을 한자로 쓸 때 '소'자와 같은 한자를 사용한 것은?
① 泣訴 ② 解消
③ 所願 ④ 明瞭
⑤ 蹂躪

150 ㉥의 독음이 바른 것은?
① 법정 ② 법원
③ 법치 ④ 법조
⑤ 법률

국가공인 자격검정
제1회 상공회의소 한자 시험 [1급] 정답 및 해설

〈제1영역〉 한자(漢字)

1	②	2	①	3	③	4	①	5	⑤
6	②	7	④	8	⑤	9	③	10	①
11	②	12	④	13	②	14	③	15	①
16	④	17	①	18	③	19	②	20	④
21	⑤	22	③	23	④	24	①	25	④
26	②	27	①	28	②	29	②	30	⑤
31	④	32	②	33	③	34	①	35	③
36	④	37	②	38	⑤	39	④	40	⑤
41	②	42	②	43	③	44	②	45	①
46	⑤	47	①	48	③	49	②	50	④

01 풀이 罹 걸릴 리
02 풀이 冑 투구 주
03 풀이 卨 사람 이름 설
04 풀이 咽 목구멍 인/삼킬 연/목멜 열
05 풀이 娑 춤출 사
06 풀이 蠱 뱃속 벌레 고
07 풀이 獗 날뛸 궐
08 풀이 饋 보낼 궤
09 풀이 俓 지름길 경
10 풀이 堵 담 도
11 풀이 伺 엿볼 사
12 ❹ 煽 – 부채질할 선
풀이
① 煙 – 연기 연
② 燃 – 탈 연
③ 珊 – 산호 산
⑤ 迅 – 빠를 신

13 ❷ 齷 – 악착할 악
풀이
① 孼 – 서자 얼
③ 暈 – 무리 훈
④ 閼 – 가로막을 알
⑤ 弛 – 늦출 이

14 ❸ 詛 – 저주할 저
풀이
① 諺 – 언문 언
② 彫 – 새길 조
④ 詔 – 조서 조
⑤ 籌 – 살 주

15 ❶ 剿 – 끊을 초
풀이
② 秤 – 저울 칭
③ 燥 – 마를 조
④ 弼 – 도울 필
⑤ 箚 – 찌를 차

16 ❹ 阪 – 언덕 판
풀이
① 隊 – 무리 대/떨어질 추
② 返 – 돌이킬 반
③ 刹 – 절 찰
⑤ 勃 – 노할 발

17 ❶ 驕 - 교만할 교
   풀이
   ② 檀 - 박달나무 단
   ③ 驛 - 역 역
   ④ 驗 - 시험 험
   ⑤ 撥 - 다스릴 발

18 ❸ 撓 - 어지러울 뇨(요)
   풀이
   ① 坰 - 들 경
   ② 暹 - 햇살 치밀 섬
   ④ 胤 - 자손 윤
   ⑤ 稜 - 모날 릉

19 풀이 燁 - 빛날 엽
   ① 蝶 - 나비 접
   ② 葉 - 잎 엽
   ③ 燭 - 촛불 촉
   ④ 甄 - 질그릇 구울 견
   ⑤ 躍 - 뛸 약

20 풀이 曳 - 끌 예
   ① 函 - 함 함
   ② 屑 - 가루 설
   ③ 閃 - 번쩍일 섬
   ④ 裔 - 후손 예
   ⑤ 醋 - 초 초

21 풀이 腺 - 샘 선
   ① 抽 - 뽑을 추
   ② 喘 - 숨찰 천
   ③ 殮 - 염할 렴
   ④ 陝 - 땅 이름 섬
   ⑤ 羨 - 부러워할 선

22 풀이 濬 - 깊을 준
   ① 勘 - 헤아릴 감
   ② 督 - 감독할 독
   ③ 准 - 준할 준
   ④ 叡 - 밝을 예
   ⑤ 曆 - 책력 력

23 풀이 鋤 - 호미 서
   ① 俎 - 도마 조
   ② 措 - 둘 조
   ③ 裸 - 벗을 나
   ④ 鼠 - 쥐 서
   ⑤ 嘲 - 비웃을 조

24 풀이 毬 - 공 구
   ① 坵 - 언덕 구
   ② 髮 - 터럭 발
   ③ 瑗 - 구슬 원
   ④ 尾 - 꼬리 미
   ⑤ 毫 - 터럭 호

25 풀이 坑 - 구덩이 갱
   ① 亢 - 높을 항
   ② 荳 - 콩 두
   ③ 兎 - 토끼 토
   ④ 羹 - 국 갱
   ⑤ 寵 - 사랑할 총

26 ❷ 諱 - 꺼릴 휘
   풀이
   ① 메우다 - 塡(메울 전)
   ③ 흘리다 - 流(흐를 류), 蕩(흘릴 탕)
   ④ 끼우다 - 嵌(끼울 감)
   ⑤ 말하다 - 說(말씀 설), 語(말씀 어), 話(말씀 화), 誦(욀 송)

27 ❶ 頸 - 목 경
풀이
② 혀 - 舌(혀 설)
③ 발 - 足(발 족)
④ 피부 - 膚(살갗 부)
⑤ 장기 - 臟(오장 장)

28 ❸ 桶 - 통 통
풀이
① 표 - 票(표 표), 標(표할 표)
② 끈 - 絃(줄 현), 繩(노끈 승)
④ 솥 - 鼎(솥 정), 鍑(솥 복)
⑤ 널빤지 - 板(널빤지 판)

29 ❷ 霞 - 노을 하
풀이
① 안개 - 霧(안개 무)
③ 연기 - 煙/烟(연기 연)
④ 구름 - 雲(구름 운)
⑤ 서리 - 霜(서리 상)

30 ❺ 晷 - 그림자 귀
풀이
① 무지개 - 虹(무지개 홍), 蝀(무지개 동)
② 환하다 - 晥(환할 환)
③ 비치다 - 映(비칠 영), 照(비칠 조), 暎(비칠 영)
④ 별자리 - 宿(별자리 수)

31 ❹ 葡 - 포도 도
풀이
① 보리 - 麥(보리 맥)
② 딸기 - 苺(딸기 매)
③ 오이 - 瓜(오이 과)
⑤ 자두 - 李(오얏 리)

32 ❷ 塚 - 무덤 총
풀이
① 마당 - 場(마당 장)
③ 그늘 - 陰(그늘 음)
④ 비석 - 碑(비석 비), 碣(비석 갈)
⑤ 안방 - 閨(안방 규)

33 ❸ 獐 - 노루 장
풀이
① 참새 - 雀(참새 작)
② 여우 - 狐(여우 호)
④ 사자 - 獅(사자 사), 猊(사자 예)
⑤ 자라 - 鰲(자라 오), 鱉(자라 별)

34 ❶ 肪 - 살찔 방
풀이
② 나누다 - 頒(나눌 반), 班(나눌 반), 配(나눌 배), 別(나눌 별), 分(나눌 분)
③ 세우다 - 竪(세울 수), 建(세울 건)
④ 버리다 - 廢(버릴 폐), 棄(버릴 기), 拌(버릴 반), 捨(버릴 사), 捐(버릴 연)
⑤ 기르다 - 飼(기를 사), 養(기를 양), 育(기를 육)

35 ❸ 剩 - 남을 잉
풀이
① 쓰다 - 需(쓸 수), 用(쓸 용), 費(쓸 비)
② 적다 - 寡(적을 과), 些(적을 사), 少(적을 소)
④ 베다 - 刈(벨 예), 誅(벨 주), 斬(벨 참), 割(벨 할)
⑤ 타다 - 乘(탈 승)

36 ❹ 款 - 정성 관
    풀이
    ① 무리 - 群(무리 군), 黨(무리 당),
            隊(무리 대), 徒(무리 도),
            等(무리 등), 類(무리 류),
            們(무리 문), 輩(무리 배),
            曹(무리 조), 衆(무리 중),
            彙(무리 휘)
    ② 위로 - 慰(위로할 위)
    ③ 용서 - 赦(용서할 사), 恕(용서할 서)
    ⑤ 사례 - 謝(사례할 사)

37 풀이
    ① 踊 - 뛸 용
    ② 撞 - 칠 당
    ③ 劤 - 힘셀 근
    ④ 升 - 되 승
    ⑤ 伎 - 재간 기

38 풀이
    ① 披 - 헤칠 피
    ② 斡 - 돌 알
    ③ 早 - 이를 조
    ④ 催 - 재촉할 최
    ⑤ 彰 - 드러날/밝힐 창

39 풀이
    ① 汰 - 일 태
    ② 洗 - 씻을 세
    ③ 溟 - 바다 명
    ④ 瀉 - 쏟을 사
    ⑤ 波 - 물결 파

40 풀이
    ① 脘 - 위 완
    ② 膝 - 무릎 슬
    ③ 脣 - 입술 순
    ④ 宏 - 클 굉
    ⑤ 輿 - 수레 여

41 풀이
    ① 鵲 - 까치 작
    ② 鶯 - 꾀꼬리 앵
    ③ 蘆 - 갈대 로
    ④ 鴨 - 오리 압
    ⑤ 鳩 - 비둘기 구

42 풀이
    ① 蒐 - 모을 수
    ② 紹 - 이을 소
    ③ 耗 - 소모할 모
    ④ 餘 - 남을 여
    ⑤ 胥 - 서로 서

43 풀이
    ① 繪 - 그림 회
    ② 擦 - 문지를 찰
    ③ 怡 - 기쁠 이
    ④ 劾 - 꾸짖을 핵
    ⑤ 玩 - 희롱할 완

44 풀이 渾 - 흐릴 혼
    ① 汽 - 물 끓는 김 기
    ② 濁 - 흐릴 탁
    ③ 澹 - 맑을 담
    ④ 瀝 - 스밀 력
    ⑤ 彌 - 미륵 미

45 [풀이] 寵 – 사랑할 총
① 愛 – 사랑 애
② 撮 – 모을/사진 찍을 촬
③ 纂 – 모을 찬
④ 毅 – 굳셀 의
⑤ 倡 – 광대 창

46 [풀이] 捺 – 누를 날
① 桓 – 굳셀 환
② 纂 – 모을 찬
③ 繡 – 수놓을 수
④ 渦 – 소용돌이 와
⑤ 押 – 누를 압

47 [풀이] 隕 – 떨어질 운
① 墮 – 떨어질 타
② 勝 – 이길 승
③ 喝 – 꾸짖을 갈
④ 瘤 – 혹 류
⑤ 嬪 – 아내/궁녀 벼슬 이름 빈

48 [풀이] 斌 – 빛날 빈
① 虔 – 공경할 건
② 陪 – 모실 배
③ 彬 – 빛날 빈
④ 毘 – 도울 비
⑤ 紊 – 어지러울/문란할 문

49 [풀이] 燦 – 빛날 찬
① 嶼 – 섬 서
② 煥 – 빛날 환
③ 燃 – 탈 연
④ 燥 – 마를 조
⑤ 燒 – 불사를 소

50 [풀이] 稱 – 일컬을 칭
① 稠 – 빽빽할 조
② 穫 – 거둘 확
③ 觀 – 볼 관
④ 號 – 부르짖을/이름 호
⑤ 棲 – 깃들일 서

〈제2영역〉 어휘(語彙)

51	①	52	②	53	⑤	54	①	55	⑤
56	④	57	③	58	②	59	①	60	②
61	①	62	⑤	63	④	64	①	65	⑤
66	⑤	67	④	68	②	69	③	70	⑤
71	①	72	④	73	①	74	①	75	②
76	①	77	②	78	②	79	④	80	⑤
81	③	82	②	83	①	84	⑤	85	③
86	②	87	④	88	①	89	⑤	90	③
91	⑤	92	②	93	②	94	⑤	95	①
96	③	97	①	98	⑤	99	④	100	②

51 [풀이]
瘦 여윌 수, 瘠 여윌 척: 유사 관계
朦 몽롱할 몽, 朧 몽롱할 롱: 유사 관계

52 [풀이]
擡 들 대, 頭 머리 두: 술목 관계
曲 굽을 곡, 肱 팔뚝 굉: 술목 관계

53 [풀이]
喫 먹을 끽, 煙 연기 연: 술목 관계
叩 두드릴 고, 頭 머리 두: 술목 관계

54 풀이 讒 참소할 참, 誣 속일 무
없는 말을 지어내어 남을 헐뜯음.

55 풀이 彬 빛날 빈, 蔚 고을 이름 울
문채가 찬란함.

56 풀이 竄 숨을 찬, 匿 숨길 닉
몰래 달아나 숨음.

57 풀이 만수: 輓 끌/애도할 만, 輸 보낼 수
① 漫 흩어질 만, 劉 죽일 류
② 鉛 납 연, 搜 찾을 수
④ 延 늘일 연, 獸 짐승 수
⑤ 晩 늦을 만, 椿 참죽나무 춘

58 풀이 배척: 排 밀칠 배, 斥 물리칠 척
① 拜 절 배, 錐 송곳 추
③ 兢 떨릴 긍, 懼 두려워할 구
④ 胚 아기 밸 배, 胎 아이 밸 태
⑤ 悽 슬퍼할 처, 絕 끊을 절

59 풀이 구로: 耆 늙을 구, 老 늙을 로
② 舊 예 구, 領 거느릴 령
③ 胡 되 호, 虜 사로잡을 로
④ 構 얽을 구, 梁 들보 량
⑤ 駒 망아지 구, 隙 틈 극

60 풀이 撤 거둘 철, 床 평상 상
① 涌 물 솟을 용, 溢 넘칠 일
② 鐵 쇠 철, 像 모양 상
③ 鎔 쇠 녹일 용, 鑑 거울 감
④ 弛 늦출 이, 縱 세로 종
⑤ 恰 흡사할 흡, 豫 미리 예

61 풀이 塵 티끌 진, 世 세상 세
① 陣 진 칠 진, 勢 형세 세
② 陣 진 칠 진, 株 그루 주
③ 滿 찰 만, 洲 물가 주
④ 塵 티끌 진, 遊 놀 유
⑤ 晩 늦을 만, 秋 가을 추

62 풀이 捕 잡을 포, 鯨 고래 경
① 憧 동경할 동, 憬 깨달을/동경할 경
② 鵠 고니/과녁 곡, 俟 기다릴 사
③ 包 쌀 포, 裝 꾸밀 장
④ 諧 화할 해, 俳 배우 배
⑤ 包 쌀 포, 莖 줄기 경

63 풀이 凹 오목할 요, 鏡 거울 경
① 凹 오목할 요, 凸 볼록할 철
② 妖 요사할 요, 魅 매혹할 매
③ 曜 빛날 요, 魄 넋 백
④ 腰 허리 요, 硬 굳을 경
⑤ 堯 요임금 요, 舜 순임금 순

64 풀이 間 사이 간, 諜 염탐할 첩
① 肝 간 간, 腎 콩팥 신
② 剖 쪼갤 부, 訴 호소할 소
③ 簡 대쪽 간, 帖 문서 첩
④ 敷 펼 부, 設 베풀 설
⑤ 縛 얽을 박, 蝶 나비 접

65 풀이
① 推 밀 추, 戴 일 대
② 推 밀 추, 尋 찾을 심
③ 類 무리 유, 推 밀 추
④ 推 밀 추, 薦 천거할 천
⑤ 推 밀 퇴, 敲 두드릴 고

66 **풀이**
① 充 채울 충, 塡 메울 전
② 裝 꾸밀 장, 塡 메울 전
③ 塡 메울 전, 塞 막힐 색
④ 塡 메울 전, 然 그러할 연
⑤ 塡 진정할 진, 撫 어루만질 무

67 **풀이** 削黜(삭출): 削 깎을 삭, 黜 내칠 출

68 **풀이** 雁帛(안백): 雁 기러기 안, 帛 비단 백

69 **풀이** 闖入(틈입): 闖 엿볼 틈, 入 들 입

70 **풀이** 棋局(기국): 棋 바둑 기, 局 판 국
① 楸 가래나무 추, 板 널빤지 판: 가래나무와 널빤지.
② 蓋 덮을 개, 板 널빤지 판: 서까래, 부연, 목반자 등의 위에 까는 널빤지. 옷장이나 책장 등의 맨 위에 모양을 내기 위하여 댄 나무 판.
③ 古 옛 고, 陵 언덕 릉: 옛 능
④ 秤 저울 칭, 板 널빤지 판: 저울의 한쪽 끝에 물건을 올려놓도록 둔, 접시 모양의 그릇.

71 **풀이** 亘古(긍고): 亘 뻗칠 긍, 古 옛 고
② 訃 부고 부, 古 옛 고: 사람이 죽은 것을 알리는 통지.
③ 緣 인연 연, 故 연고 고: 일의 까닭. 사람들 사이에 맺어지는 관계.
④ 萬 일만 만, 古 옛 고: 매우 먼 옛날. 세상에 비길 데가 없음.
⑤ 棉 목화 면, 亘 뻗칠 긍: 끊임없이 이어져 뻗침.

72 **풀이** 濫觴(남상): 濫 넘칠 남, 觴 잔 상
① 汎 넓을 범, 濫 넘칠 람: 물이 넘쳐 흐름. 바람직하지 못한 것들이 크게 나돎.
② 僭 주제넘을 참, 濫 넘칠 람: 하는 짓이 분수에 지나침.
③ 猥 외람할 외, 濫 넘칠 람: 하는 짓이 분수에 넘침.
⑤ 濫 넘칠 남, 罰 벌할 벌: 이유 없이 함부로 벌주는 일.

73 **풀이** 害蟲(해충), 公害(공해), 被害(피해)
① 殺 죽일 살/빠를 쇄
② 氣 기운 기
③ 害 해할 해
④ 質 바탕 질
⑤ 任 맡길 임

74 **풀이** 寢牀(침상), 就寢(취침), 寢臺(침대)
① 職 직분 직
② 枕 베개 침
③ 沈 잠길 침
④ 舞 춤출 무
⑤ 寢 잘 침

75 **풀이** 金額(금액), 額數(액수), 額面(액면)
① 牌 패 패
② 額 이마 액
③ 賞 상줄 상
④ 側 곁 측
⑤ 傳 전할 전

76 풀이 伸縮(신축), 伸張(신장), 追伸(추신)
① 伸 펼 신
② 身 몸 신
③ 服 옷 복
④ 萎 시들 위
⑤ 甲 갑옷 갑

77 풀이 審査(심사), 審問(심문), 審議(심의)
① 調 고를 조
② 意 뜻 의
③ 因 인할 인
④ 審 살필 심
⑤ 疑 의심할 의

78 풀이 剝啄(박탁), 剝奪(박탈), 剝製(박제)
① 手 손 수
② 蠹 우거질 촉
③ 剝 벗길 박
④ 譎 속일 휼
⑤ 翕 합할 흡

79 풀이 沃畓(옥답), 墓畓(묘답), 畓券(답권)
① 杳 아득할 묘
② 査 조사할 사
③ 遝 뒤섞일 답
④ 畓 논 답
⑤ 番 차례 번

80 풀이 惶悚(황송), 驚惶(경황), 唐惶(당황)
① 幌 휘장 황
② 璜 패옥 황
③ 潢 웅덩이 황
④ 慌 어리둥절할 황
⑤ 惶 두려울 황

81 풀이 偶數(우수) ↔ 奇數(기수)

82 풀이 左遷(좌천) ↔ 喬遷(교천)
① 右翼(우익) ↔ 左翼(좌익)
③ 右邊(우변) ↔ 左邊(좌변)

83 풀이 却下(각하) ↔ 受理(수리)
② 受諾(수락) ↔ 拒絕(거절)/拒否(거부)
③ 引受(인수) ↔ 引渡(인도)

84 풀이 未洽(미흡) ↔ 滿足(만족)

85 풀이 削黜(삭출) ↔ 除授(제수)
② 絕讚(절찬) ↔ 酷評(혹평)
④ 削除(삭제) ↔ 添加(첨가)

86 풀이 上下撑石(상하탱석) - 몹시 꼬이는 일을 당하여 임시변통으로 이리저리 맞추어서 겨우 유지해 감.
上 위 상, 下 아래 하, 撑 버틸 탱, 石 돌 석

87 풀이 宋襄之仁(송양지인) - 하찮은 인정.
宋 성씨 송, 襄 도울 양,
之 어조사 지, 仁 어질 인

88 풀이 班門弄斧(반문농부) - 자기의 실력을 생각지 않고 당치 않게 덤비는 것.
班 나눌 반, 門 문 문,
弄 희롱할 농, 斧 도끼 부

89 풀이 朝名市利(조명시리) - 무슨 일이든 알맞은 곳에서 하여야 함.
朝 아침 조, 名 이름 명,
市 저자 시, 利 이로울 리

90 풀이 黔驢之技(검려지기) - 겉치레뿐이고 보잘것없는 솜씨.
黔 검을 검, 驢 당나귀 려,
之 어조사 지, 技 재주 기

91 [풀이] 黜 내칠 출, 陟 오를 척,
幽 그윽할 유, 明 밝을 명

92 [풀이] 春 봄 춘, 秋 가을 추,
筆 붓 필, 法 법 법

93 [풀이] 捐 버릴 연, 金 쇠 금,
沈 잠길 침, 珠 구슬 주

94 [풀이] 欲 하고자 할 욕, 巧 공교할 교,
反 돌이킬 반, 拙 옹졸할 졸

95 [풀이] 席 자리 석, 不 아닐 불,
暇 틈 가, 暖 따뜻할 난

96 [풀이]
① 冬扇夏爐(동선하로) – 때에 맞지 않아 쓸 모없이 된 사물을 가리킴. 아무 쓸모없는 물건.
② 牽强附會(견강부회) – 이치에 맞지 않는 말을 억지로 끌어 붙여 자기에게 유리하게 함.
③ 戴盆望天(대분망천) – 한 번에 두 가지 일을 함께 하기 어려움.
④ 教外別傳(교외별전) – 선종에서 말이나 문자를 쓰지 않고, 따로 마음에서 마음으로 진리를 전하는 일.
⑤ 班門弄斧(반문농부) – 자기의 실력을 생각지 않고 당치 않게 덤비는 것.

97 [풀이]
① 長袖善舞(장수선무) – 재물이 넉넉한 사람은 일을 하거나 성공하기가 쉬움.
② 長幼有序(장유유서) – 오륜의 하나로, 어른과 어린이 사이의 도리는 엄격한 차례가 있고 복종해야 할 질서가 있음.
③ 助長拔苗(조장발묘) – 빠른 성과를 보려고 무리하게 다른 힘을 더하여 도리어 그것을 해치게 됨.
④ 苛斂誅求(가렴주구) – 세금을 가혹하게 거두어들이고, 무리하게 재물을 빼앗음.
⑤ 喙長三尺(훼장삼척) – 허물이 드러나서 감추려야 감출 수가 없음.

98 [풀이]
① 暴虎馮河(포호빙하) – 용기는 있으나 무모함.
② 磨斧爲針(마부위침) – 아무리 어려운 일이라도 끊임없이 노력하면 반드시 이룰 수 있음.
③ 九曲肝腸(구곡간장) – 깊은 마음속 또는 시름이 쌓인 마음속.
④ 凍足放尿(동족방뇨) – 잠시 동안만 효력이 있을 뿐 효력이 바로 사라짐.
⑤ 膠柱鼓瑟(교주고슬) – 고지식하여 조금도 융통성이 없음.

99 [풀이]
① 龜背刮毛(귀배괄모) – 불가능한 일을 무리하게 하려고 함.
② 魚遊釜中(어유부중) – 지금은 살아 있기는 하여도 생명이 얼마 남지 않음.
③ 首鼠兩端(수서양단) – 머뭇거리며 진퇴나 거취를 정하지 못하는 상태.
④ 累卵之勢(누란지세) – 달걀을 포개어 놓은 것과 같은 몹시 위태로운 형세를 말함.
⑤ 鯨戰蝦死(경전하사) – 강한 자끼리 서로 싸우는 통에 아무 상관도 없는 약한 자가 해를 입음.

100 풀이
① 波瀾萬丈(파란만장) – 사람의 생활이나 일의 진행이 여러 가지 곡절과 시련이 많고 변화가 심함.
② 望梅解渴(망매해갈) – 공상으로 마음의 위안을 얻음.
③ 亡羊補牢(망양보뢰) – 이미 어떤 일을 실패한 뒤에 뉘우쳐도 아무 소용이 없음.
④ 尸位素餐(시위소찬) – 하는 일 없이 국가의 녹을 축내는 정치인.
⑤ 揭斧入淵(게부입연) – 쓸데없는 짓을 함.

〈제3영역〉 독해(讀解)

101	①	102	②	103	④	104	①	105	③
106	⑤	107	①	108	④	109	②	110	③
111	①	112	②	113	④	114	④	115	①
116	⑤	117	①	118	③	119	②	120	④
121	④	122	①	123	②	124	④	125	⑤
126	①	127	⑤	128	②	129	④	130	③
131	②	132	①	133	④	134	①	135	②
136	②	137	④	138	①	139	③	140	⑤
141	③	142	①	143	②	144	①	145	④
146	③	147	④	148	⑤	149	②	150	②

101 풀이 憤 분할 분, 慨 슬퍼할 개
102 풀이 濃 짙을 농, 度 법도 도
103 풀이 漏 샐 루(누), 泄 샐 설
104 풀이 捺 누를 날, 印 도장 인
105 풀이 醱 술 괼 발, 酵 삭힐 효
106 풀이 披 헤칠 피, 瀝 스밀 력
107 풀이 堡 작은 성 보, 壘 보루 루
108 풀이 滿 찰 만, 喫 먹을 끽
109 풀이 畸 떼기밭 기, 形 모양 형
110 풀이 殘 잔인할 잔, 滓 찌꺼기 재
111 풀이 酬 갚을 수, 酌 술 부을 작
112 풀이 庇 덮을 비, 護 도울 호
113 풀이 飢 주릴 기, 餓 주릴 아

114 [풀이] 罹 걸릴 이, 災 재앙 재, 民 백성 민
115 [풀이] 沮 막을 저, 喪 잃을 상
116 [풀이] 救急(구급) – 위급한 상황에서 구하여 냄. 병이 위급할 때 우선 목숨을 구하기 위한 처치를 함.
117 [풀이] 來賓(내빈) – 모임에 공식적으로 초대를 받고 온 사람.
118 [풀이] 矜持(긍지) – 자신의 능력을 믿음으로써 가지는 당당함.
119 [풀이] 傳染病(전염병) – 전염성을 가진 병들을 통틀어 말함.
120 [풀이] 蒸氣(증기) – 물이 열을 받아서 기체 상태로 된 것. 액체나 고체가 증발 또는 승화하여 생긴 기체.
121 [풀이] 祈 빌 기, 禱 빌 도
122 [풀이] 聖 성인 성, 誕 낳을 탄, 節 마디 절
123 [풀이] 觀 볼 관, 點 점 점
124 [풀이] 領 거느릴 영, 域 지경 역
125 [풀이] 愚 어리석을 우
126 [풀이] 茫 아득할 망, 茫 아득할 망, 大 큰 대, 海 바다 해
127 [풀이] 衾 이불 금, 枕 베개 침
128 [풀이] 燦 빛날 찬, 爛 빛날 란
129 [풀이] 拒 막을 거, 食 밥 식, 症 증세 증
130 [풀이] 閭 마을 려, 閻 마을 염
131 [풀이] 輸 보낼 수, 送 보낼 송

132 [풀이] 葉 잎 엽, 綠 푸를 록, 體 몸 체
133 [풀이] 罵 꾸짖을 매, 倒 넘어질 도
134 [풀이] 蠶 누에 잠, 食 먹을 식
135 [풀이] 杞 구기자 기, 憂 근심 우
136 [풀이]
① 男兒(남아) – 남자아이.
② 嬰兒(영아) – 어린아이.
③ 女兒(여아) – 여자아이.
④ 迎阿(영아) – 알랑거림.
137 [풀이]
③ 遊說(유세) – 자기 의견 또는 자기 소속 정당의 주장을 선전하며 돌아다님.
④ 謬說(유설) – 이치에 어긋나거나 잘못된 말. 또는 그런 학설.
138 [풀이]
① 剛愎(강퍅) – 성미가 깐깐하고 고집이 셈.
139 [풀이]
② 爆笑(폭소) – 여럿이 폭발하듯 갑자기 웃는 웃음.
③ 哄笑(홍소) – 매우 크게 웃거나 떠들썩하게 웃음.
④ 大笑(대소) – 크게 웃음.
140 [풀이]
③ 突進(돌진) – 거침없이 곧장 나아감.
④ 闖發(틈발) – 기회를 타서 일어남.
⑤ 闖入(틈입) – 기회를 타서 느닷없이 함부로 들어감.

141 풀이
① 霜 서리 상, 降 내릴 강
② 下 아래 하, 降 내릴 강
③ 降 항복할 항, 伏 엎드릴 복
④ 昇 오를 승, 降 내릴 강
⑤ 降 내릴 강, 臨 임할 림

142 풀이
㉡ 凝 엉길 응, 結 맺을 결, 核 씨 핵
㉢ 氷 얼음 빙, 晶 맑을 정, 核 씨 핵

143 풀이 播種(파종) - 곡식이나 채소 등을 키우기 위하여 논밭에 씨를 뿌림.
① 收去(수거) - 거두어 감.
③ 採集(채집) - 널리 찾아서 얻거나 캐거나 잡아 모으는 일.
④ 指揮(지휘) - 목적 달성을 위해 단체의 행동을 통솔함. 또는 무대에서 노래・연주를 이끄는 일.
⑤ 散髮(산발) - 머리를 풀어 헤침.

144 풀이
① 淸 맑을 청
② 濁 흐릴 탁
③ 淑 맑을 숙
④ 澹 맑을 담
⑤ 澄 맑을 징

145 풀이
① 茶 차 다, 堂 집 당
② 他 다를 타, 黨 무리 당
③ 應 응할 응, 當 마땅 당
④ 妥 온당할 타, 當 마땅 당
⑤ 宜 마땅 의, 當 마땅 당

146 풀이
① 精 정할 정
② 晴 갤 청
③ 情 뜻 정
④ 請 청할 청
⑤ 靜 고요할 정

147 풀이
㉡ 情 뜻 정, 緖 실마리 서,
㉢ 刺 찌를 자, 戟 창 극

148 풀이
① ㉣ 必 반드시 필, 然 그럴 연
② ㉤ 關 관계할 관, 係 맬 계
③ ㉥ 反 돌이킬 반, 應 응할 응
④ ㉦ 接 이을 접, 觸 닿을 촉
⑤ ㉧ 結 맺을 결, 局 판 국

149 풀이
① 口蜜腹劍(구밀복검) - 말로는 친한 듯하나 속으로는 해칠 생각이 있음.
② 拈華微笑(염화미소) - 말로 통하지 아니하고 마음에서 마음으로 전하는 일.
③ 頂門一鍼(정문일침) - 따끔한 충고나 교훈.
④ 轉禍爲福(전화위복) - 재앙과 근심, 걱정이 바뀌어 오히려 복이 됨.
⑤ 西施捧心(서시봉심) - 함부로 흉내내다가 웃음거리가 됨.

150 풀이

① 懸 달 현, 賞 상 줄 상 – 무엇을 모집하거나 구하거나 사람을 찾는 일 등에 현금이나 물품 등을 내걺.
② 現 나타날 현, 象 코끼리 상 – 눈앞에 나타나 보이는 사물의 형상. 본질이나 객체의 외면에 나타나는 상.
③ 現 나타날 현, 狀 형상 상 – 현재의 상태. 또는 지금의 형편.
④ 現 나타날 현, 像 모양 상 – 노출된 필름이나 인화지를 약품으로 처리하여 상(像)이 나타나도록 함.
⑤ 現 나타날 현, 想 생각 상 – 보고 듣는 데 관련하여 일어나는 생각.

국가공인 자격검정
제2회 상공회의소 한자 시험 [1급] 정답 및 해설

〈제1영역〉 한자(漢字)

1	⑤	2	①	3	②	4	④	5	⑤
6	②	7	⑤	8	③	9	③	10	①
11	①	12	②	13	②	14	④	15	⑤
16	④	17	③	18	①	19	②	20	③
21	①	22	②	23	④	24	④	25	⑤
26	①	27	②	28	③	29	②	30	⑤
31	③	32	①	33	②	34	①	35	①
36	③	37	③	38	②	39	②	40	⑤
41	①	42	①	43	⑤	44	③	45	①
46	④	47	②	48	②	49	①	50	④

01 풀이 驢 당나귀 려
02 풀이 帽 모자 모
03 풀이 繡 수놓을 수
04 풀이 眷 돌볼 권
05 풀이 拉 끌 랍
06 풀이 奢 사치할 사
07 풀이 汁 즙 즙
08 풀이 叱 꾸짖을 질
09 풀이 披 헤칠 피
10 풀이 銜 재갈 함
11 풀이 辜 허물 고
12 ❷ 餃 – 경단 교
   풀이
   ① 菫 – 진흙 근

③ 鍋 – 노구솥 과
④ 勍 – 셀 경
⑤ 喀 – 토할 객

13 ❷ 炳 – 불꽃/밝을 병
   풀이
   ① 瞥 – 깜짝할 별
   ③ 繃 – 묶을 붕
   ④ 檳 – 빈랑나무 빈
   ⑤ 謗 – 헐뜯을 방

14 ❹ 珣 – 옥 이름 순
   풀이
   ① 熄 – 불 꺼질 식
   ② 鍔 – 칼날 악
   ③ 淞 – 강 이름 송
   ⑤ 嚥 – 삼킬 연

15 ❺ 躔 – 새길 전
   풀이
   ① 闡 – 밝힐 천
   ② 舵 – 키 타
   ③ 痘 – 역질 두
   ④ 礪 – 숫돌 려

16 ❹ 狼 – 이리 랑
   풀이
   ① 媤 – 시집 시
   ② 傭 – 품 팔 용
   ③ 詮 – 설명할 전
   ⑤ 聚 – 모을 취

17 ❸ 滉 – 깊을 황
  풀이
  ① 錐 – 송곳 추
  ② 堆 – 쌓을 퇴
  ④ 婆 – 할머니 파
  ⑤ 犧 – 희생 희

18 ❶ 蝶 – 나비 접
  풀이
  ② 輅 – 수레 로
  ③ 錨 – 닻 묘
  ④ 魃 – 가뭄 귀신 발
  ⑤ 拭 – 씻을 식

19 풀이 軋 – 삐걱거릴 알
  ① 椀 – 주발 완
  ② 斡 – 돌 알
  ③ 璵 – 옥 여
  ④ 腥 – 비릴 성
  ⑤ 峠 – 고개 상

20 풀이 湃 – 물결칠 배
  ① 帛 – 비단 백
  ② 褓 – 포대기 보
  ③ 賠 – 물어줄 배
  ④ 遼 – 멀 료
  ⑤ 潭 – 못/깊을 담

21 풀이 汐 – 조수 석
  ① 晳 – 밝을 석
  ② 磯 – 물가 기
  ③ 燉 – 불빛 돈
  ④ 乭 – 이름 돌
  ⑤ 憺 – 참담할 담

22 풀이 燎 – 횃불 료
  ① 蔞 – 산쑥 루
  ② 蓼 – 여뀌 료
  ③ 蚊 – 모기 문
  ④ 卑 – 낮을 비
  ⑤ 霹 – 벼락 벽

23 풀이 渣 – 찌꺼기 사
  ① 樣 – 모양 양
  ② 逃 – 달아날/도망할 도
  ③ 纏 – 얽을 전
  ④ 篩 – 체 사
  ⑤ 雕 – 독수리/새길 조

24 풀이 坑 – 구덩이 갱
  ① 亢 – 높을 항
  ② 穹 – 하늘 궁
  ③ 兎 – 토끼 토
  ④ 羹 – 국 갱
  ⑤ 炯 – 빛날 형

25 풀이 綏 – 편안할 수
  ① 惰 – 게으를 타
  ② 奄 – 문득 엄
  ③ 孩 – 어린아이 해
  ④ 阻 – 막힐 조
  ⑤ 竪 – 세울 수

26 ❶ 腋 – 겨드랑이 액
  풀이
  ② 팔뚝 – 臂(팔뚝 비)
  ③ 어깨 – 肩(어깨 견)
  ④ 가슴 – 胸(가슴 흉), 膈(가슴 격), 臆(가슴 억)
  ⑤ 허리 – 腰(허리 요)

27 ❸ 鷗 – 갈매기 구
　풀이
　① 말 – 馬(말 마)
　② 오리 – 鴨(오리 압)
　④ 개미 – 蟻(개미 의)
　⑤ 독수리 – 鷲(독수리 취)

28 ❹ 雹 – 우박 박
　풀이
　① 노을 – 霞(노을 하)
　② 구름 – 雲(구름 운)
　③ 연기 – 煙/烟(연기 연)
　⑤ 서리 – 霜(서리 상)

29 ❷ 豕 – 돼지 시
　풀이
　① 꿀벌 – 蜂(벌 봉)
　③ 원숭이 – 狙(원숭이 저)
　④ 염소 – 羱(염소 전)
　⑤ 나방 – 蛾(나방 아)

30 ❺ 訣 – 이별할 결
　풀이
　① 게으르다 – 惰(게으를 타)
　② 쓰다 – 需(쓸 수), 用(쓸 용), 費(쓸 비)
　③ 세우다 – 竪(세울 수), 建(세울 건)
　④ 기르다 – 飼(기를 사), 養(기를 양), 育(기를 육)

31 ❸ 蝗 – 메뚜기 황
　풀이
　① 나비 – 蝴(나비 호), 蝶(나비 접)
　② 벼룩 – 蚤(벼룩 조)
　④ 지네 – 蚣(지네 공)
　⑤ 지렁이 – 蚓(지렁이 인)

32 ❶ 薑 – 생강 강
　풀이
　② 배추 – 菘(배추 숭)
　③ 감자 – 藷(감자 저)
　④ 사과 – 苹(사과 평)
　⑤ 딸기 – 莓(딸기 매)

33 ❷ 粥 – 죽 죽
　풀이
　① 국 – 羹(국 갱)
　③ 쌀 – 米(쌀 미)
　④ 떡 – 餠(떡 병)
　⑤ 밥 – 飯(밥 반)

34 ❶ 柿 – 감나무 시
　풀이
　② 대나무 – 竹(대나무 죽)
　③ 산초나무 – 椒(산초나무 초)
　④ 소나무 – 松(소나무 송)
　⑤ 배나무 – 梨(배나무 리)

35 ❶ 匙 – 숟가락 시
　풀이
　② 젓가락 – 箸(젓가락 저)
　③ 사기그릇 – 瓷(사기그릇 자)
　④ 그릇 – 器(그릇 기)
　⑤ 칼 – 刀(칼 도)

36 ❸ 獐 – 노루 장
　풀이
　① 참새 – 雀(참새 작)
　② 여우 – 狐(여우 호)
　④ 사자 – 狻(사자 산)
　⑤ 자라 – 鼈(자라 별), 鱉(자라 별)

37 풀이
① 坪 – 들 평
② 締 – 맺을 체
③ 棧 – 사다리 잔
④ 塚 – 무덤 총
⑤ 佾 – 줄 춤 일

38 풀이
① 鈞 – 서른 근 균
② 麴 – 누룩 국
③ 葡 – 포도 포
④ 櫃 – 궤 궤
⑤ 溺 – 빠질 닉

39 풀이
① 描 – 그릴 묘
② 狗 – 개 구
③ 狐 – 여우 호
④ 猫 – 고양이 묘
⑤ 雀 – 참새 작

40 풀이
① 雁 – 기러기 안
② 鳩 – 비둘기 구
③ 鵲 – 까치 작
④ 鷗 – 갈매기 구
⑤ 燕 – 제비 연

41 풀이
① 狙 – 원숭이 저
② 犀 – 무소 서
③ 毓 – 기를 육
④ 脂 – 기름 지
⑤ 駐 – 머무를 주

42 풀이
① 弼 – 도울 필
② 奠 – 정할/제사 전
③ 詔 – 조서 조, 소개할 소
④ 稷 – 피 직
⑤ 疹 – 마마 진

43 풀이
① 腿 – 넓적다리 퇴
② 腸 – 창자 장
③ 腎 – 콩팥 신
④ 膜 – 꺼풀/막 막
⑤ 腱 – 힘줄 건

44 풀이 胚 – 아이 밸 배
① 絨 – 가는 베 융
② 腔 – 속 빌 강
③ 姙 – 아이 밸 임
④ 膨 – 부를 팽
⑤ 媛 – 여자 원

45 풀이 捺 – 누를 날
① 押 – 누를 압
② 纂 – 모을 찬
③ 渦 – 소용돌이 와
④ 作 – 지을 작
⑤ 繡 – 수놓을 수

46 풀이 幡 – 깃발 번
① 淪 – 빠질 륜
② 氓 – 백성 맹
③ 犢 – 송아지 독
④ 旒 – 깃발 류
⑤ 燎 – 횃불 료

47 [풀이] 崩 – 무너질 붕
① 煦 – 따뜻하게 할 후
② 壞 – 무너질 괴
③ 賄 – 재물/뇌물 회
④ 暳 – 별 반짝일 혜
⑤ 飆 – 폭풍 표

48 [풀이] 朽 – 썩을 후
① 崑 – 산 이름 곤
② 腐 – 썩을 부
③ 訥 – 말 더듬거릴 눌
④ 樊 – 울타리 번
⑤ 秘 – 숨길 비

49 [풀이] 携 – 이끌 휴
① 提 – 끌 제
② 摘 – 딸 적
③ 際 – 즈음 제
④ 揚 – 날릴 양
⑤ 振 – 떨칠 진

50 [풀이] 懶 – 게으를 나
① 賊 – 도둑 적
② 揀 – 가릴 간
③ 訌 – 어지러울 홍
④ 怠 – 게으를 태
⑤ 孩 – 어린아이 해

〈제2영역〉 어휘(語彙)

51	⑤	52	①	53	③	54	①	55	②
56	③	57	⑤	58	③	59	④	60	③
61	⑤	62	⑤	63	⑤	64	②	65	②
66	③	67	①	68	⑤	69	⑤	70	①
71	②	72	④	73	①	74	④	75	⑤
76	③	77	④	78	④	79	②	80	①
81	④	82	③	83	⑤	84	③	85	③
86	②	87	⑤	88	④	89	②	90	①
91	④	92	②	93	③	94	⑤	95	①
96	⑤	97	③	98	④	99	①	100	③

51 [풀이]
戇 어리석을 당, 窩 움집 와: 수식 관계
茨 지붕 일 자, 牆 담 장: 수식 관계

52 [풀이]
握 쥘 악, 力 힘 력: 수식 관계
腕 팔뚝 완, 章 글 장: 수식 관계

53 [풀이]
噴 뿜을 분, 沫 물거품 말: 술목 관계
採 캘 채, 薇 장미 미: 술목 관계

54 [풀이] 闡 밝힐 천, 明 밝을 명
사실이나 의사를 분명하게 드러내서 밝힘.

55 [풀이] 絢 무늬 현, 爛 빛날 란
눈이 부시게 찬란함.

56 [풀이] 關 관계할 관, 鍵 자물쇠/열쇠 건
사물의 가장 중요한 곳. 빗장과 자물쇠.

57 풀이 고혈: 孤 외로울/부모 없을 고, 孑 외로울 혈
① 浹 두루 미칠/물 넘칠 협, 洽 흡족할 흡
② 齷 악착할 악, 齪 악착할 착
③ 殄 다할 진, 破 깨트릴 파
④ 炸 터질 작, 裂 찢을 렬

58 풀이 발우: 鉢 바리때 발, 盂 창고달 우
① 嬰 어린아이 영, 孩 어린아이 해
② 臆 가슴 억, 測 헤아릴 측
④ 拂 떨칠 불, 拭 씻을 식
⑤ 柴 섶 시, 峴 고개 현

59 풀이 포복: 匍 길 포, 匐 길 복
① 枇 비파나무 비, 杷 비파나무 파
② 硼 붕사 붕, 素 본디/흴 소
③ 病 병 병, 牀 평상 상
⑤ 惹 이끌 야, 端 끝 단

60 풀이 濃 짙을 농, 醬 장 장
① 農 농사 농, 幣 화폐 폐
② 憑 기댈 빙, 依 의지할 의
③ 籠 대바구니 농, 欌 장롱 장
④ 珪 홀 규, 璋 홀 장
⑤ 聾 귀먹을 농, 昧 어두울 매

61 풀이 咳 기침 해, 唾 침 타
① 咳 기침 해, 嗽 기침할 수
② 解 풀 해, 剖 쪼갤 부
③ 解 풀 해, 排 밀칠 배
④ 劾 꾸짖을 핵, 捕 잡을 포
⑤ 海 바다 해, 駝 낙타 타

62 풀이 岡 산등성이 강, 巒 뫼 만
① 講 외울 강, 洙 강 이름 수
② 搜 찾을 수, 涎 침 연
③ 延 늘일 연, 獸 짐승 수
④ 晚 늦을 만, 軸 굴대 축
⑤ 江 강 강, 灣 물굽이 만

63 풀이 倍 곱 배, 尺 자 척
① 拜 절 배, 錐 송곳 추
② 悽 슬퍼할 처, 切 끊을 절
③ 背 등/배반할 배, 信 믿을 신
④ 胚 아이 밸 배, 胎 아이 밸 태
⑤ 排 밀칠 배, 斥 물리칠 척

64 풀이 簿 문서 부, 牒 편지 첩
① 剖 쪼갤 부, 尖 뾰족할 첨
② 浮 뜰 부, 貼 붙일 첩
③ 俯 구부릴 부, 聽 들을 청
④ 敷 펼 부, 卨 사람 이름 설
⑤ 縛 얽을 박, 茅 띠 모

65 풀이
① 龜 거북 귀, 鱉 자라 별
② 龜 터질 균, 裂 찢을 열
③ 龜 거북 귀, 鑑 거울 감
④ 龜 거북 귀, 甲 갑옷 갑
⑤ 龜 거북 귀, 船 배 선

66 풀이
① 槌 망치 추, 骨 뼈 골
② 槌 망치 추, 打 칠 타
③ 槌 망치 퇴, 擊 칠 격
④ 紙 종이 지, 槌 망치 추
⑤ 槌 망치 추, 子 아들 자

67 풀이 坼封(탁봉): 坼 터질 탁, 封 봉할 봉
68 풀이 狼狽(낭패): 狼 이리 랑, 狽 이리/낭패할 패
69 풀이 詢問(순문): 詢 물을 순, 問 물을 문
70 풀이 晏駕(안가): 晏 늦을 안, 駕 멍에 가
② 晏 늦을 안, 寧 편안 녕: 천하가 잘 다스려져서 태평함.
③ 晏 늦을 안, 息 쉴 식: 편히 쉼.
④ 晏 늦을 안, 眠 잘 면: 아침 늦게까지 잠.
⑤ 晏 늦을 안, 然 그럴 연: 마음이 편안하고 침착한 모양.
71 풀이 彝倫(이륜): 彝 떳떳할 이, 倫 인륜 륜
① 倫 인륜 륜, 擬 비길 의: 비슷함.
③ 徒 무리 도, 輩 무리 배: 함께 어울려 같은 짓을 하는 패 또는 무리.
④ 悖 거스를 패, 倫 인륜 륜: 인간의 도리에 어긋남.
⑤ 比 견줄 비, 倫 인륜 륜: 비교하여 같은 또래나 종류가 될 만함.
72 풀이 黔黎(검려): 黔 검을 검, 黎 검을 려
① 黔 검을 검, 炭 숯 탄: 품질이 낮아 화력이 약한 숯.
② 黔 검을 검, 中 가운데 중: 중국 당나라 때의 군 및 도의 이름으로 지금의 쓰촨성 동남부 지역.
③ 寡 적을 과, 默 잠잠할 묵: 입이 무겁고 침착함.
⑤ 默 잠잠할 묵, 認 알 인: 말 없는 가운데 넌지시 승인함.

73 풀이 洶洶(흉흉), 洶湧(흉용), 洶急(흉급)
① 洶 용솟음칠 흉
② 鳩 비둘기 구
③ 素 본디/흴 소
④ 竊 훔칠 절
⑤ 俗 풍속 속
74 풀이 俸給(봉급), 年俸(연봉), 薄俸(박봉)
① 坼 터질 탁
② 妊 아이 밸 임
③ 雌 암컷 자
④ 俸 녹 봉
⑤ 狽 이리/낭패할 패
75 풀이 訃告(부고), 訃音(부음), 訃聞(부문)
① 父 아비 부
② 剖 쪼갤 부
③ 噴 뿜을 분
④ 敷 펼 부
⑤ 訃 부고 부
76 풀이 報酬(보수), 應酬(응수), 酬酌(수작)
① 淳 순박할 순
② 旬 열흘 순
③ 酬 갚을 수/주
④ 盾 방패 순
⑤ 綏 편안할 수
77 풀이 拉致(납치), 拉北(납북), 被拉(피랍)
① 極 다할/극진할 극
② 南 남녘 남
③ 害 해할 해
④ 拉 끌 랍(납)
⑤ 服 옷 복

78 풀이 拔擢(발탁), 選拔(선발), 簡拔(간발)
① 渤 바다 이름 발
② 跋 밟을 발
③ 易 바꿀 역/쉬울 이
④ 拔 뽑을 발
⑤ 坊 동네 방

79 풀이 沮害(저해), 沮止(저지), 沮喪(저상)
① 迹 자취 적
② 沮 막을 저
③ 笛 피리 적
④ 剪 자를 전
⑤ 鐘 쇠북 종

80 풀이 隱遁(은둔), 遁世(둔세), 遁甲(둔갑)
① 遁 숨을 둔
② 乙 새 을
③ 現 나타날 현
④ 豫 미리 예
⑤ 凱 개선할 개

81 풀이 飢餓(기아) ↔ 飽食(포식)

82 풀이 普遍(보편) ↔ 特殊(특수)

83 풀이 眞實(진실) ↔ 虛僞(허위)

84 풀이 初聲(초성) ↔ 終聲(종성)

85 풀이 減退(감퇴) ↔ 增進(증진)

86 풀이 角者無齒(각자무치) – 뿔이 있는 놈은 이가 없다는 뜻으로, 한 사람이 모든 복을 겸하지는 못함.
角 뿔 각, 者 놈 자, 無 없을 무, 齒 이 치

87 풀이 去頭截尾(거두절미) – 머리와 꼬리를 잘라버린다는 뜻으로, 앞뒤의 잔사설을 빼놓고 요점(要點)만을 말함.
去 갈 거, 頭 머리 두,
截 끊을 절, 尾 꼬리 미

88 풀이 結草報恩(결초보은) – 죽어서라도 은혜를 갚음.
結 맺을 결, 草 풀 초,
報 갚을 보, 恩 은혜 은

89 풀이 口蜜腹劍(구밀복검) – 말로는 친한 듯하나 속으로는 해칠 생각이 있음.
口 입 구, 蜜 꿀 밀, 腹 배 복, 劍 칼 검

90 풀이 手不釋卷(수불석권) – 손에서 책을 놓지 않는다는 뜻으로, 늘 책을 가까이하여 학문(學問)을 열심히 함.
手 손 수, 不 아닐 불, 釋 풀 석, 卷 책 권

91 풀이 如 같을 여, 履 밟을 리,
薄 엷을 박, 氷 얼음 빙

92 풀이 春 봄 춘, 樹 나무 수,
暮 저물 모, 雲 구름 운

93 풀이 猫 고양이 묘, 項 항목 항, 懸 매달 현,
鈴 방울 령

94 풀이 尸 주검 시, 位 자리 위,
素 본디/흴 소, 餐 밥 찬

95 풀이 密 빽빽할 밀, 雲 구름 운,
不 아닐 불, 雨 비 우

96 풀이
① 望雲之情(망운지정) – 구름을 바라보며 그리워한다는 뜻으로, 타향에서 고향에 계신 부모를 그리워함.
② 亡羊之歎(망양지탄) – 갈림길에서 양을 잃고 탄식한다는 뜻으로 학문의 길이 여러 갈래로 나눠져 있어 진리를 찾기 어려움.
③ 螳螂拒轍(당랑거철) – 사마귀가 팔을 벌리고 수레바퀴를 막는다는 뜻으로, 제 분수도 모르고 강적에게 반항함.
④ 斷機之教(단기지교) – 학문을 중도에서 그만두는 것은 짜던 베의 날을 끊는 것과 같다는 가르침.
⑤ 明鏡止水(명경지수) – 고요하고 잔잔한 마음.

97 풀이
① 極惡無道(극악무도) – 아주 악하고 도리에 완전히 어긋나있음.
② 君子三樂(군자삼락) – 맹자가 말한 군자의 세 가지 즐거움.
③ 金科玉條(금과옥조) – 몹시 귀중한 법칙이나 규정.
④ 囊中之錐(낭중지추) – 주머니 속에 있는 송곳이란 뜻으로, 재능이 아주 빼어난 사람은 숨어 있어도 저절로 남의 눈에 드러난다는 뜻.
⑤ 亂臣賊子(난신적자) – 나라를 어지럽히는 신하와 어버이를 해치는 자식을 일컫는 말.

98 풀이
① 曲學阿世(곡학아세) – 학문을 왜곡하여 세속에 아부함.
② 池魚之殃(지어지앙) – 화(禍)가 엉뚱한 곳에 미침. 상관없는 일의 재난에 휩쓸림.
③ 轉禍爲福(전화위복) – 재앙과 근심, 걱정이 바뀌어 오히려 복이 됨.
④ 孤掌難鳴(고장난명) – 혼자의 힘만으로 어떤 일을 이루기 어려움.
⑤ 藥房甘草(약방감초) – 무슨 일이나 빠짐없이 끼임. 반드시 끼어야 할 사물(事物).

99 풀이
① 松茂栢悅(송무백열) – 벗이 잘되는 것을 기뻐함.
② 歲寒三友(세한삼우) – 추운 겨울의 세 벗. 소나무, 대나무, 매화나무.
③ 孟母三遷(맹모삼천) – 맹자의 어머니가 맹자를 제대로 교육하기 위하여 집을 세 번이나 옮겼다는 뜻으로, 교육에는 주위 환경이 중요하다는 가르침.
④ 南橘北枳(남귤북지) – 남쪽 땅의 귤나무를 북쪽에 옮겨 심으면 탱자나무로 변한다는 뜻으로, 사람도 그 처해 있는 곳에 따라 선하게도 되고 악하게도 됨을 이르는 말.
⑤ 管鮑之交(관포지교) – 친구 사이의 매우 다정하고 허물없는 교제를 말함.

100 풀이
① 漸入佳境(점입가경) – 경치나 문장·사건이 갈수록 재미있게 전개됨.
② 袖手傍觀(수수방관) – 팔짱을 끼고 곁에서 보고만 있다는 뜻으로, 직접 간여하지 않고 그대로 버려둠.
③ 朝令暮改(조령모개) – 일관성 없는 정책.
④ 焚書坑儒(분서갱유) – 중국 진시황이 민간의 서적을 불사르고 유생을 구덩이에 묻어 죽인 일.
⑤ 茫然自失(망연자실) – 정신을 잃고 어리둥절한 모양.

〈제3영역〉 독해(讀解)

101	②	102	②	103	①	104	⑤	105	②
106	①	107	⑤	108	①	109	③	110	④
111	⑤	112	①	113	④	114	⑤	115	①
116	④	117	③	118	②	119	②	120	④
121	③	122	④	123	⑤	124	⑤	125	①
126	④	127	②	128	⑤	129	③	130	②
131	③	132	④	133	④	134	⑤	135	④
136	④	137	⑤	138	③	139	①	140	③
141	②	142	⑤	143	①	144	④	145	②
146	①	147	②	148	④	149	③	150	①

101 풀이 苦 쓸 고, 悶 답답할 민
102 풀이 棲 깃들일 서, 息 쉴 식
103 풀이 懦 나약할 나, 弱 약할 약
104 풀이 障 막을 장, 礙 거리낄 애
105 풀이 扶 도울 부, 養 기를 양
106 풀이 濃 짙을 농, 厚 두터울 후
107 풀이 脇 겨드랑이 협, 侍 모실 시
108 풀이 膈 가슴 격, 膜 꺼풀/막 막
109 풀이 薔 장미 장, 薇 장미 미
110 풀이 駱 낙타 락, 駝 낙타 타
111 풀이 梗 줄기 경, 槪 대개 개
112 풀이 白 흰 백, 壽 목숨 수
113 풀이 診 진찰할 진, 療 병 고칠 료
114 풀이 間 사이 간, 歇 쉴 헐, 的 과녁 적
115 풀이 款 항목 관, 項 항목 항

116 풀이 賠償(배상) - 남에게 입힌 손해를 갚아 줌. 남의 권리를 침해한 사람이 그 손해를 물어 주는 일.

117 풀이 唾液(타액) - 입속의 침샘에서 분비되는 무색의 끈기 있는 소화액.

118 풀이 僭濫(참람) - 분수에 넘쳐 너무 지나침.

119 풀이 倭寇(왜구) - 13세기부터 16세기까지 우리나라 연안을 무대로 약탈을 일삼던 일본 해적.

120 풀이 全帙(전질) - 한 질로 된 책의 전부.

121 풀이 資 재물 자, 本 근본 본

122 풀이 溶 녹을 용, 解 풀 해

123 풀이 樹 나무 수, 立 설 립

124 풀이 情 뜻 정, 報 갚을/알릴 보, 化 될 화

125 풀이 住 살 주, 宅 집 택

126 풀이 描寫(묘사) - 어떤 대상이나 사물, 현상 따위를 언어로 서술하거나 그림을 그려서 표현함.

127 풀이 汽笛(기적) - 기차나 배 따위에서 증기를 내뿜는 힘으로 경적 소리를 내는 장치. 또는 그 소리.

128 풀이 憧憬(동경) - 어떤 것을 간절히 그리워하여 그것만을 생각함.

129 풀이 幻影(환영) - 눈앞에 없는 것이 있는 것처럼 보이는 것.

130 풀이 噴霧(분무) - 물이나 약품 따위를 안개처럼 뿜어냄. 또는 그 물이나 약품 따위.

131 풀이 喘息(천식) - 기관지에 경련이 일어나는 병.

132 풀이 抛棄(포기) - 하려던 일을 도중에 그만두어 버림.

133 풀이 窒酸(질산) - 질소의 산소산. 질소와 산소, 수소로 된 강한 무기산의 하나로, 무색의 액체이며 질산염, 물감, 폭약 따위를 만드는 데 씀.

134 풀이 奇別(기별) - 다른 곳에 있는 사람에게 소식을 전함.

135 풀이 憔悴(초췌) - 병, 근심, 고생 따위로 얼굴이나 몸이 여위고 파리함.

136 풀이
① 緻密(치밀) - 자세하고 꼼꼼함.
② 耽溺(탐닉) - 어떤 일을 몹시 즐겨서 거기에 빠짐.
③ 迂廻(우회) - 곧바로 가지 않고 돌아감.
④ 迅速(신속) - 날쌔고 빠름.
⑤ 臣屬(신속) - 신하로서 예속되는 일.

137 풀이
① 缺漏(결루) - 여럿 가운데 함께 들어 있던 것이 빠져서 없어짐.
⑤ 淚痕(누흔) - 눈물 자국.

138 풀이
① 着眼(착안) - 어떤 일을 주의하여 봄. 또는 어떤 문제를 해결하기 위한 실마리를 잡음.

② 掘鑿(굴착) - 땅을 파거나 바위 등을 뚫음.
③ 搾汁(착즙) - 물기가 들어 있는 물체에서 즙을 짬. 또는 그 즙.
④ 媒質(매질) - 어떤 파동 또는 물리적 작용을 한곳에서 다른 곳으로 옮겨 주는 매개물.
⑤ 過食(과식) - 지나치게 많이 먹음.

139 풀이
① 怪異(괴이) - 정상적이지 않고 별나며 괴상함.
② 氣絕(기절) - 두려움, 놀람, 충격 따위로 한동안 정신을 잃음.
③ 氣勢(기세) - 기운차게 뻗치는 모양이나 상태.
④ 恐怖(공포) - 두렵고 무서움.
⑤ 現像(현상) - 노출된 필름이나 인화지를 약품으로 처리하여 상이 나타나도록 함.

140 풀이
① 間接(간접) - 중간에 매개가 되는 사람이나 사물 따위를 통하여 맺어지는 관계.
② 間奏(간주) - 한 악곡의 도중에 어떤 기분을 나타내기 위하여 연주하는 부분. 협주곡의 독주부에 끼인 관현악의 합주 부분이나 노래가 잠시 그친 사이에 연주되는 기악 반주 따위이다.
③ 看做(간주) - 상태, 모양, 성질 따위가 그와 같다고 봄. 또는 그렇다고 여김.
④ 詰朝(힐조) - 이른 아침. 이튿날(다음날)의 이른 아침.
⑤ 建議(건의) - 개인이나 단체가 의견이나 희망을 내놓음. 또는 그 의견이나 희망.

141 풀이 頻 자주 빈, 度 법도 도

142 풀이 혼용 - 混 섞을 혼, 用 쓸 용

143 풀이
① 誤 그르칠 오, 打 칠 타
② 誤 그르칠 오, 解 풀 해
③ 錯 어긋날 착, 誤 그르칠 오
④ 重 무거울 중, 複 겹칠 복
⑤ 空 빌 공, 欄 난간 란

144 풀이 餘 남을 여, 白 흰 백

145 풀이 ㉢ 減 덜 감, 點 점 점
① 漸 점점 점, 次 버금 차
② 焦 탈 초, 點 점 점
③ 店 가게 점, 鋪 펼/가게 포
④ 粘 붙을 점, 液 진 액
⑤ 獨 홀로 독, 占 점령할/점칠 점

146 풀이 이행 - 履 밟을 리(이), 行 다닐 행

147 풀이
① 歎 탄식할 탄, 易 쉬울 이
② 難 어려울 난, 易 쉬울 이
③ 難 어려울 난, 以 써 이
④ 難 어려울 난, 移 옮길 이
⑤ 亂 어지러울 난, 易 쉬울 이

148 풀이 다과 - 多 많을 다, 寡 적을 과

149 풀이 締 맺을 체, 結 맺을 결

150 풀이 참작 - 參 참여할 참, 酌 술 부을/잔질할 작

국가공인 자격검정
제3회 상공회의소 한자 시험 [1급] 정답 및 해설

〈제1영역〉 한자(漢字)

1	④	2	②	3	①	4	⑤	5	③
6	②	7	④	8	①	9	⑤	10	①
11	③	12	④	13	②	14	③	15	⑤
16	③	17	①	18	⑤	19	④	20	②
21	①	22	⑤	23	①	24	①	25	④
26	⑤	27	④	28	③	29	③	30	①
31	④	32	⑤	33	①	34	③	35	②
36	⑤	37	③	38	②	39	⑤	40	①
41	③	42	①	43	①	44	④	45	⑤
46	①	47	⑤	48	②	49	③	50	①

01 풀이 羌 오랑캐 강
02 풀이 瑤 아름다운 옥 요
03 풀이 洙 물가 수
04 풀이 蓬 쑥 봉
05 풀이 娥 예쁠 아
06 풀이 餠 떡 병
07 풀이 匿 숨길 닉
08 풀이 縛 얽을 박
09 풀이 蹟 자취 적
10 풀이 姙 아이 밸 임
11 풀이 廻 돌 회
12 ❹ 巴 – 꼬리/땅 이름 파
풀이
① 邑 – 고을 읍
② 巳 – 뱀 사
③ 已 – 이미 이
⑤ 己 – 몸/자기 기

13 ❷ 雀 – 참새 작
풀이
① 雌 – 암컷 자
③ 杖 – 지팡이 장
④ 蠶 – 누에 잠
⑤ 張 – 베풀/과장할 장

14 ❸ 圭 – 서옥/홀 규
풀이
① 潰 – 무너질 궤
② 筋 – 힘줄 근
④ 躬 – 몸 궁
⑤ 裙 – 치마 군

15 ❺ 燐 – 도깨비불 린
풀이
① 彎 – 굽을 만
② 痲 – 저릴 마
③ 璃 – 유리 리
④ 粒 – 낟알 립

16 ❸ 瑟 – 큰 거문고 슬
풀이
① 柿 – 감나무 시
② 娠 – 아이 밸 신
④ 讐 – 원수 수
⑤ 宋 – 성씨/송나라 송

17 ❶ 濃 – 짙을 농
    풀이
    ② 曇 – 흐릴 담
    ③ 袒 – 웃통 벗을 단
    ④ 拈 – 집을 념
    ⑤ 塘 – 못 당

18 ❺ 腋 – 겨드랑이 액
    풀이
    ① 暎 – 비칠 영/희미할 앙
    ② 艶 – 고울 염
    ③ 彦 – 선비 언
    ④ 鶯 – 꾀꼬리 앵

19 襄 – 도울 양
    풀이
    ① 饗 – 잔치할 향
    ② 歇 – 쉴 헐
    ③ 型 – 모형 형
    ④ 瘍 – 헐 양
    ⑤ 閼 – 가로막을 알

20 艾 – 쑥 애
    풀이
    ① 孼 – 서자 얼
    ② 厓 – 언덕 애
    ③ 儼 – 엄연할 엄
    ④ 厭 – 싫어할 염/누를 엽
    ⑤ 淵 – 못 연

21 柏 – 측백 백
    풀이
    ① 帛 – 비단 백
    ② 胚 – 아이 밸 배
    ③ 輔 – 도울 보
    ④ 俸 – 녹 봉
    ⑤ 帆 – 돛 범

22 錐 – 송곳 추
    풀이
    ① 塚 – 무덤 총
    ② 鷲 – 독수리 취
    ③ 雉 – 꿩 치
    ④ 鍼 – 침 침
    ⑤ 芻 – 꼴 추

23 彗 – 살별 혜
    풀이
    ① 峴 – 고개 현
    ② 樺 – 벚나무/자작나무 화
    ③ 鞋 – 신 혜
    ④ 爻 – 사귈/가로그을 효
    ⑤ 卉 – 풀 훼

24 嗅 – 맡을 후
    풀이
    ① 喉 – 목구멍 후
    ② 犧 – 희생 희
    ③ 洽 – 흡족할 흡
    ④ 灰 – 재 회
    ⑤ 彙 – 무리/모을 휘

25 肋 – 갈빗대 륵
    풀이
    ① 崙 – 산 이름 륜
    ② 釐 – 다스릴 리
    ③ 罹 – 걸릴 리
    ④ 勒 – 굴레 륵
    ⑤ 琳 – 옥 림

26 ❺ 鈴 - 방울 령

풀이

① 금 - 金(쇠 금/성씨 김)
② 쇠 - 鐵(쇠 철)
③ 쟁반 - 盤(쟁반/소반 반), 槃(쟁반 반)
④ 그릇 - 器(그릇 기)

27 ❷ 低 - 낮을 저

풀이

① 좇다 - 從(좇을 종), 遵(좇을/지킬 준)
③ 붉다 - 丹(붉을 단), 赤(붉을 적), 朱(붉을 주), 紅(붉을 홍), 彤(붉을 동)
④ 다하다 - 盡(다할 진), 竭(다할 갈), 殄(다할 진), 窮(다할 궁), 極(다할 극)
⑤ 머무르다 - 留(머무를 류), 停(머무를 정), 駐(머무를 주), 逗(머무를 두)

28 ❸ 瞳 - 눈동자 동

풀이

① 코 - 鼻(코 비)
② 무릎 - 膝(무릎 슬)
④ 팔뚝 - 腕(팔뚝 완), 肱(팔뚝 굉), 膊(팔뚝 박)
⑤ 손가락 - 指(손가락 지)

29 ❷ 芥 - 겨자 개

풀이

① 쑥 - 蘿(쑥 라), 蓬(쑥 봉), 艾(쑥 애), 蒿(쑥 호)
③ 오이 - 瓜(오이 과)
④ 줄기 - 幹(줄기 간), 脈(줄기 맥), 梗(줄기 경), 莖(줄기 경)
⑤ 두레박 - 罐(두레박 관)

30 ❶ 偵 - 염탐할 정

풀이

② 공손하다 - 恭(공손할 공), 悌(공손할 제)

③ 설명하다 - 詮(설명할 전)
④ 소개하다 - 詔(소개할 소)
⑤ 빽빽하다 - 密(빽빽할 밀), 稠(빽빽할 조), 緻(빽빽할 치)

31 ❹ 葡 - 포도 포

풀이

① 배 - 梨(배나무 리)
② 매화 - 梅(매화 매)
③ 대추 - 棗(대추 조)
⑤ 복숭아 - 桃(복숭아 도)

32 ❺ 猫 - 고양이 묘

풀이

① 꿩 - 翟(꿩 적), 雉(꿩 치)
② 참새 - 雀(참새 작)
③ 호랑이 - 虎(범 호)
④ 두꺼비 - 蟾(두꺼비 섬), 蝦(두꺼비 하)

33 ❶ 姚 - 예쁠 요

풀이

② 순하다 - 順(순할 순), 婉(순할 완)
③ 기울다 - 傾(기울 경), 斜(기울 사), 歪(기울 왜/외), 仄(기울 측)
④ 더럽다 - 汚(더러울 오), 陋(더러울 루), 鄙(더러울 비), 穢(더러울 예), 褻(더러울 설)
⑤ 시끄럽다 - 擾(시끄러울 료), 譁(시끄러울 화)

34 ❸ 胚 - 아이 밸 배

풀이

① 속이다 - 欺(속일 기), 詐(속일 사), 誣(속일 무), 瞞(속일 만), 騙(속일 편)
② 모시다 - 侍(모실 시), 陪(모실 배)
④ 아우르다 - 倂(아우를 병), 幷(아우를 병)
⑤ 나란히 하다 - 駢(나란히 할 병/변)

35 ❷ 妹 - 누이 매
  풀이
  ① 기생 - 妓(기생 기)
  ③ 외숙모 - 妗(외숙모 금)
  ④ 며느리 - 婦(며느리 부)
  ⑤ 시어머니 - 姑(시어미 고)

36 ❺ 怪 - 괴이할 괴
  풀이
  ① 울다 - 哭(울 곡)
  ② 주리다 - 飢(주릴 기), 餓(주릴 아), 饑(주릴 기), 饉(주릴 근)
  ③ 굽히다 - 屈(굽힐 굴)
  ④ 미치다 - 狂(미칠 광), 癲(미칠 전)

37 **풀이**
  ① 櫓 - 방패 로
  ② 儡 - 꼭두각시 뢰
  ③ 籠 - 대바구니 롱
  ④ 榴 - 석류나무 류
  ⑤ 戮 - 죽일 륙

38 **풀이**
  ① 欌 - 장롱 장
  ② 鵲 - 까치 작
  ③ 雀 - 참새 작
  ④ 邸 - 집 저
  ⑤ 翟 - 꿩 적

39 **풀이**
  ① 稚 - 어릴 치
  ② 鷲 - 독수리 취
  ③ 駝 - 낙타 타
  ④ 免 - 면할 면
  ⑤ 兎 - 토끼 토

40 **풀이**
  ① 膿 - 고름 농
  ② 悼 - 슬퍼할 도
  ③ 痰 - 가래 담
  ④ 棋 - 바둑 기
  ⑤ 澹 - 맑을 담

41 **풀이**
  ① 鎌 - 낫 겸
  ② 誥 - 고할 고
  ③ 囊 - 주머니 낭
  ④ 鵑 - 두견새 견
  ⑤ 股 - 넓적다리 고

42 **풀이**
  ① 鱗 - 비늘 린
  ② 麟 - 기린 린
  ③ 璘 - 옥빛 린
  ④ 燐 - 도깨비불 린
  ⑤ 隣 - 이웃 린

43 **풀이**
  ① 滄 - 큰 바다 창
  ② 濬 - 깊을 준
  ③ 渚 - 물가 저
  ④ 滌 - 씻을 척
  ⑤ 湧 - 물 솟을 용

44 **풀이** 濟 - 도울 제
  ① 載 - 실을 재
  ② 租 - 조세 조
  ③ 滴 - 물방울 적
  ④ 救 - 구원할 구
  ⑤ 畢 - 마칠 필

45 풀이 邂 – 만날 해
① 瀣 – 이슬 기운 해
② 姮 – 항아 항
③ 逅 – 만날 후
④ 垓 – 지경 해
⑤ 閤 – 문짝 합

46 풀이 蝴 – 나비 호
① 蝶 – 나비 접
② 蟾 – 두꺼비 섬
③ 蚓 – 지렁이 인
④ 蟲 – 벌레 충
⑤ 蠍 – 전갈 갈

47 풀이 添 – 더할 첨
① 沌 – 엉길 돈
② 酪 – 쇠젖 락
③ 爛 – 빛날/문드러질 란
④ 賭 – 내기 도
⑤ 加 – 더할 가

48 풀이 憧 – 동경할 동
① 悼 – 슬퍼할 도
② 憬 – 동경할 경
③ 禱 – 빌 도
④ 拿 – 잡을 나
⑤ 訥 – 말 더듬거릴 눌

49 풀이 盜 – 도둑 도
① 袒 – 웃통 벗을 단
② 驥 – 천리마 기
③ 竊 – 훔칠 절
④ 魔 – 마귀 마
⑤ 薇 – 장미 미

50 풀이 愁 – 근심 수
① 憂 – 근심 우
② 秉 – 잡을 병
③ 瑛 – 옥돌 영
④ 穎 – 이삭 영
⑤ 諭 – 타이를 유

〈제2영역〉 어휘(語彙)

51	③	52	②	53	①	54	⑤	55	④
56	⑤	57	②	58	③	59	④	60	①
61	⑤	62	②	63	①	64	⑤	65	⑤
66	④	67	③	68	③	69	①	70	②
71	①	72	⑤	73	③	74	③	75	③
76	②	77	③	78	③	79	⑤	80	④
81	⑤	82	③	83	②	84	④	85	①
86	③	87	⑤	88	①	89	②	90	⑤
91	③	92	③	93	③	94	③	95	③
96	②	97	③	98	⑤	99	④	100	①

51 풀이
笞 볼기칠 태, 刑 형벌 형: 수식 관계
帆 돛 범, 船 배 선: 수식 관계

52 풀이
蝴 나비 호, 蝶 나비 접: 유사 관계
援 도울 원, 助 도울 조: 유사 관계

53 풀이
奢 사치할 사, 侈 사치할 치: 유사 관계
憧 동경할 동, 憬 동경할 경: 유사 관계

54 풀이 廚 부엌 주, 房 방 방
음식을 만들거나 차리는 방.

55 풀이 姙 아이 밸 임, 娠 아이 밸 신
아이나 새끼를 뱀.

56 풀이 範 법/한계 범, 疇 이랑 주
동일한 성질을 가진 부류나 범위.

57 풀이 골계: 滑 익살스러울 골, 稽 생각할/머무를 계
① 脛 정강이 경, 骨 뼈 골
③ 捕 잡을 포, 鯨 고래 경
④ 汽 물 끓는 김 기, 罐 두레박 관
⑤ 括 묶을 괄, 弧 활 호

58 풀이 투호: 投 던질 투, 壺 병 호
① 欠 하품 흠, 伸 펼 신
② 洽 흡족할 흡, 足 발 족
④ 供 이바지할 공, 犧 희생 희
⑤ 屹 우뚝 솟을 흘, 立 설 립

59 풀이 치유: 治 다스릴 치, 癒 병 나을 유
① 魏 나라 이름 위, 闕 대궐/모자랄 궐
② 楡 느릅나무 유, 皮 가죽 피
③ 瑜 아름다운 옥 유, 伽 절/가야 가
⑤ 訓 가르칠 훈, 諭 타이를 유

60 풀이 絹 비단 견, 篩 체 사
① 繭 고치 견, 絲 실 사
② 剛 굳셀 강, 毅 굳셀 의
③ 服 옷/일/다스릴 복, 膺 가슴 응
④ 友 벗 우, 誼 정/옳을 의
⑤ 懿 아름다울 의, 行 다닐 행/항렬 항

61 풀이 때 두드릴/조아릴 고, 門 문 문
① 昻 밝을/오를 앙, 揚 날릴 양
② 憐 불쌍히 여길 련(연), 憫 민망할/근심할 민
③ 艶 고울 염, 聞 들을 문
④ 諮 물을 자, 問 물을 문
⑤ 拷 칠 고, 問 물을 문

62 풀이 補 기울/도울 보, 塡 메울 전
① 補 기울/도울 보, 腎 콩팥 신
② 保 지킬 보, 全 온전할 전
③ 緩 느릴 완, 行 다닐 행/항렬 항
④ 布 펼 포/베 포/보시 보, 陣 진칠 진
⑤ 迫 핍박할 박, 眞 참 진

63 풀이 簿 문서 부, 牒 편지 첩
① 府 마을 부, 貼 붙일 첩
② 剖 쪼갤 부, 訴 호소할 소
③ 附 붙을 부, 葉 잎 엽
④ 敷 펼 부, 設 베풀 설
⑤ 縛 얽을 박, 茅 띠 모

64 풀이 抱 안을 포, 擁 낄/안을 옹
① 瓢 바가지 표, 壺 병 호
② 釀 술 빚을 양, 甕 독 옹
③ 怖 두려워할 포, 慄 떨릴 률
④ 褒 기릴 포/모을 부, 寵 사랑할 총/현 이름 룡
⑤ 圃 채마밭 포, 翁 늙은이 옹

65 풀이
① 認 알 인, 識 알 식
② 意 뜻 의, 識 알 식
③ 常 떳떳할/항상 상, 識 알 식
④ 識 알 식, 別 나눌/다를 별
⑤ 標 표할 표, 識 적을 지

66 풀이
① 契 맺을 계, 約 맺을 약
② 契 맺을 계, 機 틀/기회 기
③ 契 맺을 계, 狀 문서 장
④ 契 애쓸 결, 闊 넓을 활
⑤ 書 글/문서 서, 契 맺을 계

67 풀이 片鱗(편린): 片 조각 편, 鱗 비늘 린
68 풀이 摩擦(마찰): 摩 문지를 마, 擦 문지를 찰
69 풀이 洗滌(세척): 洗 씻을 세, 滌 씻을 척
70 풀이 駝酪(타락): 駝 낙타 타, 酪 쇠젖 락
① 閒 한가할 한, 暇 겨를/틈 가: 바쁘지 않아 틈이 있음.
③ 饗 잔치할 향, 宴 잔치 연: 특별하게 베푸는 잔치.
④ 廢 폐할 폐, 墟 터 허: 황폐한 터
⑤ 狹 좁을 협, 小 작을 소: 공간이 좁음
71 풀이 蔑視(멸시): 蔑 업신여길 멸, 視 볼 시
② 直 곧을 직, 徑 지름길/길 경
③ 麵 밀가루 면, 類 무리 류
④ 涅 개흙 열, 槃 쟁반 반
⑤ 滅 꺼질/멸할 멸, 亡 망할 망
72 풀이 輔佐(보좌): 輔 도울 보, 佐 도울 좌
① 堡 작은 성 보, 壘 보루 루
② 民 백성 민, 洑 보 보
③ 謀 꾀/도모할 모, 甫 클 보
④ 公 공평할 공, 僕 종 복
73 풀이 宦路(환로), 仕宦(사환), 宦厄(환액)
① 跋 밟을 발
② 脾 지라 비
③ 彬 빛날 빈/밝을 반
④ 宦 벼슬 환
⑤ 喚 부를 환
74 풀이 謫降(적강), 貶降(폄강), 謫仙(적선)
① 乘 탈 승
② 斥 물리칠 척

③ 詩 시 시
④ 謫 귀양갈 적
⑤ 霜 서리 상
75 풀이 圓滑(원활), 滑降(활강), 滑稽(골계)
① 桓 굳셀 환
② 樺 벗나무/자작나무 화
③ 滑 미끄러울 활/익살스러울 골
④ 靴 신 화
⑤ 煥 불꽃/빛날 환
76 풀이 迂廻(우회), 巡廻(순회), 上廻(상회)
① 灰 재 회
② 廻 돌 회
③ 繪 그림 회
④ 洽 흡족할 흡
⑤ 欽 공경할 흠
77 풀이 詰問(힐문), 詰難(힐난), 詰責(힐책)
① 詰 꾸짖을 힐
② 蠶 누에 잠
③ 怡 기쁠 이
④ 翊 도울 익
⑤ 餌 미끼 이
78 풀이 喝取(갈취), 喝采(갈채), 恐喝(공갈)
① 鞨 말갈 갈
② 艱 어려울 간
③ 喝 꾸짖을/고함칠 갈
④ 嵌 산골짜기 감
⑤ 碣 비석 갈
79 풀이 謙遜(겸손), 遜色(손색), 不遜(불손)
① 狩 사냥할 수
② 巽 부드러울/손괘 손
③ 贖 속죄할 속

④ 邵 땅 이름/성씨 소
⑤ 遜 겸손할 손

80 **풀이** 屍身(시신), 屍體(시체), 屍軀(시구)
① 湜 물 맑을 식
② 菴 암자 암
③ 昻 밝을/오를 앙
④ 屍 주검 시
⑤ 衍 넓을 연

81 **풀이** 醜雜(추잡) ↔ 純粹(순수)
82 **풀이** 銳利(예리) ↔ 鈍濁(둔탁)
83 **풀이** 纖弱(섬약) ↔ 强靭(강인)
84 **풀이** 矮小(왜소) ↔ 健壯(건장)
85 **풀이** 柔軟(유연) ↔ 剛健(강건)
86 **풀이** 肝膽相照(간담상조) – 서로 속마음을 털어놓고 친하게 사귐.
肝 간 간, 膽 쓸개 담, 相 서로/재상 상, 照 비칠/대조할 조

87 **풀이** 弄瓦之慶(농와지경) – 딸을 낳은 즐거움.
弄 희롱할 롱(농), 瓦 기와 와, 之 갈 지, 慶 경사 경

88 **풀이** 同價紅裳(동가홍상) – 같은 값이면 다홍치마. 같은 조건이면 좀 더 나은 것을 선택함.
同 한가지 동, 價 값 가, 紅 붉을 홍, 裳 치마 상

89 **풀이** 反哺之孝(반포지효) – 까마귀 새끼가 자란 뒤에 늙은 어미에게 먹이를 물어다 주는 효성(孝誠)이라는 뜻으로, 자식이 자라서 부모를 봉양(奉養)함.
反 돌이킬 반, 哺 먹일 포, 之 갈 지, 孝 효도 효

90 **풀이** 萬壽無疆(만수무강) – 아무런 탈 없이 아주 오래 삶.
萬 일만 만, 壽 목숨 수, 無 없을 무, 疆 지경 강

91 **풀이** 快 쾌할 쾌, 刀 칼 도, 亂 어지러울 란(난), 麻 삼/저릴 마

92 **풀이** 桑 뽕나무 상, 田 밭 전, 碧 푸를 벽, 海 바다 해

93 **풀이** 夏 여름 하, 爐 화로 로, 冬 겨울 동, 扇 부채 선

94 **풀이** 幾 몇 기, 至 이를 지, 死 죽을 사, 境 지경/경계 경

95 **풀이** 孤 외로울/부모 없을 고, 掌 손바닥/맡을 장, 難 어려울 난, 鳴 울 명

96 **풀이**
① 表裏不同(표리부동) – 겉과 속이 다름.
② 破顔大笑(파안대소) – 매우 즐거운 표정으로 활짝 웃음.
③ 風前燈火(풍전등화) – 바람 앞의 등불이라는 뜻으로, 매우 위급한 상황.
④ 飽食暖衣(포식난의) – 배불리 먹고 따뜻하게 입음.
⑤ 鶴首苦待(학수고대) – 학의 목처럼 목을 길게 빼고 간절히 기다림.

97 **풀이**
① 皮骨相接(피골상접) – 살가죽과 뼈가 맞붙을 정도로 몹시 마름.
② 暗中摸索(암중모색) – 어둠 속에서 손으로 더듬어 찾는다는 뜻으로, 어림짐작으로 찾는다(혹은 추측한다)는 말.
③ 汗牛充棟(한우충동) – 책이 매우 많음.

④ 良藥苦口(양약고구) - 좋은 약은 입에 쓰다는 뜻으로, 충언은 귀에는 거슬리나 자신에게 이롭다는 말.
⑤ 多情多感(다정다감) - 정이 많고 감정이 풍부함.

98 풀이
① 發憤忘食(발분망식) - 무엇을 이루려고 끼니조차 잊고 분발하여 노력함.
② 博學多識(박학다식) - 배워서 얻은 지식이 넓고 아는 것이 많음.
③ 白駒過隙(백구과극) - 흰 망아지가 빨리 달리는 것을 문틈으로 본다는 뜻으로, 인생이나 세월이 덧없이 짧음을 이르는 말.
④ 百年河淸(백년하청) - 중국의 황하(黃河)가 항상 흐려 맑을 때가 없다는 말로, 아무리 세월이 가도 일이 해결될 희망이 없음을 비유.
⑤ 博而不精(박이부정) - 널리 알지만 정밀하지는 못함.

99 풀이
① 日暮途遠(일모도원) - 날은 저물고 갈 길은 멀다는 뜻으로, 늙어서도 할 일이 많음.
② 一擧兩得(일거양득) - 한 가지 일을 하여 두 가지 이익을 얻음.
③ 一瀉千里(일사천리) - 강물이 빨리 흘러가 단번에 천 리를 간다는 뜻으로, 일이 거침없이 신속하게 진행됨.
④ 一觸卽發(일촉즉발) - 한 번 건드리기만 해도 폭발할 것 같이 몹시 아슬아슬하고 위급한 상태.
⑤ 一攫千金(일확천금) - 단번에 천금을 움켜쥔다는 뜻으로, 힘들이지 아니하고 단번에 많은 재물을 얻음.

100 풀이
① 千載一遇(천재일우) - 천 년 동안 단 한 번 만난다는 뜻으로, 좀처럼 만나기 어려운 좋은 기회를 이르는 말.
② 焦眉之急(초미지급) - 눈썹에 불이 붙었다는 뜻으로, 매우 급함을 이르는 말.
③ 寸鐵殺人(촌철살인) - 한 치의 쇠붙이로도 사람을 죽일 수 있다는 뜻으로, 간단한 말로도 남을 감동하게 하거나 남의 약점을 찌를 수 있음.
④ 天眞爛漫(천진난만) - 말이나 행동에 아무런 꾸밈이 없이 그대로 나타날 만큼 순진하고 천진함.
⑤ 千慮一失(천려일실) - 슬기로운 사람이라도 여러 가지 생각 가운데에는 잘못되는 것이 있을 수 있음.

〈제3영역〉 독해(讀解)									
101	①	102	②	103	⑤	104	③	105	④
106	⑤	107	③	108	①	109	④	110	②
111	①	112	④	113	⑤	114	④	115	②
116	③	117	①	118	②	119	③	120	④
121	⑤	122	②	123	②	124	③	125	②
126	①	127	②	128	③	129	③	130	⑤
131	⑤	132	②	133	⑤	134	②	135	③
136	①	137	③	138	②	139	④	140	②
141	②	142	①	143	②	144	④	145	⑤
146	④	147	③	148	②	149	③	150	①

101 풀이 剔 뼈 바를 척, 抉 도려낼 결
102 풀이 强 강할/힘쓸 강, 勁 군셀 경

103 풀이 淘 쌀 일 도, 汰 일 태
104 풀이 甘 달 감, 蔗 사탕수수 자
105 풀이 嗔 성낼 진, 怒 성낼 노
106 풀이 慫 권할 종, 慂 권할 용
107 풀이 狡 교활할 교, 猾 교활할 활
108 풀이 豪 호걸 호, 宕 호탕할/방탕할 탕
109 풀이 喊 소리칠 함, 聲 소리/명예 성
110 풀이 失 잃을/그르칠 실, 墜 떨어질 추
111 풀이 揀 가릴 간, 擇 가릴 택
112 풀이 堵 담 도, 列 벌일/줄 렬(열)
113 풀이 購 살 구, 讀 읽을 독
114 풀이 盜 도둑 도, 掘 팔 굴
115 풀이 暗 어두울 암, 澹 맑을 담
116 풀이 撞球(당구) – 우단을 깐 대(臺) 위에서 상아나 플라스틱으로 만든 몇 개의 공을 큐 끝으로 쳐서 승부를 가리는 실내 오락.
117 풀이 臆測(억측) – 이유와 근거가 없이 짐작함.
118 풀이 壅拙(옹졸) – 성품이 너그럽지 못하고 생각이 좁다.
119 풀이 斟 짐작할 짐, 酌 술 부을/잔질할 작
120 풀이 煽 부채질할 선, 動 움직일 동
121 풀이 推 밀 추, 進 나아갈 진
122 풀이 破 깨뜨릴 파, 産 낳을/재산 산
123 풀이 諷 풍자할 풍, 刺 찌를 자
124 풀이 困 곤할 곤, 弊 폐단 폐

125 풀이 誠 정성 성, 實 열매/사실 실
126 풀이 葡 포도 포, 萄 포도 도
127 풀이 祈 빌 기, 禱 빌 도
128 풀이 濾 거를 려(여), 過 지날/허물 과
129 풀이 朦 흐릴 몽, 朧 흐릿할 롱
130 풀이 怜 영리할 령(영), 悧 영리할 리
131 풀이 賻 부의 부, 儀 거동/본보기 의
132 풀이 琉 유리 류(유), 璃 유리 리
133 풀이 網 그물 망, 膜 꺼풀/막 막
134 풀이 描 그릴 묘, 寫 베낄/그릴 사
135 풀이 錚 쇳소리 쟁, 盤 쟁반/소반 반
136 풀이
② 膾炙(회자) – 회와 구운 고기라는 뜻으로, 칭찬을 받으며 사람의 입에 자주 오르내림.
③ 梗塞(경색) – 소통·순환되지 못하고 막힘.
④ 決定(결정) – 행동이나 태도를 분명하게 정함.
⑤ 脛骨(경골) – 정강이뼈.
137 풀이
④ 心琴(심금) – 외부의 자극에 따라 미묘하게 움직이는 마음을 비유적으로 이르는 말.
⑤ 兢懼(긍구) – 삼가고 두려워함.
138 풀이
⑤ 血糖(혈당) – 혈액 속에 포함되어 있는 당.
139 풀이
④ 禮度(예도) – 예의와 법도를 아울러 이르는 말.
140 풀이
② 妊娠(임신) – 아이나 새끼를 뱀.
⑤ 姉妹(자매) – 언니와 여동생 사이.

141 풀이 蒸 찔 증, 發 필/쏠/나타날 발
142 풀이
凝 엉길 응, 結 맺을/마칠 결
降 내릴 강, 水 물 수
143 풀이 循 돌/순행할 순, 環 고리/두를 환
144 풀이 생태계 – 生 날 생, 態 모습/태도 태,
系 이을/맬 계
145 풀이 ㅂ 變 변할 변, 化 될 화
① 辨 분별할/가릴 변, 理 다스릴/이치 리
② 辯 말씀/말 잘할 변, 護 도울 호
③ 編 엮을 편, 輯 모을 집
④ 邊 가 변, 界 지경 계
⑤ 變 변할 변, 身 몸 신
146 풀이 權 권세 권, 利 이로울 리
147 풀이 義 옳을 의 – 부수: 羊
務 힘쓸/일 무 – 부수: 力
148 풀이
ㄷ 混 섞을 혼, 亂 어지러울 란
ㄹ 刑 형벌 형, 罰 벌할 벌
149 풀이 訴 호소할 소, 訟 송사할 송
① 泣 울 읍, 訴 호소할 소
② 解 풀 해, 消 사라질 소
③ 所 바/곳 소, 願 원할 원
④ 明 밝을 명, 瞭 밝을 료
⑤ 蹂 밟을 유, 躪 짓밟을 린
150 풀이 法 법 법, 庭 뜰 정

memo

己所不欲, 勿施於人.
"내가 원하지 않는 것을 남에게 강요하지 마라."
- 《논어》, 〈위령공(衛靈公)〉

2026 시대에듀 상공회의소 한자 1급 2주 격파 + 실전모의고사 5회분

개정12판1쇄 발행	2026년 01월 05일 (인쇄 2025년 09월 17일)
초 판 인 쇄	2014년 03월 28일
발 행 인	박영일
책 임 편 집	이해욱
편 저	시대에듀한자연구소·노상학
편 집 진 행	박시현
표지디자인	김지수
편집디자인	양혜련·임창규
발 행 처	(주)시대고시기획
출 판 등 록	제10-1521호
주 소	서울시 마포구 큰우물로 75 [도화동 538 성지 B/D] 9F
전 화	1600-3600
팩 스	02-701-8823
홈 페 이 지	www.sdedu.co.kr
I S B N	979-11-383-9965-4 (13710)
정 가	23,000원

※ 이 책은 저작권법의 보호를 받는 저작물이므로 동영상 제작 및 무단전재와 배포를 금합니다.
※ 잘못된 책은 구입하신 서점에서 바꾸어 드립니다.

시대에듀와 함께하는
상공회의소 한자

상공회의소 한자 1급 2주 격파 + 실전모의고사 5회분

- 스피드 합격! 2주 필승 전략
- 1~9급 배정한자 수록
- 실전모의고사 5회분 제공 (교재 3회 + CBT 2회)
- ALL DAY 쪽지시험 PDF 제공
- 시험 직전 막판 뒤집기! '빅데이터 합격한자' 소책자 제공

상공회의소 한자 2급 2주 격파 + 실전모의고사 5회분

- 스피드 합격! 2주 필승 전략
- 2~9급 배정한자 수록
- 실전모의고사 5회분 제공 (교재 3회 + CBT 2회)
- ALL DAY 쪽지시험 PDF 제공
- 시험 직전 막판 뒤집기! '빅데이터 합격한자' 소책자 제공

상공회의소 한자 3급 2주 격파 + 실전모의고사 5회분

- 스피드 합격! 2주 필승 전략
- 3~9급 배정한자 수록
- 실전모의고사 5회분 제공 (교재 3회 + CBT 2회)
- ALL DAY 쪽지시험 PDF 제공
- 시험 직전 막판 뒤집기! '빅데이터 합격한자' 소책자 제공

※ 도서의 이미지는 변동될 수 있습니다.

시대에듀와 함께하는
어문회 한자

어문회 한자능력검정시험 2급 한 권으로 끝내기

어문회 2급을 '한자 3박자 연상 학습법'으로 쉽고 확실하게!
- 한자능력검정시험 2급 배정한자 2,355자 모두 수록
- 생생한 '어원 풀이'로 2급 한자 마스터!
- 다양한 출제 유형에 맞춰 정리한 '한자 응용하기'
- 출제 경향 완벽 분석! '최신 기출 동형 모의고사' 4회분 제공
- 시험장까지 들고 가는 '빅데이터 합격 한자' 소책자 제공

어문회 한자능력검정시험 3급 한 권으로 끝내기

어문회 3급을 '한자 3박자 연상 학습법'으로 쉽고 재미있게!
- 한자능력검정시험 3급 배정한자 1,817자 모두 수록
- 생생한 '어원 풀이'와 '한자 구조 풀이'로 3급 한자 마스터!
- 다양한 출제 유형에 맞춰 정리한 '한자 응용하기'
- 출제 경향 완벽 분석! '최신 기출 동형 모의고사' 3회분 제공
- 시험장까지 들고 가는 '빅데이터 합격 한자' 소책자 제공

※ 도서의 이미지는 변동될 수 있습니다.

시대에듀와 함께하는
진흥회 한자

진흥회 한자자격시험 2급 한 권으로 끝내기

진흥회 2급을 '한자 3박자 연상 학습법'으로 쉽고 확실하게!
- 한자자격시험 2급 선정한자 2,300자 수록
- 생생한 어원 풀이로 2급 한자 마스터!
- 다양한 출제 유형에 맞춰 정리한 '한자 응용하기'
- 실제 기출문제로 실력 점검! '최신 기출문제 5회분'
- 저자가 직접 출제한 '실전 모의고사' 1회분 추가 제공
- 시험 직전 막판 뒤집기! '빅데이터 합격 한자 750' 소책자 제공

진흥회 한자자격시험 3급 한 권으로 끝내기

진흥회 3급을 '한자 3박자 연상 학습법'으로 쉽고 확실하게!
- 한자자격시험 3급 선정한자 1,800자 수록
- 생생한 어원 풀이로 3급 한자 마스터!
- 다양한 시험 유형에 맞춰 정리한 '한자 응용하기'
- 실제 기출문제로 실력 점검! '최신 기출문제 5회분'
- 시험 직전 막판 뒤집기! '빅데이터 합격 한자 450' 소책자 제공

※ 도서의 이미지는 변동될 수 있습니다.

대한민국 모든 시험일정 및 최신 출제경향·신유형 문제

꼭 필요한 자격증·시험일정과 최신 출제경향·신유형 문제를 확인하세요!

◀ 시험일정 안내 / 최신 출제경향·신유형 문제 ▶

- 한국산업인력공단 국가기술자격 검정일정
- 자격증 시험일정
- 공무원·공기업·대기업 시험일정

합격의 공식 **시대에듀**